工程经济学理论与实务

张正华　杨先明　编著

北　京
冶　金　工　业　出　版　社
2010

内 容 简 介

本书介绍工程经济学基本原理、方法及其应用。内容包括：工程经济学概述、财务费用和效益估算、现金流量的等值换算、资金筹措与资金成本分析、费用效果评价指标、多方案经济比选、财务评价、不确定性分析、国民经济评价、特殊项目的经济评价、价值工程、经济评价案例和项目可行性研究、建设项目经济评价参数等。

本书可作为高等院校项目管理工程硕士（PMP）、工商管理硕士（MBA）项目管理方向、工程管理、管理科学与工程、技术经济及管理专业在职与全日制研究生教材，也可用作工程管理专业本科生、咨询工程师、监理工程师、建筑师、造价工程师和高级职业经理人的培训教材，或作为从事技术和管理工作相关人员的参考书。

图书在版编目(CIP)数据

工程经济学理论与实务/张正华，杨先明编著．—北京：冶金工业出版社，2010.9

ISBN 978-7-5024-5354-1

Ⅰ.①工…　Ⅱ.①张…　②杨…　Ⅲ.①工程经济学　Ⅳ.①F40

中国版本图书馆 CIP 数据核字(2010)第 162802 号

出 版 人　曹胜利
地　　址　北京北河沿大街嵩祝院北巷 39 号，邮编 100009
电　　话　(010)64027926　电子信箱　yjcbs@cnmip.com.cn
责任编辑　郭冬艳　美术编辑　张媛媛　版式设计　葛新霞
责任校对　石　静　责任印制　张祺鑫
ISBN 978-7-5024-5354-1
北京印刷一厂印刷；冶金工业出版社发行；各地新华书店经销
2010 年 9 月第 1 版，2010 年 9 月第 1 次印刷
787mm×1092mm　1/16；21 印张；508 千字；327 页
48.00 元

冶金工业出版社发行部　电话：(010)64044283　传真：(010)64027893
冶金书店　地址：北京东四西大街 46 号(100010)　电话：(010)65289081(兼传真)
（本书如有印装质量问题，本社发行部负责退换）

前　　言

工程经济学是一门研究项目经济评价并为项目可行性分析提供理论和方法的学科。工程经济学是项目管理工程硕士、工程管理专业学位、技术经济及管理专业研究生的必修课，同时也是多数高校为工程管理专业本科生设置的课程。

近年来，工程经济学教材普遍面临以下问题：一是各高校普遍缺乏研究生层次的工程经济学教材，多数高校仍沿用本科生工程经济学教材对研究生教学，这一局面已难以适应各专业特别是项目管理工程硕士专业学位及工程管理专业学位研究生教学的需要；其二，2006 年 7 月，国家发展与改革委员会、国家建设部联合颁布了我国《建设项目经济评价方法与参数》（第三版），针对建设项目经济评价普遍存在的概念、评价方法、可行性报告不统一、不规范等问题进行规范，这无疑是研究和介绍建设项目经济评价的工程经济学学科发展中的一件大事，《建设项目经济评价方法与参数》（第三版）中许多指导性意见客观上要求传统工程经济学教材应在体系和内容结构上作出相应改变；其三，自 2004 年国家正式开始批准招收项目管理工程硕士研究生以来，已有 100 多所高校获得招生资格，招生人数跃居工程硕士领域之首，但各高校普遍缺少针对研究生层次以及层次适当高于本科生且具有较强可操作性的工程经济学在职研究生的教材；最后，随着计算机及应用软件的普及，过去依赖查表方式进行工程经济评价的计算模式已不再满足需要。为此，客观上要求对传统工程经济学教材的体系和结构进行调整。

作者以多年项目管理工程硕士、技术经济及管理专业研究生教学讲义和工程管理专业本科生工程经济学教学 PPT 为基础，结合我国《建设项目经济评价方法与参数》（第三版）、Excel 在工程经济评价中的运用和近期工程经济评价最新研究成果，编著了本书。

本书主要有以下特点：

（1）系统性。本书内容是按照工程项目经济评价报告核心内容依序安排的，不仅包括工程经济学的历史和未来发展趋势、工程经济评价的核心理论和方法，还包括工程经济评价理论和方法的应用；除对工程经济评价原理和方法作系统介绍外，每章均编排有本章学习目标、思考题及习题，有利于学员掌握和复习所学内容，也从更深层面给学员提供了思考的切入点，从而构建起学员对工程经济学的“引导—学习—练习—总结—思考—提升”的学习过程。

（2）实用性。针对在职研究生教育的特点，本书十分重视案例教学并提供解决问题和分析问题思路，帮助读者掌握工程经济评价的原理和方法；在第十二章专门设置了一个完整的工程经济评价案例，在第十三章设置了工业建设项目可行性研究报告的框架体系；对相关工程经济评价的实现步骤、工作程序和要求作详细介绍；在正文和附录部分附有部分行业项目经济评价的参数，这些都大大增强了本书的实用性。

（3）Excel 工具的应用。在计算内容和表格编制较多的章节，均设置运用 Excel 工具解决相应工程经济评价问题的内容，并全面解决了传统工程经济评价中计算与表格编制繁琐的问题，学员在完成本书的学习后，将大大增强将工程经济评价原理和方法应用于实践的能力。

（4）规范性。本书全面以《建设项目经济评价参数与方法》（第三版）为指导设置工程经济学体系和内容结构，所涉及的概念、原理和方法符合《建设项目经济评价参数与方法》（第三版）的规范。

（5）前沿性。在本书的写作过程中，作者参考了《数量经济与技术经济》等刊物的最新研究成果，力求使本书在内容上符合研究生教育的需要；在系统介绍相关工程经济评价原理和方法的同时，注重对方法“思路”的提炼，并有意引导学员对相关问题的思考，促进学员沿着这些思路进行相关领域的研究。

本书第一章由杨先明撰写，其余各章由张正华撰写。在本书近五年的写作期间，曾有三届管理科学与工程和技术经济及管理专业全日制研究生参与本书的编写工作，项目管理工程硕士学员也提出过不少有建设性的意见。张宝桐、戚志伟、田敏、傅荣、韩涵等在资料收集、文字处理和校对上做了大量工作，在此特向他（她）们表示感谢。在编写过程中，参阅了国内同行的多部著作，特别是引用了国家发展改革委、国家建设部发布的《建设项目经济评价方法与参数》（中国计划出版社，2006）、国家建设部标准定额研究所编《建设项目经济评价案例》（中国计划出版社，2006）的资料，在此特向这些资料的作者表示衷心的感谢！

虽然做了许多努力，但由于我们的水平有限，缺点和不足之处在所难免，恳请读者批评指正。

作　者

2010 年 9 月

目　录

第一章　概　　论

本章学习目标

掌握项目的二重性、工程经济学基本概念、工程经济学的发展历程及其在我国的发展状况，工程经济学的内容体系、工程经济评价的思路与基本原则；了解工程经济学的发展趋势《建设项目经济评价方法与参数》（第三版）的基本内容。

第一节　工程经济学及其内容体系

项目是投入一定资源的计划、规划或方案。它可以是一个拟建中的工厂、车间，也可以是一项技术革新和改造计划；可以是设备中某一部件的更换方案，也可以是一项巨大的水利枢纽或交通设施，还可以是一次会议的组织。“工程”是指拟实施或正在实施项目的从策划、设计、施工到使用的过程❶。

工程经济学的研究对象是工程项目的经济性，而技术性和经济性是项目最基本的两重属性。因此，对工程经济学的认知需要首先了解什么是项目的经济性，为什么要关注项目的经济性。

一、项目的二重性：技术性和经济性

工程学是将自然科学应用到工农业生产而形成的学科，工程技术与科学不同，它是科学的应用。科学家的目的在于增加人类的系统知识，发现宇宙间的各种规律。知识本身不是目的，只是工程技术人员用来设计和制造各种结构、系统、过程的理论依据，目的是满足人们物质和精神的需要。

任何项目总是以一定的知识为背景，并重点运用某类知识或技术才得以实施的。因此，技术性是项目的最基本属性。同时，由于项目实施所需资源具有稀缺性，因此，作为满足人们精神和物质需要手段的项目，便具有经济性。项目在技术上的先进性如果脱离了经济效果标准，项目技术的先进与否就失去了判断的基础。项目的技术性和经济性是项目的二重性，二者缺一不可。

项目的技术性特征意味着项目实施总是和特定的知识与技术相联系，项目的经济性则根源于资源的稀缺性，项目总是要以尽可能小的投入获取相同产出或满足同样需要。

❶ 项目是一个比工程更广的概念，通常以建设项目或工程项目为对象展示工程经济学的基本理论和方法。

然而，项目实施的自然和社会条件往往使项目的技术性和经济性之间发生矛盾。同样的技术在不同的环境条件下会带来不同的项目经济效果。最典型的是远期的技术往往不适应目前的环境和条件，先进的技术也通常不是最适宜的技术。采用何种技术或方案，不单由项目技术的先进或落后程度决定，更为重要的是要结合项目实施的背景和条件，在对项目进行成本和效益分析的基础上，结合项目的经济性评价才能得以解决。

案例 1：由于成本因素，项目选择的技术或方案往往不是最先进的

从铁路机车的牵引动力技术选择看，电力牵引最优，内燃牵引次之，蒸汽牵引最差。电力牵引虽然具有节省燃料，提高行车速度，减少环境污染等技术先进性的特点，但却需要建设庞大的电力供给设施，大大增加了该动力牵引类型的投入成本。项目的经济性解释了为什么蒸汽和内燃牵引依然是目前世界上主要机车牵引技术的最根本原因。

案例 2：对项目技术性的追求受制于项目经济性

“协和”式超音速客机是英法两国联合试制的在技术上最先进、速度最快的机型，但是由于该机型的耗油量和噪声太大，尽管飞行速度快，但票价昂贵和环保因素最终使运营了 27 年的“协和”式客机于 2003 年 10 月结束了其飞行生涯，投资商因此蒙受了极大的损失。项目选择的技术或方案首先要能满足人们的需要，这需要项目具有一定的技术性，此外，在市场经济体制下，对项目技术性的追求受制于项目经济性。

案例 3：项目经济性与技术性的统一：最成功的水利工程项目

都江堰水利工程位于四川成都平原西部都江堰市西侧的岷江上，距成都 56km。该项目建于公元前 256 年，是战国时期秦国蜀郡太守李冰及其子率众修建的一座大型水利工程，主要由鱼嘴分水堤、飞沙堰溢洪道、宝瓶进水口三大部分和百丈堤、人字堤等附属工程组成。这一工程科学地解决了江水自动分流（鱼嘴分水堤四六分水）、自动排沙（鱼嘴分水堤二八分沙）、控制进水流量（宝瓶口与飞沙堰）等问题，不仅消除了水患，而且灌溉面积达到 70 万公顷，覆盖 40 余县，为使川西平原成为“水旱从人”的“天府之国”做出了巨大的贡献。

从工程本身来看，最初的都江堰水利工程没有宏大的水坝，也没有自动开启的水闸，但却充分利用特殊的地形、水脉、水势，通过因势利导、无坝引水、自流灌溉，使堤防、分水、泄洪、排沙、控流相互依存，保证了该项目在防洪、灌溉、水运和社会用水等方面的综合效益；建造时，该工程在没有火药的情况下，用火烧石使之爆裂开凿山岩，在没有水泥的情况下，就地取材，用竹篓裹卵石筑堰，在没有钢材的情况下，用树木编成的木排实现分水。可以说都江堰水利工程项目以最适宜的技术、最小的代价实现了最大的社会经济效益[1]。

随着科学和技术的飞速发展，项目可供采用的技术和方案越来越多，项目实施变得越来越复杂，怎样以项目的经济性为标准，对可能的项目技术或方案进行评价、比较，从中选择能适应自然和社会条件的最优方案，实现项目技术性与经济性的完美统一，这就是工程经济学产生和发展的实际背景。

---

[1] http：//baike. baidu. com/view/507251. html。

二、工程经济学的研究对象与内容体系

（一）工程经济学的研究对象

绝大多数学者认为，对投资项目或方案进行经济评价并以此为基础进行方案优选是工程经济学的基本内容。简言之，工程经济学的研究对象是工程项目的经济性。

（二）工程经济学与本书的内容体系

工程经济学研究内容涉及的范围即工程项目的经济性应该有多宽，经济性是项目总过程的经济性还是项目前期的经济性问题，中外学者至今没有一致的看法。以里格斯为代表的一派学者认为，除了对拟建投资项目的经济性进行评价和方案优选外，项目投入生产后的管理也应属于工程经济学的研究范围；日本学者则将项目中凡是存在经济性问题的领域都纳入到工程经济学学科体系中；而从具有《工程经济学》论纲性质的我国《建设项目经济评价方法与参数》（第三版）看，突出了项目可行性分析阶段的经济性评价问题。洪军在其《工程经济学》[1]中也强调，工程经济学的主要研究内容是项目前期过程（策划和设计阶段）的经济性，也就是项目可行性分析阶段的经济性。

本书的观点是，工程项目的经济性应包括从项目的策划、设计、施工到建成验收及后评价的所有环节，工程经济学的原理和方法对项目实施不同阶段中的经济性问题都具有普适性的指导作用，但是，项目可行性分析阶段的经济性问题是工程经济学的最核心内容。正因为如此，工程经济学是一门研究项目经济性评价，并为项目可行性分析提供理论和方法的学科。

与其他工程经济学教材内容体系有所不同，为强调工程经济学项目经济性评价的应用，结合《建设项目经济评价方法与参数》（第三版）体系，设置以下内容，全面介绍工程经济学相关原理与方法。

第一章是绪论。主要介绍工程经济学的基本概念、内容体系、发展历程和趋势、《建设项目经济评价方法与参数》（第三版）和工程经济学基本原理、评价要求等内容。

第二章是财务效益与费用估算。主要解决项目财务费用、效益的识别与数据获取问题，该部分将形成财务分析的基础，是项目经济评价结论可靠性的重要保证。具体包括工程经济分析的基本经济要素：投资、资产、销售收入、总成本费用、税金、利润的构成及其估算；固定资产折旧的主要计提方法等。

第三章是现金流量的等值换算。资金时间价值理论是工程经济学的基础理论。本章将主要介绍项目现金流量等值换算的基本理论以及工程经济评价最基本的五类等值换算技术，并通过 Excel 提供的换算函数和工具展示等值换算过程。

第四章是资金筹措与资金成本分析。本部分在性质上为项目经济性评价提供基础数据，涉及融资主体、融资渠道和融资方案。本章将重点介绍如何确定项目的融资主体及项目资本金（项目权益金）；如何从资金来源的可靠性、资金结构、融资成本及融资风险等方面对融资方案进行分析、比选、确定拟建项目的融资方案。

---

[1] 洪军，工程经济学，高等教育出版社，2004。

第五章是项目费用效果评价指标。主要介绍项目费用效果评价的常见指标，包括费用效果评价指标的含义与计算，讨论这些指标的特性及其局限性，展示使用 Excel 工具计算这些指标的过程。

第六章是多方案经济比选。本部分重点介绍互斥关系和相关关系的多方案经济比选技术。

第七章是财务评价。财务评价是工程项目经济性评价的核心内容，本章主要介绍项目财务评价基本方法和报表的编制、运用 Excel 工具进行项目财务评价的操作技术和展示财务评价案例。

第八章是不确定性分析。本章主要介绍常见的不确定性分析理论，包括盈亏平衡分析、敏感性分析和概率分析、运用 Excel 工具进行不确定性分析的操作技术和不确定性分析案例。

第九章是项目经济费用效益评价，本章又可称为项目国民经济评价，着重介绍项目经济费用效益评价的概念、必要性及其评价思路；经济费用、效益的识别与计量处理方式；影子价格的概念与计算方法；经济费用效益评价的指标、参数和报表；项目财务评价与经济费用效益评价的区别与联系以及我国项目经济费用效益评价的基本要求等。

第十章是特殊项目的经济评价。主要介绍五类项目即设备更新项目、改扩建项目、并购项目、公共项目以及特殊行业项目的特点及其经济评价的重点、方法和要点。

第十一章是价值工程。本章介绍价值工程的基本原理、方法，包括价值工程的概念及其特点、价值工程阶段与分析程序；价值工程对象选择的定性与定量方法；功能定义、功能分类、资料收集、功能整理与功能评价等功能分析技术；方案创造、评价与实施的相关理论。

第十二章是项目经济评价的完整案例。通过某新建公路项目经济评价案例，展示了以《建设项目经济评价方法与参数》（第三版）为指导所进行的项目经济评价基本内容和评价全过程。特别是结合项目特点，对项目财务评价、国民经济评价和不确定性分析过程进行重点介绍。

第十三章是项目可行性研究。本章主要介绍项目可行性研究相关理论、项目可行性研究报告的主要内容及其编制要求，展示了工业建设项目可行性研究报告的典型内容和内容结构，从而加深读者对工程经济评价工作在项目可行性分析中的地位和作用的认识。

附录。附录的内容供工程经济分析人员在学习和实际应用中备查。包括：（1）部分行业建设项目融资前税前财务基准收益率取值表；（2）部分行业建设项目资本金税后财务基准收益率取值表；（3）2000 年部分市县土地影子价格参考表。由于资金时间价值的等值换算问题通过 Excel 工具已经得到解决，所以不再附有传统的篇幅较大的资金时间价值折算系数表格。

以上 13 章及附录分别从原理和方法、基础数据获得、财务评价、经济费用效益评价、风险评价、特殊项目的经济评价六个方面介绍了工程经济学的核心内容。

作为本书的特色，除系统介绍工程经济学基本原理与方法外，本书具有突出 Excel 工具在工程经济学中的应用、以《建设项目经济评价方法与参数》（第三版）为指导设置工程经济学内容体系、通过大量案例并从工程经济评价实务角度介绍工程经济学基本内容等几大特色。

（三）工程经济学与技术经济学的关系

工程经济学与技术经济学的发展是紧密联系的，在研究内容上有所交叉，但二者是有区别的。

技术经济学的研究对象可界定为三个领域、四个层次、三个方面。三个领域包括：技术领域中的经济活动规律、经济领域中的技术发展规律和技术发展的内在规律；四个层次，即工程（项目）层次的技术经济问题；企业层次的技术经济问题；产业层次的技术经济问题；国家层次的技术经济问题。三个方面，一是基本理论；二是学科基本方法；三是基础理论、基本方法在现实技术经济活动中的应用问题。例如，项目财务评价、技术创新、技术整合等理论与方法在现实中的应用。因此，技术经济学比工程经济学具有更广泛的研究内容。工程经济学相当于技术经济学中的工程（项目）层次。

20 世纪 80 年代到 90 年代的技术经济学，在工程层面主要关注项目的技术选择，项目的财务及国民经济评价；在企业层面主要关注价值工程，设备更新与技术改造，技术创新与技术扩散；在产业层面主要关注产业的技术经济预测，产业技术创新与技术扩散，高新技术创新与科技产业园区的发展，产业技术政策（包括技术创新政策），以技术创新为核心的技术进步对于行业增长的贡献；在国家层面主要关注国家技术政策（包括技术创新政策），以技术创新为核心的技术进步对国民经济增长的贡献，国家技术创新系统等问题。

20 世纪 90 年代末期至今，技术经济学在继续关注 90 年代所研究问题的基础上，在工程层面，更加关注技术型项目管理和项目的技术管理等；在企业层面更加关注企业技术创新管理，技术过程管理，知识产权管理，创新产权的有效配置等；在产业层面更加关注技术预测与选择，行业共性关键技术，产业技术创新与技术扩散，产业技术标准战略，产业技术升级的路径与战略，高新技术创业管理等；在国家层面更加关注“跨越式发展”的国家技术战略和技术创新战略，国家技术创新体系的机制与建设，基于国家经济安全的科技安全、信息安全等问题。这些研究对于项目实施单位科学地进行项目管理，对于企业有效地实施技术创新管理、技术过程管理及企业内部的知识产权配置，对于推动产业技术创新与技术扩散及高新技术创业管理，对于政府重视基于国家经济安全的科技安全、信息安全等问题，都产生了实际的效果。

第二节　工程经济学发展历程与趋势

人的欲望是无限的，而满足人的欲望的资源却是有限的。人的无限欲望与有限资源的矛盾促使经济学的产生并推动其发展。所以，经济学是研究稀缺资源如何有效配置的学科，主要解决生产什么，如何生产以及为谁生产的三大基本问题。工程经济学则主要涉及解决经济学的前两个问题。

一、萌芽与形成期

如同经济学的历史渊源可以追溯到 1776 年亚当·斯密（Adam Smith）的《国富论》出版一样，工程经济学可以追溯到 1887 年惠灵顿（Arthur M. Wellington）的《铁路布局的经济理论》(The Economic Theory of Rail Location) 一书的出版。惠灵顿在该书中对工程经济学下了一个简明的定义:“一门少花钱多办事的艺术。”作为一名建筑工程师,他用资本化的成本分析方法,从铁路投资成本和可能带来的经济效益来研究铁路布局中的最佳线路和路线的曲率问题,从而开创了工程经济领域的经济评价工作。

20 世纪 20 年代,美国戈尔德曼(O. B. Goldman)教授在《财务工程学》(Financial Engineering)一书中第一次提出用复利的方法对方案进行比较的思路。不仅如此,他还批评了当时研究工程技术问题不考虑成本的做法。“有一种奇怪而遗憾的现象,就是许多作者在他们的工程学著作中,没有或很少考虑成本问题。实际上,工程师的最基本责任是分析成本,以达到真正的经济性即赢得最大可能数量的货币,获得最佳财务效率”。

1930 年格兰特(Eugeng L. Grant)教授出版了《工程经济原理》(Principles of Engineering Economy)并首次在美国田纳西流域的综合开发中进行项目的可行性研究。他不仅在该书中剖析了古典工程经济的局限性,而且以复利为基础对固定资产投资的经济评价进行了阐述,首创了工程经济的评价理论和原则,工程经济学体系和框架初步形成。他的贡献得到了社会的承认,在西方被誉为“工程经济学之父”。从此,工程经济学就真正成为一门独立的、系统化的学科。

二、发展时期

第二次世界大战之后,工程经济学受凯恩斯经济理论的影响,研究内容从单纯的工程费用效益分析扩大到市场供应和投资分配领域,从而取得重大进展。

1951 年美国学者迪安(J. dean)《投资预算》一书的出版完善了工程经济分析的现值法,建立了完整的动态分析法。之后工程经济学的基本理论在发达国家之间不断传播。

1977 年、1978 年联合国工业发展组织先后编写了《工业可行性研究手册》、《工业项目评价手册》,各国和企业界普遍接受了以工程经济分析为基础的“可行性研究”方法。这标志着工程经济学成果的应用已从少数发达国家扩展到全世界。

1982 年工程经济学家里格斯(J. L. Riggs)教授出版了《工程经济学》一书。该书内容丰富新颖,论述严谨,系统阐述了货币的时间价值、货币管理、经济决策、工程项目的风险和不确定性分析方法等工程经济学内容,从而促使工程经济学的学科体系更加完整、内容更加充实,使该书不仅成为国外许多高等学校的教材,也标志着工程经济学的发展达到了一个新高度。

三、工程经济学在我国的发展

20 世纪 50 年代,我国在接受 156 项苏联援建重点项目的同时,从苏联引进了工程经济学的分析方法。

60 年代初,我国学者建立了中国特色的技术经济学学科。

1978 年,我国成立了中国技术经济研究会。

1981 年成立了国务院技术经济研究中心,各省(州、市等)也相继成立了省级、州级的政府经济技术研究中心(目前多已改为政府研究室),同年,在颁发的《关于加强基本建设管理、控制基本建设规模的若干规定》中第一次明确提出不管用什么资金安排的项目都要编制项目的可行性研究报告。

1987年，国家计划委员会颁发《建设项目经济评价方法》（可称之为第一版），第一次发布了各类项目经济评价参数，为政府审批和审查项目提供了重要的依据。1990年，为配合《建设项目经济评价方法》的运用，国家计划委员会和建设部颁布了与之配套的《建设项目经济评价方法与参数实用手册》。

1993年，国家计划委员会和建设部颁布《关于建设项目经济评价工作的若干规定》、《建设项目经济评价方法》、《建设项目经济评价参数》（可称之为第二版）。

2006年7月3日，国家发展改革委、建设部正式颁布《关于建设项目经济评价工作的若干规定》、《建设项目经济评价方法》、《建设项目经济评价参数》（可称之为第三版），进一步对工程经济学学科发展和理论应用进行了规范，由此，工程经济学在中国的发展正迎来繁花似锦的春天。

工程经济学由于涉及的研究领域不同和历史沿革的原因，在各国的名称各不一样。如英国称之为业绩分析、法国为经济计算、日本为经济性工程、苏联为技术经济学、美国为工程经济学。我国较长时间内使用技术经济学❶，近期出现了工程经济学。不仅如此，改革开放后，我国很多高校相继开设了《技术经济学》、《投资项目评估》、《投资项目决策》、《投资项目管理》等课程，工程经济学已经成为技术经济与管理专业、项目管理工程硕士、工程管理及其他工程类、管理类、经济类专业的核心课程。

四、发展趋势

近十几年来，随着经济的全球化以及更多大型工程项目的出现，工程经济学逐渐改变了过去单一重视微观经济分析、着眼于微观部门经济效果分析的做法，出现了由微观部门效果分析逐渐与宏观的社会效益分析、环境效益分析相结合，由单目标向多目标分析发展的新趋势。国家经济制度和政策、环境保护和可持续发展等宏观问题对项目的影响已成为当代工程经济学研究的新内容。

随着我国社会主义市场经济制度建设的不断推进，工程项目的经济风险分析得到了更广泛地关注。从评价方法上，系统工程、数学及计算机技术在工程经济学科发展中得到广泛地应用，如在房地产项目的经济评价中，实物期权理论的应用就有着较好的尝试。

一项具体的投资项目给项目实施单位带来的不仅是“现金流”、“净现值”，往往还会带来其他收益，如技术能力的成长、企业价值网络的改进、无形资产的增加等。如何测算项目“净现值”之外的“其他收益”，以便全面研究项目的价值就成为一个需要深入研究的问题。

此外，工程经济分析原理及经济效益评价基本方法与思路不再局限于建设工程项目，而体现在工程经济学研究对象逐步从实物项目的经济性评价向非物质生产领域项目的经济评价跨越的趋势。

---

❶ 但是，严格来说，技术经济学与工程经济学是不同的，见本章第一节。

第三节　工程经济评价的思路与基本原则

一、工程经济评价的基本思路

工程经济评价❶的思路及其内容的设置根源于工程经济分析的目标。工程经济评价要完成对未实施项目的经济评价工作❷，分析的对象往往又是资本性支出的经济方面，这就导致工程经济评价与传统财务分析在思路上的本质区别，也决定了科学的工程经济评价的基本思路和内容设置，其表现在：

首先，工程经济评价的对象是建设项目投资，建设项目投资的最基本特点是投资金额大（相对于经营性支出而言）、投资回收期长（一般视经营性支出可在一个会计年度或一个经营周期内全部回收），正因为分析的对象是跨年度的“大”投资，因此与经营性支出不同，需要对建设项目投资进行专门的经济评价工作，这也正是工程经济评价的初衷。同时，因为建设项目投资的金额大，影响范围和影响程度就大，所以对重大项目往往需要在财务评价的基础上，再进行国民经济评价、区域经济和社会影响评价，这就是工程经济学在内容上设置财务评价、国民经济评价、区域经济与社会影响评价的依据。

其次，理论上讲，不同时间点上发生的现金流量不具备直接汇总或抵消的基础。由于工程项目投资的回收期长，经济评价的分析期较长，这就决定了不能沿用传统财务分析忽略时间价值的做法，需要解决现金流量的等值换算问题，这就是工程经济评价设置资金等值换算的依据。

第三，传统财务分析是对已实施项目的财务方面进行核算，工程经济分析是对未来实施项目的经济方面进行评价，这就需要工程经济评价首先要进行项目未来现金流量的预测或估算工作，通过专门技术和方法获得项目未来的费用与收益数据，而这就需要初步确定项目的基本情况，包括项目实施可能采用的是哪些技术方案，这些技术方案各自的特征是什么，经济方面的数据怎样，项目可通过哪些融资方案获得所需资金，每种融资方案的特征是什么，其在经济方面的数据怎样，项目实施拟采用何种经营管理模式，未来项目的实施环境怎样以及要对项目在收入、成本、税金等方面作出初步判断。这就是工程经济学在内容上设置财务效益与费用估算、资金筹措与资金成本分析、项目费用效果分析等的依据。

第四，由于工程经济评价需要对未来项目的现金流量进行预测或估算，这就必然存在估算误差问题，特别是随着回收期或分析期的加长，所获得的项目现金流量估算和预测值的误差就更大，不确定性分析就必不可少。正因为如此，工程经济学设置了盈亏平衡分析、敏感性分析及概率分析等不确定性分析的内容。

第五，不同类型项目和不同经济评价问题总具有各自的特点，因而需要有针对性的评价方法。作为工程经济分析的延伸和实际工作的需要，工程经济学往往设置典型项目的经济评价和特定问题的分析，如改扩建项目、并购项目、技术改造项目、设备更新项目、基

❶ 本书不严格区分工程经济评价、项目经济评价及项目（工程）经济性评价。

❷ 对于项目的可行性分析更是如此。

础性项目、公共性项目、特殊行业项目的经济评价，以及价值工程、可行性分析等问题进行专门研究以指导工程经济分析的实践。

可见，建设项目投资具有投资金额大、回收期长两个基本特点，而项目经济评价特别是项目可行性分析需要对项目未来现金流量进行预测或估算，因而具有预测性的特点，这三个特点相互交织在一起，共同决定了工程经济分析的思路和基本内容。因此，可以说，建设项目投资和项目经济评价的特点决定了工程经济分析的思路和内容。

二、工程经济评价的基本原则

为提高项目评价的科学性，工程经济评价应遵循以下基本原则。

（一）技术与经济相结合的原则

工程经济学也可以说是关于研究技术和经济相互关系的科学，其目的是根据社会生产实际及技术与经济的发展水平，研究并寻找技术与经济相互促进、协调发展的途径。所以在工程经济评价时，应当遵循技术与经济相结合的原则。技术是经济发展的重要手段，技术进步是推动经济发展的强大动力。但是技术是在一定经济条件下产生和发展的，技术进步要受到经济情况和条件的制约，经济需求是推动技术发展的动力。技术与经济的这种相互依赖、相互促进的关系决定了在进行工程经济评价时，既要顾及项目的技术性，选择符合国家政策、符合产业发展方向、与环境相适应并具备一定技术能力的项目，同时，所选择的技术项目又要符合经济性要求。

（二）可比性原则

方案比较是工程经济学十分重要的内容，所以保持方案的可比性是工程经济评价的重要前提。为形成项目或方案的可比性，需要进行多角度的可比化处理工作。如在工程经济评价时，需要将效益与费用限定在同一个范围内，实现效益与费用计算口径的一致性，只有这样，计算的净效益才是项目投入的真实回报；由于项目的收益总是具有风险性的，因此需要重视项目收益与风险之间的权衡问题，只有在风险水平相当的情况下，比较项目的收益才有意义；此外，时期可比、价格可比，项目在满足需要上的可比，甚至在项目产品品种、规格、数量与质量上的可比等等都是形成方案可比的重要内容，这需要工程经济分析人员在追求科学性的同时，结合具体项目情况灵活处理。

（三）定量分析与定性分析相结合，以定量分析为主的原则

工程经济评价的本质就是要在整个计算期内，通过项目效益与费用的计算，对项目经济效益进行分析和比较。一般来说，工程经济评价要求尽量采用定量指标和定量分析手段，以减小定性分析的主观随意性。但对一些重要的不能量化的经济因素的分析只能通过定性分析手段进行分析。只有将定性与定量分析方法结合起来，发挥各自在分析上的优势，互相补充，才能使分析结论更加科学、准确，以利于决策人员的决策。

（四）动态分析与静态分析相结合，以动态分析为主的原则

动态分析是指利用资金时间价值原理对现金流量进行折现分析，而静态分析则不对现

金流量进行折现分析。项目经济评价的核心是折现，所以分析评价要以折现（动态）指标为主。非折现（静态）指标与一般的财务和经济指标内涵基本相同，比较直观，但是只能作为辅助指标。

第四节　建设项目经济评价方法与参数

开展项目的经济评价，最根本的是要从不同项目或同一项目的不同技术方案中，通过比较筛选出最优方案，其核心是比较。任何评价方法总是有假设的，这使不同方法对同一项目的经济性进行评价其结论总是不一致的，甚至会得到矛盾的结论。同时，每一评价方法往往依赖于折现系数、基本盈利水平、时间等的假定，如果不进行规范，就无法形成项目经济评价的比较基础。因此，为较好发挥项目经济评价的资源优化配置功能，需要国家或相关组织规范项目经济评价的原则、方法、参数和其他事项。学习工程经济学以及开展项目经济评价工作必须要了解建设项目经济评价方法和参数❶。下面对我国《建设项目经济评价方法与参数》（第三版）作重点介绍。

一、发布的背景、目的和规范范围

为规范建设项目经济评价工作，保证经济评价的质量，提高项目决策的科学化水平，引导和促进各类资源的合理有效配置，充分发挥投资效益，我国曾先后发布了三次《建设项目经济评价方法与参数》。

过去我国实行不分投资主体、不分资金来源、不分项目性质，一律按投资规模大小分别由各级政府及有关部门审批的企业投资管理办法，企业没有投资自主权，经济评价工作往往流于形式，在实践中表现为做表面文章以谋求项目的“可批性”，对项目的经济评价特别是项目的经济可行性分析不够深入，投资效果欠佳的项目比例居高不下。改革开放以来特别是2004年7月26日，国务院发布了《关于投资体制改革的决定》，除政府投资项目外，对企业不使用政府投资的项目，一律不再实行审批制，区别不同情况实行核准和备案制，以贯彻“谁投资、谁决策、谁收益、谁承担风险”的基本原则，落实企业投资自主权。投资决策权的下放，增强了企业投资决策的谨慎程度，甚至导致一些企业无所适从，迫切需要相关指导性文件。正是在这种背景下，我国对1993年发布的《建设项目经济评价方法与参数》（第二版）进行了修订。

《建设项目经济评价方法与参数》（第三版）包括《关于建设项目经济评价工作的若干规定》、《建设项目经济评价方法》和《建设项目经济评价参数》三个文件，已由国家发改委和建设部于2006年7月3日以发改投资［2006］1325号文批准发布，要求在投资建设项目经济评价工作中使用，这是我国投资建设、工程咨询和工程建设领域里的一件大事。其基本目的是为全社会提供建设项目经济评价方法和参数，主要为政府投资项目制订经济评价方法和参数，其他投资主体参照执行，即实行审批制的政府投资项目应根据政府投资主管部门的要求，按照《建设项目经济评价方法与参数》执行；实行核准制和备案制

---

❶ 在我国《建设项目经济评价方法与参数》（第三版）公布实施后，作为介绍项目经济评价原理和方法、指导项目经济评价实践的工程经济学，须在内容和体系上作相应的变化，这也是编著本书的初衷之一。

的企业投资项目可根据核准机关或备案机关以及投资者的要求，选用《建设项目经济评价方法和参数》参照执行。除个别报表的个别项不同以外，各类项目包括中外合资项目均采用统一的评价方法。其适用阶段为投资项目的各阶段包括中间评价和后评价。其主要服务对象为全社会各类投资者的各类投资建设项目。

二、第三版较第二版改进和增加的内容

《建设项目经济评价方法与参数》（第三版）较第二版在具体内容上有许多改进之处，突出表现在吸收了国内外经济评价各个环节的成功经验和先进理念，明确了过去项目经济评价实践中的模糊观点，使项目经济评价工作更好地适应我国各项制度并更具规范性和操作性。体现在以下方面：

（1）突出了经济评价工作的“按需而取”原则。在总则部分除了对经济评价的目的、作用、适用范围、评价原则、项目计算期和价格体系进行说明外，指出“建设项目经济评价的内容及侧重点，应根据项目性质、项目目标、项目投资者、项目财务主体以及项目对经济与社会的影响程度等具体情况选择确定”，“建设项目经济评价的深度，应根据项目决策工作不同阶段的具体要求确定”，“对于费用效益计算比较简单，建设期和运营期比较短的一般项目可只进行财务评价，对关系公共利益、国家安全利益或市场不能有效配置或特别重大的建设项目应进行国民经济评价”等等。

（2）强化财务效益与费用估算的准确性对提高项目经济评价结论准确性的重要性。细化并补充了财务费用流和效益流的识别和估算方法，强调项目目标市场的有效需求分析是项目经济评价的重要组成部分；特别指出费用效益估算具有很强的行业特性，各行业应针对本行业特点进行估算；注意到投资主体多元化和资本市场逐步形成的现实背景，突出融资主体和融资方案的选择，以选择合适的资金结构，确保资金来源的可靠性，并以此作为费用估算的基础。

（3）财务分析方面的要求有较大调整。明确指出了不同类型项目的财务分析内容可以不同，并分别对经营性项目和非经营性项目的财务分析内容做了明确规定；明确指出财务分析包括融资前分析和融资后分析两个层次。其中，融资前分析是考虑融资方案前的项目现金流量分析，以着重分析项目自身的盈利能力，考察项目是否具有投资价值；融资后分析是在通过融资前分析检验后，再考虑融资方案，以分析项目的生存能力、项目投资者的盈利能力等；引入了“项目投资现金流量表”代替“全投资财务现金流量表”，并在该表中引入了“调整所得税”项，以实现项目投资现金流量分析，排除融资方案变化的影响，从项目投资总获利能力的角度，考察项目方案设计的合理性；对于偿债能力分析，弱化了“资产负债率”，引入了更能明确表明项目偿债能力的“偿债备付率”和“利息备付率”指标；删除了“损益表”，取而代之的是“利润与利润分配表”，在该表中列入了“息税前利润”、“息税前折旧摊销利润”，用于计算“调整所得税”、“利息备付率”和“偿债备付率”；新增“财务计划现金流量表”，用于项目的财务生存能力分析。

（4）引入费用效果分析。针对部分项目效果难于或不能货币化，或货币化的效果不是项目目标的情况，在经济评价中引入了“费用效果分析”，不仅可以解决具体问题，也使经济评价方法体系更趋完整。

（5）引入敏感度系数和临界点指标。在保留盈亏平衡分析和敏感性分析的基础上，增

加了敏感度系数和临界点两个指标，不仅有利于指导实践中的决策，也使风险分析的量化程度进一步加强。

（6）在财务分析的基础上，明确增加重大项目的“区域经济与宏观经济影响分析”。国内外项目经济评价实践表明，特别重大的建设项目的决策不仅仅是由项目业主独立作出，政府决策起到更为关键的作用，因此不能仅从项目层面考虑项目本身的经济性，需要增加“区域经济与宏观经济影响分析”，从区域或国家层面考虑项目对区域经济或宏观经济的影响，尤其是对财政收支的影响。

（7）完善了评价方法。进一步强调技术方案比选与经济方案比选的协同性，提出进行方案经济比选的项目首先应能达到基本的要求，规范了从效益和费用两个方面比较方案优劣的方法；删除了在理论上争议较大的净现值率等方法。强调在进行项目不确定性因素分析时不能只考虑效益，而应兼顾风险。

（8）突出不同项目主体的经济合理性。针对“项目评价明明可行，可是项目一上马，企业就亏损，经济评价没有什么用”的观点，不仅对常见的改扩建项目和并购项目经济评价特点进行了分析，还指出了项目融资主体和盈利主体可能不一致，对此类项目作经济评价应分为项目层次与企业层次的财务分析，以确实反映项目的经济性。

（9）完善了建设项目经济评价参数体系，重新测定了项目经济评价参数，同时明确指出参数对政府投资项目起基准判断作用，对企业投资项目起着参考作用。

（10）指标、表格和参数的变化。

在财务分析方面，新增的财务指标有总投资利润率、项目资本金净利润率、利息备付率、偿债备付率；财务评价部分不再区分一般项目、改扩建项目、中外合资项目三套报表，仅给出一套报表，而在相关报表需要处进行局部调整；将原现金流量表（全部投资）改为项目投资现金流量表、原现金流量表（自有资金）改为项目资本金现金流量表、原损益表改为利润与利润分配表、无形资产及递延资产摊销表改为无形资产和其他资产摊销表、产品销售（营业）收入和销售税金及附加估算表改为营业收入、营业税金及附加和增值税估算表；增加财务计划现金流量表、投资各方现金流量表、建设投资估算表（形成资产法）、总成本费用表（生产成本加期间费用法）、外购原材料费估算表、外购燃料和动力费估算表、工资及福利费估算表、建设期利息估算表；取消的报表有资金来源与运用表、财务外汇平衡表、单位产品生产成本估算表、主要产出物和投入物使用价格依据表。

在国民经济评价方面，将国民经济效益费用流量表（全部投资）改为项目投资经济费用效益流量表、国民经济评价投资调整计算表改为经济费用效益分析投资费用估算调整表、国民经济评价经营费用调整计算表改为经济费用效益分析经营费用估算调整表、国民经济评价销售收入调整计算表改为项目直接效益估算调整表；增加的报表有项目间接费用估算表、项目间接效益估算表；取消的报表有国民经济效益费用流量表（国内投资）、经济外汇流量表、出口（替代进口）产品国内资源流量表。

在敏感分析、风险分析方面，增加了敏感分析表、敏感度系数和临界点分析表、综合风险等级分类表。

在财务评价参数方面，正式给出51个行业门类的融资前税前财务基准收益率、资本金税后财务基准收益率、非正式给出100个行业门类的融资前税前财务基准收益率、资本金税后财务基准收益率；非正式给出100个行业门类的资产负债率合理区间、利息备付率最低可接受值、偿债备付率最低可接受值、流动比率合理区间、速动比率合理区间。在国民经济评价参数方面，社会折现率变更为8%和6%；影子汇率换算系数确定为1.08；影子工资换算系数（非熟练劳动力）确定为0.25～0.8；对土地影子价格给出了测定原则与方法；非正式给出全国29个有代表性城市2000年不同级别土地的商业、住宅、工业等用途的土地影子价格。

三、产生的影响

《建设项目经济评价方法与参数》（第三版）既总结了国内投资建设项目经济评价的经验，又与国际投资建设项目经济评价方法接轨，既有继承，又有创新，使原有经济评价方法与参数体系更加完善，不仅内容全面、理论严谨、方法科学，而且简便易行，有利实施，指导性更强，能满足各类建设项目经济评价工作的需要，对促进我国投资建设项目科学决策和投资效益提高具有重要的意义。

新增的费用效益分析方法不仅能促进节约投资，还为教育、卫生、国防等政府投资建设项目提供了定量的评价方法；新增的风险分析采用定性与定量相结合的方法，对风险因素发生的可能性及给项目带来经济损失程度进行分析，必将在一定程度上起到降低项目风险的作用；新增的区域经济影响分析从宏观层面上可为重大投资建设项目的经济评价提供依据，有助于各级政府的投资决策。

社会折现率体现了我国在一定时期内对资金时间价值的估价，反映国家对资金使用的宏观调控意图，是项目经济合理性和方案比选的主要判断依据。采用适当的社会折现率进行项目经济评价，有助于合理使用建设资金、引导投资方向、促进资金在长线项目与短线项目之间的合理配置；同时，社会折现率的高低直接影响到通过经济评价的拟建项目的数量，当社会折现率较高时，能通过经济评价的项目较少，而当折现率较低时，能通过的项目则较多。第三版《建设项目经济评价方法与参数》将社会折现率取值降低为8%和6%，反映了国家鼓励建设项目投资的导向。

思考题及习题

1. 为什么说工程经济学致力于项目技术性与经济性的完美结合？
2. 为什么说工程项目及其经济评价的特点决定了工程经济评价的思路与工程经济学的内容设置？
3. 为什么要由有关组织发布建设项目经济评价方法与参数？
4. 什么是工程经济学与技术经济学的主要区别点？
5. 工程经济学的发展趋势如何？研究热点有哪些？

第二章　财务费用与效益估算

本章学习目标

掌握工程经济分析的基本经济要素，项目投资、成本费用、销售收入、税金及利润的构成和估算，固定资产折旧的主要计提方法，通过案例全面掌握项目经济评价中财务效益与费用的估算技术，为项目经济评价奠定现金流量的数据基础。

对工程项目的经济性进行评价，实际上就是对项目的经济方面进行评价，在项目的经济方面，投资、成本费用、销售收入、税金及利润等经济要素是构成或影响项目投入产出的基本要素，可称之为工程经济分析的基本经济要素。通过对这些基本经济要素进行估算可获得工程经济分析最重要的基础数据，形成工程经济分析各类评价的基础。

由于项目还没有实施，所有这些基本经济要素的取得大多不是通过核算或统计而是通过估算或预测才能获得，这是工程经济分析与传统财务分析在数据来源上的最显著区别。每一类基本经济要素的估算需要结合财务会计知识，并通过专门的估算技术以尽可能准确地反映项目未来现金流量的状况，而估算的准确性与可靠程度将会直接影响到工程经济评价的结论。

第一节　投资估算

一、投资及其估算要点

投资是工程经济分析中的重要概念。投资一词具有双重含义，一是指投资活动，即经济主体为了获取预期利益，向某项计划或项目投入一定量资源并使资源不断转化为资产的全部经济活动，这是广义上的投资概念；二是指人们在社会经济活动中为实现某种预定的生产经营目标而预先垫支的资金，这是狭义上的投资概念。在工程经济学中，所涉及的投资概念主要从狭义上来理解。对投资的认识和投资估算的要点有以下几个方面：

（1）投资是衡量工程项目或技术方案投入的重要经济指标，是项目建设期最主要的现金流量，在性质上是现金流出。项目评价中总投资是指项目建设和投入运营所需要的全部投资（其估算范围与现行的投入总资金一致），是建设投资、建设期利息和全部流动资金之和。它区别于目前国家考核建设规模的总投资，即建设投资和30%的流动资金（又称铺底流动资金）。

（2）投资总过程包括投资的形成与筹集、投资分配、投资实施、投资回收等阶段。

（3）工程项目的投资包括建设投资、建设期利息和流动资金投资三大部分，因此投资估算包括固定资产投资估算和流动资金估算。投资不仅包括建设投资而且包括流动资金投资具有重大的现实意义。在现实中，许多项目在进行投资估算时，只包括了固定资产投资估算部分，造成项目建设完工后，由于资金筹措困难或流动资金不保障导致项目失败的例子比比皆是。

（4）工程项目的投资包括固定资产投资、无形资产投资、递延资产投资、建设投资的借款利息等几个方面。相应地，从资产的特性看，投资所形成的资产分别为固定资产、无形资产、递延资产和流动资产。

1）固定资产是指同时具有下列特征的有形资产：①为生产商品、提供劳务、出租或经营管理方面的需要而持有的；②使用寿命超过一个会计年度。

2）无形资产是指企业或项目拥有或控制的没有实物形态的可辨认非货币性资产。

3）其他资产，也称递延资产，是指除流动资产、长期投资、固定资产、无形资产以外的其他资产，如长期待摊费用。按照有关规定，除购置和建造固定资产以外，所有筹建期间发生的费用，先在长期待摊费用中归集，待企业开始生产经营起计入当期的损益。

在项目经济评价中，总投资形成的资产还可进一步划分：形成固定资产，构成固定资产原值的费用包括：①工程费用，即建筑工程费、设备购置费和安装工程费；②工程建设其他费用；③预备费，含基本预备费和涨价预备费；④建设期利息。形成无形资产、构成无形资产原值的费用主要包括技术转让费或技术使用费（含专利权和非专利技术）、商标权和商誉等；形成其他资产、构成其他资产原值的费用主要包括生产准备费、开办费、出国人员费、来华人员费、图纸资料翻译费、样品样机购置费和农业开荒费等。而总投资中的流动资金与流动负债共同构成流动资产。

（5）建设项目的固定资产投资具体包括建筑工程费、设备购置费、设备安装费、其他基本建设费、预备费等项，而流动资金投资则包括生产领域的资金投资和流通领域的资金投资。

（6）投资总要进行回收和弥补，投资所形成的固定资产、无形资产、递延资产需要通过折旧或摊销的方式以年折旧费或年摊销费在项目年成本费用中予以弥补，而形成的流动资产则全部在当期年成本费用中予以弥补。

二、固定资产投资的估算

通过对拟建项目的投资进行估算可以了解项目的总投资水平，据此可以制定资金筹措计划和资金使用与安排计划，科学的投资估算对项目建设过程的控制以及对项目进行合理经济评价都具有重大意义。

实践中，项目固定资产的投资估算方法主要有直接估算法和分项估算汇总法两类。

（一）直接估算法

该法以已实施项目的实际固定资产投资是合理投资作为假设，根据已实施的同类项目的固定资产投资额及共同指标直接估算出拟建项目的固定资产投资额。具体有单位生产能力估算法、生产规模指数估算法、比例估算法三种。

1. 单位生产能力估算法

该类方法假设拟投资建设的项目与已实施项目的单位生产能力（规模）固定资产投资

额相等，再考虑物价变化因素加以修正，从而通过同类已实施项目的单位生产能力所需固定资产投资额来直接估算出拟建项目固定资产投资额，计算公式如下：

$$I_2 = P_2\left(\frac{I_1}{P_1}\right)C_F$$

式中　I_2——拟建项目固定资产投资估算额；

I_1——同类已实施项目实际固定资产投资额；

P_2——拟建项目的生产规模；

P_1——同类已实施项目的生产规模；

C_F——物价修正指数，可通过拟建项目建成投产年份的价格指数与同类已实施项目投资数据取得年份的价格指数之比作为物价修正指数。

这种方法适用于拟建项目与同类已实施项目在主要方面或条件大体相似的情况，否则会加大由此获得的项目固定资产估算额的误差值。

2. 生产规模指数估算法

实践中，往往后续建设项目的生产规模会大于已实施项目，而规模的扩大常具有某种程度的规模效应，带来项目固定资产投资额的节省，而对于拟建规模比已实施项目小的情况，则具有相反的效应。因此需要对单位生产能力估算法进行适当的调整。计算公式如下：

$$I_2 = I_1\left(\frac{P_2}{P_1}\right)^n C_F$$

式中，n 表示生产规模指数（$0 \leqslant n \leqslant 1$），可根据不同类型项目的统计资料综合加以确定。统计资料表明，n 的平均值大约在 0.6 左右，因而有时又可将此法称为 0.6 指数法。其他变量的含义同上。

类似地，生产规模指数估算法仅适用于同类的项目。

3. 比例估算法

该法假设已实施同类项目的某类投资，如主要设备投资占整个项目固定资产投资总额的比例与拟建项目相等，在已经明确拟建项目所需主要设备投资的情况下，估算出拟建项目的固定资产投资额。计算公式如下：

$$I_2 = \frac{1}{k}\sum_{i=1}^{n}(Q_iP_i)$$

式中　k——同类已实施项目主要设备投资占固定资产投资总额的比例；

n——所考察的拟建项目的主要设备种类数；

Q_i——所考察的拟建项目的第 i 种设备的数量；

P_i——所考察的拟建项目的第 i 种设备的单价（到厂价格）。

这种估算法同样仅适用于已实施项目与拟建项目各方面条件都大体相似的情况，而且，方法计算虽然简单，但有两点不足之处，一是估算值准确性较差，一般仅适用于项目规划性估算、项目建议书估算和其他临时性估算；二是需要积累大量该类项目的某方面投资，如设备投资与整个项目固定资产投资额的基础数据，并经过科学系统的分析整理才能获得可递推的 k 值。

（二）分项估算汇总法

如果项目的基本情况基本明确，为准确估算项目的固定资产投资额，需要按照固定资产投资的构成，按工程造价进行分项估算，再汇总分项估算的结果，形成拟建项目的固定资产投资额，这就是分项估算汇总法。

通常，构成建设项目固定资产投资组成部分主要有建筑工程投资、设备购置费、安装工程投资、工程建设其他费用，它们的计算分别为：

建筑工程投资 = 项目建筑面积 × 单位面积造价

设备购置费 = 设备出厂价 + 运杂费

安装工程投资 = 设备购入价 × 安装费率

或　安装工程投资 = 设备重量 × 设备单位重量安装费

拟建项目固定资产投资总额 = 建筑工程投资 + 设备购置费 + 安装工程投资 + 工程建设其他费用

较直接估算法，分项估算汇总法能够结合具体工程项目投资构成和实际情况，而且是在项目基本情况相对明了的情况下进行估算，估算时参照的是由相关部门制定的概预算编制文件或经验数据，甚至进行成本调查，通过编制固定资产投资估算辅助报表来获得分项数据，再汇总形成整个固定资产投资的估算，因此估算结果要相对准确。

（三）固定资产投资估算辅助报表

为使分项估算工作有序进行，需要填制相关的固定资产投资估算辅助报表。表2-1和表2-2分别是概算法下的建设投资估算表和形成资产法下的建设投资估算表式样；表2-4是建设项目建设期利息估算表。

表2-1　建设投资估算表（概算法）

（人民币单位：万元，外币单位：××）

序号	工程或费用名称	建筑工程费	设备购置费	安装工程费	其他费用	合计	其中：外币	比例/%
1	工程费用							
1.1	主体工程							
1.1.1	××××							
	……							
1.2	辅助工程							
1.2.1	××××							
	……							
1.3	公用工程							
1.3.1	××××							
	……							
1.4	服务性工程							

续表 2-1

序号	工程或费用名称	建筑工程费	设备购置费	安装工程费	其他费用	合计	其中：外币	比例/%
1.4.1	××××							
	……							
1.5	厂外工程							
1.5.1	××××							
	……							
1.6	××××							
2	工程建设其他费用							
2.1	××××							
	……							
3	预备费							
3.1	基本预备费							
3.2	涨价预备费							
4	建设投资合计							
	比例（100%）							

注：1. “比例”分别按各主要科目的费用（包括横向和纵向）占建设投资的比例；

2. 本表适用于新设法人项目与既有法人项目的新增建设投资的估算；

3. “工程或费用名称”可依据不同行业的要求进行调整。

表 2-2　建设投资估算表（形成资产法）

（人民币单位：万元，外币单位：××）

序号	工程或费用名称	建筑工程费	设备购置费	安装工程费	其他费用	合计	其中：外币	比例/%
1	固定资产费用							
1.1	工程费用							
1.1.1	××××							
1.1.2	××××							
1.1.3	××××							
	……							
1.2	固定资产其他费用							
1.2.1	××××							
	……							
2	无形资产费用							
2.1	××××							
	……							
3	其他资产费用							
3.1	××××							
4	预备费							
4.1	基本预备费							
4.2	涨价预备费							
5	建设投资合计							
	比例（100%）							

注：1. “比例”分别按各主要科目的费用（包括横向和纵向）占建设投资的比例；

2. 本表适用于新设法人项目与既有法人项目的新增建设投资的估算；

3. “工程或费用名称”可依据不同行业的要求进行调整。

三、流动资金的估算

项目流动资金的估算方法与固定资产投资估算基本类似，有流动资金直接估算法和流动资金分项估算汇总法。

（一）直接估算法

流动资金直接估算法是依据某一共有指标相同而由此直接估算项目流动资金的方法。共有指标可选择总成本（或经营成本）资金率、固定资产资金率、销售收入资金率、单位产量资金率等，由此形成以下方法：

（1）总成本（或经营成本）资金率法。该法假设，在正常年份，项目流动资金占用额与年总成本或年经营成本之间具有恒定的比例关系。计算公式如下：

流动资金需要量 = 项目年总成本(经营成本) × 总成本(或经营成本) 资金率

式中，项目年总成本是指项目达到设计生产能力时的总成本数值；总成本资金率指项目流动资金年需要量与年总成本的比率。

（2）固定资产资金率法。该法假设，在正常年份，项目流动资金占用额与项目固定资产价值之间具有恒定的比例关系。计算公式如下：

流动资金需要量 = 固定资产价值 × 固定资产价值资金率

式中，固定资产价值资金率指项目流动资金年需要量与固定资产价值的比率。

（3）销售收入资金率法。该法假设，在正常年份，项目流动资金占用额与项目年销售收入之间具有恒定的比例关系。计算公式如下：

流动资金需要量 = 项目年销售收入 × 销售收入资金率

式中，项目年销售收入是指项目达到设计生产能力时的年销售收入；销售收入资金率是流动资金需要量占年销售收入的比率，一般工业项目多采用该方法。

（4）单位产量资金率法。该法假设，在正常年份，项目流动资金占用额与项目年产量之间具有恒定的比例关系。计算公式如下：

流动资金需要量 = 达产年产量 × 单位产量资金率

式中，单位产量资金率是指达产情况下，平均单位产量需要占用的流动资金数量。

（二）分项估算汇总法

流动资金是指运营期内长期占用并周转使用的营运资金，不包括运营中需要的临时性运营资金。流动资金的估算基础是经营成本和商业信用等，流动资产的构成要素一般包括存货、库存现金、应收账款和预付账款；流动负债的构成要素一般考虑应付账款和预收账款。流动资金等于流动资产与流动负债的差额。投产第一年所需的流动资金应在项目投产前安排。

流动资金构成与分项关系如下：

流动资金 = 流动资产 - 流动负债

(1) 流动资产 = 应收账款 + 存货费 + 现金

应收账款 = 年销售收入/应收账款周转次数

存货费 = 外购原材料、燃料、动力费 + 在产品费 + 产成品费

其中，外购原材料、燃料、动力费 = 年外购原材料、燃料、动力费/相应周转次数

在产品费 =(年外购原材料、燃料、动力费 + 年工资、福利 + 年修理费 + 年其他制造费用)/在产品周转次数

产成品费 = 年经营成本/产成品周转次数

现金 =(年工资及福利 + 年其他费用)/现金周转次数

(2) 流动负债 = 应付账款 + 年预收账款

各项数据需要经过相应项目的资金周转次数进行调整。

按照流动资金的构成及分项关系，流动资金分项估算汇总法使用的辅助报表可参见表2-3。

表 2-3 流动资金估算表 （人民币单位：万元）

序号	项 目	最低周转天数	周转次数	计算期					
				1	2	3	4	…	*n*
1	流动资产								
1.1	应收账款								
1.2	存货								
1.2.1	原材料								
1.2.2	××××								
	……								
1.2.3	燃料								
1.2.3.1	××××								
……									
1.2.4	在产品								
1.2.5	产成品								
1.3	现金								
1.4	预付账款								
2	流动负债								
2.1	应付账款								
2.2	预收账款								
3	流动资金(序号1－序号2)								
4	流动资金当期增加额								

注：1. 本表适用于新设法人项目与既有法人项目的“有项目”、“无项目”和增量流动资金的估算；

2. 具体科目可视行业或项目适当加以变动；

3. 如发生外币流动资金，应另行估算并予以说明。

例 2-1　预计某项目在达到设计生产能力后，劳动定员为 240 人，年标准工资为每人 1.5 万元，年福利费为年工资总额的 14%；年其他费用为 20820 万元（其中，其他制造费用 820 万元）；年外购原材料、燃料动力费 9482 万元；年经营成本为 30877 万元；年修理费 218 万元；年销售收入为 50000 万元。各项流动资金最低周转天数分别为：应收账款 45 天，现金 30 天，应付账款 60 天，原材料、燃料、动力 90 天，在产品 3 天，产成品 20 天。试用分项估算汇总法估算拟建项目的流动资金投资额。

解：（1）依据周转次数 = 360/最低周转天数，

可计算到各项流动资金周转次数分别为应收账款 8 次，现金 12 次，应付账款 6 次，原材料、燃料、动力 4 次，在产品 120 次，产成品 18 次。

（2）外购原材料、燃料、动力费 = 年外购原材料、燃料、动力费 / 周转次数

$= 9482 \div 4 = 2370.5 \approx 2371$ 万元

（3）在产品费

=（年外购原材料、燃料、动力费 + 年工资、福利 + 年修理费 + 年其他制造费）/ 周转次数

$= (9482 + 240 \times 1.5 \times 1.14 + 218 + 820) \div 120$

$= 91.08667 \approx 91$ 万元

（4）产成品费 = 年经营成本 / 相应周转次数

$= 30877 \div 18 = 1715.389 \approx 1715$ 万元

（5）应收账款 = 年销售收入 / 应收账款周转次数

$= 50000 \div 8 = 6250$ 万元

（6）现金 =（年工资及福利 + 年其他费用）/ 周转次数

$= (410.4 + 20820) \div 12$

$= 1769.2 \approx 1769$ 万元

（7）应付账款 = 年外购材料、燃料动力 / 应付账款周转次数

$= 9482 \div 6 = 1580.333 \approx 1580$ 万元

（8）流动资金 = 流动资产 − 流动负债

$= 2371 + 91 + 1715 + 6250 + 1769 - 1580$

$= 10616$ 万元

这里，经营成本是项目经济评价中所使用的特定概念，作为项目运营期的主要现金流出，构成和估算可采用以下表达式：

经营成本 = 外购原材料、燃料和动力费 + 工资及福利费 + 修理费 + 其他费用

式中，其他费用是指从制造费用、管理费用和营业费用中扣除折旧费、摊销费、修理费、工资及福利费以后的其余部分。

四、建设期利息的估算

在建设投资分年计划的基础上可设定初步融资方案，对采用债务融资的项目应估算建

设期利息。

建设期利息指筹措债务资金时在建设期内发生并按规定允许在投产后计入固定资产原值的利息，即资本利息化。建设期利息包括银行借款和其他债务资金的利息，以及其他融资费用。其他融资费用是指某些债务融资过程中所发生的手续费、承诺费、管理费、信贷保险费等融资费用，一般情况下应将其单独计算并计入建设期利息；在项目前期阶段，也可粗略估算并计入建设投资；对于不涉及国外贷款的项目，在可行性研究阶段，也可仅作粗略估算并计入建设投资。

估算建设期利息，应根据不同情况选择名义年利率或有效年利率。分期建成投产的项目，应按各期投产时间分别停止借款费用的资本化，此后发生的借款利息应计入总成本费用。

建设项目评价中的总投资包括建设投资、建设利息和流动资金之和。建设项目经济评价中应按有关规定将建设投资中的各分项目形成固定资产原值、无形资产原值和其他资产原值。形成的固定资产原值可用于计算折旧费，形成的无形资产和其他资产原值可用于计算摊销费。建设期利息应计入固定资产原值。

表 2-4 是项目投资建设期利息估算表式样。

表 2-4 建设期利息估算表 （人民币单位：万元）

序号	项目	合计	建设期					
			1	2	3	4	…	n
1	借款							
1.1	建设期利息							
1.1.1	期初借款余额							
1.1.2	当期借款							
1.1.3	当期应计利息							
1.1.4	期末借款余额							
1.2	其他融资费用							
1.3	小计（序号1.1+序号1.2）							
2	债券							
2.1	建设期利息							
2.1.1	期初债务余额							
2.1.2	当期债务金额							
2.1.3	当期应计利息							
2.1.4	期末债务余额							
2.2	其他融资费用							
2.3	小计（序号2.1+序号2.2）							
3	合计（序号1.3+序号2.3）							
3.1	建设期利息合计							
3.2	其他融资费用合计（序号1.2+序号2.2）							

注：1. 本表适用于新设法人项目与既有法人项目的新增建设期利息的估算；

2. 原则上应分别估算外汇和人民币债务；

3. 如有多种借款或债券，须分别列出。

五、总投资使用计划与资金筹措辅助报表

在项目固定资产投资或建设投资、流动资金、建设期利息估算完成后，便可填写项目总投资使用计划与资金筹措表，如表2-5所示。

表2-5　项目总投资使用计划与资金筹措表

（人民币单位：万元，外币单位：××）

序号	项　目	合　计			1			…		
		人民币	外币	小计	人民币	外币	小计	人民币	外币	小计
1	总投资									
1.1	建设投资									
1.2	建设期利息									
1.3	流动资金									
2	资金筹措									
2.1	项目资本金									
2.1.1	用于建设投资									
	×××方									
	……									
2.1.2	用于流动资金									
	×××方									
	……									
2.1.3	用于建设期利息									
	×××方									
	……									
2.2	债务资金									
2.2.1	用于建设投资									
	××借款									
	××债券									
	……									
2.2.2	用于建设期利息									
	××借款									
	××债券									
	……									
2.2.3	用于流动资金									
	××借款									
	××债券									
	……									
2.3	其他资金									
	×××									

注：1. 本表按新增投资范畴编制；

2. 本表建设期利息包括其他融资费用；

3. 对既有法人项目，项目资本金中可包括新增资金和既有法人货币资金与资产变现或资产经营权变现的资金，可分别列出或加以文字说明。

建设投资估算应在给定的投资规模、产品方案和工程技术方案的基础上，估算项目建设所需的费用。建设投资由工程费用（建筑工程费、设备购置费、安装工程费）、工程建设其他费用和预备费（基本预备费和涨价预备费）组成。按照费用归集形式，建设投资可按概算法或形成资产法分类。根据项目前期研究各阶段对投资预算精度的要求、行业特点和相关规定，可选用相应的投资估算方法。投资估算的内容与深度应满足项目前期研究各阶段的要求，并为融资决策提供基础。建设投资的分期使用计划应根据项目进度计划安排，应明确各期投资额以及其中的外汇和人民币额度。

第二节 成本费用估算

一、成本费用概念及其构成要点

（一）总成本费用

总成本费用是指在一定时期内（一般为一年）为生产产品或提供劳务所发生的全部费用。

成本是核算了的费用，但在工程经济评价中，将成本和费用统一视为现金流出，不对二者进行严格区分。成本和费用就其经济实质来看是产品价值构成中 c 与 v 两部分的价值，是项目运营过程中所耗费的资金总和。

（二）总成本费用包括生产成本和期间成本两部分

生产成本是与生产领域相关的各项支出，主要包括：(1) 直接材料指在生产经营过程中直接用于产品生产的原料及有助于产品形成的辅助材料，具体包括原材料、半成品、燃料和动力、辅助材料、包装物等。(2) 直接人工是指直接从事产品生产的工人工资支出以及按生产工人工资总额和规定比例提取的人工福利费。(3) 制造费用，指生产领域发生的为生产产品和提供劳务所发生的各项间接费用。其中，直接材料和直接人工构成产品的直接成本，制造费用则构成产品的间接成本。

期间成本是指分摊到当期的、与生产活动没有直接联系的各项费用构成的成本，主要包括管理费用、营业费用和财务费用三部分。(1) 管理费用指项目为生产和销售产品，由行政管理部门管理和组织经营活动而发生的各项费用，包括工会经费、教育经费、业务招待费、印花税等相关税金、技术转让费、咨询费、诉讼费、公司经费等。(2) 营业费用（过去称为销售费用）指在销售产品、提供劳务过程中发生的各种费用以及设立销售机构的费用。(3) 财务费用，是指为筹集生产经营资金而发生的费用，包括利息支出、汇兑损失、金融机构手续费以及筹集生产经营资金发生的其他费用。

（三）根据成本习性，可将总成本费用进一步划分为固定成本和变动成本

在一定生产规模内，不随业务量变动而变动的费用即为固定成本。固定成本概念中的“固定”指的是在一定业务量范围内其发生的费用总额是固定的，但是，单位固定成本却是变动的。因为在成本总额固定的情况下，业务量小，单位业务量负担的固定费用就大；

业务量大，单位业务量负担的固定费用就小。降低固定成本主要通过降低一定时期内的期间费用支出额来实现。

发生总额随业务量增减变化而成正比例升降的费用即为变动成本。例如构成产品实体的原材料、燃料、动力、计件工资等。变动成本概念中的“变动”指的是费用成本总额，而非单位产品的费用，单位变动成本在一定业务量范围内反而是固定的。要降低单位变动生产成本则主要依靠技术和管理手段，通过直接降低单位产品在生产过程中的原材料和劳动消耗来实现。

固定成本和变动成本的划分是相对的，因为从长期来看一切成本费用都是变动的。但将项目成本按习性要么划分为固定成本，要么划分为变动成本对后续的项目盈亏平衡分析及成本分析具有重要意义。

（四）经营成本

经营成本也称付现成本，是指在一定期间（通常为一年）内由于生产和销售产品及提供劳务而实际发生的现金支出。经营成本是总成本费用的一部分，但不包括虽计入当期总成本费用但实际未在该期发生的现金支出的费用项目。计算公式如下：

$$经营成本 = 总成本费用 - 折旧费 - 各种摊销费 - 借款利息$$

（五）沉没成本和机会成本

沉没成本是指已经支出、无法改变的成本。

机会成本是指在利用一定资源以某种方式获取收益时所放弃的其他利用方式的最大收益，机会成本并非真实所支付的成本，而是一种潜在的失去收益。

二、总成本费用的估算

在工程经济分析中，总成本费用的估算通常采用分项估算汇总法。将总成本费用分为外购原材料、外购燃料动力、工资福利、折旧费、摊销费、利息费和其他费用来估算，总成本费用就等于这些费用的汇总。

（一）原材料、燃料、动力成本、工资及福利的估算

具体估算公式为：

$$外购原材料成本 = 全年产量 \times 单位产品原材料成本$$

$$燃料动力成本 = 全年产量 \times 单位产品燃料和动力成本$$

工资及福利估算有两种方法：

一是按全厂职工定员数和人均年工资总额，计算公式为：

$$年工资及福利成本 = 全部职工定员数 \times 人均年工资及福利费$$

二是按照不同的工资级别对职工进行划分，分别估算同一级别的工资，然后加以汇总。计算公式为：

$$年工资及福利成本 = \Sigma 各级别工资及福利费$$

（二）固定资产修理费的估算

修理费是指为保持固定资产的正常运转和使用，充分发挥其使用效能，对其进行必要修理所发生的费用，按修理范围的大小和修理时间间隔的长短可以分为大修理和中小修理。

修理费允许直接在成本中列支，如果当期发生的修理费用数额较大，可实行预提或摊销的办法。

当按“生产要素法”估算总成本费用时，固定资产修理费系指项目全部固定资产的修理费，可直接按固定资产原值（扣除所含的建设期利息）的一定百分数估算。百分数的选取应考虑行业和项目特点。在生产运营的各年中，修理费率的取值，一般采用固定值。根据项目特点也可以间断性地调整修理费率，开始取较低值，以后取较高值。

（三）无形资产和其他资产原值及摊销费的估算

无形资产原值是指项目投产时按规定由投资形成的无形资产的部分。按照有关规定，无形资产从开始使用之日起，在有效使用期限内平均摊入成本。法律和合同规定了法定有效期限或者受益年限的，摊销年限从其规定，否则摊销年限应注意符合税法的要求。无形资产的摊销一般采用平均年限法，不计残值。

其他资产的摊销也可以采用平均年限法，不计残值，摊销年限应注意符合税法的要求。

（四）制造费用、管理费用、营业费用和其他费用估算

其他费用包括其他制造费用、其他管理费用和其他营（业）费用这三项费用，系指由制造费用、管理费用和营业费用中分别扣除工资及（福）利费、折旧费、摊销费、修理费以后的剩余部分。

按照《企业会计制度》，制造费用指为生产产品和提供劳务而发生的各项间接费用，包括生产单位管理人员工资和福利费、折旧费、修理费（生产单位和管理用房屋、建筑物、设备）、办公费、水电费、机物料耗、劳动保护费、季节性和修理期间的停工损失等，但不包括企业行政管理部门为组织和管理生产经营活动而发生的管理费用。项目经济评价中，为了简化估算常将制造费用归类为管理人员工资及福利费、折旧费、修理费和其他制造费用几部分。项目经济评价中，制造费用或其他制造费用的估算方法有：按固定资产原值（扣除所含的建设期利息）的百分数估算；按人员定额估算，具体估算方法按行业规定。

管理费用是指为管理和组织生产经营活动所发生的各项费用，包括公司经费、工会经费、职工教育经费、劳动保险费、待业保险费、董事会费、咨询费、聘请中介机构费、诉讼费、业务招待费、排污费、房产税、车船使用税、土地使用税、印花税、矿产资源补偿费、技术转让费、研究与开发费、无形资产与其他资产摊销、职工教育经费、计提的坏账准备和存货跌价准备等。为了简化估算，项目评价中可将管理费用归类为管理人员工资及福利费、折旧费、无形资产和其他资产摊销、修理费和其他管理费用几部分。其他管理费用就为管理费用中扣除工资及福利费、折旧费、摊销费、修理费后的其余部分。项目评价

中，管理费用或其他管理费用的估算常见方法是按人员定额或取工资及福利费总额的倍数进行估算。若管理费用中的技术转让费、研究与开发费和土地使用税等数额较大，应单独核算后并入其他管理费用，或单独列项。

营业费用是指在销售商品过程中发生的各种以及专设销售机构的各项经费，包括运输费、装卸费、包装费、保险费、广告费、展览费以及专设销售机构人员工资及福利费、类似工资性质的费用、业务费等经营费用。为了简化，项目经济评价中，将营业费用归为销售人员工资及福利费、折旧费、修理费和其他营业费用几部分。其他营业费用是指在营业费用中扣除工资及福利费、折旧费、修理费后的剩余部分。项目经济评价中常见的估算方法是按营业收入的百分数进行估算。

（五）固定成本和变动成本的估算

固定成本和变动成本的估算实际上是对所发生的费用项目进行归类的问题。有些成本费用属于半可变（或半固定）成本，例如不能熄灭的工业炉的燃料费用等。工资、营业费用和流动资金利息等也都可能既有可变因素，又有固定因素。需将半可变（或半固定）成本进一步分解为变动成本和固定成本，使成本费用最终划分为变动成本和固定成本。长期借款利息应视为固定成本，流动资金借款和短期借款利息可能部分与产品产量相关，其利息可视为半可变半固定成本，为简化计算，一般也将其作为固定成本。

三、固定资产折旧

（一）固定资产的折旧

除土地以外的各类固定资产都有一定的耐用年限，它们的物质实体随着使用时间的加长都会不断丧失其使用价值，或者虽然没有到最后使用年限，但由于技术的进步导致使用成本大于收益，造成固定资产的提前报废。固定资产在使用过程中，其价值逐渐转移到产品中去，通过产品销售收入以货币资金的形式加以回收和累积，从而达到对固定资产损耗的补偿和更新的目的，这种固定资产损耗转移到产品中的价值就叫做折旧。折旧的实质就是固定资产在使用期限内的资本成本的回收。折旧对产品成本、售价决策、利润确定、货币资金流转以及固定资产更新都有重要影响。

固定资产的损耗包括有形损耗和无形损耗。有形损耗是指固定资产因参与使用受自然力侵蚀而引起的损耗。无形磨损指的是因新技术、新工艺、新设备等的投入使用以及新观念、新市场结构的形成而使原有的固定资产不适宜使用而引起的损耗。企业的折旧政策要充分考虑固定资产的各种损耗及其程度，根据现实情况调整折旧政策。企业在选择折旧方法时要考虑怎样符合固定资产损耗的实际情况，又要考虑如何适应企业经营发展的战略需求。对于不同性质不同用途的固定资产还可以选用不同的折旧方法，对经常使用的固定资产应该采用平均年限法，对不经常使用的固定资产可采用工作量法。

（二）折旧的估算

与传统财务会计类似，项目固定资产折旧额的估算方法一般采用平均年限法，运输公司或企业车队的客货汽车、安装企业的大型设备等可以采用工作量法。在国民经济中占有重要地位且技术进步快的电子生产企业、船舶制造、生产机械的重工业、化工生产企业和医疗设备生产企业以及其他财政部批准的特殊行业的企业，机器设备的折旧可以采用双倍余额递减法或年数总和法。

按照国家的折旧制度规定，计提折旧的固定资产包括：（1）房屋、建筑物；（2）在用的机器设备、仪表仪器、运输车辆、工具器具；（3）季节性停用和在建停用的设备；（4）以经营租赁方式租出去的固定资产；（5）以融资租赁方式租入的固定资产。

1. 平均年限法

平均年限法又称直线折旧法，是广泛采用的一种折旧方法。采用平均年限法计算固定资产折旧额是根据固定资产的原始价值、清理费用和残余价值计算的。

原始价值是在购置或建造某项固定资产时所有的全部货币支出，清理费用是一种必要的追加费用，也应当由产品负担。残值价值是固定资产通过报废清理所得的材料或零件的价值，不应该作为固定资产使用期间的生产费用。用固定资产应当提取的折旧总额除以折旧年限或月份，即可求得年度或月份的固定资产折旧额。计算公式如下：

$$\text{每期固定资产折旧额} = (\text{原始价值} + \text{清理费用} - \text{残余价值}) \div \text{折旧年限}$$

在实际工作中，通常利用年折旧率来计算年固定资产折旧额，年折旧率是指年折旧额占原始价值的比率，反映固定资产的损耗程度。计算公式如下：

$$\text{固定资产年折旧率} = \frac{\text{原始价值} + \text{清理费用} - \text{残余价值}}{\text{原始价值} \times \text{折旧年限}} \times 100\%$$

$$\text{月折旧率} = \text{年折旧率} \div 12$$

$$\text{月折旧额} = \text{固定资产原始价值} \times \text{月折旧率}$$

例 2-2　某工厂购买一设备花费 100 万元，预计可使用 10 年，10 年后净残值为 5 万元，用平均年限法计算该设备的年折旧额及折旧率。

解：根据公式，若固定资产年折旧额用 D 表示，年折旧率用 l 表示，则

$$D = \frac{100 - 5}{10} = 9.50 \text{ 万元}$$

$$l = \frac{9.50}{100} \times 100\% = 9.5\%$$

2. 工作量法

工作量法有两种具体计提方式：

（1）按照行驶里程估算固定资产折旧额。该法以固定资产折旧总额除以预计使用期限内完成的总行驶里程，求出每一行驶里程的折旧额。使用该法时，每一行驶里程的折旧额是相同的。

$$\text{行驶里程折旧额} = \frac{\text{原始价值} + \text{清理费用} - \text{残余价值}}{\text{预计总行驶里程}}$$

例 2-3　某企业有大客车一辆，原始价值为 120 万元，清理费用为 4000 元，残余价值为 2.6 万元，预计可行驶 30 万公里，第一年行驶 5 万公里。则：

$$\text{每公里折旧额} = \frac{120 + 0.4 - 2.6}{30} \approx 3.93 \text{ 元/km}$$

所以，　　第一年应提折旧额 = 50000 × 3.93 = 196500 元

(2) 按照工作小时估算固定资产折旧额。该法以固定资产折旧总额除以预计使用期限内可以完成的总工作时间（h），求出每工作小时的折旧额，该法假设在使用期限内，每一工作小时的折旧额是相同的。计算公式如下：

$$\text{每工作小时折旧额} = \frac{\text{原始价值} + \text{清理费用} - \text{残余价值}}{\text{预计总工作小时}}$$

例 2-4 某机床原值为 20 万元，预计净残值为 5 万元，可以使用 1.2 万个工作小时，每年实际使用 1000 个工作小时，计算年折旧额。

解： 根据公式得：

$$\text{每工作小时折旧额} = \frac{20 - 5}{1.2} = 12.5 \text{ 元/h}$$

$$\text{年折旧额} = 12.5 \times 1000 = 12500 \text{ 元}$$

例 2-5 某台专用机器设备原始价值为 558000 元，清理费用为 6400 元，残余价值为 11000 元，预计可以使用 10000h。该设备购入后，第一个月使用了 75h，第二个月使用了 93h。要求：用工作量法计算上述两个月的折旧额。

单位小时的折旧额：(558000 + 6400 − 11000)/10000 = 55.34 元/h

第一个月的折旧额：75 × 55.34 = 4150.5 元

第二个月的折旧额：93 × 55.34 = 5146.62 元

3. 加速折旧法

为了促进技术进步，对科技含量高的投资的折旧要采用加速折旧法，以加快设备或项目的更新速度。在折旧期限内，加速折旧法表现为在计提的折旧额上先多后少。常用的加速折旧法有双倍余额递减法和年数总和法。

(1) 双倍余额递减折旧法。该法又称双倍余额折旧法，每年的折旧率相等即为年折旧率的 2 倍，但每年的折旧对象是此期起初的固定资产净值，因而折旧额各期不等，最后两年按平均年限法，从而算出各年的折旧值。

计算公式如下：

$$\text{双倍余额递减法折旧率} = \frac{2 \times (\text{固定资产原值} - \text{预计固定资产净残值})}{\text{折旧年限} \times \text{固定资产原值}} \times 100\%$$

$$\text{月折旧率} = \text{年折旧率} \div 12$$

$$\text{月折旧额} = \text{固定资产账面净值} \times \text{月折旧率}$$

由于年初固定资产的净值按一定比率提取折旧，分摊不完固定资产原值，在折旧年限到期前的最后两年，改用直线折旧法。此时，年折旧额的计算公式如下：

$$\text{最后两年折旧额} = \frac{\text{倒数第 2 年期初固定资产净值} - \text{预计固定资产净残值}}{2}$$

公式中固定资产净残值指的是固定资产原值扣除累计折旧费后的余额。

就固定资产净残值而言，由于每年的折旧率固定不变，但作为折旧对象的固定资产账面净值逐年减少，折旧额在起初的几年较大，后来的几年较小，这也是加速折旧法最显著

特征。

例 2-6　某设备原值 10000 元，预计可使用 5 年，残值为 1000 元，清理费用为 400 元，用双倍余额递减法计算其在寿命期内各年的折旧额。

解：根据年折旧率的计算公式

$$年折旧率 = \frac{2 \times (10000 - 600)}{5 \times 10000} \times 100\% = 37.6\%$$

$$第一年折旧额 = 10000 \times 37.6\% = 3760 元$$

$$第二年折旧额 = (10000 - 3760) \times 37.6\% = 2346.24 元$$

$$第三年折旧额 = (10000 - 3760 - 2346.24) \times 37.6\% = 1464.05 元$$

$$后两年(第四、第五年)的折旧额 = \frac{(10000 - 3760 - 2346.24 - 1464.05) - 600}{2} = 914.86 元$$

（2）年数总和法。这种方法通过折旧总额乘以递减分数确定年度折旧额。折旧总额指的是原始价值加上清理费用，再减去残余价值的余额。该法每年的折旧对象相同，但各年的折旧率不同，按等差数列不断减小，从而估算出各年的折旧值。

计算公式如下：

$$固定资产年折旧率 = \frac{折旧年限 - 固定资产已使用年数}{折旧年限 \times (折旧年限 + 1) \div 2} \times 100\%$$

$$固定资产月折旧率 = 年折旧率 \div 12$$

$$固定资产月折旧额 = 固定资产折旧总额 \times 月折旧率 = (固定资产原始价值 - 固定资产预计净残值) \times 月折旧率$$

例 2-7　某台机床原价值为 185000 元，残余价值为原始价值的 10%，预计使用年限为 5 年，用年数总和法计算每年的折旧额。

解：折旧年限为 5 年，年数总和为：

$$1 + 2 + 3 + 4 + 5 = 15 年$$

因此，第一年至第五年的折旧率分别为：5/15，4/15，3/15，2/15，1/15

第一年的折旧额为：$(185000 - 185000 \times 10\%) \times 5/15 = 55500$ 元

第二年的折旧额为：$(185000 - 185000 \times 10\%) \times 4/15 = 44400$ 元

第三年的折旧额为：$(185000 - 185000 \times 10\%) \times 3/15 = 33300$ 元

第四年的折旧额为：$(185000 - 185000 \times 10\%) \times 2/15 = 22200$ 元

第五年的折旧额为：$(185000 - 185000 \times 10\%) \times 1/15 = 11100$ 元

折旧工作的基本目的之一是回收投资以便在折旧完成后，积累到足够的资金进行项目或设备的更新。

采用不同折旧方法会影响每一经营（期）间所负担的折旧费用，从而会直接影响各期的产品成本，也会影响到产品的销售价格；还会影响到企业的税后利润，也就影响到所缴纳的所得税大小；还对企业的净资产值产生影响。

平均年限法是最常用的折旧方法，工作量法对特殊行业或设备适用，双倍余额递减法和年数总和法都是加速折旧的主要方法；科技含量高的投资的折旧要采用加速折旧法；无形资产和递延资产的摊销类似折旧，前者分摊期不少于10年，后者不少于5年。

总体上，这些常见的固定资产折旧方法具有操作简便的优点。但是，我们应该看到这些方法的不足，就是都没有考虑到时间价值因素，过分强调了操作上的简便，通过这些方法估算的折旧额不能很好实现通过折旧积累项目或设备更新资金的初衷。实际上，由这些方法估算的所有折旧额的现值之和要小于项目或设备的固定资产原值，因而在一定程度上影响到工程经济评价的科学性。现实中，财务会计上的折旧提取也存在类似的问题。

总体折旧对象是原始投资（或投资净值）减净残值，但在不同方法下，每期的折旧对象有所差异。其中，平均年限法每年的折旧额（数）相等，把折旧对象折完，计算出每年的折旧值；工作量法先计算单位工作量的折旧值，一般各期的工作量不同，从而计算出各期的折旧值；双倍余额递减折旧法每年的折旧率相等即为年折旧率的2倍，但每年的折旧对象不等，最后两年按平均年限法折旧，从而算出各年的折旧值；年数总和法每年的折旧对象相同，但各年的折旧率不同，并按等差数列不断减小，从而算出各年的折旧值。

四、税金

（一）税金概念及其构成

税金是国家为实现其职能，依法向有纳税义务的单位和个人征收的资金，是国家参与社会产品或国民收入分配的主要形式。工程项目评价应该按相关税法规定计算项目需要交纳的税金。

目前，我国税收体系中共有24个税种，按其性质和作用可分为以下几类：

流转税类是指以商品生产、流通和劳动服务各个环节的流转额为征收对象的税种，包括增值税、消费税和营业税，主要在生产、流通或服务业中发挥调节作用。

资源税类是以被开发或占用资源为征收对象的税种，如资源税、城镇土地使用税，主要针对因开发和利用自然资源而形成的级差收入发挥调节作用。

所得税类是指以企业、单位、个人在一定时期内的纯收入所得额为征收对象的税种。包括企业所得税、外商投资企业和外国企业所得税、个人所得税。该税种主要对生产经营者的利润和个人纯收入发挥调节作用。

特定目的税类是指国家为达到某种特定目的而设计的税种，包括筵席税、城市建设维护费、土地增值税、车辆购置税、耕地占用税等，主要是为了达到特定目的，对特定对象和特定行为发挥调节作用。

财产和行为税类是以企业和个人拥有及转移财产或增值额为征收对象的税种，包括房产税、城市房地产税、车船使用税、印花税、屠宰税等，主要是对某些财产行为发挥调节作用。

此外，还有对进出我国国境的货物物品征收的关税和对取得农业或牧业收入的企业、单位和个人征收的农业税。

（二）税金的估算

项目所要交纳的税金，需要依据现行税法的相关规定进行估算，主要估算方法有以下几种。

1. 增值税的估算

增值税税率有三种：基本税率（17%）、低税率（13%）和零税率。除了规定用于低税率和零税率的商品之外，其他的均适用于基本税率。基本计算公式为：

$$应纳税额 = 当期销项税额 - 当期进项税额$$

其中，销项税额是指按销售额和规定的税率计算并向购买方收取的增值税额，计算公式如下：

$$销项税额 = 销售额 \times 税率$$

进项税额是指纳税人在购进货物或接受应税劳务时向销售方支付的增值税额，计算公式为：

$$进项税额 = 进货额 \times 税率$$

对于小规模纳税人销售货物或应税劳务，实行简易计算，即按照销售额和规定的征收税率计算应纳税额，不得抵扣进项税额，计算公式如下：

$$应纳税额 = 销售额 \times 征收率(6\%)$$

需要注意的是，增值税最终是由消费者支付的，纳税企业只是为国家履行收取税款的义务，此外，增值税是价外税，销售价格和进货价格中都不包含增值税款，增值税既不进入销售收入，也不进入成本费用，所以，在工程经济评价中，可不考虑增值税问题。

2. 消费税的估算

消费税采取从价定率和从量定额两种征收办法。从价定率是按商品销售价格和规定税率计算应纳税额，计算公式如下：

$$应纳税额 = 销售额 \times 税率$$

从量定额是根据商品销售数量和规定的单位税额计算应纳税额，即

$$应纳税额 = 销售数量 \times 单位税额$$

3. 营业税的估算

营业税的计算公式为： $应纳税额 = 营业额 \times 税率$

营业税设置三档税率：交通运输、建筑业、邮政电信、文化体育业税率为3%；金融保险、服务业、转让无形资产、销售不动产税率为5%；娱乐业税率为5%～20%，各地区还可以在规定的幅度内实行较高的税率。

4. 关税的估算

关税的计算公式为：应纳税额＝应税进出口货物数量×单位完税价格×适用税率。

适用税率依据我国关税税则中的分类目录查找确定；进口关税完税价格通常按到岸价格确定；出口货物的完税价格计算公式为：

$$完税价格 = 离岸价格 \div (1 + 出口关税税率)$$

5. 企业所得税的估算

$$应纳所得税额 = 应纳税所得额 \times 税率(25\%)$$

其中， $应纳税所得额 = 利润总额 + 税收调整项目金额$

式中税收调整项目是指将会计利润转换为应纳税所得额时按照税法规定应当调整的项目。

6. 资源税的估算

资源税的应纳税额应该按照应纳税产品的课税数量和规定的单位税额计算，即：

$$应纳税额 = 课税数量 \times 单位税额$$

国家按照不同的产品类别和不同的资源条件规定相应的单位税额。对于矿产品，征收资源税后不再征收增值税；对于盐，既要征收增值税又要征收资源税。

7. 城镇土地使用税的估算

土地使用税是以纳税人实际占用的土地面积为计算依据，计算公式为：

$$应纳税额 = 土地使用面积 \times 单位面积税额$$

国家规定，对于农、林、渔业的生产用地和国家机关、人民团体、军队及事业单位的自用土地免征土地使用税。对于重点发展产业，也相应地减免土地使用税。

8. 房产税的估算

房产税是依据房产计税价值计税的，税率为 1.2%；依据租金收入计税的，税率为12%。

计算公式如下：

$$应纳税额 = 房产余值 \times 税率(1.2\%)$$

或

$$应纳税额 = 资金收入 \times 税率(12\%)$$

$$其中房产余值 = 房产原值(即房屋造价或原价) \times [1 - (30\% \sim 50\%)]$$

9. 土地增值税的估算

土地增值税的计税依据是土地增值额。土地增值税实行四级超额累进税率：增值额未超过扣除项目金额 50% 的部分，税率为 30%；增值额超过扣除项目金额 50%，未超过 100% 的部分，税率为40%；增值额超过 100%，未超过 200% 的部分，税率为50%；增值额超过扣除项目金额 200% 的部分，税率为 60%。

五、成本费用估算相关辅助报表

为满足工程经济评价的需要和方便成本费用的逐项估算，下面列出了总成本费用估算表（生产要素法）和总成本费用估算表（生产成本加期间费用法）的式样。

（一）总成本费用估算表（生产要素法）

总成本费用（生产要素法）如表 2-6 所示。

表 2-7 是外购原材料费估算表；表 2-8 是外购燃料和动力费估算表；表 2-9 是固定资产折旧费估算表；表 2-10 是无形资产和其他资产摊销估算表；表 2-11 是工资及福利估算表。

表 2-6 总成本费用估算表（生产要素法） （人民币单位：万元）

序号	项目	合计	计算期					
			1	2	3	4	…	n
1	外购原材料费							
2	外购燃料及动力费							
3	工资及福利费							
4	修理费							
5	其他费用							
6	经营成本							
7	折旧费							
8	摊销费							
9	利息支出							
10	总成本费用合计							
	其中：可变成本							
	固定成本							

注：本表适用于新设法人项目与既有法人项目的“有项目”、“无项目”和增量成本费用的估算。

表 2-7 外购原材料费估算表 （人民币单位：万元）

序号	项目	合计	计算期					
			1	2	3	4	…	n
1	外购原材料费							
1.1	原材料 A							
	单价							
	数量							
	进项税额							
1.2	原材料 B							
	单价							
	数量							
	进项税额							
	……							
2	辅助材料费用							
	进项税额							
3	其他							
	进项税额							
4	外购原材料费合计							
5	外购原材料进项税额合计							

注：本表适用于新设法人项目与既有法人项目的“有项目”、“无项目”和增量外购原材料费的估算。

表 2-8　外购燃料和动力费估算表　（人民币单位：万元）

序号	项目	合计	计算期					
			1	2	3	4	…	n
1	燃料费							
1.1	燃料 A							
	单价							
	数量							
	进项税额							
	……							
2	动力费							
2.1	动力 A							
	单价							
	数量							
	进项税额							
	……							
3	外购燃料及动力费合计							
4	外购燃料及动力进项税额合计							

注：本表适用于新设法人项目与既有法人项目的“有项目”、“无项目”和增量外购燃料动力费的估算。

表 2-9　固定资产折旧费估算表　（人民币单位：万元）

序号	项目	合计	计算期					
			1	2	3	4	…	n
1	房屋							
	原值							
	当期折旧费							
	净值							
2	机器设备							
	原值							
	当期折旧费							
	净值							
	……							
3	合计							
	原值							
	当期折旧费							
	净值							

注：本表适用于新设法人项目固定资产折旧费的估算，以及既有法人项目的“有项目”、“无项目”和增量固定资产的折旧费的估算。当估算既有法人项目的“有项目”、“无项目”固定资产折旧费时，应将新增和利用原有部分固定资产分别列出，并分别计算折旧费。

表 2-10 无形资产和其他资产摊销估算表 （人民币单位：万元）

序号	项目	合计	计算期					
			1	2	3	4	…	n
1	无形资产							
	原值							
	当期摊销费							
	净值							
2	其他资产							
	原值							
	当期摊销费							
	净值							
	……							
3	合计							
	原值							
	当期摊销费							
	净值							

注：本表适用于新设法人项目固定资产折旧费的估算，以及既有法人项目的“有项目”、“无项目”和增量摊销费的估算。当估算既有法人项目的“有项目”摊销费时，应将新增和利用原有部分的资产分别列出，并分别计算摊销费。

表 2-11 工资及福利费估算表 （人民币单位：万元）

序号	项目	合计	计算期					
			1	2	3	4	…	n
1	工人							
	人数							
	人均年工资							
	工资额							
2	技术人员							
	人数							
	人均年工资							
	工资额							
3	管理人员							
	人数							
	人均年工资							
	工资额							
4	工资总额(序号1+序号2+序号3)							
5	福利费							
6	合计（序号4+序号5)							

注：1. 本表适用于新设法人项目工资及福利的估算，以及既有法人项目的“有项目”、“无项目”和增量工资及福利费的估算；

2. 外商投资项目取消福利费科目。

（二）总成本费用估算表（生产成本加期间费用法）

表2-12是按照生产成本加期间费用法列示的成本费用情况表，主要便于后续项目盈亏平衡分析等方面的评价工作。

表2-12　总成本费用估算表（生产成本加期间费用法）

（人民币单位：万元）

序号	项　目	合计	计　算　期					
			1	2	3	4	…	*n*
1	生产成本							
1.1	直接材料费							
1.2	直接燃料及动力费							
1.3	直接工资及福利费							
1.4	制造费用							
1.4.1	折旧费							
1.4.2	修理费							
1.4.3	其他制造费用							
2	管理费用							
2.1	无形资产摊销							
2.2	其他资产摊销							
2.3	其他管理费用							
3	财务费用							
3.1	利息支出							
3.1.1	长期借款利息							
3.1.2	流动资金借款利息							
3.1.3	短期借款利息							
4	营业费用							
5	总成本费用(序号1+序号2+序号3+序号4)							
5.1	其中：可变成本							
5.2	固定成本							
6	经营成本							

注：1. 本表适用于新设法人项目与既有法人项目的“有项目”、“无项目”和增量总成本费用的估算；
2. 生产成本中的折旧费、修理费指生产性设施的固定资产折旧费和修理费；
3. 生产成本中的工资和福利费指生产性人员工资和福利费。车间或分厂管理人员工资和福利费可在制造费用中单独列项或含在其他制造费用中；
4. 本表其他管理费用中含管理设施的折旧费、修理费及管理人员的工资和福利费。

第三节　营业收入、利润估算

通过对项目投资和成本费用的估算，我们实际已经完成了对项目全部财务费用的考察，财务效益的估算应与项目性质和项目目标相联系，下面考察项目财务效益的估算问题。

一、营业收入的估算

销售过程是项目再生产过程的重要一环，也是实现项目目标必不可少的一部分，其主要作用就是收回投资、成本费用和获利的货币资金，是工程项目财务收益的主要来源。

项目经济评价中，营业收入包括销售产品或提供服务所获得的收入，它是工程项目财务收益的主要来源，其估算的基础数据包括产品和服务的数量和价格。因此，营业收入估算是以对目标市场进行有效需求分析、项目产品或服务的市场预测、项目建设规模、产品或服务方案为基础，分析产品和服务的价格，采用价格基点、价格体系、价格预测方法，论证采用价格的合理性。各期运营负荷（产品和服务的数量）应根据技术的成熟度、市场开发的成熟度、产品的寿命期、需求量的增减变化等因素，结合行业和项目特点，合理确定。

工程经济分析中所估算的营业收入主要是产品销售收入，估算的难点在于估算主产品的价格。销售收入按销售量乘以销售单价进行估算，公式如下：

$$TR = \Sigma(P_iQ_i)$$

式中　TR——项目年销售收入总额；

P_i——i 种产品的销售价格；

Q_i——i 种产品的年销售量。

对于先增后返的增值税、按销量或工作量等依据国家规定的补助定额计算给予的定额补贴、属于财政扶持而给予的其他形式的补贴等应按相关规定合理估算，记作补贴收入。对于非营业性项目，财务效益应包括可能获得的各种收入。

二、利润及其分配

营业收入是项目盈利的基础，但利润才是企业或项目经济目标的集中体现，利润是一定时期内，项目生产经营活动的净成果。利润的构成有不同的层次，根据经济分析的不同需要可分为营业利润、利润总额和税后利润等。

（一）营业利润

营业利润是企业或项目利润的主要来源，是销售收入扣除成本、费用、各种流转税及附加税费后的余额。比较恰当地代表了企业或项目的经营业绩。计算公式为：

营业利润 = 产品销售利润 + 其他销售利润 − 管理费用 − 财务费用

其中：

产品销售利润 = 销售收入 − 销售成本 − 销售费用 − 销售税金及附加

其他销售利润 = 其他销售收入 − 其他销售成本 − 其他销售税金及附加

（二）利润总额

利润总额是一定时期企业或项目实现盈亏的总额，是企业生产经营成果的综合反映。

计算公式为：

利润总额 = 销售利润 + 投资净收益 + 营业外收入 - 营业外支出

其中的投资净收益是企业对外投资收益减去投资损失的净额。

（三）税后利润

税后利润又称净利润，是利润总额减去所得税的余额。计算公式为：

税后利润 = 利润总额 - 所得税

（四）利润分配顺序

根据公司法或企业章程等规定，企业实现的当年税后利润的分配顺序是：

（1）弥补以前年度亏损；

（2）提取法定公积金和法定公益金（前者按税后利润的10%，后者按税后利润的5%～15%）；

（3）经股东大会批准，可提取任意公积金；

（4）向投资者分配利润或股利；

（5）形成未分配利润结转下期。

三、辅助报表

（一）营业收入、营业税金及附加和增值税估算表

营业收入、营业税金及附加和增值税的估算表，如表2-13所示。

表2-13　营业收入、营业税金及附加和增值税估算表

（人民币单位：万元）

序号	项目	合计	计算期					
			1	2	3	4	5	…
1	营业收入							
1.1	产品A营业收入							
	单价							
	数量							
	销项税额							
1.2	产品B营业收入							
	单价							
	数量							
	销项税额							
	……							
2	营业税金及附加							
2.1	营业税							
2.2	消费税							

续表 2-13

序号	项目	合计	计算期					
			1	2	3	4	5	…
2.3	城市维护建设税							
2.4	教育费附加							
3	增值税							
	销项税额							
	进项税额							

注：1. 本表适用于新设法人项目与既有法人项目的"有项目"、"无项目"和增量的营业收入、营业税金与附加和增值税估算；

2. 根据行业或产品的不同可增减相应税收科目。

（二）利润及利润分配表

为便于进行财务评价分析，表 2-14 提供了项目利润及利润分配表式样。

表 2-14 利润及利润分配表 （人民币单位：万元）

序号	项目	合计	计算期					
			1	2	3	4	…	*n*
1	营业收入							
2	营业税金及附加							
3	总成本费用							
4	补贴收入							
5	利润总额（序号 1 - 序号 2 - 序号 3 + 序号 4）							
6	弥补以前年度亏损							
7	应纳税所得额（序号 5 - 序号 6）							
8	所得税							
9	净利润（序号 5 - 序号 8）							
10	期初未分配利润							
11	可供分配的利润（序号 9 + 序号 10）							
12	提取法定盈余公积金							
13	可供投资者分配的利润（序号 11 - 序号 12）							
14	应付优先股股金							
15	提取任意盈余公积金							
16	应付普通股股金（序号 13 - 序号 14 - 序号 15）							
17	各投资方利润分配							
	其中：…方							
	…方							
18	未分配利润（序号 13 - 序号 14 - 序号 15 - 序号 17）							
19	息税前利润（利润总额 + 利息支出）							
20	息税折旧摊销前利润（息税前利润 + 折旧 + 摊销）							

注：1. 对于外商出资项目由第 11 项减去储备基金、职工奖励与福利基金和企业发展基金后，得出可供投资者分配的利润；

2. 第 14 ~ 16 项根据企业性质和具体情况选择填列；

3. 法定盈余公积金按净利润计提。

为了与财务分析中需要进行融资前和融资后分析的做法相衔接，在财务效益与费用估算中，通常首先估算营业收入和建设投资，再估算经营成本和流动资金，以满足融资前财务评价分析的需要。当需要继续进行融资后财务分析时，再在初步融资方案的基础上，结合对建设期利息的估算，逐一调整后，完成对总成本及其他经济指标的估算。

在运营期，财务效益与费用估算采用的价格，应符合下列要求：

（1）效益与费用估算采用的价格体系应该一致；

（2）采用的预测价格要考虑价格变动因素；

（3）对适用增值税的项目，运营期投入和产出的估算表格可采用不含增值税价格；若采用含增值税价格，应予以说明，并调整相关表格。

第四节　案例——某化工项目基本经济要素分析

一、项目概述

某化工项目是化工产品的升级换代项目，设计标准年产量为45000t，预计项目建设期3年，第4年投产，当年达到设计能力的80%，以后各年均达到设计能力的100%，项目建成后的寿命期为12年。

二、投资估算

（一）固定资产投资

固定资产投资是工程项目按工程建设规模、产品设计方案、工艺技术要求进行建设所需的费用，包括建筑工程费、设备购置费、设备安装费、其他费用、预备费用等，费用的简化数据见表2-15。

表 2-15　某化工项目固定资产投资测算表　（单位：万元）

费用名称	测算值					
	建设工程	设备购置	安装工程	其他	合计	其中外汇/万美元
（1）固定资产投资	3990	25935	9975			1680
工程费用	3990	25935	9975	9100	39900	1428
其他费用				3300	3300	84
其中：土地费				700	700	
预备费用				8050	8050	168
（2）建设期贷款利息				5593	5593	228

其他费用中，除土地费用外的费用不直接构成固定资产，如建设单位管理费、临时设施费、样品样机购置费、职工培训费、技术转让费等。预备费用通常在投资中作为不可预见费用考虑。

于是，投资形成的固定资产为54243万元，即

$$39900 + 700 + 8050 + 5593 = 54243 \text{万元}$$

另外，形成无形资产 1820 万元，递延资产 780 万元。

（二）流动资金投资

本项目的流动资金周转和资金需要量情况，如表 2-16 所示。

现金 =（年工资福利费 + 年其他费用）/ 周转次数

本项目年工资福利费 500 万元，年其他现金费用 1267 万元，现金周转次数 31 次。

应收账款估算 = 年经营成本 / 应收账款周转次数

年经营成本包括外购原材料、外购燃料动力、工资福利费、维修费、其他费用、汇兑损失等，本项目中为 30150 万元。

表 2-16 某化工项目流动资金测算表 （万元）

项 目	周转次数	不同生产能力利用率时的资金需求量	
		80%	100%
流动资产投资		5373.6	6717
现 金	31	45.6	57
应收账款估算	15	1608	2010
存 货		3720	4650
应付款项		1404	1755
流动资金		3969.6	4962

存货占用资金投资由外购原材料、燃料、在产品和产成品资金占用构成，本项目考虑了周转因素后，确定的资金占用分别为：外购原材料燃料为 2075 万元，在产品为 1067 万元，产成品为 1508 万元，相加后得到存货占用资金为 4650 万元。

应付账款为：1755 万元。

流动资金 = 流动资产 − 应付账款

= 57 + 2010 + 4650 − 1755

= 4962 万元

将固定资产投资和流动资金测算表的数据相加，本项目总投资为 54243 + 4962 = 59205 万元。

三、总成本费用的估算

（一）单位产品生产成本估算

单位产品生产成本是指生产单位产品耗用的直接材料、直接人工和制造费用，见表 2-17。

表 2-17　某化工项目单位产品生产成本测算表　（元）

项　目	耗用定额	单　价	金　额
一、原材料及辅助材料			
甲	1.8t	1205	2169.0
乙	0.7t	871	609.7
丙	1.6t	1002	1603.2
丁	0.44t	1094	481.4
小计			4863.3
二、外购燃料动力			
水	$12m^3$	1.25	15
电	55kW·h	1.00	55
煤	2t	300	600
小计			670
三、工资福利			110
四、制造费用			900
五、单位产品制造成本			6543.3

（二）总成本费用分项估算

外购原材料燃料动力：正常年份原材料费为 21885 万元；燃料动力费为 3015 万元；

工资福利费：500 万元；

折旧费：本项目采用平均年限法计算折旧，

$$年折旧额 = 固定资产原值 \times (1 - 净残值率)/折旧年限$$

该项目投资形成的固定资产为 54243 万元，净残值率以 8% 计算，工程项目折旧年限 12 年，则：

$$年折旧额 = 54243 \times (1 - 8\%)/12 = 4159 万元$$

维修费：本项目按折旧费的 50% 计，4159 ×50% =2080 万元。

摊销费：摊销费是无形资产和递延资产在受益期间的平均分摊。本项目形成 1820 万元无形资产，按 10 年分摊，年摊销 182 万元；另形成 780 万元递延资产，按 5 年摊销，年摊销 156 万元。

财务费用；财务费用包括项目生产期的固定资产投资贷款利息、流动资金借款利息和汇兑损失，从第 4 至第 15 年各年利息数分别为 5570 万元、4680 万元、3737 万元、2731 万元、1665 万元、547 万元、484 万元、484 万元、484 万元、484 万元、484 万元、484 万元；

其他费用：年均 1267 万元；

将以上各项费用加总即为总成本费用。将外购原材料、燃料动力、财务费用作为变动成本，其他费用构成固定成本。

经营成本：经营成本是总成本费用减去折旧费、摊销费、借款利息后的成本费用，即：

经营成本 = 总成本费用 - 折旧费 - 摊销费 - 借款利息

或　　经营成本 = 外购原材料燃料动力 + 工资福利费 + 维修费 + 其他费用 + 汇兑损失

至此，可依据以上数据编制总成本费用估算表，见表 2-18。

表 2-18　某化工项目运营期成本费用估算表　　（万元）

项　目	投产期	生　产　期										
	4	5	6	7	8	9	10	11	12	13	14	15
达产程度/%	80	100	100	100	100	100	100	100	100	100	100	100
外购原材料	17508	21885	21885	21885	21885	21885	21885	21885	21885	21885	21885	21885
外购燃动	2412	3015	3015	3015	3015	3015	3015	3015	3015	3015	3015	3015
工资福利费	500	500	500	500	500	500	500	500	500	500	500	500
折旧费	4159	4159	4159	4159	4159	4159	4159	4159	4159	4159	4159	4159
维修费	2080	2080	2080	2080	2080	2080	2080	2080	2080	2080	2080	2080
摊销费	338	338	338	338	338	182	182	182	182	182	0	0
其他费用	1267	1267	1267	1267	1267	1267	1267	1267	1267	1267	1267	1267
财务费用	5570	4680	3737	2731	1665	547	484	484	484	484	484	484
总成本费用	33834	37924	36981	35975	34909	33635	33572	33572	33572	33572	33390	33390
固定成本	8344	8344	8344	8344	8344	8188	8188	8188	8188	8188	8006	8006
变动成本	25490	29580	28637	27631	26565	25447	25384	25384	25384	25384	25384	25384
经营成本	23767	28747	28747	28747	28747	28747	28747	28747	28747	28747	28747	28747

四、销售收入估算

（一）销售量估算

本项目设计年标准产量为 45000t，假设产销平衡，则正常年销售量即为 45000t。

（二）销售价格估算

本项目产品属升级换代产品，销售价格高于现行市场价格，通过市场调查和专家估算相结合，确定为每吨 13300 元。

正常年份的年销售收入 = 45000 × 13300 = 59850 万元

五、税金估算

（一）增值税

应纳增值税是销项税额与进项税额的差额。销项税额是纳税人销售货物或提供应纳税劳务，按销售额及适用税率向购买方收取的增值税额，计算公式如下：

销项税额 = 销售收入 /（1 + 税率）× 税率

进项税额是纳税人购进货物或接受应税劳务所应负担的增值税，其计算公式为：

进项税额 = 外购原材料、燃料、动力 /(1 + 税率) × 税率

于是，应纳增值税 =（销售收入 - 外购原材料燃料动力）× 税率 /(1 + 税率)

=（59850 - 24900）× 17%/(1 + 17%)

=5078 万元

（二）所得税

生产企业须按生产经营所得额缴纳所得税，本项目当时的适用税率为33%。

六、利润及利润分配

工程项目利润是用项目销售收入减去总成本费用、减销售税金及附加、加其他净收入得到的。税后利润要按规定的顺序进行分配。本项目按税后利润的10%提取盈余公积，按税后利润的25%计算应付利润，见表2-19。

表 2-19　某化工项目利润及利润分配表　（万元）

项　目	投产期	生　产　期										
	4	5	6	7	8	9	10	11	12	13	14	15
销售收入	47880	59850	59850	59850	59850	59850	59850	59850	59850	59850	59850	59850
税金及附加	4063	5078	5078	5078	5078	5078	5078	5078	5078	5078	5078	5078
总成本费用	33834	37924	36981	35975	34909	33635	33572	33572	33572	33572	33390	33390
其他净收入	0	0	0	0	0	0	0	0	0	0	0	0
利润总额	9983	16848	17791	18797	19863	21137	21200	21200	21200	21200	21382	21382
所得税	3295	5560	5871	6203	6555	6975	6996	6996	6996	6996	7056	7056
税后利润	6689	11288	11920	12594	13308	14162	14204	14204	14204	14204	14326	14326
盈余公积	669	1129	1192	1259	1331	1416	1420	1420	1420	1420	1433	1433
应付利润	1672	2822	2980	3148	3327	3540	3551	3551	3551	3551	3581	3581
未分配利润	4348	7337	7748	8186	8650	9205	9233	9233	9233	9233	9312	9312

思考题及习题

1. 财务费用与效益估算在工程经济评价工作中的地位和作用是什么？
2. 指出费用估算的直接估算法和分项估算汇总法的优缺点。
3. 为什么要强调流动资金投资是项目投资的重要组成部分？
4. 固定资产折旧对企业或项目有哪些影响？
5. 总成本费用主要包括哪些内容？
6. 建设投资的建设期利息是通过什么方式弥补的？
7. 工程经济评价中，为什么要进行填制费用与效益估算辅助表格？
8. 指出固定资产折旧的平均年限法、工作量法、双倍余额递减法、年数总和法的区别，这些方法的主要缺陷是什么？
9. 某项固定资产原始价值为359000元，预计清理费用为3000元，残余价值为10820元，使用年限为6年。用平均年限法、双倍余额递减法、年数总和法分别计算各年的折旧额。

第三章　现金流量的等值换算

本章学习目标

掌握资金时间价值、现金流量概念；掌握一次收（付）资金、等额收（付）资金和一般现金流量的等值换算理论；了解等差现金流量、等比现金流量的等值换算理论；能熟练运用 Excel 提供的 FV、PV、PMT、NPV 函数对五类基本现金流量换算问题进行等值换算，为工程经济评价打牢计算操作的基础。

通过对项目费用与效益的估算，实际已获得了项目在寿命期内项目每年的费用与效益估算数据。但是，由于存在有资金的时间价值以及这些估算数据发生的时点不同，因此，理论上没有对其直接比较与加总的基础。等值换算实际就是对上一章所获得的费用与效益估算数据进行时点统一化处理。

第一节　资金等值换算相关概念

一、资金的时间价值

所谓资金的时间价值是指资金随时间的推移而形成的增值，是资金周转使用后的增值额，是“今天的 1 元钱与明天的 1 元钱其价值不等”这一经济学原理的体现。其含义是一定量的货币资金在不同时间上具有不同的价值。

一定量的资金其周转使用的时间越长其增值额越大，其性质类似于存款获得的利息或投资形成的利润等。在商品经济条件下，即使不存在通货膨胀，等量资金在不同时点上的价值量也不相等。

与财务会计不同，在工程经济分析中，由于工程建设项目、方案持续有一个较长的时期，因此，资金的时间价值就成为不能忽略的因素，期间内的资金投入或获得的收益资金都具有时间价值。为使发生在不同时间点上的费用与效益具有可比性，在进行工程经济评价时，必须考虑资金的时间价值，对其进行等值换算工作。只有这样，才能科学、客观地评价工程项目的经济效果。

二、利息与利率

（一）利息与利率

衡量资金时间价值的指标有两种：一种为绝对指标即利息；另一种为相对指标即

利率。

利息是资金所有者将资金存入银行或借贷给他人使用而暂时失去其使用权所获得的补偿。利率则是单位本金在单位时间（一个计息周期）内产生的利息，是利息与本金的比值。一般以年为计息周期，有时也以季、月、周、日为计息周期，相应地就有年利率、季利率、月利率等。如果以 i 来表示利率，则利率的表达式为：

$$i = \frac{I}{P} \times 100\%$$

式中，I 表示一个计息周期的利息额；P 表示本金。

（二）利息的来源和本质

关于利息的来源和本质，西方经济学家提出了众多的学说，其中较有影响力的有以下三种：一是法国经济学家萨伊的“资本生产力”论，该理论认为资本（资金）是生产要素，所以利息是其提供生产或服务的报酬；二是英国经济学家西尔尼的“节欲”论，该理论认为资金的时间价值是对资金持有者选择不消费而储蓄或投资的节欲行为的补偿；三是英国经济学家凯恩斯的“流动性偏好”论，该理论认为资金的流动性是具有价值的，人们放弃资金的流动性，必然要进行补偿。

这些理论从孤立的现象或人们的主观意识和心理活动等角度去研究利息的来源。马克思的观点是：资金的时间价值或利息是利润的一种转换形式。在工程经济分析中，我们应该在货币资金运动过程中分析利息产生的原因和本质。

（三）利息的计算方法

利息和利率是衡量资金时间价值的尺度，故计算资金的时间价值即是计算利息。利息的计算方法有两种，分别是单利法和复利法。实践中，具体用什么方法来计算资金的时间价值决定于合理性、方便性以及关系人之间地位上的相对强弱关系，正因为如此，方法选定具有争议性。

1. 单利法

单利法是指计息周期在多于一期的情况下，以本金为基数计算各期的资金时间价值（即利息），不将本期产生的利息计入下一期的本金即利息不再生息的计息方法。单利法下，利息与时间成正比。

单利计息的公式为：

$$I_n = P \cdot i \cdot n$$

式中，I_n 表示 n 个计息周期的利息总额；i 表示以一个计息周期反映的利率值；n 表示计息周期数。

n 个计息周期后，形成的本利和为：

$$F_n = P(1 + i \cdot n)$$

式中，F_n 表示资金 P 在 n 期后的本利和。

2. 复利法

复利法是指计息周期多于一期的情况下，以本金和累计利息之和为基数计算各期利息的计息方法，也就是通常所说的“利滚利”。复利法下的本利和公式为：

$$F_n = P(1+i)^n$$

$$I_n = P[(1+i)^n - 1]$$

式中，I_n 表示资金 P 在 n 期后的资金时间价值或利息。

显然，如果计期周期只有一期，那么单利法和复利法计算得到的利息和本利和是一致的。

实际上，复利计息法还可具体划分为间断复利法和连续复利法两种。所谓间断复利法是指计息周期为一定的时间区间（年、季、月等）的复利计息法；而连续复利法则是指计息周期无限缩短（即趋向于0）的复利计息法。

比较单利法与复利法我们可以看出：对于相同的本金和计息周期，复利计算的本利和要大于或等于单利计算的本利和。因此，用复利计算利息更能体现出全部资金的时间价值。资金总是在不断地周转、循环和增值，为了更好地反映资金的时间价值，以准确地评价项目的经济效果，工程项目经济评价分析中主要采用周期为一年的间断复利法。

（四）名义利率与实际利率

利率通常是按年表示的，但在实际工作中，计算利息的周期与利率表示的周期可能会不完全一致，多数情况表现为计息周期比一年短，有时是一年计息一次，有时却是半年计息一次，或每季度、每月计息一次等。若计息周期是半年、一个季度、一个月、一周或者为一天，那么一年内的计息次数就相应为2次、4次、12次、52次、365次。

由于计息的期数与一年内复利的次数可能不同，这就需要名义利率和实际利率来分别反映不同情况下的资金时间价值。

1. 名义利率

名义利率是指按单利法计算的年利息与本金之比。由于名义利率通常是以一年为计息周期表示的，因此把各种不同计息期表示的利率换算成名义利率，实际只要计算这些利率与每年所包含的计息期数的乘积即可。例如月存款利率为3‰元/月，则名义利率为3‰ × 12 = 3.6%元/年。

2. 实际利率

实际利率是指按复利方法计算的年利息与本金之比，是指按复利方法把各种不同计息期表示的利率换算成以年为计息期的利率。例如月存款利率为3‰元/月，那么，有效的实际利率为 $(1+0.003)^{12} - 1 = 3.66\%$。

需要指出的是，名义利率只是习惯上的表示方法，实际计算利息时不用名义利率，而用实际利率。当然如果计息期为一年，则名义利率在数值上等于实际年利率，因此两者间的差异主要取决于实际计息期与名义计息期的差异。

设 r 表示名义年利率，i 表示实际年利率，每年计息期数为 m，当 $m \to \infty$ 时，即按连续复利计算时，实际利率与名义利率的换算公式为：

$$i = \lim_{m\to\infty}[(1+r/m)^m] - 1 = \lim_{m\to\infty}[(1+r/m)^{m/r}]^r - 1 = e^r - 1$$

上式在实物期权和金融工程中有广泛的应用。

三、现金流量及现金流量图

（一）现金流量

现金流量是独立项目在一定时期内各个时点上实际所发生的流入或流出该系统的资金数量。这里“一定时期内”是指项目从第一笔资金活动发生时刻起到最后一笔资金活动结束时止的整个项目寿命期。在工程项目评价中，项目寿命期包括投资前期、投资期（建设期）、达产期、生产期和报废期等多个阶段。

凡是“流入”项目的资金都称为现金流入（记为CI），如在项目生产期内取得的销售收入，在项目寿命结束时所回收的固定资产余值等。凡由项目“流出”的资金都称为现金流出（记为CO），如在项目建设期内发生的投资支出、经营期发生的各项经营成本、交纳的税金等。现金流入与现金流出的代数差称为净现金流量（记为NCF）。

如果已知每年的净利润（或净收益），则年净现金流量由下式便可获得：

$$年净现金流量 = 年净利润 + 折旧$$

（二）现金流量图

对于一个项目，其现金流量的流向、数额和发生时点都不尽相同，为了正确进行经济效果评价，有必要借助现金流量图来进行分析。

现金流量图是表示项目在整个寿命周期内各时点发生的现金流入和现金流出状况的图表。在现金流量图上（图3-1），可直观看出所有现金流发生的时点、大小及方向。通常横轴是时间轴，表示一个从0开始到寿命期 n 的时间序列，轴上每一个刻度表示一个时间周期。在工程项目经济评价中，时间轴的刻度单位通常是年。时间轴上的点称为时点，该时点上的现金流表示现金流发生在该年的年末或称发生在下一年的年初；例如，对于时点 t 上的现金流量来说，它既代表该现金流量发生在项目寿命期内的第 t 年的年末，当然也可以说发生在第 $t+1$ 年的年初。用各时点上垂直于横轴的有向竖线表示现金流量的性质和数值大小，箭头向上表示现金流入，此时现金流量为正值，箭头向下表示现金流出，此时现金流量为负值。箭线的长度与流入、流出的金额成正比，金额越大，其相应的箭线长度越长。

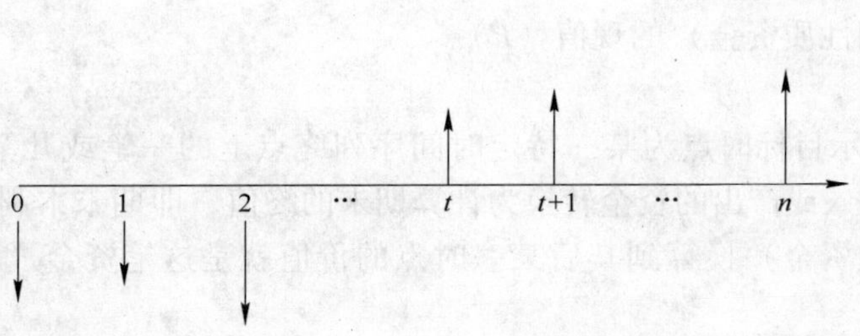

图 3-1　现金流量图

习惯上，投资类的现金流量我们视为发生在各期的期初，因而，现金流量图须从0期末开始起画，而销售收入、经营成本、利润、税金等则发生在各期的期末，回收固定资产净残值与回收流动资金发生在项目经济寿命周期末点。此外，箭线长短与现金流量的数值本应成比例，但由于项目在各时点上发生的现金流量数值之间相差悬殊而无法成比例绘出，因此，现金流量图上的箭线长短只示意性地体现各时点上现金流量在数值上的差异。

现金流量及现金流量图在工程经济评价中应用很广，这就需要我们要熟练从现金流量图上获取项目的费用与效益相关信息。同时，只有正确认识到现金流量图上各时点现金流量的含义，才能便于我们计算项目现金流量的时间价值，否则很容易发生所计算的时间价值出现多算一期或少算一期的情况。

完成对项目费用和效益估算后，便可将这些现金流量直观地在现金流量图上反映出来。

四、现金流量的等值换算

等值概念是资金时间价值计算中的重要概念。资金时间价值的客观存在意味着不同时点上绝对数值不等的若干资金有可能具有相等的价值，即可以把任一时点上的资金变换为某一特定时点上的价值，并且这两个不同时点上的两笔数额不等的资金在经济方面具有相等的作用。例如，现在的100元与一年后的105元，在数值上虽然不等，但如果年利率为5%，则这两笔现金流量却是等值的，因为，如果将现在的100元存入银行，一年后这笔现金流量的价值即本金与利息之和为$100(1+5\%)=105$元，这样，在考虑了资金的时间价值因素后，现在的100元的价值应该大于一年以后的100元的价值，而且与一年后的105元等值。

工程经济评价中，正是利用资金的等值换算技术，解决发生在不同时点上的现金流量不能直接加总与可比性问题的。

现金流量的等值换算就是在考虑资金时间价值的情况下，用一定的方法，将一笔或几笔现金流量换算成另一时点上与之等值的一笔或多笔现金流量的过程。

（一）现金流量的等值换算类型

1. 现值

现值（P）表示目标时点为某一特定时间序列始点上的一笔或几笔现金流量的价值。在工程经济分析中，现值表示在现金流量图中0点的投资数额或投资项目的现金流量折算到0点时的价值。一笔资金（或系列同性质资金）换算到其前某一个时点的价值就是这笔资金（或这几笔同性质资金）的现值（P）。

2. 终值

终值（F）表示目标时点为某一特定时间序列终点上的一笔或几笔现金流量的价值，其含义是指期初投入或产出的资金转换为计算期末的终值，即期末本利和的价值。一笔资金（或系列同性质资金）换算到其后某一时点的价值就是这笔资金（或这几笔同性质资金）的终值（F）。

3. 年值

年值（A）连续同间隔发生的金额相同的同性质系列资金的大小，用符号A表示。一笔现值或一笔终值可计算其年值，而同间隔同性质金额为A的系列资金均可计算其现值和终值。

现值、终值和年值是工程经济评价中最基本的三种资金的时间价值或换算类型。

（二）现金流量等值换算影响因素

当我们进行资金等值换算时，以下因素是必须要注意的，它们是资金等值换算的基本因素。

1. 折现率

作为体现资金时间价值的折现率如何是影响资金等值换算的重要影响因素之一。所采用的利率、折现率、贴现率或收益率的大小不同，现金流量等值换算结果会有很大的差异。需要指出的是，在工程经济评价中折现率主要指工程项目的预期收益率。

2. 计息法

在进行现金流量等值换算时采用什么计息法，是单利法还是复利法，对现金流量等值换算的结果会有很大的差异。而且，如果采用的是复利法，那么该如何选择复利的时期长度。在工程经济评价中，习惯上采用周期为一年的复利法，以体现项目投资的性质。

3. 换算时点

对于两个或两个以上发生在不同时点的现金流量，应换算成什么时点上的价值再对它们进行比较涉及到使用什么样的资金时间价值换算类型。例如：A、B 分别为两个不同时点的现金流量，在进行等值换算时，是将 A 换算成 B 的时点值还是将 B 换算成 A 的时点值，或是将 A、B 同时换算成第三个时点的时点值，虽然都可以满足比较的需要，但资金等值换算的结果会出现差异。实际中常依据方便和简化的原则灵活选择。

4. 折算率的时期长度

资金等值换算必然涉及折算率，而折算率描述中的时间长度有长有短，会带来换算结果的差异。例如年折算率是12%，意味着月折算率是1%，那此时就存在折算率是使用12%还是使用1%的问题。工程经济评价中，在资金的等值换算时，要求折算率描述中涉及的时期、复利时期长度的单位必须一致，若不一致，须要统一成以最短时期长度为单位。

5. 计息期数

换算对象的时点离目标时点的时期长度即计息期数（n）是影响资金等值换算结果的又一因素。例如，一年的时期长度可表示为4个季节，那此时是用4还是1作为 n 的值就是一个问题。工程经济评价中，要以折算率描述中涉及的时期单位、复利时期长度的最短单位作为衡量计息期数的单位。

例如，折算率为年12%，计息区间长度为6个季度，此时，时期单位不同，但最短的时期单位为季度，所以，此时就要选择折算率 i 为3%，n 为6。

在工程经济评价中，时期单位通常以“年”为单位，即折算率以年的方式进行描述，一年复利一次，计息周期是几年等。

6. 资金的类型

资金的类型包括两个方面，一是折算对象的现金流量的类型，二是折算目标的现金流量的类型。折算对象的现金流量和折算目标的现金流量都有许多种形式，它们对等值换算结果的影响是显而易见的。

从第二节起，将对一笔收（付）资金、多笔收（付）资金、等差系列资金、等比系列资金和一般性系列资金等五种类型资金，分别计算它们的现值、终值和年值。

第二节 一次收（付）资金的等值换算

一次收（付）资金是指项目的现金流入或现金流出仅发生一次。一次收（付）资金的等值换算有三种情况，分别为计算一次收（付）资金的终值、计算一次收（付）资金的现值和计算一次收（付）资金的年值。

一、一次收（付）资金复利终值的换算

（一）换算问题

如果有一笔资金 P，按年利率 i 进行投资，n 年后的本利和应该是多少？也就是说已知一笔本金（现值）P，当利率为 i 时，在复利计息法下，求其在第 n 期期末时的价值。解决此类问题的公式称为一次收（付）资金复利终值公式。该问题可描述为：已知 P、n、i，求 F。

（二）现金流量图

在图 3-2 中，P 与 F 不是指实际发生了两笔现金流量，而只是在图上说明涉及了两个时点，其中一个为现金流量的实际发生时点，另一个为换算时点❶。

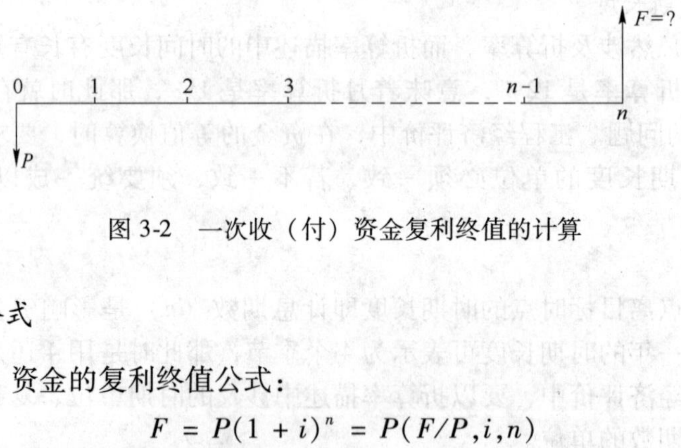

图 3-2 一次收（付）资金复利终值的计算

（三）换算公式

一次收（付）资金的复利终值公式：

$$F = P(1 + i)^n = P(F/P,i,n)$$

括号内的系数 $(1+i)^n$ 称为一笔款项的复利终值系数，这个系数也可以用符号 $(F/P, i,n)$ 表示，斜杠前表示目标变量，斜杠后表示已知变量。显然这一系数是折算率 i 与期数 n 的函数。在实际应用中，为了计算方便，人们按照不同折算率 i 和计息期 n 的组合，分别计算 $(1+i)^n$ 的值并将其排列成一个表，形成复利终值系数表，通过查表即可获得该系数的值❷。其含义是在折算率为 i 且复利计息法下，1 元资金折算成其后 n 期末时的等值价

❶ 由于实际发生的现金流量在换算前后其性质是不会发生变化的，按照现金流量图的表示要求，应该在图 3-2 中使折算现金流量的方向与折算目标现金流量的方向相同，但为了突出折算对象与折算目标现金流量，我们将其表示成一个朝上而另一个朝下，下同。

❷ 复利系数表是传统工程经济学教材附录的必有项目，由于本书已经详细介绍了进行各种复利系数的 Excel 算法，因此在附录中不再展示各种复利系数表。

值。

二、一次收（付）资金的现值换算

（一）换算问题

如果希望在 n 期后得到一笔资金 F，在年利率为 i 的情况下，现在应该投资多少？即已知第 n 期期末的终值 F，当折算率为 i 时，在复利计息的条件下，求其现值 P。解决此类问题的公式称为一次收（付）资金的现值公式。该问题可描述为：已知 F、n、i，求 P。

（二）现金流量图（图 3-3）

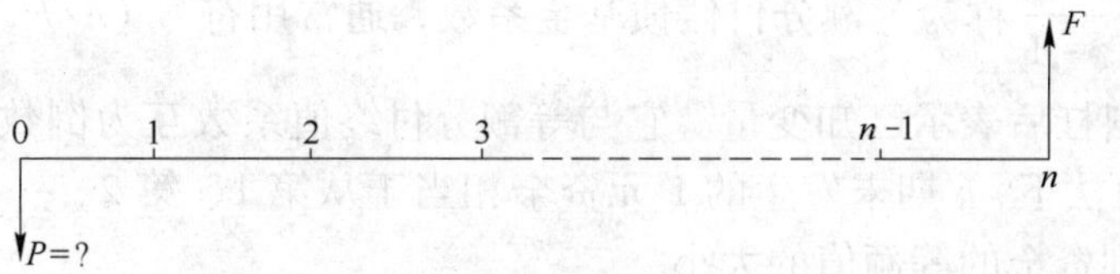

图 3-3　一次收（付）资金复利现值的计算

（三）换算公式

一次收（付）资金现值计算公式：

$$P = \frac{F}{(1+i)^n} = F(P/F,i,n)$$

$\frac{1}{(1+i)^n}$ 称为一笔款项的复利现值系数，这个系数可以用符号 $(P/F,i,n)$ 表示，斜杠前表示目标变量，斜杠后表示已知变量。其含义是在折算率为 i 且复利计息法下，n 期末发生的 1 元资金折算成现在时点的等值价值。一笔款项的复利现值系数与一笔款项的复利终值系数互为倒数，其值也可通过查一次收（付）资金复利现值系数表获得。

三、一次收（付）资金的年值换算

（一）终值的年值换算

1. 换算问题

在折算率为 i 且复利计息法下，如果要在第 n 期期末能一次获得 F 数额的现金流量，那么在这 n 期内，连续每期期末等额偿债基金值 A 应是多少？它类似于分期等额付款业务。即已知 F、n、i，求 A。

2. 现金流量图（图 3-4）

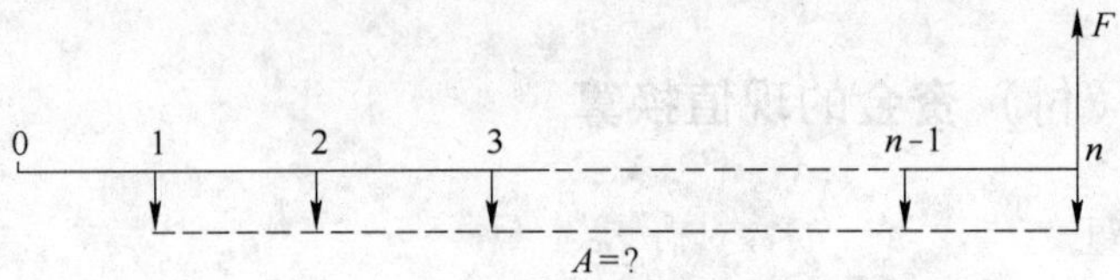

图 3-4　一次收（付）资金复利年值的计算

3. 换算公式

终值的年值换算公式：

$$A = F\frac{i}{(1+i)^n - 1}$$

系数 $\frac{i}{(1+i)^n - 1}$ 称为等额分付偿债基金系数，通常用符号 $(A/F,i,n)$ 表示，斜杠前表示目标变量，斜杠后表示已知变量。它与等额分付终值系数互为倒数。其含义是在折算率为 i 且复利计息法下，n 期末发生的 1 元资金相当于从第 1、第 2、…、到第 n 期期末连续发生的等额系列资金的等额值的大小。

（二）现值的年值换算

1. 换算问题

在折算率为 i 且复利计息法下，有期初一次投资的现金流量值 P，欲在以后 n 期内以等额的方式将投资全部收回，则需要在每期期末连续收回的等额款项的资本回收值 A 应是多少？该问题可描述为：已知 P、n、i，求 A。

2. 现金流量图（图 3-5）

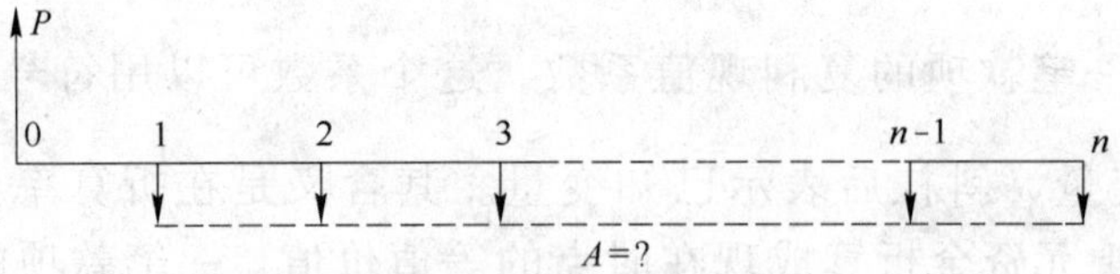

图 3-5　一次收（付）资金复利年值的计算

3. 换算公式

一次收（付）资金现值的复利年值的换算公式：

$$A = P\frac{i(1+i)^n}{(1+i)^n - 1}$$

系数 $\frac{i(1+i)^n}{(1+i)^n - 1}$，称为等额分付资本回收系数，通常用符号 $(A/P,i,n)$ 表示，斜杠前表示目标变量，斜杠后表示已知变量，其数值可从复利系数表中查得。其含义是在折算率为 i 且复利计息法下，第 0 期期末发生的 1 元，相当于从第 1、第 2、…、到第 n 期期末连续发生的等额系列资金的等额值的大小。

在工程经济评价中，如果初始投资的每年实际回收额小于相应的年值额，就表示在给定折算率的条件下，在项目的寿命期内不可能将全部投资收回。

第三节　等额收（付）资金的等值换算

第二节所讨论的折算对象现金流量只发生了一次，但是项目现金流量最一般的情况是要发生多次，且发生在不同的时点上。本节讨论比较特殊但却使用最多的多笔收（付）资金的等值换算问题。多笔等额收（付）资金是一种特殊的多次收（付）资金形式，其特点是 n 个连续发生的资金其金额相等、间隔相同。如果都发生在每期的期末，那么这一系列的等额资金就是我们通常所说的年金。等额收（付）现金流量有四种等值换算类型。

一、等额收（付）资金的终值换算

（一）换算问题

在折算率为 i 且复利计息法下，从第 1 期期末至第 n 期期末连续发生的金额相等且其值为 A 的系列资金，换算成第 n 期期末时的价值 F 是多少？它类似于求零存整取储蓄业务中的整取值。该问题可描述为：已知 A、n、i，求 F。

（二）现金流量图（图 3-6）

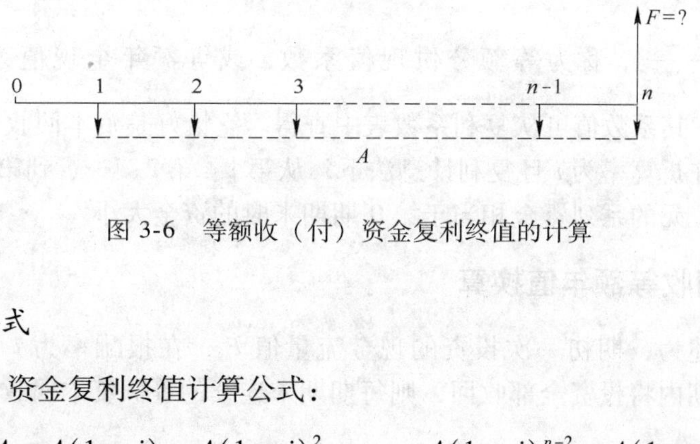

图 3-6　等额收（付）资金复利终值的计算

（三）换算公式

等额收（付）资金复利终值计算公式：

$$F = A + A(1+i) + A(1+i)^2 + \cdots + A(1+i)^{n-2} + A(1+i)^{n-1}$$

$$= A[1 + (1+i) + (1+i)^2 + \cdots + (1+i)^{n-2} + (1+i)^{n-1}]$$

$$F = A\frac{(1+i)^n - 1}{i}$$

系数 $\frac{(1+i)^n - 1}{i}$，称为等额款项终值系数，通常用符号 $(F/A,i,n)$ 表示，斜杠前表示目标变量，斜杠后表示已知变量。其数值可从复利系数表中查得。其含义是在折算率为 i 且复利计息法下，从第 1、第 2、…、到第 n 期每期期末连续发生的金额都为 1 元的系列资金相当于第 n 期期末时的资金大小。

二、等额收（付）资金的现值换算

（一）换算问题

在折算率为 i 且复利计息法下，从第 1 期期末至第 n 期期末连续发生的金额相等且其值为 A 的系列资金，换算成第 0 期期末时的价值 P 是多少？该问题可描述为：已知 A、n、i，求 P。

（二）现金流量图（图 3-7）

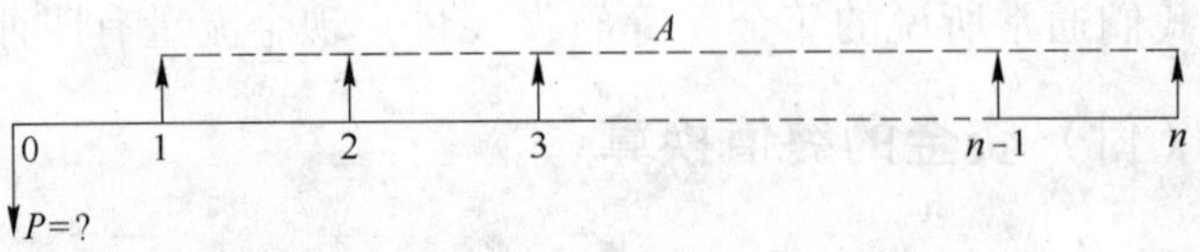

图 3-7　等额收（付）资金复利现值的计算

（三）换算公式

等额收（付）资金复利现值的计算公式：

$$P = A\frac{(1+i)^n - 1}{i(1+i)^n}$$

系数 $\frac{(1+i)^n - 1}{i(1+i)^n}$，称为等额分付现值系数，或等额年金现值系数，通常用符号 $(P/A,i,n)$ 表示，其系数值可从复利系数表中查得。它恰好是资本回收系数 $(A/P,i,n)$ 的倒数，其含义是在折算率为 i 且复利计息法下，从第 1、第 2、…、到第 n 期每期期末连续发生的金额都为 1 元的系列资金相当于第 0 期期末时的资金大小。

三、资本回收等额年值换算

该问题可描述为：期初一次投资的现金流量值 P，在报酬率为 i，复利计息的条件下，欲在以后 n 期内将投资全部收回，则每期期末连续的等额资本回收值 A 应是多少？即已知 P、n、i，求 A。

资本回收等额年值换算其含义等同于一次收（付）资金现值的年值换算问题。所以其现金流量图、换算公式等可参见一次收（付）资金现值的年值换算。

四、偿债等额年值的换算

该问题可描述为：如果要在第 n 期期末一次获得 F，在报酬率为 i，复利计息的条件下，需要自第 1 期至第 n 期连续每期期末等额偿债基金值 A 应是多少？即已知 F、n、i，求 A。

偿债等额年值换算其含义等同于一次收（付）资金终值的年值换算问题，所以其现金流量图、换算公式等可参见一次收（付）资金终值的年值换算。

第四节　等差现金流量的等值换算

一、等差现金流量

有些项目的收（付）现金流量是按每期期末等额增减的，它的现金流量在数额上会形成一个等差级数。比如设备维护费用一般是逐年增加的，若每年按一个相对稳定的常数递增或递减，就构成了一个性质上为现金流出的等差序列现金流量；项目投产前期的现金流入往往会随市场成熟度的不断提升而呈现递增的趋势，而在项目经营后期现金流入反而受市场规模的不断萎缩呈现现金流入不断递减的现象等等，这些都会形成等差现金流量，需要涉及对等差现金流量的等值换算问题。

等差收（付）现金流量也是多笔现金流量的一种形式，它的特点是各时点上发生的现金流按某一固定值逐年增加或减少，形成一个等差数列分布的情况。等差现金流量的等值换算就是在折现率为 i，复利计息条件下，对 n 期内连续发生的呈逐期等差递增或等差递减变化的系列现金流量，计算其各种形式的时间价值。

图 3-8 是等差序列递增现金流量图。

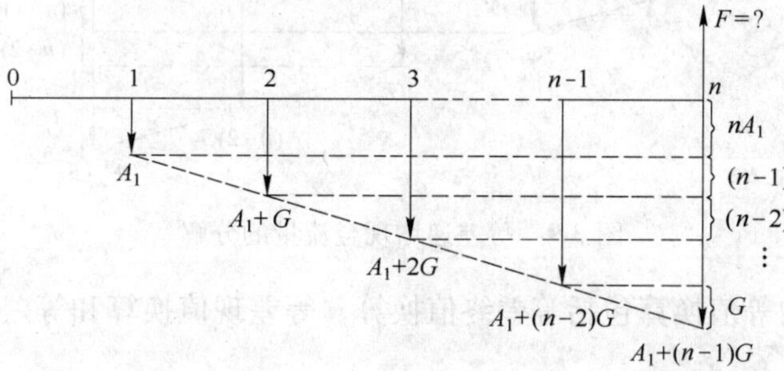

图 3-8　等差递增现金流量复利终值

二、等差现金流量的等值换算思路

显而易见，等差序列现金流量从大的方面可分解为两部分：第一部分是从第 1 期开始，每期期末发生金额为 A_1 的系列等额现金流，共发生了 n 次；第二部分是完全由等差额 G 构成的递增等差序列现金流量。

作为第一部分正好就是金额为 A_1 的等额收（付）系列现金流量，其终值为：

$$F_{A_1} = A_1 \frac{(1+i)^n - 1}{i} = A_1(F/A,i,n)$$

第二部分是一个初始值为 0，递增额为 G 的等差现金流量，这是一个发生金额和发生时点都特殊的等差系列现金流量，其复利终值和复利现值都很容易计算出来。如图 3-9 的下半部分，第 1 期期末发生额为 0，第 2 期期末发生 G，第 3 期期末发生 $2G$，第 n 期期末发生$(n-1)G$，一般的，t 时点上的现金流量值可表示为：

$$A_t = (t-1)G,\quad 其中\ t = 1,2,\cdots,n$$

式中，A_t 为第 t 期的现金流量值，G 为等差额。

下面继续讨论第二部分的等值换算思路及公式。如图 3-9，这第二部分又可以进一步分解为 $n-1$ 个等额收（付）系列现金流量。其中第一个等额收（付）系列现金流量的等额值为 G，共发生了 $n-1$ 笔，发生的时点分别在第 2、第 3、…、第 n 期期末；这一系列资金的等值换算在上节已经得到解决；第二个等额收（付）系列现金流量的等额值也为 G，共发生了 $n-2$ 笔，发生的时点分别在第 3、第 4、…、第 n 期期末；而最后一个系列资金的等额值仍为 G，共发生了 1 笔，发生的时点在第 n 期期末，如果此时计算的是终值，则终值就是其本身。通过以上的分解，这 $n-1$ 个系列现金流量也是可以被计算出来的，通过进一步汇总及适当转换就可以完成对整个等差系列现金流量的各种等值换算问题，而且由于现金流量的特殊性，其等值换算的结果还可以用一个函数式表示。

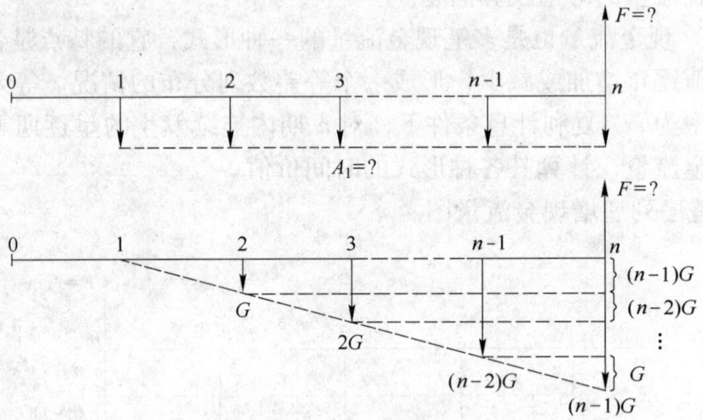

图 3-9 等差递增现金流量的分解

等差现金流量的等值换算包括等差终值换算、等差现值换算和等差年值换算三类。

三、等差现金流量终值换算

（一）换算问题

计算在折算率为 i 且复利计息法下，第 1 期发生额为 0，第 2 期为 G，以后逐期增加 G，一直发生到第 n 期期末的等差系列现金流量在第 n 期期末时的价值。该问题可描述为：已知 G、n、i，求 F。

（二）换算公式

现金流量的终值为：

$$F=\sum_{j=1}^{n-1}\left[G\frac{(1+i)^j-1}{i}\right]$$

$$=G\left[\frac{(1+i)-1}{i}+\frac{(1+i)^2-1}{i}+\cdots+\frac{(1+i)^{n-1}-1}{i}\right]$$

$$=G\frac{(1+i)^n-in-1}{i^2}$$

系数 $\frac{(1+i)^n - in - 1}{i^2}$，称为等差现金流量终值系数，通常用符号（$F/G,i,n$）表示，也是可以通过查表获得其值。

这样，图 3-8 上的一般等差现金流量的计算公式就为：

$$F = A_1(F/A,i,n) + G(F/G,i,n)$$

四、等差现金流量现值换算

（一）换算问题

计算在折算率为 i 且复利计息法下，第 1 期发生额为 0，第 2 期为 G，以后逐期增加 G，一直发生到第 n 期期末的等差系列现金流量在第 0 期期初时的价值。该问题可描述为：已知 G、n、i，求 P。

（二）现金流量图（图 3-10）

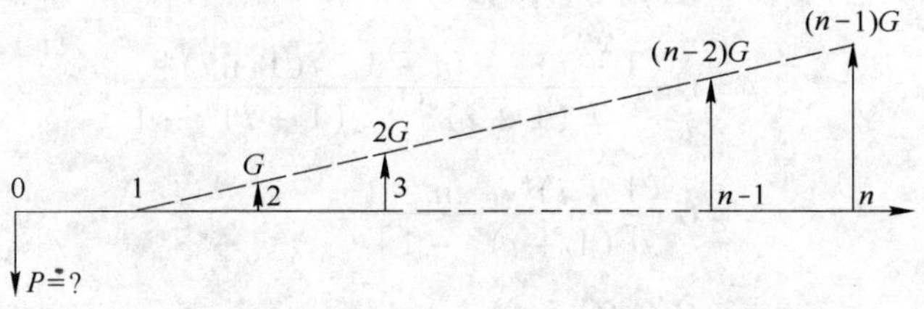

图 3-10　典型等差现金流量现值计算

（三）换算公式

由于第 n 期期末距离第 0 期期末有 n 个时段，所以，等差序列现值可直接由等差序列终值乘以相同条件下的现值系数便可得到：

$$P = F\frac{1}{(1+i)^n} = G\frac{(1+i)^n - in - 1}{i^2}\frac{1}{(1+i)^n}$$

于是，

$$P = G\frac{(1+i)^n - in - 1}{i^2(1+i)^n}$$

系数 $\frac{(1+i)^n - in - 1}{i^2(1+i)^n}$ 称为等差现金流量的现值系数，通常用符号（$P/G,i,n$）表示，可以通过查表获得其值。

五、等差现金流量年值换算

（一）换算问题

在折算率为 i 且复利计息法下，第 1 期发生额为 0，第 2 期为 G，以后逐期增加 G，一直发生到第 n 期期末的等差系列现金流量，求相当于从第 1 期至第 n 期的等额发生值。该问题可描述为：已知 G、n、i，求 A。

（二）现金流量图（图 3-11）

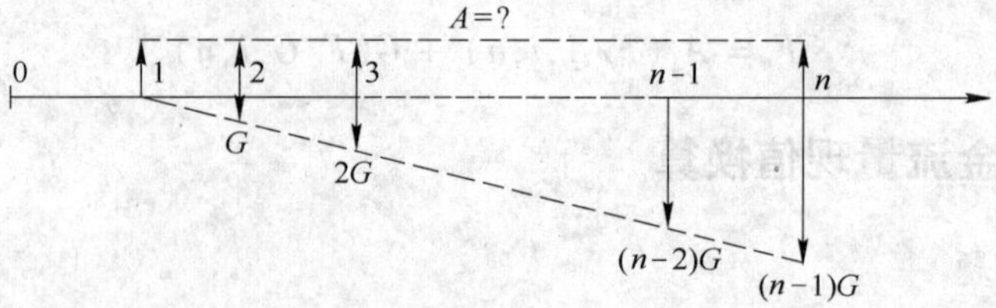

图 3-11　典型等差现金流量年值计算

（三）换算公式

典型等差现金流量年值可由等差现金流量现值公式乘以等额分付资本回收系数得到：

$$
\begin{aligned}
A &= G(P/G,i,n)(A/P,i,n) \\
&= G\frac{(1+i)^n - in - 1}{i^2(1+i)^n}\frac{i(1+i)^n}{(1+i)^n - 1} \\
&= G\frac{(1+i)^n - in - 1}{i[(1+i)^n - 1]} \\
&= G(A/G,i,n)
\end{aligned}
$$

等差现金流量年值公式为：

$$A = G\frac{(1+i)^n - in - 1}{i[(1+i)^n - 1]}$$

系数 $\frac{(1+i)^n - in - 1}{i[(1+i)^n - 1]}$ 称为等差现金流量的年值系数，通常用符号 $(A/G,i,n)$ 表示，也是可以通过查表获得其值。

注意：如果要利用等值换算公式对现实现金流量进行等值换算，一定要清楚等值换算公式是针对什么样的换算问题，特别是换算对象现金流量每一笔发生的时点及换算结果的时点，否则很容易出现漏算或多算。

第五节　等比现金流量的等值换算

一、等比现金流量

有些项目的现金流量分布是逐期按一等比例增减的。例如某些商品的价格每年按一固定比例增加，这类现金流量称为等比现金流量。等比现金流量同样也是多笔系列现金流量的一种形式。

如果第 1 期的发生额为 A_1，其后逐期按相同的 h 等比增加或减少，则等比序列现金流的通用公式可表示为：

$$A_t = A_1(1+h)^{t-1},\quad 其中\ t = 1,2,\cdots,n$$

二、等比现金流量的终值换算

（一）换算问题

在折算率为 i 且复利计息法下，第 1 期发生额为 A_1，第 2 期发生额为 $A_1(1+h)$，以后逐期按系数 h 等比例增（减），一直发生到第 n 期期末的等比系列现金流量，求其在第 n 期期末时的等值价值。该问题可描述为：已知 A_1、h、n、i，求 F。

（二）现金流量图（图 3-12）

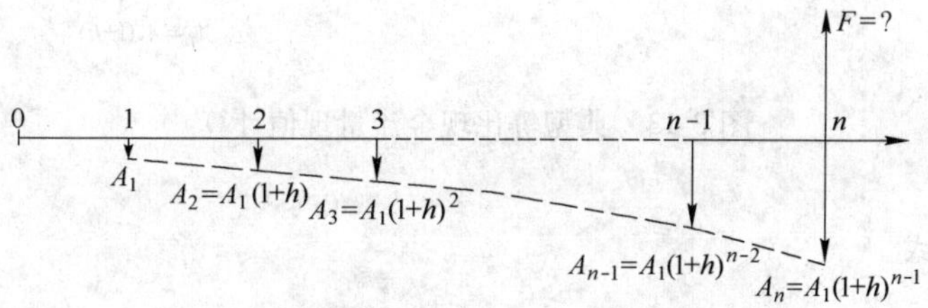

图 3-12　典型等比现金流量终值计算

（三）换算公式

根据等比现金流量的特点，其终值公式为：

$$F = \sum_{t=1}^{n} A_1(1+h)^{t-1}(1+i)^{n-t} = \frac{A_1}{1+h}(1+i)^n \sum_{t=1}^{n}\left(\frac{1+h}{1+i}\right)^t$$

利用等比级数求和公式可得等比序列终值公式：

$$F = \begin{cases} A_1(1+i)^n\left[\dfrac{1-(1+h)^n(1+i)^{-n}}{i-h}\right], & 当\ i \neq h \\ nA_1(1+i)^{n-1}, & 当\ i = h \end{cases} = (F/A_1,h,i,n)$$

系数 $\begin{cases}[1-(1+h)^n(1+i)^{-n}](1+i)^n/(i-h), & 当\ i \neq h \\ n(1+i)^{n-1}, & 当\ i = h\end{cases}$ 称为等比序列终值系数，通常用符号 $(F/A_1,h,i,n)$ 表示，可以通过查表获得其值。

三、等比现金流量的现值换算

（一）换算问题

在折算率为 i 且复利计息法下，第 1 期发生额为 A_1，第 2 期发生额为 $A_1(1+h)$，以后逐期按等比系数 h 增（减），一直发生到第 n 期期末的等比系列现金流量，求其在第 0 期期末（或第 1 期期初）时的等值价值。该问题可描述为：已知 A_1、h、n、i，求 P。

（二）现金流量图

典型等比现金流量现值计算的现金流量图，如图 3-13 所示。

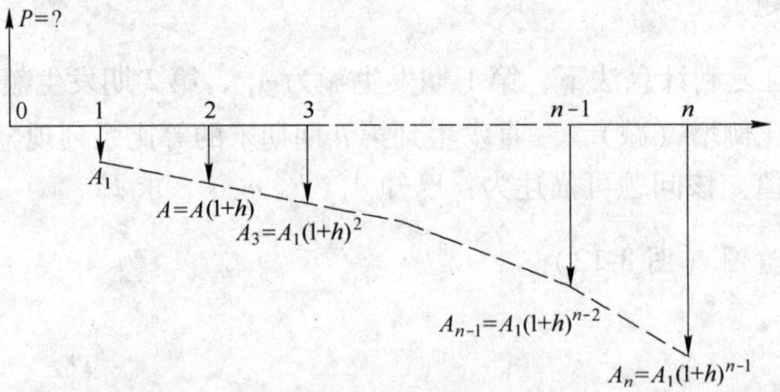

图 3-13　典型等比现金流量现值计算

（三）换算公式

典型等比现金流量的现值公式为：

$$P = \sum_{t=1}^{n} A_1(1+h)^{t-1}(1+i)^{-t} = \frac{A_1}{1+h}\sum_{t=1}^{n}\left(\frac{1+h}{1+i}\right)^t$$

利用等比级数求和公式可得等比现金流量的现值公式：

$$P = \begin{cases} A_1\left[\dfrac{1-(1+h)^n(1+i)^{-n}}{i-h}\right], & \text{当 } i \neq h \\ \dfrac{nA_1}{1+i}, & \text{当 } i = h \end{cases} = A_1(P/A_1, h, i, n)$$

系数 $\begin{cases} [1-(1+h)^n(1+i)^{-n}]/(i-h), & \text{当 } i \neq h \\ n/(1+i), & \text{当 } i = h \end{cases}$ 称为等比现金流量现值系数，通常用符号 $(P/A_1, h, i, n)$ 表示。

四、等比现金流量的年值换算

（一）换算问题

在折算率为 i 且复利计息法下，第 1 期发生额为 A_1，第 2 期发生额为 $A_1(1+h)$，以后逐期按等比系数 h 增（减），一直发生到第 n 期期末的等比系列现金流量，求其相当于每期期末发生的等额值。该问题可描述为：已知 A_1、h、n、i，求 A。

（二）现金流量图（图 3-14）

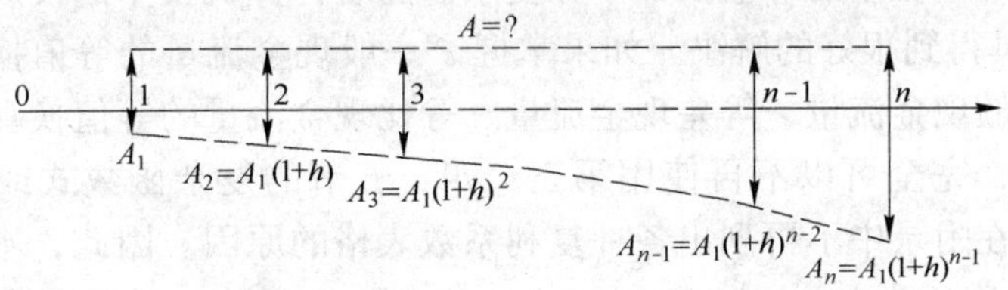

图 3-14　典型等比现金流量年值计算

（三）换算公式

等比现金流量的年值换算可先运用等比现金流量终值公式（或现值公式）计算终值（或现值），再将其转化为等额年值。

下面是先计算等比现金流量的现值后，再换算为等额年值，即

$$A=A_1(P/A_1,h,i,n)(A/P,i,n)$$

$$=\begin{cases}A_1\dfrac{1-(1+h)^n(1+i)^{-n}}{i-h}\dfrac{i(1+i)^n}{(1+i)^n-1}, & \text{当 } i\neq h\\ \dfrac{nA_1}{1+i}\times\dfrac{i(1+i)^n}{(1+i)^n-1}, & \text{当 } i=h\end{cases}$$

$$=\begin{cases}A_1\dfrac{i[(1+i)^n-(1+h)^n]}{(i-h)[(1+i)^n-1]}, & \text{当 } i\neq h\\ \dfrac{nA_1 i(1+i)^{n-1}}{(1+i)^n-1}, & \text{当 } i=h\end{cases}$$

系数 $\begin{cases}\dfrac{i[(1+i)^n-(1+h)^n]}{(i-h)[(1+i)^n-1]}, & \text{当 } i\neq h\\ \dfrac{ni(1+i)^{n-1}}{(1+i)^n-1}, & \text{当 } i=h\end{cases}$ 称为等比现金流量的年值系数，通常用符号 $(A/A_1,h,i,n)$ 表示，可以通过查表获得其值。

第六节　一般现金流量的等值换算

一、一般现金流量

在寿命期内呈不等额或不规则分布的现金流量称为一般现金流量。

等额现金流量、等差现金流量、等比现金流量在工程经济评价中是应用最广的现金流量类型，原因之一就在于它们是特殊的现金流量，其等值换算公式可以用一个确定的函数式进行表示。即便如此，我们已经在第三、四、五节看到了这些函数式多数都很复杂。在项目经济评价中，根据项目设计方案、市场预测及项目特点所获得的现金流量估算不是以上特殊类型的现金流量，呈现出要么发生金额不全相等，要么发生时点的间隔不相一致的特点。对于这样一般形式的现金流量，就很难获得确定形式的函数表达式。

在过去，一般现金流量的等值换算十分复杂。随着计算机技术的发展，这一问题在近期可通过 Excel 工具得到很好的解决。如果掌握了一般现金流量的等值换算问题，那么作为其特殊情况的等额现金流量、等差现金流量、等比现金流量的等值换算问题也便随之可以得到很好的解决，完全可以不再使用第三、四、五节的复杂函数式或通过查表方式计算，这也正是本书在附录中不再列出各种复利系数表格的原因。因此，本节和下一节是本章的重点。

二、一般现金流量的终值换算

（一）换算问题

在折算率为 i 且复利计息法下，求 n 期内发生的数值不等额且无规则分布现金流量 $A_t(t=1,2,\cdots,n)$ 在第 n 期期末时的价值。该问题可描述为：已知 A_t、n、i，求终值 F。

（二）现金流量图（图 3-15）

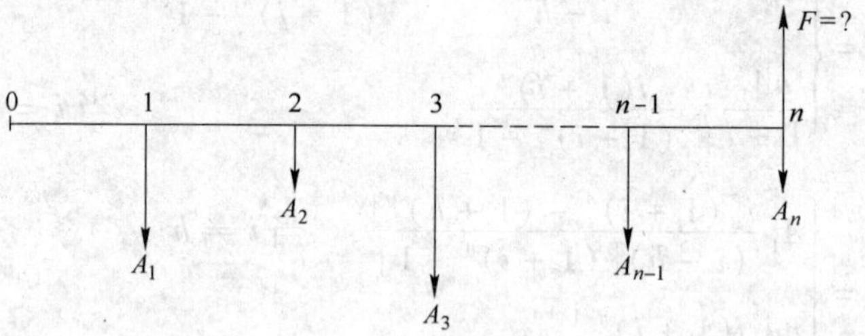

图 3-15　一般现金流量终值计算

（三）换算公式

一般现金流量的终值可用累加的形式表示为：

$$F=\sum_{t=1}^{n}A_t(1+i)^{n-t},\quad 其中\ t=1,2,\cdots,n$$

三、一般现金流量的现值换算

（一）换算问题

在折算率为 i 且复利计息法下，求 n 期内发生的数值不等额且无规则分布现金流量 $A_t(t=1,2,\cdots,n)$ 在第 0 期期末（或第 1 期期初）时的价值。该问题可描述为：已知 A_t、n、i，求终值 P。

（二）现金流量图（图 3-16）

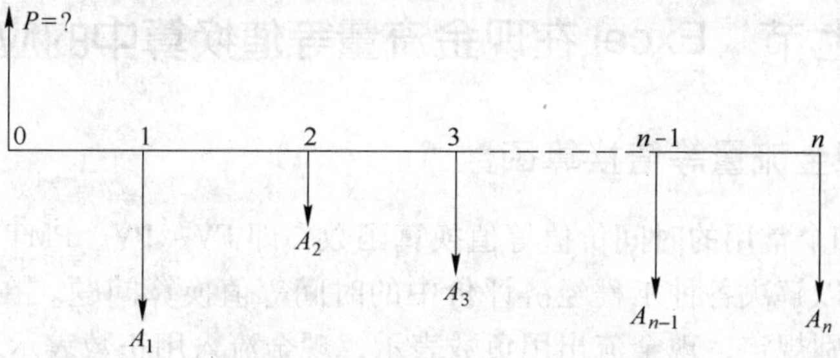

图 3-16　一般现金流量现值计算

（三）换算公式

一般现金流量的现值公式为：

$$P = \sum_{t=1}^{n} A_t(1+i)^{-t}，\quad 其中\ t = 1,2,\cdots,n$$

四、一般现金流量年值换算

（一）换算问题

在折算率为 i 且复利计息法下，求 n 期内发生的数值不等额且无规则分布现金流量 $A_t(t = 1,2,\cdots,n)$ 相当于每期期末等额发生的价值。该问题可描述为：已知 A_t、n、i，求年值 A。

（二）现金流量图（图 3-17）

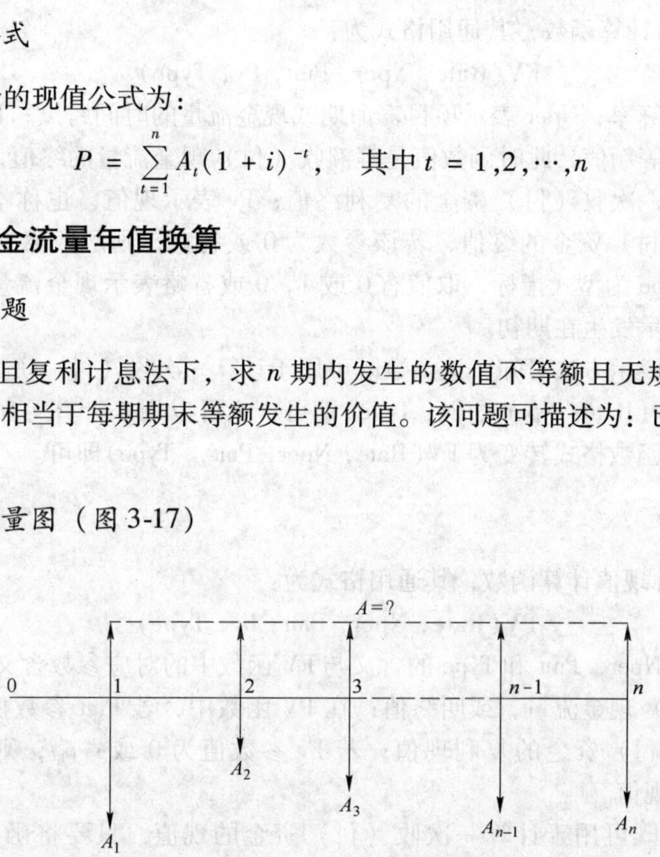

图 3-17　一般现金流量年值计算

（三）换算公式

一般现金流量的年值换算可先运用一般现金流量终值公式（或一般现金流量现值公式）计算出一般现金流量的终值（或现值），再将其换算为等额年值。

如先计算一般现金流量的现值后再换算为等额年值，即

$$A = P(A/P,i,n) = \frac{i(1+i)^n}{(1+i)^n - 1} \times \sum_{t=1}^{n} A_t(1+i)^{-t}$$

第七节 Excel在现金流量等值换算中的应用

一、Excel现金流量等值换算函数

Excel提供了四个常用的时间价值等值换算函数，即FV、PV、PMT、NPV函数，灵活运用这四个函数可以解决各种工程经济评价中的时间等值换算问题。在Excel中，对函数中涉及的金额有特别规定，现金流出用负数表示，现金流入用正数表示。

（一）FV函数

FV函数即终值计算函数，其通用格式为：

FV(Rate, Nper, Pmt, Pv, Type)

其中，Rate表示折算率；Nper表示项目寿命期或现金流量的时间跨度；Pmt表示各期现金流量等额情况下的等额值，此时函数值是等额收（付）现金流量的终值，若该参数为0或省略，则函数值为一次收（付）资金的复利终值；Pv表示现值，也称本金，此时函数值计算的是一次收（付）资金的终值，若该参数为0或省略，则函数值为等额收（付）现金流量的终值；Type为型式指标，取值有0或1，0或省略表示现金流量的发生时点在各期的期末，而1表示发生在期初。

由函数格式的表示方法可知，该函数既可用于计算一次收（付）资金的终值，只要将函数格式转变为FV(Rate, Nper,, Pv, Type)即可，也可以用来计算等额收（付）现金流量的终值，只要将函数格式转变为FV(Rate, Nper, Pmt,, Type)即可。

（二）PV函数

PV函数，也称现值计算函数，其通用格式为：

PV(Rate, Nper, Pmt, Fv, Type)

其中，参数Rate，Nper，Pmt和Type的含义与FV函数中的对应参数含义相同。FV代表第n期的一次收（付）现金流量，或叫终值；在PV函数中，若Pmt参数值为0或缺省，则函数值为一次收（付）资金的复利现值；若Fv参数值为0或省略，则函数值为等额收（付）现金流量的现值。

因此，该函数既可用于计算一次收（付）资金的现值，只要将函数格式转变为PV(Rate, Nper,, Pv, Type)即可，也可以用来计算等额收（付）现金流量的现值，只要将函数格式转变为PV(Rate, Nper, Pmt,, Type)即可。

（三）PMT函数

PMT函数，也称年值函数，其通用格式为：

PMT(Rate, Nper, Pv, Fv, Type)

其中，参数Rate，Nper，Pmt和Type的含义与FV和PV函数中对应的参数含义相同。

由于年值的计算主要针对现值的年值和终值的年值两种，所以该函数可以满足各种年值的换算问题。

（四）NPV 函数

NPV 函数，也称净现值函数，它本身是工程经济评价中的特有指标计算函数，但也可以用来对一般现金流量时间等值价值的换算。其通用格式为：

NPV(Rate, Value1, Value2,…)

其中,Rate 代表折算率;Value1,Value2,…代表最多 29 个分布在计算期内每期期末的现金流量。

NPV 函数值实际计算的是一般现金流量在第 1 期期初（或第 0 期期末）时点处的价值即现金流量的现值，如果要计算这些一般现金流量的终值或年值，只要在现值的基础上，再分别利用一次收（付）资金等值换算函数 FV(Rate, Nper,, Pv, Type)和现值的年值换算函数 PMT(Rate, Nper, Pv,, Type)进行换算即可。

二、Excel 资金等值换算实例

（一）通过 FV 函数计算一次收（付）资金的终值

一次收（付）资金复利终值公式为：

$$F = P(1+i)^n$$

例 3-1　利率为 5%，现值为 1000，计算 5 年后的终值。

计算过程如下：

(1) 启动 Excel 软件。点击主菜单栏上的“插入”命令，然后在下拉菜单中选择“函数”命令，弹出“粘贴函数”（或“插入函数”）选择对话框。在左边的“函数分类”栏中选择“财务”，然后在右边的“函数名”栏中选择“FV”。最后点击对话框下端的“确定”按钮，如图 3-18 所示。

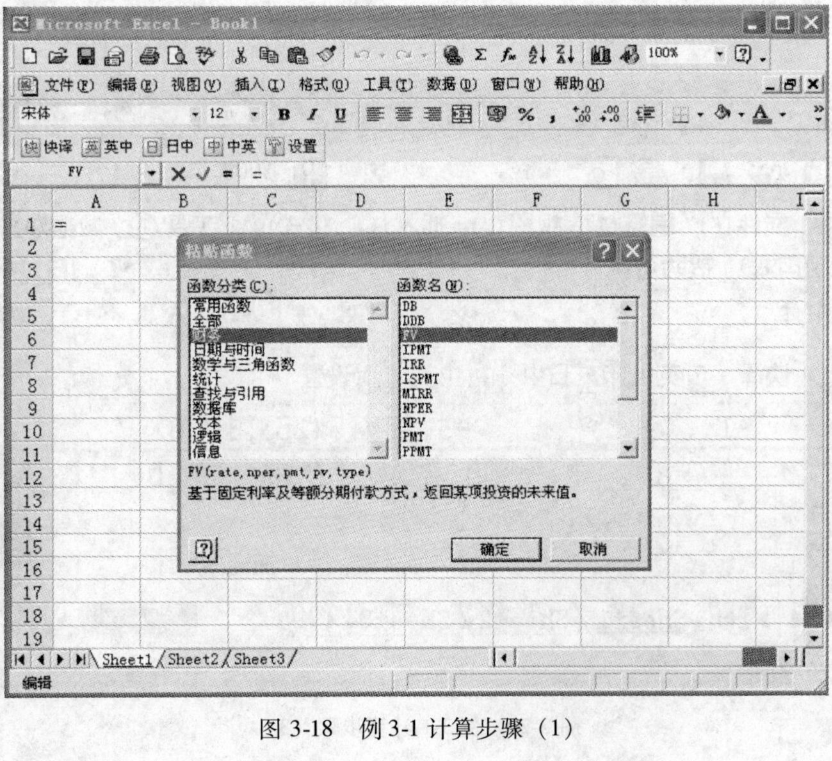

图 3-18　例 3-1 计算步骤（1）

（2）在弹出的“FV”函数对话框中，结合 FV 函数格式，在 Rate 栏键入 5%，Nper 栏键入 5，Pv 栏键入 1000，然后点击“确定”按钮，见图 3-19。

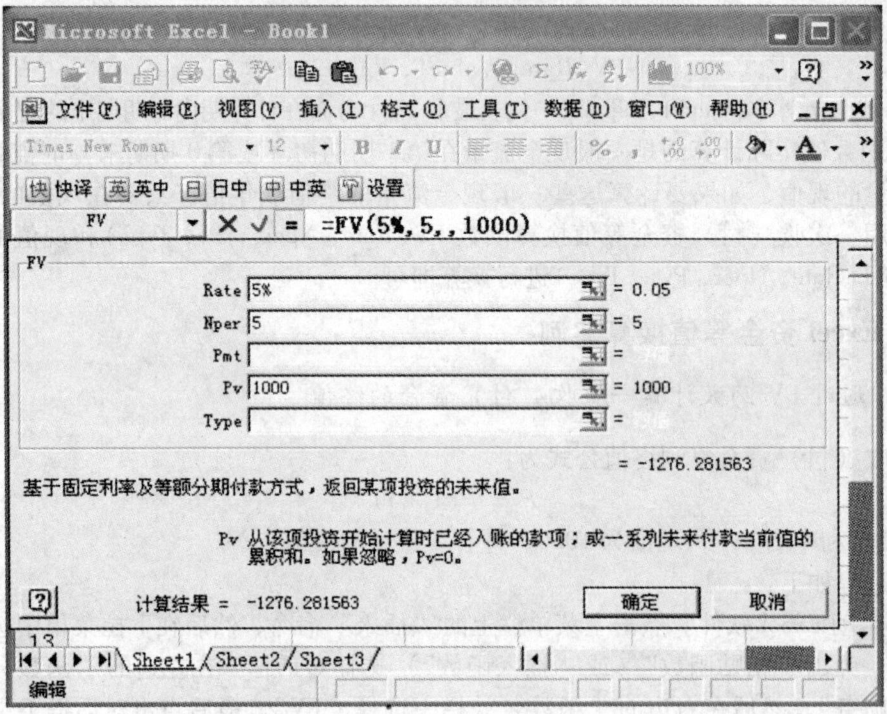

图 3-19　例 3-1 计算步骤（2）

（3）单元格 A1 中显示计算结果为 -1276.28，见图 3-20。

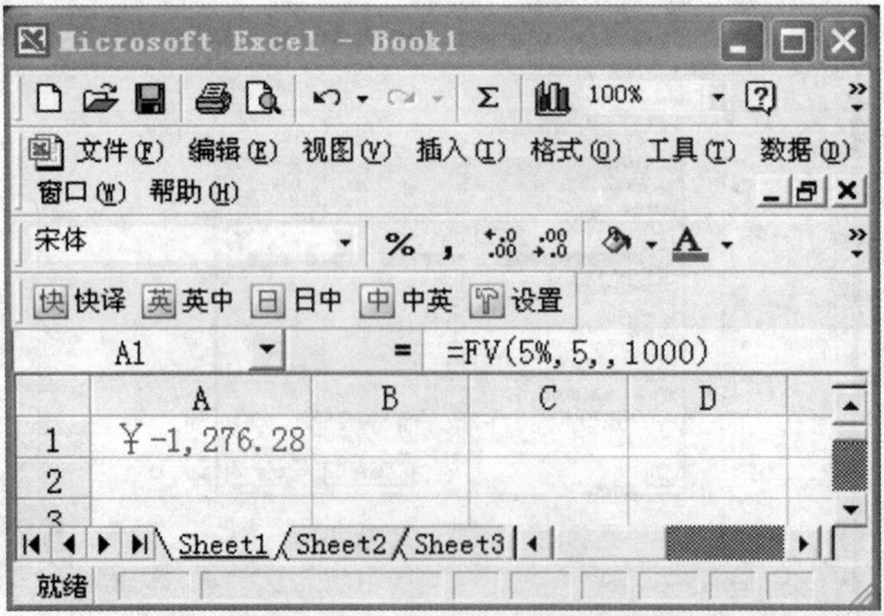

图 3-20　例 3-1 计算步骤（3）

上述步骤，也可以直接在单元格A1中输入公式：=FV(5%，5，，1000)。

在实际操作中，除现金流量系列外，通常在金额值前加上负号，即输入的公式为：=FV(5%，5，，-1000)，这样所得的计算结果就转变为所要求的正值即1276.28。下同。

（二）通过FV函数计算等额收（付）现金流量的终值

等额收（付）现金流量的终值公式为：

$$F = A\frac{(1+i)^n - 1}{i}$$

例3-2　年利率为5%，等额收（付）现金流量的等额值为500，计算这一系列现金流量在5年后的年值终值。

计算过程如下：

(1) 与上例同样的步骤选择"FV"函数。

(2) 在弹出的"FV"函数对话框中，Rate栏键入5%，Nper栏键入5，Pmt栏键入500（也可直接在单元格A1中输入公式：=FV(5%，5，500)）。然后点击"确定"按钮，见图3-21。

图3-21　例3-2的计算

(3) 单元格A1中显示计算结果为-2762.82。

（三）通过PV函数计算一次收（付）资金的现值

一次收（付）资金复利现值公式为：

$$P = F(1+i)^{-n}$$

例 3-3　利率为 5%，终值为 1000，计算 5 年期的现值。

计算过程如下：

（1）在“函数名”栏类别中选择“PV”函数。

（2）在弹出的“PV”函数对话框中，Rate 栏键入 5%，Nper 栏键入 5，FV 栏键入 1000（也可直接在单元格 A1 中输入公式：=PV(5%，5，，1000)）。然后点击“确定”按钮，见图 3-22。

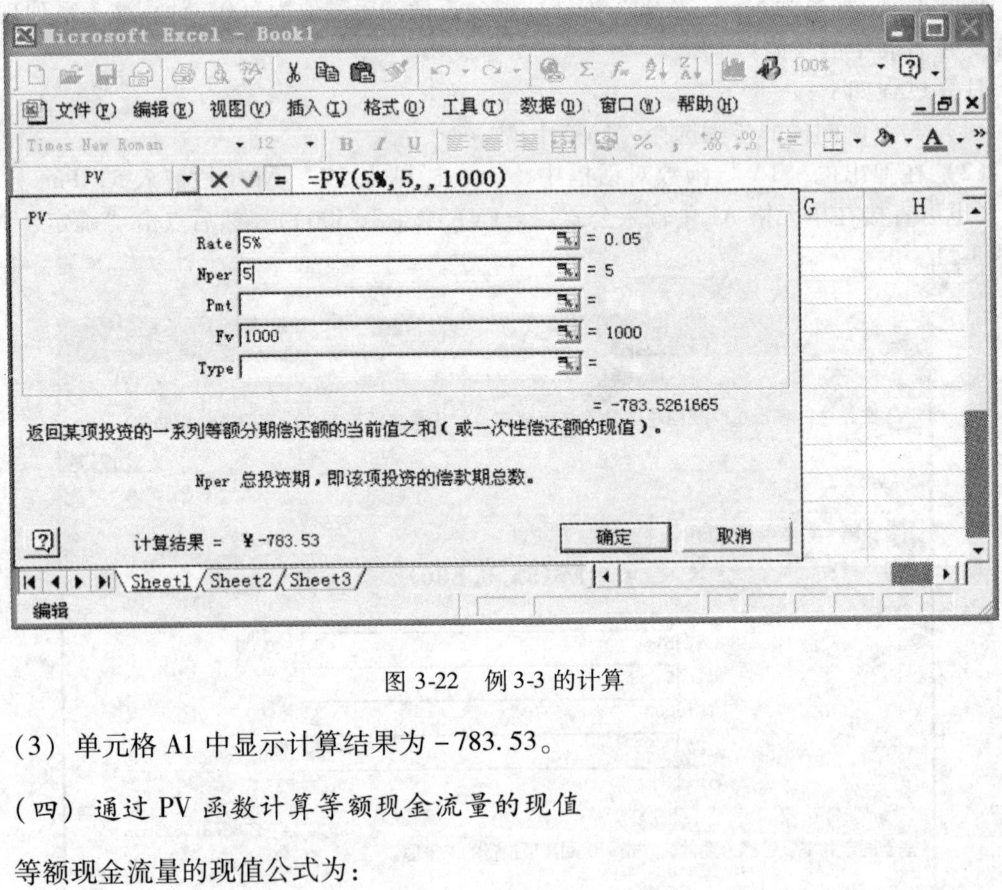

图 3-22　例 3-3 的计算

（3）单元格 A1 中显示计算结果为 −783.53。

（四）通过 PV 函数计算等额现金流量的现值

等额现金流量的现值公式为：

$$P = A\frac{(1+i)^n - 1}{i(1+i)^n}$$

例 3-4　年利率为 5%，计算等额值为 500 的等额现金流量 5 年后的现值。

计算过程如下：

（1）在“函数名”栏中选择“PV”函数。

（2）在弹出的“PV”函数对话框中，Rate 栏键入 5%，Nper 栏键入 5，Pmt 栏键入 500（也可直接在单元格 A1 中输入公式：=PV(5%，5，500)）。然后点击“确定”按钮，见图 3-23。

（3）单元格 A1 中显示计算结果为 −2164.74。

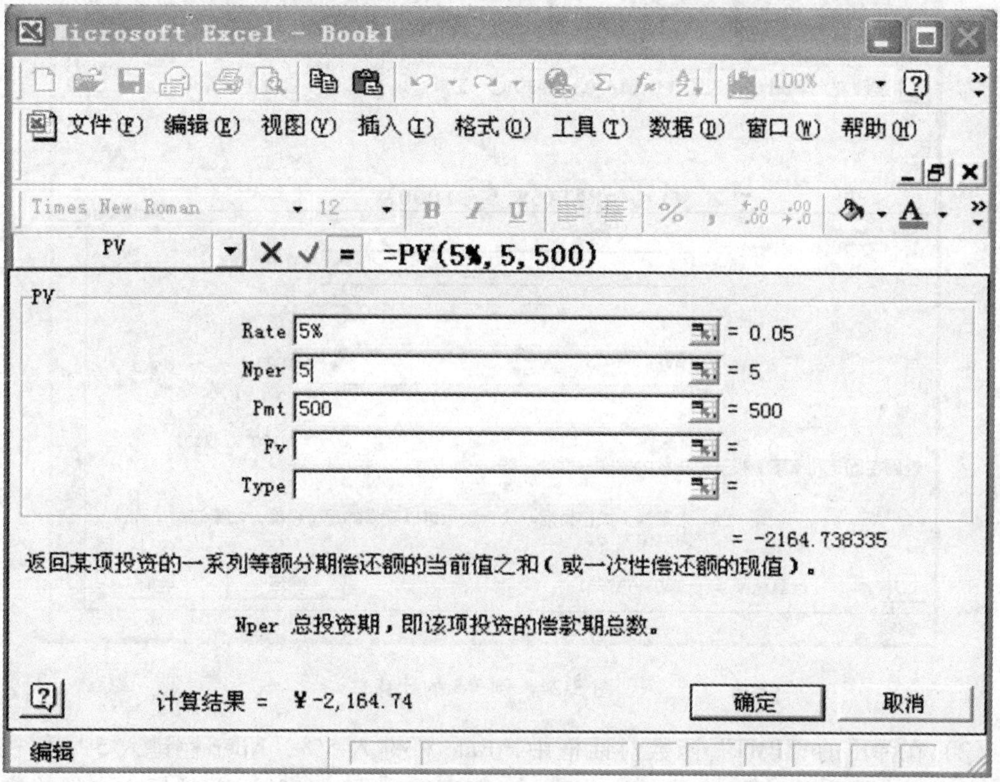

图 3-23　例 3-4 的计算

（五）通过 PMT 函数计算一次收（付）资金终值的年值

一次收（付）终值的年值公式为：

$$A = F\frac{i}{(1+i)^n - 1}$$

例 3-5　年利率为 5%，终值为 1000，计算 5 年内的年值。

（1）在“函数名”栏中选择“PMT”函数。

（2）在弹出的“PMT”函数对话框中，Rate 栏键入 5%，Nper 栏键入 5，Fv 栏键入 1000（也可直接在单元格 A1 中输入公式：= PMT(5%，5，，1000)）。然后点击“确定”按钮，见图 3-24。

（3）单元格 A1 中显示计算结果为 −180.97。

（六）通过 PMT 函数计算一次收（付）现值的年值

一次收（付）现值的年值公式为：

$$A = P\frac{i(1+i)^n}{(1+i)^n - 1}$$

例 3-6　年利率为 5%，现值为 1000，计算 5 年期的年值。

（1）在“函数名”栏中选择“PMT”函数。

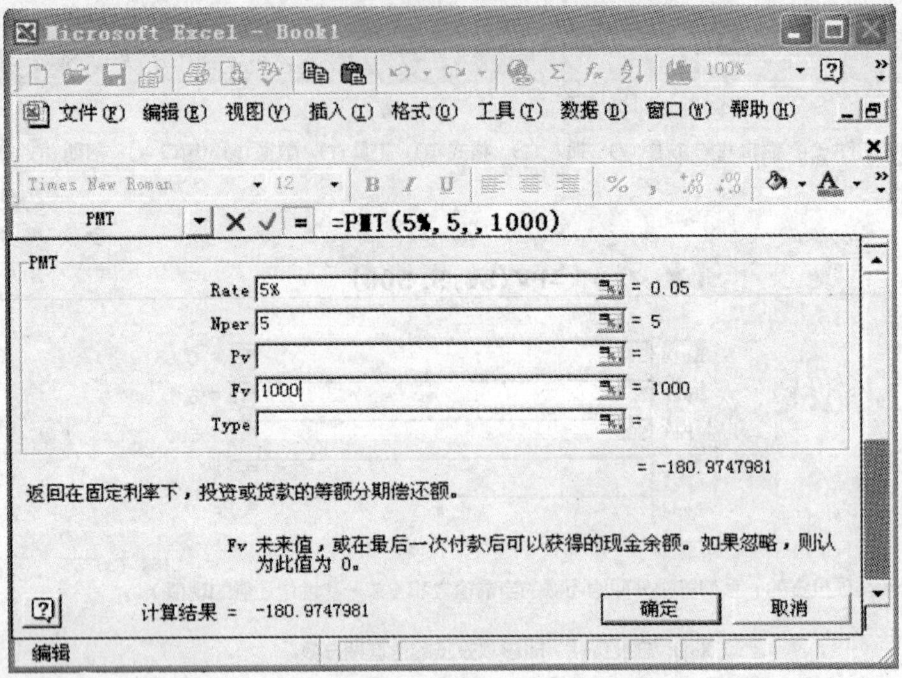

图 3-24　例 3-5 的计算

（2）在弹出的“PMT”函数对话框中，Rate 栏键入 5%，Nper 栏键入 5，Pv 栏键入 1000（也可直接在单元格 A1 中输入公式：=PMT(5%，5，1000)）。然后点击“确定”按钮，见图 3-25。

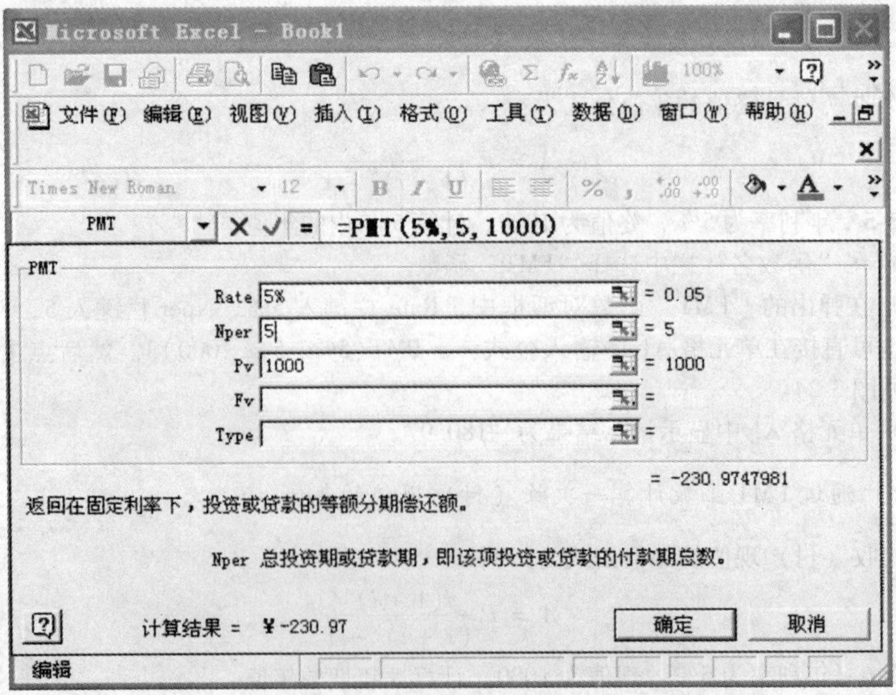

图 3-25　例 3-6 的计算

（3）单元格 A1 中显示计算结果为 -230.97。

（七）通过 NPV 函数计算一般现金流量的现值

一般现金流量的现值公式为：

$$P = \sum_{t=1}^{n} A_t (1 + i)^{-t}, \quad \text{其中} \ t = 1,2,\cdots,n$$

例 3-7　某企业购进一台设备，估计可用 5 年，不计残值。该设备的维护费用第一年为 2000 元，第二年、第三年、第四年、第五年维护费用分别为 2200 元、2500 元、2700 元和 3100 元，年利率为 10%。计算该设备的维护费用现值。

计算过程如下：

（1）启动 Excel 软件，建立如图 3-26 所示的工作表。

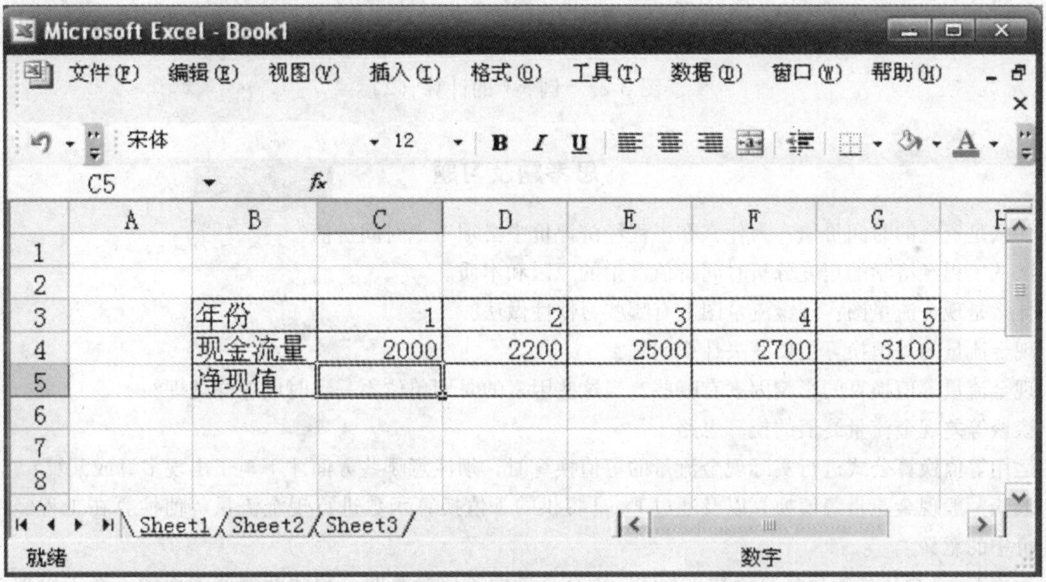

图 3-26　例 3-7 的计算（1）

（2）计算现金流量序列的净现值。选中单元格 C5，在“函数名”栏中选择“NPV”函数。

（3）在弹出的 NPV 函数对话框（图 3-27）中，Rate 栏键入 10%，点击“Value1”栏右端的“ ”图标，然后选择单元格 C4：G4，再点击“ ”图标，回到 NPV 函数对话框图 3-27。最后点击“确定”按钮。

（4）单元格 C5 中显示计算结果为 9284。

上述步骤（2）和（3）的操作也可简化为直接在单元格 C5 中输入公式“=NPV(10%，C4：G4)”。

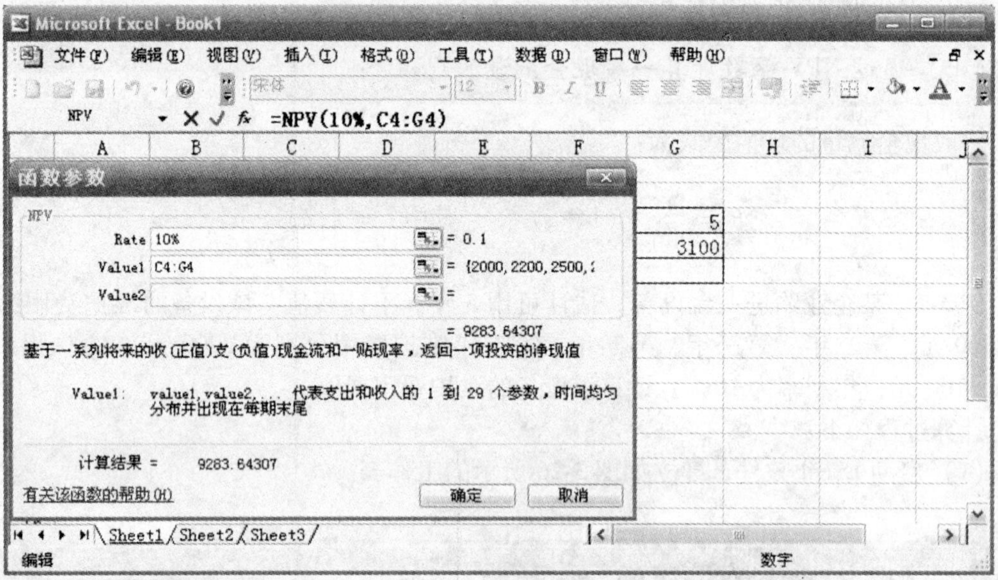

图 3-27　例 3-7 的计算（2）

思考题及习题

1. 什么是资金的时间价值？为什么在工程经济评价中必须考虑时间价值？
2. 试从工程经济学的角度分析时间价值产生的原因和本质。
3. 什么是现金流量图？现金流量图上有哪些习惯性做法？
4. 现金流量的等值换算主要解决什么问题？
5. 现金流量等值换算的影响因素有哪些？当这些因素的时期单位不一致时应怎样处理？
6. 谈谈等差现金流量终值的换算思路。
7. 运用等值换算公式进行实际现金流量的等值换算时，须注意哪些方面才不至于出现多算或漏算？
8. 谈谈一般现金流量等值换算以及通过 Excel 提供的等值换算函数进行现金流量等值换算在工程经济评价中的意义。
9. 运用 Excel 提供的等值换算函数进行实际现金流量的等值换算时，须注意哪些方面才不至于出现多算或漏算？
10. 某企业拟建一个工业项目，第 1、2、3 年年初分别投资 1000 万元、2000 万元和 1500 万元；第 3 年、第 4 年年末分别收益 600 万元、1000 万元，经营费用 100 万元。以后各年年末平均收益 1200 万元，经营费用均为 150 万元，寿命期 10 年，期末残值 1300 万元。试画出该项目的现金流量图。
11. 某企业拟向银行贷款 1500 万元，5 年后一次还清。A 银行贷款年利率为 6.5%，按月计息；B 银行贷款年利率为 7.2%，按年计息。问企业向哪家银行贷款更合算？
12. 某企业获得一笔 600 万元的贷款，按年利率 8% 计复利，期限为 5 年，有以下两种还款方式，问：
    （1）如果企业从第 1 年起每年年末等额偿还本息，则每年需要偿还多少资金？
    （2）如果企业到期一次偿还全部本息，需要偿还多少资金？
13. 张三拟投资一投资基金，假定年投资收益率固定为 5%，为了在 10 年后获得 90000 元的收入，现在应投入多少资金？
14. 某家庭为孩子储存一笔学习基金，从小孩出生开始连续 18 年在每年年末存入银行等额资金 8000 元，若银行年利率为3.5%，则第18年年末该学习基金总额为多少？

15. 若某工程项目1年建成并投产，每年净收益为5万元，若该项目寿命期为8年，且折现率为10%，恰好能够在寿命期内把期初投资全部收回。问该项目期初应投入多少资金？若该项目可以无限期使用，则期初的投资又应该是多少？

16. 某企业想在五年后建造一个价值400万元的职工宿舍区，假如银行存款利率为3.5%，则每年年末应等额存入银行多少存款？

17. 某公司拟租用某栋大厦，租金第一年为200万元，此后9年每年租金上涨5%；如将该大厦买下，需一次支付1500万元，10年后预计仍可以600万元的价格售出。若折现率为10%，问企业是租用还是购买该大厦？

18. 某项目第1、第2年年初分别投资300万元、500万元，第3年投产，第3年年末收入80万元，第4年年末收入120万元，从投产之日起每年经营成本50万元。其余投资希望在第4年以后的6年内收回。折现率为8%。问这6年每年至少需收回多少等额资金？

19. 假设某项目现金流量图所示，折算率为10%，求其现值、终值、在第5年年末的等值金额。

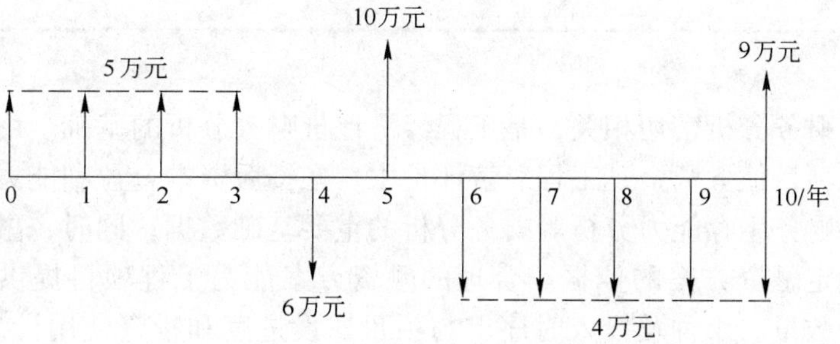

第四章　资金筹措与资金成本分析

本章学习目标

重点掌握既有法人与新设法人融资主体的特点及适用条件；股权融资、债务融资、内部融资方式及其特点；融资方案的资金结构分析、资金成本分析及融资风险分析；能从资金来源的可靠性、资金结构、融资成本及融资风险等侧面对初步融资方案进行分析和比选，确定拟建项目的融资方案；了解资金筹措与资金成本分析工作在项目经济评价中的作用。

融资方案与财务分析密切相关，是工程经济评价财务分析的基础。由融资方案所确定的项目资本金和项目债务资金是工程经济评价中，融资后资本金盈利能力分析、项目偿债能力分析、项目财务生存能力分析等财务分析的重要基础数据；同时，融资后财务分析结论又是比选、确定融资方案的依据。合理的融资方案能为工程项目提供足够、持续的资金，并且在资金数量、币种及投入时序上与项目建设进度和投资使用计划相匹配。因此，需要认识不同融资主体和不同融资渠道的基本特点，在此基础上对融资方案进行多角度分析。

第一节　融资主体的确定

分析、研究项目融资渠道和方式，提出项目融资方案，应首先确定项目的融资主体。项目融资主体是指进行融资活动并承担融资责任和风险的项目法人单位。正确确定项目的融资主体有助于项目顺利筹措资金、形成合理的资金结构、降低资金成本和债务偿还风险。

一、融资主体的确定

项目的融资主体有既有法人和新设法人两种。项目融资主体的确定应综合考虑项目投资的规模和行业特点，项目与既有法人资产、经营活动的联系，既有法人财务状况，项目自身盈利能力等因素。

（1）既有法人为融资主体。一般来说，既有法人为融资主体的情形有：既有法人具有为项目进行融资和承担全部融资责任和风险的经济实力；项目建设或经营与既有法人的资产以及经营活动联系密切；项目的盈利能力较差，但项目对整个企业的持续发展具有重要作用，需要利用既有法人的整体资信为项目获得债务资金。

（2）新设法人为融资主体。新设法人为融资主体的情形有：拟建项目的投资规模较大，既有法人不具有为项目进行融资和承担全部融资责任的经济实力；既有法人财务状况较差，而且项目与既有法人的经营活动联系不密切；项目自身具有较强的盈利能力，可依靠项目自身未来的现金流量按期偿还债务。

二、既有法人融资的基本特点

采用既有法人融资方式的建设项目，既可以是改扩建项目，也可以是非独立法人的新建项目。

既有法人融资方式的基本特点：一是由既有法人发起项目、组织融资活动并承担融资责任和风险；二是建设项目所需的资金来源于既有法人内部融资、新增资本金或新增债务资金；三是新增债务资金依靠既有法人整体（包括拟建项目）的盈利能力来偿还，并以既有法人整体的资产和信用承担债务担保。

通过既有法人筹集债务资金时，债权人可对既有法人的全部资产包括拟建项目的资产进行债务追索，既有法人的其他项目可能因此受到牵连，而债权人的债务风险较低。在这种融资方式下，不论项目未来的盈利能力如何，只要既有法人能够保证按期还本付息，贷款人就愿意提供信贷资金。因此，采用这种融资方式，要充分考虑既有法人整体的盈利能力和信用状况，分析可用于偿还债务的既有法人整体（包括拟建项目）未来的净现金流量等情况。

三、新设法人融资特点

新设法人融资方式是以新组建的具有独立法人资格的项目公司为融资主体的融资方式。采用新设法人融资方式的建设项目，项目法人大多是企业法人，社会公益性项目和某些基础设施项目也可组建事业法人。采用新设法人融资方式的建设项目，一般是新建项目，但也可以是将既有法人的一部分资产剥离后重新组建新的项目法人的改扩建项目。

（一）新设法人融资方式的基本特点

新设法人融资方式的基本特点：一是由项目发起人（企业或政府）发起组建新的具有独立法人资格的项目公司，由新组建的项目公司承担融资责任和风险；二是建设项目所需资金的来源，包括项目公司股东投入的资本金和项目公司承担的债务资金；三是依靠项目自身的盈利能力来偿还债务；四是一般以项目投资形成的资产、未来收益或权益作为融资担保的基础。

采用新设法人融资方式，项目发起人与新组建的项目公司分属不同的实体，项目的债务风险由新组建的项目公司承担。项目能否还贷，取决于项目自身的盈利能力，因此必须认真分析项目自身的现金流量和盈利能力。

项目公司股东对项目公司借款提供多大程度的担保，也是融资方案研究的内容之一。实力雄厚的股东，为项目公司借款提供完全的担保，可以使项目公司取得低成本资金，降低项目的融资风险；但担保额度过高会使其资信下降，同时股东担保也可能需要支付担保费，从而增加项目公司的费用支出。在项目本身财务效益好、投资风险可以有效控制的条件下，可以减少项目公司股东的担保额度。

（二）项目融资的基本特点

关于新设立法人融资方式涉及更多的是项目融资理论。在此仅指出项目融资模式相对于其他融资模式的主要区别点：

一是项目导向。项目融资主要依赖于项目的现金流量和资产而不是依赖于项目投资者或是发起人的资信来安排融资；

二是有限追索或无追索。追索是指在借款人未按期偿还债务时贷款人要求借款人用除抵押资产之外的其他资产偿还债务的权力。贷款人对项目借款人的追索形式和程度是区分融资是属于项目融资还是其他传统融资模式的重要标志。对于传统融资，贷款人为项目借款人提供的是完全追索形式的贷款，即贷款人主要依赖的是借款人自身的资信情况，而不是项目的经济强度；而作为有限追索或无追索的项目融资，贷款人只在贷款的某些阶段（如项目完工前的阶段）或者在一个规定的范围内对项目借款人实行有限制的追索。有限追索融资的特例是“无追索”融资，也就是融资全部依赖于项目的经济强度，在融资的任何阶段，贷款人均不能追索到项目投资人除项目之外的资产。

项目导向、有限追索或无追索是项目融资模式的基本特点，由此会带来项目融资模式与其他传统融资模式的一系列区别。

第二节　资金融资渠道

不管融资主体是既有法人还是新设法人，通过权益资本金和债务资金筹措项目资金是最常见的融资渠道，以既有法人为融资主体还涉及内部融资渠道。

一、权益资本金融资渠道

（一）资本金的特点

项目资本金是指在建设项目总投资中，由投资者认缴的用于确定项目产权关系依据的出资额，也称为权益资本金。

权益资本金融资渠道的基本特点是权益资本金对项目来说是非债务性资金。项目法人不承担这部分资金的任何利息和债务，投资者虽可按其出资的比例依法享有所有者权益，也可转让其出资，但一般不得以任何方式抽回。权益资本金是确定项目产权关系的依据，也是项目获得债务资金的信用基础。由于项目对资本金没有固定的按期还本付息压力，而股利是否支付和支付多少则视项目投产运营后的实际经营效果而定，因此，项目法人的财务负担较小。

（二）资本金的形式

投资者可以用货币出资，也可以用实物、工业产权、非专利技术、土地使用权、资源开采权等作价出资。作价出资的实物、工业产权、非专利技术、土地使用权和资源开采权，必须经过具有资格的资产评估机构评估作价；其中以工业产权和非专利技术作价出资的比例一般不超过项目资本金总额的20%（经特别批准，部分高新技术企业可以达到

35%以上）。

为使建设项目保持合理的资产结构，应根据投资各方及建设项目的具体情况选择项目资本金的出资方式，以保证项目的顺利建设和建成后的正常运营。

（三）资本金融资渠道

1. 股东直接投资

股东的直接投资包括政府授权投资机构的入股资金、国内外企业入股资金、社会团体和个人入股资金以及基金投资公司的入股资金，它们分别构成国家资本金、法人资本金、个人资本金和外商资本金。

政府投资资金包括各级政府财政预算内的资金、国家批准的各种专项建设基金、统借国外贷款、土地批租收入、地方政府按规定收取的各种费用及其他预算外资金等。政府投资主要用于关系国家安全和市场不能有效配置资源的经济和社会领域，包括加强公益性和公共基础设施建设，保护和改善生态环境，促进欠发达地区的经济和社会发展，推进科技进步和高新技术产业化的项目。

国家根据资金来源、项目性质和调控需要，分别采取资本金注入、投资补助、转贷和贷款贴息等方式。因此，在项目经济评价中，对政府投资资金，应根据资金投入的不同情况进行如下处理：全部使用政府直接投资的项目，一般为非经营性项目，不需要进行融资方案分析；以资本金注入方式投入的政府投资资金，在项目评价中应视为权益资金；以投资补贴、贷款贴息等方式投入的政府投资资金，对项目来说，既不属于权益资金，也不属于债务资金，在项目评价中应视为一般现金流入（补贴收入）；以转贷方式投入的政府投资资金（统借国外贷款），在项目评价中应视为债务资金。

既有法人融资项目包括原有股东增资扩股和吸收新股东投资两种方式，此时股东直接投资表现为既有企业资本金的扩充；新设法人融资项目，股东直接投资表现为项目投资者为项目提供资本金。合资经营公司的资本金由企业的股东按股权比例认缴，合作经营公司的资本金由合作投资方按预先约定的金额投入。

2. 股票融资

无论是既有法人融资项目还是新设法人融资项目，凡符合规定条件的均可申请通过发行股票在资本市场上募集股本资金。股票融资可以采取公募与私募两种形式。公募又称公开发行，是在证券市场上向不特定的社会公众公开发行股票。为了保障广大投资者的利益，国家对公开发行股票有严格的要求，发行股票的企业要有较高的信用，符合证券监管部门规定的各项发行条件，并获得证券监管部门批准后方可发行。私募又称不公开发行或内部发行，是指将股票直接出售给少数特定的投资者。

二、债务资金来源渠道

（一）债务资金的特点

债务资金是以负债方式从金融机构、证券市场等取得的资金。债务资金的基本特点：一是资金在使用上具有时间性限制，无论项目经营效果如何，均需按期还本付息，从而形成企业的财务负担；二是债务资金不会分散投资者对企业的控制权。

（二）债务资金融资渠道

（1）商业银行贷款。商业银行贷款是我国建设项目获得短期、中长期贷款的重要渠道。国内商业银行贷款手续简单、成本较低，适用于有偿债能力的建设项目。但对企业的资信和提供的担保状况有较高的要求。

（2）政策性银行贷款。政策性银行贷款一般期限较长，利率较低，是由国家开发银行、中国进出口银行和中国农业发展银行为配合国家产业政策的实施，对政策性项目提供的贷款。

（3）外国政府贷款。外国政府贷款是一国政府向另一国政府提供的具有一定援助或部分赠与性质的低息优惠贷款。目前我国可利用的外国政府贷款主要有：日本国际协力银行贷款、日本能源贷款、美国国际开发署贷款、加拿大国际开发署贷款，以及德、法等国的政府贷款。外国政府贷款的特点：一是在经济上带有援助性质，期限长，利率低，有的甚至无息。一般年利率为2%～4%，还款平均期限为20～30年，最长可达50年；二是贷款一般以混合贷款方式提供，即在贷款总额中，政府贷款一般占三分之一，其余三分之二为出口信贷；三是贷款一般都限定用途，如用于支付从贷款国进口设备或用于某类项目建设。

（4）国际金融组织贷款。国际金融组织贷款是国际金融组织按照章程向其成员国提供的各种贷款。目前与我国关系最为密切的国际金融组织是国际货币基金组织、世界银行和亚洲开发银行。

国际货币基金组织的贷款只限于成员国财政和金融当局，不与任何企业发生业务，贷款用途限于弥补国际收支逆差或用于经常项目的国际支付，期限为1～5年。

世界银行贷款程序严密，审批时间较长，借款国从提出项目到最终同世界银行签订贷款协议获得资金，一般要一年半到两年时间；贷款利率实行浮动利率，随金融市场利率的变化定期调整，但一般低于市场利率；贷款期限较长，一般为20年左右，最长可达30年，宽限期为5年；世界银行通常对其资助的项目只提供货物和服务所需要的外汇部分，约占项目总额的30%～40%，个别项目可达50%。

亚洲开发银行贷款分为硬贷款、软贷款和赠款。硬贷款是由亚行普通资金提供的贷款，贷款的期限为10～30年，含2～7年的宽限期；贷款利率为浮动利率，每年调整一次；软贷款又称优惠利率贷款，是由亚行开发基金提供的贷款，贷款的期限为40年，含10年的宽限期，不收利息，仅收1%的手续费，此种贷款只提供还款能力有限的发展中国家。赠款资金由技术援助特别基金提供。

（5）出口信贷。出口信贷是设备出口国政府为促进本国设备出口，鼓励本国银行向本国出口商或外国进口商（或进口方银行）提供的贷款，其中贷给本国出口商的称“卖方信贷”，贷给外国进口商（或进口方银行）的称“买方信贷”。贷款的使用条件是购买贷款国的设备。出口信贷利率通常要低于国际上商业银行的贷款利率，但需要支付一定的附加费用（管理费、承诺费、信贷保险费等）。

（6）银团贷款。银团贷款是指多家银行组成一个集团，由一家或几家银行牵头，采用同一贷款协议，按照共同约定的贷款计划，向借款人提供贷款的贷款方式。银团贷款，除具有一般银行贷款的特点和要求外，由于参加银行较多，需要多方协商，贷款过程周期长。使用银团贷款，除支付利息之外，按照国际惯例，通常还要支付承诺费、管理费、代理费等。银团贷款主要适用于资金需求量大、偿债能力较强的建设项目。

（7）企业债券。企业债券是企业以自身财务状况和信用条件为基础，依照《中华人民共和国证券法》、《中华人民共和国公司法》等法律法规要求的条件和程序发行的、约定在一定期限内还本付息的债券，如三峡债券、铁路债券等。企业债券融资的特点是：筹资对象广、市场大，但发债条件严格、手续复杂。发行费用较高，需要支付承销费、发行手续费、兑付手续费及担保费等。适用于资金需求大、偿债能力较强的建设项目。目前，我国企业债券的发行总量需纳入国家信贷计划，申请发行企业债券必须经过严格的审核，只有实力强、资信好的企业才有可能被批准发行企业债券，不仅如此，还必须有实力很强的第三方提供担保。

（8）国际债券。国际债券是一国政府、金融机构、工商企业或国际组织为筹措和融通资金，在国际金融市场上发行的、以外国货币为面值的债券。国际债券的重要特征是债券发行者和债券投资者属于不同的国家，筹集的资金来源于国际金融市场。按照发行债券所用货币与发行地点的不同，国际债券主要有外国债券和欧洲债券两种。发行国际债券的优点是资金规模巨大、稳定，借款时间较长，可以获得外汇资金；缺点是发债条件严格，信用要求高，筹资成本高，手续复杂。适用于资金需求大，能吸引外资的建设项目。因国际债券的发行涉及到国际收支管理，国家对企业发行国际债券进行严格的管理。

（9）融资租赁。融资租赁是资产拥有者在一定期限内将资产租给承租人使用，由承租人分期付给一定租赁费的融资方式。融资租赁是一种以租赁物品的所有权与使用权相分离为特征的信贷方式。融资租赁一般由出租人按承租人选定的设备，购置后出租给承租人长期使用，在租赁期内，出租人以收取租金的形式收回投资并取得收益；承租人支付租金租用设备进行生产经营活动，租赁期满后，出租人一般将设备作价转让给承租人。融资租赁的优点是企业可不必预先筹集一笔相当于资产买价的资金就可以获得所需要资产的使用权。这种融资方式适用于以购买设备为主的建设项目。

三、既有法人内部融资

（一）既有法人资产构成

项目采用既有法人为融资主体时，既有法人现有资产就形成内部融资的资金来源之一。既有法人现有资产主要来源于三个方面：一是股东过去投入的资本金；二是企业对外负债的债务资金；三是企业经营所形成的净现金流量。既有法人现有和未来形成的资产都可能是项目的融资来源。

（二）既有法人内部融资渠道

既有法人内部融资渠道主要包括既有法人现有和未来形成的盈余现金、资产变现、实物资产投入几个方面。

可用于项目建设的货币现金包括既有法人现有和未来经营活动中可能获得的盈余现金。现有库存现金和银行存款在扣除必要的日常经营资金后，多余的可投入项目建设；而在拟建项目建设期内，企业经营活动获得的净现金节余也可以抽出一部分用于项目建设，该部分需要通过对企业未来现金流量的估算才能确定其数额。

既有法人可以将流动资产、长期投资和固定资产变现或以实物资产的形式投入到项目中。这些非现金资产包括实物、工业产权、非专利技术、土地使用权，甚至是资产经营权等，只要原有项目允许且适用于拟建项目，经资产评估后都可直接投入到拟建项目。

第三节 融资方案分析

在确定融资主体，针对项目实际情况选择出可行的融资渠道后，就会形成各种融资方案。由于不同融资渠道在获取条件、成本和使用上的限制不同，加之融资模式的多样性，因此须对初步形成的各种融资方案进行多角度分析，以期选择出合理的融资方案。融资方案可主要从资金结构、资金成本和融资风险方面进行分析。

一、资金结构分析

融资方案分析中，资金结构分析是其中一项重要内容。资金结构是指融资方案中的各种资金的比例关系。主要包括项目资本金与项目债务资金的比例、项目资本金结构比例和项目债务资金结构比例等。资金结构分析就是分析融资方案实施后，各种资金结构满足国家相关部门、贷款人的相关规定和要求以及投资人意愿的程度。

（一）项目资本金与债务资金比例

项目资本金与项目债务资金的比例是项目资金结构中最重要的比例关系。在项目具有较强盈利能力时，项目投资者总是希望投入较少的资本金，资金缺口由债务资金弥补，尽可能降低债权人对项目利润的稀释，在项目盈利能力弱时，则相反。而提供债务资金的债权人则希望项目能够有较高的资本金比例，以降低债权人的风险。当资本金比例降低到银行不能接受的水平时，贷款人就会拒绝贷款。在项目收益不变、项目投资财务内部收益率高于负债利率的条件下，由于财务杠杆的作用，资本金所占比例越低，资本金财务内部收益率就越高，同时企业的财务风险和债权人的风险也越大。因此，一般认为，在符合国家有关资本金（注册资本）比例规定、符合金融机构信贷法规及债权人有关资产负债比例要求的前提下，既能满足权益投资者获得期望投资回报的要求，又能较好防范财务风险的比例是较理想的资本金与债务资金的比例。本金与债务资金的合理比例需要由项目关系人结合项目和参与人的资信情况综合权衡决定。

按照《国务院关于固定资产投资项目试行资本金制度的通知》，我国从 1996 年开始，对各种经营性国内投资项目试行资本金制度，根据不同行业和项目经济效益等因素规定了投资项目资本金占总投资的比例。作为计算资本金基数的总投资是指投资项目的固定资产投资（即建设投资和建设期利息之和）与铺底流动资金之和。如交通运输，煤炭项目资本金比例为 35% 及以上；钢铁、邮电、化肥项目的资本金比例为 25% 及以上；电力、机电、建材、化工、石油加工、有色、轻工、纺织、商贸及其他行业的项目资本金比例为 20% 及以上。

项目资本金比例具有调控社会资金投资流向的功能，政府部门会依据国民经济发展的实际需要，适时调整建设项目的资本金比例，实现政府产业结构调整的目标。如 2004 年 4 月国务院决定钢铁项目的资本金比例由之前的 25% 及以上提高到 40% 及以上，水泥、电解铝、房地产开发项目（不含经济适用房项目）的资本金比例由之前的20%及以上提高到35%及以上；2005年11月国务院又决定将铜冶炼项目的资本金比例由20%及以上提高到35%及以上。

按照现行法规，对外商投资项目（包括外商独资、中外合资、中外合作经营项目）规定有较高的注册资本与投资总额的比例。投资总额在300万美元及以下的，注册资本比例不得低于70%；投资总额在300万美元至1000万美元的，注册资本的比例不得低于50%；投资总额在1000万美元至3000万美元的，注册资本比例不得低于40%；投资总额在3000万美元以上的，注册资本比例不得低于三分之一。

（二）资本金结构比例

项目资本金结构比例是指项目投资各方的出资比例。不同的出资比例决定各投资方对项目建设和经营的决策权和承担的责任，以及项目收益分配的比例。采用新设法人融资方式的项目，应根据投资各方在资金、技术和市场开发方面的优势及参与目标，通过协商确定各方的出资比例、出资形式和出资时间。采用既有法人融资方式的项目，项目的资本金结构要考虑既有法人财务状况和筹资能力，合理确定既有法人内部融资与新增资本金在项目融资总额中所占的比例，分析既有法人内部融资与新增资本金的可能性与合理性。

（三）债务资金结构比例

项目债务资金结构比例反映债权各方为项目提供债务资金的数额比例、债务期限比例、内债和外债的比例以及外债中各币种债务的比例等。在债务资金来源渠道较多的情况下，融资方案应该结合融资渠道的特点、成本和限制，尽可能优化项目的债务资金结构。如：根据债权人提供债务资金在利率、宽限期、偿还期及担保方式等方面的条件，合理确定各类借款和债券的比例，可以降低项目的融资成本和融资风险；合理搭配短、中、长期债务比例，在控制违约风险的条件下，合理安排一定比例的短、中期债务资金，尽可能降低融资总成本；在债务资金偿还计划安排上，应使债务本息的偿还不致影响企业正常生产所需的现金量，合理安排偿还顺序，尽可能先偿还利率较高的债务；对于有外债的项目，由于有汇率风险，通常应先偿还硬货币（指货币汇率比较稳定，且有上浮趋势的货币）的债务，后偿还软货币（指汇率不稳定，且有下浮趋势的货币）的债务；当资本市场利率水平相对较低，且有上升趋势时，尽量借用固定利率贷款；当资本市场利率水平相对较高，且有下降趋势时，尽量借用浮动利率贷款，以合理确定利率结构。

二、资金成本分析

资金成本就是为筹集资金所付出的代价，通常用百分数表示，即每筹集1元资金所支付的成本。资金成本包括筹集成本和使用成本两部分，前者是在筹措资金过程中一次性支付的各项费用，在使用过程中不再发生，而后者在资金使用过程中根据使用期长短多次定期发生。

资金成本不仅是选择资金来源、拟定融资方案的主要依据，也是投资项目收益率的底线，可作为投资项目最重要的取舍率，因而是评价投资项目可行性的主要经济指标。

（一）资金成本及其决定因素

资金成本计算的一般形式：

$$资金成本率 = \frac{资金占用费}{筹集资金总额 - 资金筹集费} \times 100\%$$

由于资金筹集费一般与筹集资金总额成正比，所以一般用筹资费用率表示资金筹集费，因此，资金成本率也可表示为：

$$资金成本率 = \frac{资金占用费}{筹集资金总额 \times (1 - 筹资费用率)} \times 100\%$$

影响资金成本的因素很多，主要有：总体经济环境；资金总体供需状况；无风险报酬率；资本市场条件；企业平均资本收益率等。

（二）权益资金成本计算

下面介绍计算权益资金成本的 CAPM 法和风险溢价法。

1. CAPM 法

CAPM 法（即资本资产定价法），权益资金成本的计算公式为：

$$K_S = R_f + \beta(R_m - R_f)$$

式中 K_S——权益资金成本；

R_f——社会无风险投资收益率；

β——项目的投资风险系数；

R_m——证券市场投资组合预期收益率。

该法的基本思路是以某一时期合理的资金收益率水平作为权益资金成本水平，同时，风险需要以一定的收益率作为补偿。

例 4-1 某期间市场无风险报酬率为 10%，平均风险股票必要报酬率为 14%，某公司股票的投资风险系数为 1.2，则权益资金成本是多少？

解：根据公式：

$$K_S = 10\% + 1.2 \times (14\% - 10\%) = 14.8\%$$

所以权益资金成本应该为 14.8%。

2. 风险溢价法

风险溢价法（即税前债务成本加风险溢价法）

其计算公式为：

$$K_S = K_b + RP_c$$

式中 K_S——权益资金成本；

K_b——所得税前的债务资金成本；

RP_c——投资者比债权人承担更大风险所要求的风险溢价。

该法的基本思路是合理的权益资金提供者至少应该获得相当于债务资金提供者的收益率，同时，由于权益资金提供者面临着项目投资失败而使权益资金面临风险，因此，应该有风险的补偿。

（三）债务资金成本计算

债务资金成本由债务资金筹集费和债务资金占用费组成。债务资金筹集费是指债务资金筹集过程中支付的费用，如承诺费、发行手续费、担保费、代理费以及债券兑付手续费等；债务资金占用费是指使用债务资金过程中发生的贷款利息和债券利息。

1. 银行借款的资金成本

不考虑资金筹集成本时的资金成本可表示为：

$$K_d = (1 - T)R$$

式中　K_d——银行借款的资金成本；

T——所得税率；

R——银行借款利率。

在 K_d 的计算式中，之所以扣减所得税率是因为利息具有避税功能。

2. 对项目贷款实行担保时的资金成本

通过担保获得贷款的资金成本须进行调整，其计算表达式为：

$$K_d = (1 - T)(R + V_d)$$

$$V_d = \frac{V}{nP} \times 100\%$$

式中　V_d——担保费率；

V——担保费总额；

P——借款总额；

n——担保年限。

担保费率相当于提高了银行贷款的利率。

例 4-2　某企业为某项工程建设项目向银行申请长期贷款 1000 万元，年利率为 10%，每年付息一次，到期一次还本，贷款管理费及手续费为 0.5%，企业的所得税率为 25%，试计算该项目长期借款的资金成本。

解：根据资金成本的计算公式，该项目长期借款的资金成本为：

$$K_d = \frac{(1 - T)R}{1 - f} = \frac{(1 - 25\%) \times 10\%}{1 - 0.5\%} = 7.54\%$$

3. 合理的债务资金成本

含筹资费用的税后债务资金成本合理水平应该满足下式：

$$P_0(1 - F) = \sum_{t=1}^{m} \frac{I_t}{(1 + K_d)^t} + \sum_{t=m+1}^{n} \frac{P_t + I_t(1 - T)}{(1 + K_d)^t}$$

式中　P_0——债券发行额或长期借款金额即债务现值；

F——债务资金筹资费用率；

I_t——债务约定付息额；

P_t——约定的第 t 期末偿还债务本金；

K_d——所得税后债务资金成本；

T——所得税率；

m——建设期；

n——计算期。

上述表达式中，等号左边是债务人的实际现金流入；等号右边为债务引起的未来现金流出的现值总额，其中在项目建设期不能使用利息避税，而营运期利息可以避税，所以公式中的利息分两段计算。该式未考虑债券的兑付手续费。

该法的基本思路是合理的税后债务资金成本 K_d 应该满足借入资金的现金流入现值等于以后所有还本付息的现金流出的现值。

（四）加权平均资金成本

为了比较不同融资方案的资金成本，需要计算加权平均资金成本。加权平均资金成本一般是以各种资金占全部融资额的比重为权数，其计算公式为：

$$K_w = \sum_{j=1}^{n} K_j W_j$$

式中　K_w——加权平均资金成本；

K_j——第 j 种资金的成本；

W_j——第 j 种资金占全部融资额的比重（权数）。

例 4-3　某生产企业账面反映的长期资金共 500 万元，其中，长期借款 100 万元，应付长期债券 50 万元，普通股 250 万元，保留盈余 100 万元。其资金成本分别为 6.7%、9.17%、11.26%、11%。该企业加权平均资本为多少？

解： 根据加权资金成本计算公式得：

$$K_w = \frac{100}{500} \times 6.7\% + \frac{50}{500} \times 9.17\% + \frac{250}{500} \times 11.26\% + \frac{100}{500} \times 11\% = 10.09\%$$

该企业长期资金的加权平均资金成本为 10.09%。

（五）基准收益率的确定

基准收益率也称基准折现率，是企业或行业，甚至是投资者以动态观点确定的投资项目最低标准的收益水平，是评价和判断投资方案在经济上是否可行的主要依据。因此合理确定基准收益率水平对工程项目经济评价具有重要意义。

工程经济评价中，作为参数使用的衡量时间价值的基准收益率与资金成本有关。基准收益率的确定既受到客观条件的限制，又有投资者的主观愿望，主要取决于资金来源构成及综合资金成本、投资机会成本、项目风险及通货膨胀率等因素。

1. 综合资金成本

借贷资金需要支付利息，自有资金则要满足基本的期望收益。如果投资来源全部来自借款，基准收益率水平应首先达到项目借贷资金利率的水平，基准收益率高于贷款资金成本是负债经营的先决条件，如果项目能实现基准收益率，则说明投资者除了归还贷款本金和利息外，还有盈余；投资来源如果全部是自有资金时，基准收益率由投资者自行决定，但此时的基准收益率应该达到行业的基准收益率水平，因为行业投资收益率是投资者如果不投资于本项目而投资于其他项目所得到的起码收益率水平；如果资金来源兼有贷款和自有资金时，则按照两者所占资金的比例及其利率求取加权平均资金成本，作为基准收益率。

例如，在建设项目所需资金100万元的融资中，通过银行贷款融资40万元，资金成本为9%，自有资金提供60万元，年期望收益率水平为15%，由资金成本所决定的基准收益率水平至少应该为12.6%。

2. 投资机会成本

一个项目的投资机会成本是指投资者把有限资金投资于该项目而丧失用于其他项目投资所能获得的最大收益。投资者总是希望得到最佳的投资机会，从而使有限资金取得最佳经济效果。因此，项目基准收益率应该高于机会成本。

所以，项目基准收益率 > 投资的机会成本 > 资金成本。

3. 投资的风险补贴

任何项目投资都存在一定的风险。项目投资决策在前，实际项目的建设和生产经营在后。在未来整个项目寿命期内，内外经济环境可能会发生难以预料的变化，从而使项目现金流入和现金流出与原先预期不同。由于风险的存在，为了补偿可能发生的风险损失，投资者需要一个适当的风险补贴率，有了风险补贴，投资者才会愿意进行投资。通常情况下，投资者会在风险评估的基础上，权衡风险补贴率，继而确定出基准的收益率水平。

一般说来，资金密集项目的风险高于劳动密集的项目，资产专用性强的项目风险高于资产通用性弱的项目，以降低生产成本为目的的项目风险低于以扩大产量、扩大市场份额为目的的项目。此外，资金雄厚的投资主体的风险低于资金拮据者的风险。随着市场经济的建立以及国际国内市场竞争的加剧，风险补贴是投资者必须考虑的因素。

4. 通货膨胀率

在预期未来存在通货膨胀的情况下，项目资金的收益率中就包含有通货膨胀的因素。为了使被选项目收益率不低于实际期望水平，就应在实际最低期望收益率水平上，加上通货膨胀因素的影响。如果项目支出和收入在整个项目寿命期内是按不变价格计算的，就不必考虑通货膨胀对基准收益率的影响。

综合以上因素，在按时价计算项目支出和收入的情况下，基准收益率的计算公式可归纳为：

$$i_c = (1 + i_1)(1 + i_2)(1 + i_3) - 1$$

式中　i_c——基准收益率；

i_1——年资金成本与机会成本之高者；

i_2——年风险补贴率；

i_3——年通货膨胀率。

在 i_1、i_2、i_3 都为小数值的情况下，上述公式可简化为：

$$i_c = i_1 + i_2 + i_3$$

而在按不变价格计算项目支出和收入的情况下，就可不用考虑通货膨胀率，则：

$$i_c = (1 + i_1)(1 + i_2) - 1$$

基准收益率的确定存在一定的难度，由于项目的基准收益率水平是工程经济评价中的基本参数，决定着项目的取舍，因此，工程经济分析人员应综合主要决定因素合理确定项目基准收益率的大小。

三、融资风险分析

融资风险是指融资活动存在的各种风险❶。建设项目的融资风险有可能使投资者、债权人及其他关系人蒙受损失。在融资方案分析中，应对各种融资方案的融资风险进行识别、比较，并对最终推荐的融资方案提出防范风险的对策。融资风险分析中应重点考虑下列风险因素。

（一）资金供应风险

资金供应风险是指在项目实施过程中，由于资金不落实导致建设工期延长、实际工程造价上升，从而使原定项目投资效益目标难以实现的可能性。导致资金不落实的原因很多，主要包括：已承诺出资的权益资金提供者（股本投资者）由于各种原因不能兑现承诺；原定发行股票、债券等筹资计划不能实现；既有法人由于经营状况恶化，无力按原定计划进行资产注入或出资；贷款人出于其资金的安全不能按照贷款协议按计划拨付贷款资金等等。

为防范资金供应风险，必须认真做好资金来源可靠性分析。特别是在选择股本投资者时，应选择资金实力强、既往信用好、风险承受能力强的投资者。

（二）可靠性分析

（1）项目资本金的可靠性分析主要包括：采用既有法人融资方式的项目，应分析原有股东增资扩股和吸收新股东投资的数额及其可靠性；采用新设法人融资的项目，应分析各投资者认缴股本金的数额及其可靠性；此外，如果通过发行股票公开筹集资金则应分析获得相关管理部门批准的可靠性。

通过对初步融资方案的分析和调整，使项目资本金结构符合下列要求：投资各方在资金、技术和市场开发方面的优势得到体现；通过协商确定的各方出资比例、出资形式和出资时间符合项目资金需求和各方实际；采用既有法人融资方式的项目，确定内部融资和新增资本金的可能性与合理性；除此而外，还应分析控股股东的合法性和合理性。

（2）项目债务资金的可靠性分析主要包括：采用债券融资的项目，应分析获得国家有关主管部门批准的可能性；采用银行贷款的项目，应分析担保资源状况以及获得银行贷款的可能性；采用外国政府贷款或国际金融组织贷款的项目，应核实项目是否列入利用外资备选项目等。

（3）既有法人内部融资可靠性分析主要包括：通过调查并分析既有企业资产负债结构、现金流量状况和盈利能力，分析企业的财务状况，估算可能筹集并用于拟建项目的资金数额及可靠性。调查并分析既有企业资产结构现状及其与拟建项目的关联性，分析企业可能用于拟建项目的非现金资产数额及其可靠性。

---

❶ 从贷款人角度的融资风险与从借款人角度的融资风险是不同的，这里主要从投资者角度进行融资风险分析。

（三）利率与汇率风险分析

利率风险是指由于利率变动导致资金成本上升，给项目造成损失的可能性。利率水平随金融市场情况而变动，未来市场利率的变动会引起项目资金成本发生变动。采用浮动利率，项目的资金成本随利率的上升而上升，随利率的下降而下降。采用固定利率，如果未来利率下降，项目的资金成本不能相应下降，相对资金成本将升高。因此，无论采用浮动利率还是固定利率都存在利率风险。为了防范利率风险，应对未来利率的走势进行分析，以确定采用何种利率。汇率风险是指由于汇率变动给项目造成损失的可能性。国际金融市场上各国货币的比价时刻都在变动，使用外汇贷款的项目，未来汇率的变动会引起项目资金成本发生变动以及未来还本付息费用支出的变动。为了防范汇率风险，使用外汇数额较大的项目应对人民币的汇率走势、所借外汇币种的汇率走势进行分析，以确定借用何种外汇币种以及采用何种外汇币种结算，总体看应尽量借用软货币。

第四节 某新建煤炭项目资金筹措案例[1]

一、项目基本情况

由 A、B 两投资方组建的项目公司建设和经营某新建矿井及选煤厂工程项目。对设计方案比选后，推荐矿井采用斜井开拓方式，井下主运输采用胶带输送机，辅助运输采用无轨胶轮车。选煤厂采用适应性强、分选精度高、自动化程度高、经济效益佳、维护管理方便的重介浅槽分选方法。煤炭产品通过铁路外运销售。

矿井及选煤厂设计生产能力均为 6.00Mt/年。矿井建设准备期 6 个月，施工工期 24 个月，项目拟于 2006 年 1 月开始准备，2006 年 7 月开工建设，2008 年 7 月建成投产，投产当年生产原煤 2.50Mt，2009 年及以后达到设计生产能力，生产原煤 6.00Mt。

二、编制依据

编制依据为项目可行性研究报告推荐的技术方案、产品方案、建设条件、建设工期、《建设项目经济评价方法与参数》（第三版）及国家现行财税政策、会计制度与相关法规。

三、资金筹措

根据项目的投资估算（略），项目的总投资为 140796 万元，其中，建设投资为 125317 万元，建设期贷款利息为 5324 万元，流动资金为 10155 万元。设计的资金筹措方案有以下几项：

（1）项目资本金。建设投资中资本金占 37%，流动资金中资本金（铺底流动资金）占 30%。资本金总额为 49415 万元，占总投资的 35.10%。满足《国务院关于固定资产投资项目试行资本金制度的通知》（国发［1996］35 号）的要求。

---

[1] 建设部标准定额研究所编，建设项目经济评价案例，中国计划出版社，2006.10。

（2）债务资金。建设投资中债务资金占63%，流动资金中债务资金占70%，债务资金总额为91381万元。

（3）股权比例。项目资本金由A、B两公司按照6∶4的比例出资，故A、B两公司的股权比例为6∶4。

四、筹措计划

（1）建设投资。按照工程进度计划安排各年建设投资使用量，各年度建设投资中的资本金和债务资金等比例同步进行筹措。

（2）流动资金。流动资金从投产第一年开始安排，各年的资本金与债务资金比例均为3∶7。

项目总投资使用计划见财务分析辅助表，如表4-1所示。

表4-1 财务分析辅助报表——项目总投资使用计划

序号	项目	合计	计算期			
			1	2	3	4
1	总投资	140796	32891	53082	49207	5616
1.1	建设投资	125317	32227	50667	42423	
1.2	建设期利息	5324	664	2415	2245	
1.3	流动资金	10155			4539	5616
2	资金筹措	140796	32891	53082	49207	5616
2.1	项目资本金	49415	11924	18747	17059	1685
2.1.1	用于建设投资	46368	11924	18747	15697	
2.1.1.1	A投资方	27820	7154	11248	9418	
2.1.1.2	B投资方	18548	4770	7499	6279	
2.1.2	用于流动资金	3047			1362	1685
2.1.2.1	A投资方	1828			817	1011
2.1.2.2	B投资方	1219			545	674
2.2	债务资金	91381	20967	34335	32148	3931
2.2.1	用于建设投资	78949	20303	31920	26726	
2.2.2	用于建设期利息	5324	664	2415	2245	
2.2.3	用于流动资金	7108			3177	3931

五、资金成本

（1）债务资金成本。债务资金成本包括建设期利息和在融资过程中发生的手续费、承诺费、管理费、信贷保险费等融资费用。本项目债务资金筹资费用率为0.2%，实际筹得的资金额与名义借贷资金额比例100%，建设期贷款利率为6.54%，借款偿还期10年，则所得税后债务资金成本为4.39%（所得税率为33%）。

（2）权益资金成本。资本金成本按照资本资产定价模型计算。社会无风险投资收益率参照长期国债利率的平均值取3.3%，资本市场平均投资收益率取8%，投资风险系数参照可比煤炭上市公司的平均值取1，则资本金成本为8%。

六、基准收益率的确定

项目投资财务现金流量表即融资前财务分析报表，就是将全部投资视为是自有资金（资本金）。如此，则可将资本金成本作为融资前项目投资财务基准收益率。由于基准收益率是投资人对项目的期望收益率，因此，可以将可比煤炭上市公司的净资产收益率作为投资人对项目的期望收益率，这样，可比煤炭上市公司的净资产收益率可作为本项目资本金财务基准收益率。

本项目按照资本资产定价模型计算的资本金成本为8%，则项目资本金财务基准收益率为8%；而按近5年具有代表性的5家煤炭上市公司净资产收益率平均值计算的资本金成本为10.93%（见表4-2），则项目资本金财务基准收益率可确定为10.93%，两者平均为9.47%。

表4-2 煤炭上市公司净资产收益率统计表 （%）

序号	证券代码	股票名称	2005年	2004年	2003年	2002年	2001年	5年平均
1	000983	西山煤电	21.14	16.47	9.04	—	—	—
2	600121	郑州煤电	16.42	10.23	6.13	6.16	6.22	—
3	600188	兖州煤业	14.56	17.75	10.03	10.07	8.84	—
4	600395	盘江股份	5.93	6.01	5.92	5.57	7.59	—
5	600508	上海能源	19.41	19.35	10.58	11.54	11.50	—
年平均			15.49	13.96	8.34	8.34	8.54	10.93

综合上述分析结果，将本项目资本金财务基准收益率和所得税前项目投资财务基准收益率设定为10%，所得税后项目投资财务基准收益率设定为7%。

七、资金来源与保障

债务资金来自银行借款，项目资本金来自A、B两股东的直接投资。股东A成立于2004年初，是一家国有大型煤炭企业集团，总资产近一百亿元，职工总数近10万人，拥有较强的科技力量和先进的生产设备，2005年集团公司煤炭产量达到50Mt以上，企业综合实力雄厚，财务状况良好，具有较强的出资能力和融资能力；股东B为创建于1993年的某投资有限公司，是一家以房地产和基础设施投资为主，实行多元化经营的综合性企业集团。集团公司成立以来，投资领域涉及高速公路、桥梁、水电站等大型基础设施建设项目，投资业绩良好。股东A、B均能保证所出资金的持续稳定供应。在项目经济效益和偿债能力的支持下，项目能够取得银行的贷款支持，项目资金来源是可靠的。

思考题及习题

1. 什么是项目融资的主体？试述既有法人融资和新设法人融资的主要区别。
2. 什么是项目资本金？项目资本金的作用是什么？
3. CAPM模型的基本思路是什么？
4. 确定基准收益率应该考虑哪些因素？

5. 工程经济评价中可能会使用到哪些基准收益率？这些收益率之间的含义和数值关系如何？
6. 试述资金筹措与资金成本分析在工程经济评价中的地位和作用。
7. 试述股权融资和债务融资的主要区别。
8. 试从项目或借款人的角度，论述融资风险及其防范。
9. 某企业从银行借款 100 万元，年利率为 12%，筹资费假设为 0，公司所得税率为 25%，如果按下列方式支付利息，试计算借款的资金成本。
   （1）一年分两次支付利息；
   （2）一年分 6 次支付利息。

第五章　费用效果评价指标

本章学习目标

重点掌握回收期、净现值、净年值、净现值指数、费用现值、费用年值、内部报酬率等七个费用效果经济评价指标的含义、计算思路和计算过程；能利用 Excel 工具熟练计算这些指标；了解这些指标之间的等效性问题和各自的局限性。

第一节　费用效果评价相关问题

一、工程项目的费用与效果

工程经济学对项目或投资方案的经济性评价，主要是通过评价项目或投资方案的费用与效果实现的。

（1）费用。费用效果评价中的“费用”是指为实现项目预定目标所付出的财务代价或经济代价，采用货币计量。它是项目从建设投资开始到项目终结这一过程内所发生的全部费用，包括投资、经营成本、末期资产拆除和环境恢复处置费用等。

（2）效果。效果则指项目结果所起到的作用、效应或效能，是项目目标实现程度的反映。

（3）费用效果评价。费用效果评价就是通过比较项目预期效果与为此支付的费用，判断项目费用的有效性或经济合理性。费用效果评价并不刻意强调采用何种计量方式，但工程经济评价中，费用和效果均采用货币计量，着重对工程项目经济方面进行评价。

工程项目的费用与效果数据通过第二章介绍的估算技术获得。

二、计算期的确定

费用效果评价工作需要首先确定计算期以确立工程经济评价的时期范围。只有确定了计算期，工程项目的费用、效果数据的估算工作才能得以进行，也才能进行各项经济评价工作。事实上，如果项目经济评价的计算期发生改变，常会导致经济评价结论发生质的改变。此外，按照工程经济评价的可比性原则，只有两个方案的计算期（如寿命期）相同，对这两个方案的费用效果进行比较才有意义。

项目经济评价计算期的确定涉及计算期的长度、计算期处理和计算期始点确定三个方面。

（一）计算期的确定

完整项目经济评价的计算期就是项目的寿命期，但对于特定的工程经济评价问题，可根据实际需要，灵活决定计算期。

项目寿命期是项目建设期与经营期之和，总体上是由项目的技术性和经济性共同决定的。实际工程经济评价中，项目的建设期应根据实际需要确定，经营期不宜太长也不能太短。国家规定，项目经营期不宜超过 20 年，对一些如水利、交通等“永久性”工程项目，其经营期限可延长至 25 年甚至 30 年以上。

（二）寿命期不同时的计算期处理

如果方案间的寿命期不相同，则方案没有可比性。工程经济评价中，常作以下方式的处理：

第一种方法：以各方案寿命的最小公倍数为计算期，这种处理方法也叫原方案重复法。

第二种方法：如果方案的使用寿命无限长或者在不断维护下使用寿命不断延长，可视计算期无限长，按计算期 n 值趋于无穷大处理。如公路、铁路、桥梁、管道、水坝等项目使用寿命很长，可视为计算期无限长。

第三种方法：当各方案使用寿命接近但最小公倍数很大时，如使用寿命为 9 年和 10 年的两个方案，其最小公倍数为 90 年，已经很大，此时可忽略它们在寿命期上的区别，或将这两个方案的寿命期确定为相同的值，如都为 9 年或者都为 10 年处理。

第四种方法：以各方案中寿命期最短方案的寿命期为共同计算期，但此时应将寿命期长的方案的现金流量均摊于整个寿命期，然后去尾，依据共同计算期内的现金流量对方案进行比较。

上述每种处理方式都有一定的假设前提，需要在不失合理性与科学性的前提下灵活处理。

（三）投资回收期始点的确定

一般认为，建设项目寿命期始点与建设期始点一致，终点与经营期终点一致。但对投资回收期始点的确定有多种观点。

投资回收期又称投资返本期，是一个关于时期方面的工程经济评价指标，指从项目投建之日起，用项目各年的净收入将全部投资回收所需要的时间，它是反映项目投资回收能力的重要指标，其单位通常用“年”表示。关于投资回收期的计算起点有以下三种不同的观点：第一种观点认为，应以贷款合同生效之日为投资回收期的起点；第二种观点认为，应以建设投资的起点为投资回收期的起点；第三种观点认为，应以项目投产之日为投资回收期的起点。这三种观点依据所强调的重点不同，都各自有其合理性的一面。工程经济评价中，主要以建设投资之日为起点计算投资回收期。

三、社会折现率与基准收益率的确定

工程经济评价与传统财务分析的最主要区别是工程经济评价在进行项目费用效果分析

时考虑了时间价值因素。但如第三章、第四章所述，时间价值衡量指标的折算率、折现率或基准收益率的确定很重要却又很复杂。现行建设项目经济评价实践中，作为基本的时间价值水平的折现率主要是行业财务基准收益率和社会折现率。

行业财务基准收益率是项目财务评价时计算财务净现值和判断投资方案可行与否的基本标准，它代表了行业内企业投资资金应当获得的最低财务盈利水平。用行业基准收益率作为折现率计算的净现值叫行业评价的财务净现值。行业基准收益率制定的依据是最低期望收益水平，它与项目所属地区、时期、行业以及国家政策目标等都有关系，还与资金成本、行业内项目平均投资风险、通货膨胀、税收、贸易政策等有关。各行业的基准收益率可参照国家发展改革委和建设部2006年7月发布的《建设项目经济评价方法与参数》（第三版），从中获得行业基准收益率的数值。当然，企业可以根据自己的收益期望，在行业基准收益率的基础上确定基准收益率水平。

社会折现率是项目国民经济评价时计算经济净现值的折现率，是从国家整体角度考虑，对企业资金盈利能力的基本要求。采用适当的社会折现率，有助于合理使用建设资金、引导投资方向。《建设项目经济评价方法与参数》（第三版）公布前，我国规定的社会折现率为12%，在第三版中社会折现率确定为8%，对于收益期长的建设项目，如果远期效益较大，效益实现的风险较小，可适当降低，但不应低于6%。

四、费用效果评价指标体系

按是否考虑资金的时间价值，工程项目费用效果评价有静态评价和动态评价之分，相应的指标也就有静态评价指标和动态评价指标两大类。

（一）静态评价

静态评价是指不考虑资金时间价值的工程经济评价。静态评价具有简单明了、易于计算的特点，适用于对技术方案或投资方案的初步分析和粗略评价。但静态评价由于忽略了资金的时间价值，经济评价结果不准确，仅由静态评价结论为依据所进行的投资决策容易导致投资失误。

（二）动态评价

动态评价是指考虑了资金时间价值并且以项目在整个寿命期内的全部现金流量数据为基础所进行的工程经济评价。动态评价克服了静态评价的缺点，尽管计算相对复杂，但在对投资项目进行经济评价时，应以动态分析为主，必要时增加某些静态评价指标进行辅助分析。

（三）费用效果评价指标体系

任何一种具体的评价指标都只能从某一方面反映项目的经济性情况。比如，以时间为计量单位的时间型指标是从投资回收的角度反映项目的经济性；以货币单位计量的价值型指标是从投资盈利能力的角度反映项目的经济性；而资源利用效率的比率型指标则是从投资使用效率的角度反映项目的经济性。可见，每类指标在反映项目经济性时都有各自的侧重点及指标使用的条件，在突出项目某一方面的经济性的同时也忽略了其他方面。因此，为了从不同侧面全面反映工程项目的经济性整体状况，需要将这些相互联系又相对独立的评价指标组合形成费用效果评价指标体系。

五、工程项目费用效果评价基本步骤

对工程项目进行费用效果评价时，应遵循如下步骤：

(1) 确立项目目标；

(2) 构想和建立所有备选方案；

(3) 识别各方案的费用与效果要素，并估算各个备选方案的费用与效果数据；

(4) 计算费用效果评价指标，通过定性与定量分析，综合比较各方案的优缺点；

(5) 推荐最佳方案或提出方案采纳的优先次序。

第二节 费用效果评价指标

下面逐一介绍回收期、净现值、净年值、净现值指数、费用现值、费用年值、内部报酬率等七个常用费用效果经济评价指标的含义、计算思路和计算过程。

一、静态投资回收期

(一) 指标含义

静态投资回收期是指不考虑资金的时间价值，以项目各期净收益抵偿全部投资所需要的时间。是静态反映项目投资回收能力的重要指标，其单位通常用“年”表示。

(二) 指标计算公式

根据静态投资回收期的含义，其计算公式为：

$$\sum_{t=0}^{T_p}(\mathrm{CI}-\mathrm{CO})_t=0 \quad 或 \quad \sum_{t=0}^{T_p}\mathrm{NCF}_t=0$$

式中，T_p 表示项目静态投资回收期；CI_t 表示项目第 t 年的现金流入量；CO_t 表示项目第 t 年的现金流出量；$(\mathrm{CI}-\mathrm{CO})_t$ 表示项目第 t 年的净现金流量。

满足使上述等式成立的 T_p 值不一定正好是整数，所以，在实际计算中，常根据表格计算静态投资回收期值，计算公式为：

$$T_p=T-1+\frac{第\ T-1\ 年的累计净现金流量绝对值}{第\ T\ 年的净现金流量}$$

式中，T 为项目累计净现金流量首次出现正值或零的年份对应的时间值。

使用净现金流量回收全部投资的思路是建立在当年经营性支出在当年销售收入中已经得到了回收，这样，各期净利润和所提取的折旧和摊销便可作为净现金流量以回收全部投资。

(三) 指标评价准则及指标特点

由于静态投资回收期越长，项目的盈利能力越弱，而且项目面临的风险越大，因此，投资者必然希望投资回收期越短越好。

将静态投资回收期 T_p 与相关部门或行业基准静态投资回收期 T_0 比较，当 $T_p \leqslant T_0$ 时，可认为项目的投资回收能力是可以接受的；若 $T_p > T_0$，则应拒绝该项目。

（四）指标特点

静态投资回收期指标的优点是既可判定单个方案的可行性（与 T_0 比较），也可用于方案间的比较（判定优劣）。

静态投资回收期指标的缺点主要有：一是没有反映资金的时间价值；二是没有用到方案在回收期以后的现金流量数据；三是没有考虑到项目的期末残值；四是在方案间的投资额相差悬殊时，方案比较的结论可信度降低。

因此，静态投资回收期能在一定程度上反映方案的经济性和风险性，在建设项目评价中具有独特的地位和作用，但由于其缺陷，仅作辅助性指标使用。

例 5-1 某投资方案的净现金流量及累计净现金流量如表 5-1 所示，求其静态投资回收期。

表 5-1 某项目投资方案的现金流量情况 （万元）

现金流量＼计算期	0	1	2	3	4	5	6	7	8	9
建设投资	180	240	80							
流动资金			250							
净利润				100	150	150	150	150	150	150
折旧和摊销费				100	100	100	100			
净现金流量	−180	−240	−330	200	250	250	250	150	150	150
累计净现金流量	−180	−420	−750	−550	−300	−50	200	350	500	650

解： 由表可以看出，累计净现金流量首次出现正值或 0 的年份的对应值为 6，所以 $T=6$，根据静态投资回收期计算公式：

$$T_p = T - 1 + \frac{\text{第 } T-1 \text{ 年的累计净现金流量的绝对值}}{\text{第 } T \text{ 年的净现金流量}}$$

$$= 6 - 1 + \frac{|-50|}{250} = 5.20 \text{ 年}$$

二、动态投资回收期

为克服静态投资回收期没有考虑资金时间价值的缺陷，可采用其改进指标动态投资回收期 T_p^*。

（一）指标含义

动态投资回收期是在考虑资金时间价值下，以项目净收益抵偿项目全部投资所需的时间，用符号 T_p^* 表示。

（二）指标计算公式

T_p^* 满足使方案净现金流量的现值累计正好为 0，满足下式：

$$\sum_{t=0}^{T_p^*}(CI - CO)_t(1 + i_0)^{-t} = 0$$

式中，T_p^* 表示动态投资回收期；i_0 表示基准收益率。

在实际计算中，可采用下式：

$$T_p^* = T - 1 + \frac{\text{第 } T-1 \text{ 年的累计净现金流量现值的绝对值}}{\text{第 } T \text{ 年的净现金流量现值}}$$

式中，T 为项目累计净现金流量现值首次出现正值或零年份的对应时期值。

（三）指标评价准则

采用动态回收期法计算的投资回收期仍需要和标准投资回收期进行比较。

设 T_b 为基准动态投资回收期，当 $T_p^* \leqslant T_b$ 时，则项目或投资方案可以被接受，否则应予以拒绝。

随着技术进步的加快，项目寿命不断缩短，而且基准投资回收期随行业、地区和时期因素差异很大。表 5-2 是部分行业的基准动态投资回收期。

表 5-2　部分行业项目的基准动态投资回收期　（年）

行　业	T_b	行　业	T_b	行　业	T_b
冶　金	8.8～14.3	机　械	8～15	油田开采	6～8
煤　炭	8～13	化　工	9～11	建　材	11～13
有色金属	9～15	纺　织	10～13		

动态投资回收期指标的优点是考虑了资金的时间价值，使投资回收时间的计算更加精确，为制定科学的投资决策提供了依据。

例 5-2　某工程项目各年净现金流量如表 5-3 所示，设行业基准收益率为 10%，计算该项目的动态投资回收期。

表 5-3　某工程项目寿命期内现金流量分布情况　（万元）

计算期	0	1	2	3	4	5	6	7	8	9
净现金流量	-25	-20	12	12	12	12	12	12	12	12

解：计算各年净现金流量现值和各年累计净现金流量现值，结果见表 5-4。

表 5-4　例 5-2 各期净现金流量现值及累计值的计算❶

计算期	0	1	2	3	4	5	6	7	8	9
折现系数	1	0.909	0.826	0.751	0.683	0.620	0.564	0.513	0.466	0.424
净现金流量现值	-25	-18.18	9.916	9.015	8.196	7.450	6.774	6.158	5.598	5.089
累计值	-25	-43.18	-33.2	-24.2	-16.0	-8.59	-1.82	4.34	9.94	15.03

❶ 如果掌握了 Excel 提供的现值计算函数，就不必像该表这样通过查阅折算系数并逐项相加。

由表5-4，累计净现金流量现值首次出现正值或0年份的对应值为7，所以$T=7$，该年对应的净现金流量现值为6.158万元，$T-1$年对应的累计净现金流量现值的绝对值为1.82万元，所以：

$$T_P^* = T - 1 + \frac{\text{第 } T-1 \text{ 年累计净现金流量现值的绝对值}}{\text{第 } T \text{ 年净现金流量现值}}$$

$$= 7 - 1 + \frac{1.82}{6.158} = 6.3 \text{ 年}$$

三、净现值

（一）指标含义

净现值（NPV）是指用基准折现率将项目或投资方案在计算期内所有现金流量折现到计算期初始点时的价值之和。

（二）指标计算公式

按净现值的含义，计算公式为：

$$NPV = \sum_{t=0}^{n} (CI - CO)_t (1 + i_0)^{-t}$$

式中，NPV表示净现值；i_0表示基准折现率；n表示项目寿命期。

运用净现值指标的条件是项目在计算期内的现金流量及其分布和基准收益率已知，NPV可通过Excel提供的NPV净现值函数很方便地进行计算。

（三）指标评价准则

若净现值NPV等于零只是意味着：从投资回收看，按给定的基准贴现率（收益率），在寿命期内项目刚好收回投资；从指标含义看，项目各年净现金流量的现值累计之和刚好为零；从收益率看，项目的收益率i刚好等于项目的基准收益率i_0，即刚好达到资本的最低获利要求。因此，$NPV=0$并不意味着项目的收益或利润为0。

因此，若$NPV>0$，表明项目的获利能力高于对资本的获利要求，既然达到了对资本投资的获利要求意味着该项目可行；此时NPV的数值表示项目达到基本获利要求后尚有的附加收益值。

若$NPV<0$，表明项目的获利能力低于对资本的获利要求，因而此时项目不可行。

在使用NPV对多个方案进行评价时，NPV大的方案为优方案。

（四）净现值指标的特点

净现值指标的优点：一是考虑了资金的时间价值，使项目投资盈利能力的计算更加精确，可以为制定投资决策提供科学依据；二是直接以货币额表示项目的附加收益额，经济意义明确、直观；三是既可用于单方案评价，也可用于多个互斥方案的评价与优选。

净现值指标的缺点是：

一是基准折现率这一外生变量对NPV和项目决策结论的影响很大。若折现率定得太高，可行项目就可能被否定；反之，折现率定得过低，不可行的项目就可能被选中。该法依赖于客观、合理的基准折现率。

二是当各方案的投资额差别悬殊时，用 NPV 进行比选可能存在偏差。显然，一个勉强合格的大型项目的净现值一般要比一个具有较强经济强度的小型项目净现值大得多，这样，使用净现值法对这两个方案进行选优时，结论一般会选择大型项目，而实际上小项目的投资收益率要高。

例如：表 5-5 列出了大中小项目投资总额、净现值及 NPV 比选结果的情况。

表 5-5 大中小项目的投资总额、净现值及 NPV 比选结果对比

项目类型	投资总额/万元	净现值/万元	按 NPV	实际优劣	NPVI/%
大	1000	15	优	劣	1.5
中	300	6	中	中	2.0
小	50	3	劣	优	6.0

根据净现值，项目的优劣次序是大方案最优、小方案最差，但实际情况却相反。因为，如果将投资进行分割，大项目可以分成 20 个小项目，按小项目的投资收益率水平，这个大项目的净现值应该要达到 60 万元，而不仅是 15 万元。

三是当各方案的寿命期差别太大时，使用 NPV 进行方案比选也可能带来偏差。

例 5-3 仍以例 5-2 的投资项目为例，求该投资项目的净现值。

解：

$$\begin{aligned}NPV &= -25-20(P/F,10\%,1)+12(P/A,10\%,8)(P/F,10\%,1)\\&=-25-20\times0.909+12\times5.335\times0.909\\&=15.02\text{ 万元}\end{aligned}$$

由于 NPV > 0，说明项目在寿命期内能得到超额收益，因此项目可行。

四、净现值指数

如前所述，净现值指标反映了方案相对于基准收益率水平的超额情况，但由于其没有考虑各方案在投资额上的差异，不能很好反映各项目在资金利用效率上的差异。为此，可将项目净现值与相应的项目投资总额现值相联系，这就得到净现值指数指标。

（一）指标含义

净现值指数又称净现值率或净现值比，指用设定的折现率求得的方案净现值与其全部投资现值的比率。其经济含义为单位投资现值所取得的超额净现值额，或单位投资现值所获取的超额净效益。

（二）指标计算公式

若 P 为全部投资的现值，净现值指数的计算公式为：

$$NPVI=\frac{NPV}{P}$$

（三）指标评价准则

净现值指数克服了 NPV 有利于投资额大的方案的偏差问题。对一个项目而言，NPVI 是否大于零是判断该方案可行的标准；用于对多个方案比较时，NPVI 大的方案为优方案。

例 5-4　某项目有 A、B 两个备选方案，现金流量如表 5-6 所示，基准收益率为 12%，用净现值指数比较两个方案。

表 5-6　项目 A、B 备选方案现金流量及其分布　（万元）

方案	0	1	2	3	4	5
A	－1000	600	1000	1000	1000	1000
B	－2000	500	1500	1500	1500	1500

解：首先分别计算 A、B 两个方案的净现值

$$NPV_A = -1000 + 600(P/F,12\%,1) + 1000(P/A,12\%,4)(P/F,12\%,1)$$
$$=2247.5 \text{ 万元}$$

$$NPV_B = -2000 + 500(P/F,12\%,1) + 1500(P/A,12\%,4)(P/F,12\%,1)$$
$$=2514.1 \text{ 万元}$$

再分别计算 A、B 两方案的净现值指数：

$$NPVI_A = \frac{NPV_A}{P_A} = \frac{2247.5}{1000} = 2.2475$$

$$NPVI_B = \frac{NPV_B}{P_B} = \frac{2514.1}{2000} = 1.257$$

由于 $NPVI_A > NPVI_B$，所以方案 A 优于方案 B。

五、净年值

净现值法或净现值指标在单一项目评价中被普遍应用，但对于多方案评价尤其是在寿命期悬殊较大的方案间进行比选时，如前所述，应以各方案寿命期的最小公倍数作为所有方案的共同计算期，此时净现值法就没有净年值法简明。

（一）指标含义

净年值或称平均年盈利（NAV）是指把方案在寿命期内的净现值用复利方法平均分摊到各期所得到的等额年值。其经济含义是项目在寿命期内各年分摊的收益年值。

（二）指标计算公式

按净年值指标的含义，计算公式为：

$$NAV = NPV(A/P, i_0, n)$$

（三）指标评价准则

对单个项目，NAV 是否大于零是判断方案可行与否的标准；用于对多个方案比较时，

NAV 大的方案为优方案。

（四）净年值指标的特点

净年值指标可用于不同寿命期方案的比选，但由于该指标是在净现值的基础上，将净现值平均分摊到各计算期，获得的数值反而不直观，因此一般不用于对单个方案的评价，同时在工程经济评价时，一般作为辅助指标。

例 5-5　仍以例 5-2 的投资项目为例，求该投资项目的净年值。

解：将例 5-3 计算得到的项目净现值进行资金等值换算，将其换算为寿命期内各年的等额年值，即

$$\text{NAV} = \text{NPV}(A/P, 10\%, 9) = 15.02 \times 0.07364 = 1.11 \text{ 万元/年}$$

由于 NAV > 0，说明项目的盈利能力达到了对资金获利的要求，同时，寿命期内每年有额外的附加收益 1.11 万元，项目可行。

六、费用现值与费用年值

在对多个方案比选时，如果所有方案的产出价值相同，或者诸方案都能满足同样需要或都实现了项目目的（如环保、教育、保健、国防类项目），但这些项目的产出效益难以用价值量计算或计算复杂时，可以计算并比较各方案的费用现值 PC 或费用年值 AC。

（一）指标含义

费用现值是指按基准折现率折算的方案各期费用现值之和。

费用年值是指按基准折现率折算的方案各期费用在计算期内的等额年值。

（二）指标计算公式

按费用现值的含义，其计算公式为：

$$\text{PC} = \sum_{t=0}^{n} \text{CO}_t (1 + i_0)^{-t}$$

费用年值的计算公式为：

$$\text{AC} = \sum_{t=0}^{n} \text{CO}_t (1 + i_0)^{-t} \times (A/P, i_0, n) = \text{PC} \times (A/P, i_0, n)$$

（三）指标评价准则

费用现值或费用年值不能用于对单个方案的评价。

使用费用现值或费用年值进行项目经济评价的前提条件是：参与评价的各个方案首先是可行的；其次，各方案的产出价值相同或者各方案都能满足同样的需要。

由于方案的产出相同，所以，判别准则为：以 PC 或 AC 最小的方案为优选方案。

费用法只考虑了方案的费用，而没有考虑收益，是不全面的。但是，在项目或方案的产出效益基本相同但难以用价值形态计量或计量十分复杂时，使用费用现值或费用年值指标对方案进行比选是十分方便的。

例 5-6　有 A、B 两个产出价值相同的方案，其各项费用和计算期如表 5-7 所示，基准收益率为 10%，求这两个方案的费用现值和费用年值。

表 5-7　A、B 方案的年经营成本和寿命期

方　案	A	B
投资/万元	120	80
年经营成本/万元 · 年$^{-1}$	10	15
寿命期/年	15	10

解：由于 A、B 方案的寿命期不同，需要以这两个方案寿命期的最小公倍数为共同计算期，即 30 年。

A 和 B 方案的费用现值分别为：

$$PC_A = 120 + 120(P/F,10\%,15) + 10(P/A,10\%,30)$$
$$= 120 + 120 \times 0.239 + 10 \times 9.427$$
$$= 242.95 \text{ 万元}$$
$$PC_B = 80 + 80(P/F,10\%,10) + 80(P/F,10\%,20) + 15(P/A,10\%,30)$$
$$= 80 + 80 \times 0.385 + 80 \times 0.148 + 15 \times 9.427$$
$$= 264.05 \text{ 万元}$$

由于 $PC_A < PC_B$，因此方案 A 优于方案 B。

年值法可以适用于寿命期不同的方案比选，因此，在使用费用年值法进行比选时，可直接计算各方案的费用年值并进行比较即可。

A 和 B 方案的费用年值分别为：

$$AC_A = 10 + 120(A/P,10\%,15) = 10 + 120 \times 0.131 = 25.72 \text{ 万元}$$
$$AC_B = 15 + 80(A/P,10\%,10) = 15 + 80 \times 0.162 = 27.96 \text{ 万元}$$

由于 $AC_A < AC_B$，因此方案 A 优于方案 B。

七、内部收益率

内部收益率是最重要的工程经济评价指标之一。在分析项目的财务盈利能力时，项目财务内部收益率必不可少。

（一）指标含义

内部收益率又称内部（含）报酬率（IRR），是项目净现值为零时的折现率。内部收益率的含义是项目正好能回收投资的年投资收益率。由于这一指标仅由项目固有的现金流量系统决定，项目外生变量没有涉及其中，故有内部收益率之称。

在项目整个寿命期内，如果按 IRR 折算计算期内各期净现金流量，在寿命期末到来之前会始终存在着未能收回的投资，只有到了寿命期末时投资才能被全部收回，此时的净现金流量刚好等于零。而净现值和净年值以及费用现值和费用年值等指标都需要事先设定一个基准折现率才能进行计算和比较，因此，内部收益率指标的科学性较其他指标强。

（二）指标计算公式

内部收益率 IRR 满足下面的方程：

$$\sum_{t=0}^{n}(CI - CO)_t(1 + IRR)^{-t} = 0$$

（三）传统的 IRR 计算思路

如果直接通过内部收益率所满足的方程来计算，不易求出解。传统的计算 IRR 的方法是通过计算净现金流量的累积净现值（NPV），并用线性内插法求得。

具体思路是根据折现率与 NPV 之间的反向关系，IRR 过大会使 NPV 变为负值，过小会使 NPV 变为正值。因此，先按经验给出一个折现率 i_1，计算其相应的 $NPV(i_1)$，若 $NPV(i_1) > 0$，说明所要求的 $IRR > i_1$，若 $NPV(i_1) < 0$，说明 $IRR < i_1$，如果 $NPV(i_1) = 0$ 那 IRR 正好等于 i_1。据此，将折现率修正为 i_2，求 $NPV(i_2)$ 的值。如此反复试算，最终可得到比较接近的两个折现率 i_m 与 i_n，$i_m < i_n$，使得 $NPV(i_m) > 0$，$NPV(i_n) < 0$，表明，$i_m < IRR < i_n$。

接着，用线性插值的方法确定 IRR 的近似值。计算公式为：

$$IRR = i_m + \frac{|NPV(i_m)|}{|NPV(i_m)| + |NPV(i_n)|} \times (i_n - i_m)$$

上述求解思路见图 5-1。

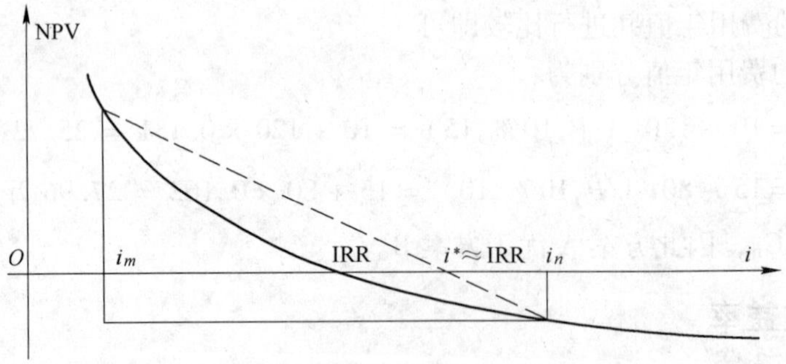

图 5-1　线性内插法求 IRR 图解

如图 5-1 所示，传统意义上求 IRR 是一项非常繁琐的试测工作，不仅如此，用线性插值法求 IRR 只能得到近似值，其近似程度依赖于 $i_n - i_m$，为控制误差，一般取 $i_n - i_m$ 不超过 0.05。但如果利用 Excel 提供的 IRR 函数，这一求解工作便变得十分简单。

（四）指标评价准则

内部收益率指标的评价准则为：

对单个项目，求得内部收益率 IRR 后，要与设定的项目基准收益率 i_0（财务评价时的行业基准收益率、国民经济评价时的社会折现率）相比较，当 $IRR \geqslant i_0$ 时，则表明项目收益率水平已达到或超过要求的收益率，项目可行，可以考虑接受；当 $IRR < i_0$ 时，则表明

项目收益率水平未达到要求，项目不可行，应予拒绝。

对不同方案的比较时，IRR 大的方案为优方案。

（五）内部收益率特点

内部收益率指标的优点：一是其值只取决于项目本身的现金流量而与项目外部因素如行业基准收益率无关，因此，计算不需要事先确定基准收益率；二是指标含义明确，该指标反映了项目所占用资金的盈利能力，因而是最常用的费用效果评价指标。我国《建设项目经济评价方法与参数》（第三版）一书中明确规定了内部收益率与净现值一起作为项目经济评价的主要评价指标。

内部收益率指标的缺点：用传统的计算方法求解内部收益率十分复杂、费时，而且多数情况下所得的解不唯一，同时，采用内部收益率进行项目或方案的比选时，如果项目的现金流量的分布出现怪异时，可能会出现偏差。

第三节　费用效果评价指标的等效性

一、评价指标的等效性

评价指标等效性是指在评价方案（一个或多个）时，按某一个费用效果评价指标进行评价与用另一个评价指标进行评价，不会影响到项目或方案可行或比选的评价结论，此时，就可认为这两个评价指标是等效的。此时，可以只用其中一个作为主指标，而将另外的指标作为辅助指标或不用。

由各指标的含义及其计算过程可知，由于 PC 或 AC 有使用前提，故 PC 与 NPV 等效，AC 与 NAV 等效，PC 或 AC 等效，NPV 与 NAV 等效；当投资额相同时，NPV 与 NPVI 等效。

二、评价指标的非一致性

评价指标的非一致性是指在评价方案（一个或多个）时，按不同费用效果评价指标进行评价，所得到的项目方案可行或比选结论会出现矛盾，这时，我们就说这些评价指标间存在非一致性的问题。

如前所述，虽然每一个评价指标都从某一方面反映了项目或方案经济方面的情况，但由于每一指标所强调的因素和计算思路不同，这样即使是对同一对象进行分析，结论也可能会出现矛盾，因此，评价指标的非一致性可能来源于指标本身；其次，非一致性会源于我们在进行经济评价时所做的各种处理工作，如基准收益率大小的确定、计算期的设定等；最后，项目现金流量分布存在异常也会导致非一致性问题。

当出现非一致性问题时，需要结合实际情况，进行定性与定量相结合的综合分析，合理做出决策。

例 5-7　表 5-8 是 A、B、C、D、E、F、G 方案的净现金流量及费用效果评价指标的计算结果，试选出最佳方案。

分析：

表 5-8 对 A、B、C、D、E、F、G 七个方案的 ΣNCF_t、NPV、IRR 和 NPVI 等费用效果指标进行了计算与排序。但指标结论是有矛盾的。

从投资额上看：A、B、C 三个方案的投资额相同，D、E、F、G 四个方案的投资额相同。

表 5-8　A、B、C、D、E、F、G 方案的净现金流量及费用效果评价指标计算结果

指标与年份		技术方案及其净现金流量/万元						
		A	B	C	D	E	F	G
NCF_t	0	−2500	−2500	−2500	−1200	−1200	−1200	−1200
	1	1500	1300	0	500	900	600	3200
	2	1000	1300	500	500	900	600	−2100
	3	700	1300	1500	500	0	600	0
	4	500	0	2800	500	0	0	0
ΣNCF_t		1200	1400	2300	800	600	600	100
NPV（i_0 = 10%）		556.7	733.1	951.9	385.0	362.4	292.2	−25.8
IRR/%		22.41	26.07	21.19	24.19	31.94	23.38	无唯一解
NPVI		0.22	0.29	0.38	0.32	0.30	0.24	−0.02
按 NPVI 排序		6	4	1	2	3	5	7
按 IRR 排序		5	2	6	3	1	4	—

（一）对于投资规模相同方案

用静态法，比较累计净现金流量 ΣNCF_t：A 方案 < B 方案 < C 方案，C 最优；

用动态法，比较净现值 NPV：A 方案 < B 方案 < C 方案，C 最优；

用动态法，但比较内部收益率 IRR：B 方案 > A 方案 > C 方案，B 最优。

对于 D、E、F、G 也有类似的评价。按照各指标的判别准则，G 方案的各项指标都在末位，是最劣方案。

由表可以看出，由于现金流量分布不同，即使投资额相同且 ΣNCF_t 相同的方案，如 E 和 F，费用效果评价指标也会出现差异，高净现金流量如果分布在投产后的头几年，则有利于 NPV 和 IRR 的提高。

（二）对于不同投资规模的方案

比较 NPVI，结果 C 最优。但这与 IRR 的比较结果即 E 最优、C 最劣矛盾。

所以通过该例，我们看到了对实际项目或方案进行费用效果指标计算时，指标间确实存在非一致性问题。

实践中，应结合项目的背景，首先分析各方案的特点，再结合评价指标的优缺点，按照取长补短、灵活选用、定性与定量分析结合、科学决策的原则进行综合评价。最常用的是由净现值、净现值率、内部收益率、投资回收期构成的组合。

对于本例，虽然方案 G 在第 2 年出现负净现金流（−2100 万元），但由于该方案在第 1 年获得的净现金流（+3200），足以弥补投资。如果实施该方案并只在第 1 年运营，不论从投资回收还是投资收益的角度看，G 方案都是最佳方案。

第四节　Excel 在费用效果评价指标计算中的应用

一、Excel 费用效果评价函数

（一）NPER 函数

NPER 函数即时期值计算函数，其通用格式为：

NPER(Rate, Pmt, Pv, Fv, Type)

式中，参数值含义同 PV、FV 及 NPV 函数。NPER 函数的值表示已知折算率 Rate，以及 Pmt、Pv、Fv 中的两者，求这两者的时期跨度值。

（二）IRR 函数

IRR 函数，也称内部收益率函数，其通用格式为：

IRR(Values,Guess)

式中，Values 表示一个现金流量数组，或对数字单元格区的引用；Guess 表示内部收益率的猜测值。如果忽略，则为 0.1。IRR 函数值计算的是该组现金流所固有的内部收益率。

内部收益率所满足的方程为：

$$\sum_{t=0}^{n}(CI-CO)_t(1+IRR)^{-t}=0$$

通过上面两个函数，再结合第三章介绍过的 FV、PV、NPV、PMT 函数，就可很容易地对各种费用效果评价指标进行计算。

二、Excel 费用效果指标计算实例

（一）静态投资回收期的计算

例 5-8　某技术方案的净现金流量如表 5-9 所示，试计算该方案的静态投资回收期。

表 5-9　某技术方案的净现金流量及其分布　（万元）

T	0	1	2	3	4	5	6	7	8	9	10
NCF_t	-15	-10	2	6	8	8	8	8	8	8	10

计算步骤如下：

（1）启动 Excel 软件，将现金流量表复制到 Excel 工作表中，计算各期累计净现金流量。具体做法是：在单元格 C5 中键入公式：“=C4”，在单元格 D5 中键入公式：“=C5+D4”，然后拖动单元格 D5 右下角的复制柄，直至单元格 M5，如图 5-2 所示。

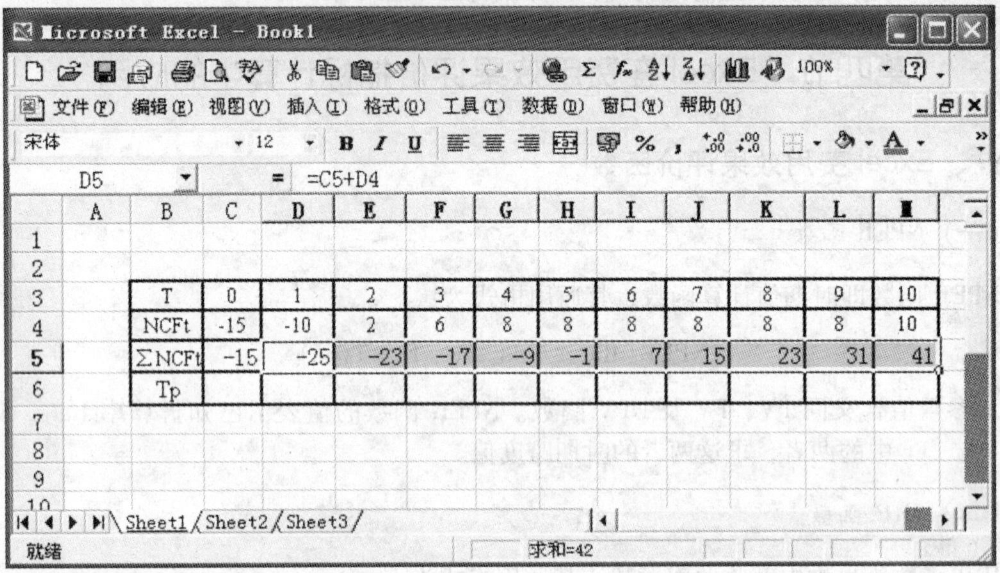

	B	C	D	E	F	G	H	I	J	K	L	M
3	T	0	1	2	3	4	5	6	7	8	9	10
4	NCFt	-15	-10	2	6	8	8	8	8	8	8	10
5	ΣNCFt	-15	-25	-23	-17	-9	-1	7	15	23	31	41
6	Tp											

图 5-2　例 5-8 Excel 计算图

（2）在单元格 C6 中输入内插公式“ = I3 - 1 - H5/I4”，然后按“回车”键。单元格 C6 中显示计算结果为 5.13，即该方案的静态投资回收期为 5.13 年。

（二）动态投资回收期的计算

例 5-9　仍以例 5-8 为例，方案的净现金流量如表 5-9 所示，贴现系数为 10%，计算该方案的动态投资回收期。

计算步骤如下：

（1）启动 Excel 软件，将现金流量表复制到 Excel 工作表中，计算各年净现金流量的现值。具体做法是：在单元格 C5 中键入公式：“ = PV(10%，C3，，－C4)”，然后拖动单元格 C5 右下角的复制柄，直至单元格 M5，如图 5-3 所示。

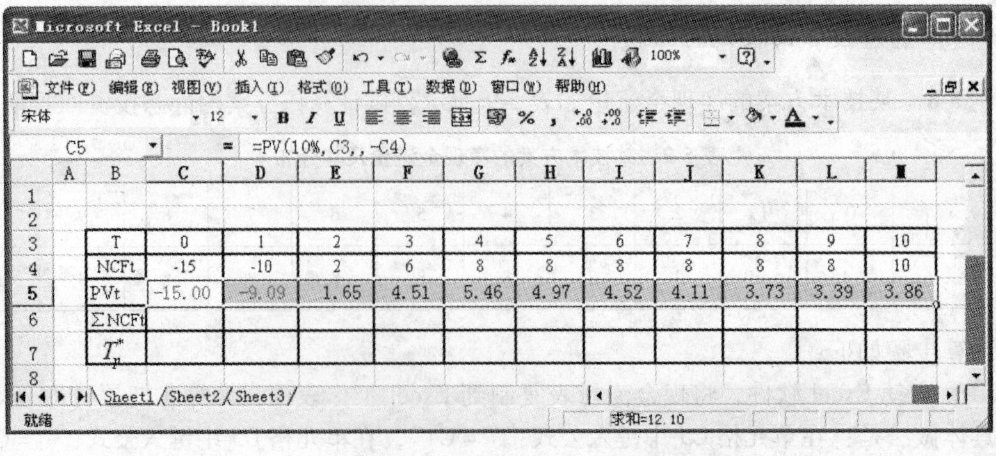

	B	C	D	E	F	G	H	I	J	K	L	M
3	T	0	1	2	3	4	5	6	7	8	9	10
4	NCFt	-15	-10	2	6	8	8	8	8	8	8	10
5	PVt	-15.00	-9.09	1.65	4.51	5.46	4.97	4.52	4.11	3.73	3.39	3.86
6	ΣNCFt											
7	T_p^*											

图 5-3　例 5-9 Excel 计算图

（2）计算各期净现金流量累计值。在单元格 C6 中键入公式：“ = C5”，在单元格 D6 中键入公式：“ = C6 + D5”，然后拖动单元格 D6 右下角的复制柄，直至单元格 M6。由于篇幅限制，不再展示计算结果图。

（3）在单元格 C7 中输入内插公式“ = J3 - 1 - I6/J5”，然后按“回车”键。单元格 C7 中显示计算结果为 6.72659，即为该技术方案的动态投资回收期。

（三）净现值的计算

例 5-10 已知某项目第 1 年投资 750 万元，第 2 年投资 150 万元，第 3 年净现金流量 225 万元，第 4 ~ 10 年净现金流量均为 375 万元，贴现率为 10%，计算该项目的净现值。

计算步骤如下：

（1）启动 Excel 软件，建立如图 5-4 所示的工作表。

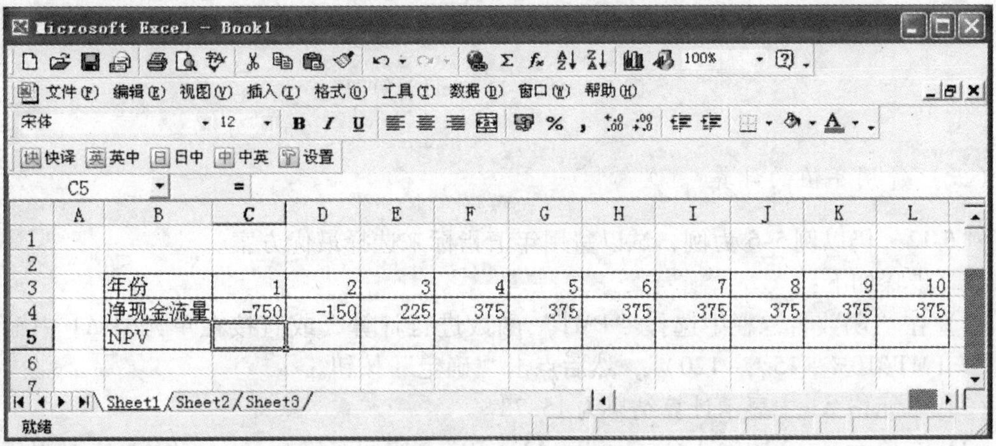

图 5-4 例 5-10 Excel 计算图

（2）直接在单元格 C5 中输入公式“ = NPV(10%，C4：L4)”。

（3）单元格 C5 中显示计算结果为 734.90，即该项目的净现值为 734.90 万元。

（四）净现值指数的计算

例 5-11 某建设项目拟订出两个技术方案。方案一的净现值为 300 万元，投资现值为 1000 万元；方案二的净现值为 600 万元，投资现值为 2500 万元。试以净现值率指标来选择最优方案。

计算步骤如下：

（1）启动 Excel 软件，建立如图 5-5 所示的工作表。

（2）在单元格 C5 中键入公式：“ = C3/C4”；在单元格 F5 中键入公式：“ = F3/F4”。确认后，单元格 C5 和 F5 中分别显示计算结果为 0.3 和 0.24，即方案一的净现值率为 0.3，方案二的净现值率为 0.24。所以应选方案一。

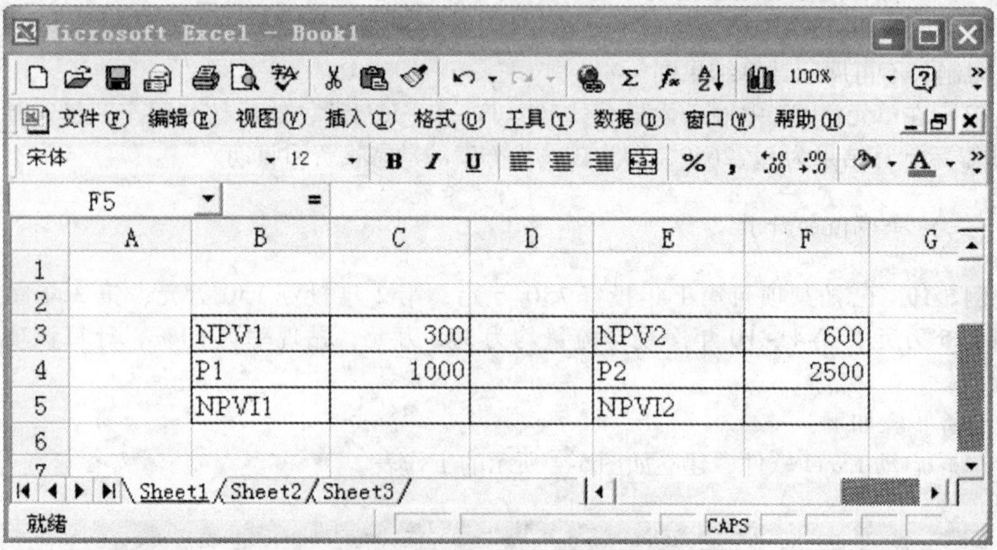

图 5-5　例 5-11 Excel 计算图

（五）费用年值的计算

例 5-12　仍以例 5-6 为例，试以费用年值指标来选择最优方案。

计算步骤如下：

(1) 在“函数名”栏中选择“PMT”函数进行计算，或直接在单元格 A1 中输入公式：“=PMT(10%，15，-120)”，然后点击“确定”按钮。

(2) 单元格 A1 中显示计算结果为 15.78。

(3) 在单元格 A2 中输入公式：“=A1+10”，按回车键，显示方案 A 的费用年值为 25.78 万元（Excel 计算过程略）。

(4) 按照同样的步骤便计算出 B 方案的费用年值为 28.02 万元。

由于 $AC_A < AC_B$，因此方案 A 优于方案 B。

（六）内部收益率的计算

例 5-13　某项目的现金流量及其分布如表 5-10 所示，计算该项目的内部收益率。

表 5-10　某项目净现金流量及其分布　　（万元）

计算期	1	2	3	4	5
现金流量	-100	50	200	300	350

计算过程如下：

(1) 启动 Excel 软件，建立如图 5-6 所示的工作表。

(2) 直接在单元格 C5 中输入公式“=IRR(C4：G4)”。

(3) 单元格 C5 中显示计算结果为 127%。

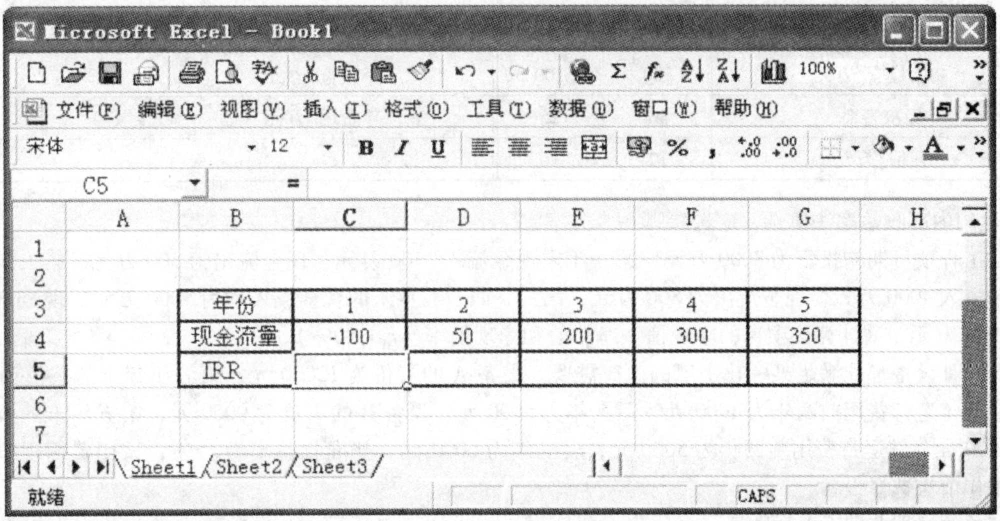

图 5-6　例 5-13 Excel 计算图

思考题及习题

1. 在进行费用效果评价指标计算前需要做好哪些基础数据的准备工作?
2. 对寿命期不同的方案进行比选，有哪些处理方法？你怎样评价这些方法的合理性?
3. 谈谈静态指标的使用范围。
4. 项目净现值等于零的含义是什么?
5. 年值法在什么情况下比现值法优越?
6. 内部收益率的经济含义是什么？为什么这个指标要冠以“内部”二字?
7. 某水库项目建设经费预算为 2050 万元，运行维修费每年 50 万元，年收益有：发电 100 万元，供水 90 万元，养鱼 70 万元，旅游 40 万元。设基准收益率为 7%，使用寿命为 25 年，请用净现值法判断此方案的可行性。
8. 某项目的期初投资为 180 万元，年销售收入为 130 万元，年经营成本为 70 万元，年折旧费为 30 万元，无摊销费，计算期为 8 年，所得税税率为 25%，不考虑固定资产残值，基准收益率为 10%，试计算该项目的内部收益率。
9. 某建设项目各年净现金流量如下表所示：

（万元）

计算期	0	1	2 ~ 9
净现金流量	−30	−25	15

如果基准收益率为 10%，试计算该项目的静态投资回收期、动态投资回收期、净现值和内部收益率。

10. 购买某台设备需 120000 元，用该设备每年可获净收益 15000 元，该设备报废后无残值，若设备使用 10 年后报废，这项投资的内部收益率是多少?
11. 某地要建一个旅游项目，现有两个提议方案，假设资源的机会成本为 8%。两个备选方案的相关估算数据见下表：

项　目	备选方案		项　目	备选方案	
	1	2		1	2
初始投资/万元	300	160	年收益/万元	22	18
经济寿命	30	25	年费用/万元	4	2
残值/万元	12	10			

运用内部收益率法比选，应选择哪一个方案？

12. 某工程项目期初投资为8000万元，第一年末现金流入2500万元，现金流出为500万元，第二年末现金流入4000万元，现金流出为800万元，第三、四、五年末的现金流入均为5000万元，现金流出为1000万元，请计算该项目的净现值、净年值和净现值率（$i_0=10\%$）。
13. 有两种设备都能满足某一化工厂的生产需要。设备A的买价为12000元，第五年年末的残值为5000元，年运行费用前两年为4000元，后三年为5000元。设备B的买价为9000元，第五年末的残值为4000元，其运行费用前两年为5000元，后三年为6000元。基准收益率为15%，试用费用现值和费用年值法选择设备。
14. 某单位计划花费6万元购置一台仪表，预计现金流量如下表所示。该单位要求的收益率为20%，问此项投资是否经济合理？

计算期	0	1	2	3
净现金流量/万元	−6	3	3	3

15. 某工厂于6年前以200万元的价格买了一台设备，预计有10年的经济寿命，8年后的残值为30万元。如果现在想处理该资产，当$i_0=10\%$时，必须以什么样的价格卖出，才能收回投资的成本？
16. 某地区拟建一个枯水期稻田灌溉系统，可以铺设铁管做暗沟，也可以修一条短距离的水渠，两者的功能相同。水渠的建造成本为100000元，年维护费用为1200元；暗沟每25年需要更换一次，成本为60000元，年维护费用2100元，残值均忽略不计，政府债券的利率为6%。请问哪个方案的等值年成本最低？

第六章 多方案经济比选

本章学习目标

重点掌握方案间的关系类型及其特点，能对独立关系、互斥关系和相关关系类型的多方案进行经济比选，在多方案比选中能正确使用费用效果评价指标。

要正确评价工程项目的经济性，还必须了解工程项目方案的所属类型，并按照方案类型选择合适的方法和评价指标进行综合比选，为投资决策提供科学的依据。

第一节 多方案经济比选相关问题

一、关于备选方案

（一）工程经济评价需要尽可能多的备选方案

方案的经济比选是工程经济学的重要内容，比选就是决策，需要在两个或两个以上备选方案中选出最优方案。只有一个备选方案的决策不是真正意义上的决策。因此，形成尽可能多的备选方案是提高工程设计和投资决策水平的基础。如果忽略了潜在的可行备选方案，就有可能将最优方案拒之门外。所以，工程技术人员要经常问“还有没有其他可行的方案?”这一问题。在形成备选方案的过程中，集思广益和发挥工程技术人员的创新精神极为重要。

特别一提的是，在备选方案选择中，有一个特殊的方案，这就是保持原有状态的方案，即所谓“无”项目方案，最终选定的方案都要与这个“无”项目方案进行比较，这就是所谓的“有”、“无”对比，“有”、“无”对比实际上就是确定项目是否实施。如在考察改善城市道路交通项目时，方案一为新建，方案二为对原道路进行拓宽。如果比选的结果是方案一即需要新建道路，那么新建的这一方案要与既不新建也不拓宽的“无”项目方案进行比较。因为新建项目的方案有可能投资太大，推迟而暂时不建也许是最好的选择。

在项目可行性研究和投资决策过程中，对涉及到的各种决策要素和研究方面都应从技术和经济的角度进行多方案的分析论证，如对产品或服务的数量、技术和设备选择、原材料供应、运输方式、厂（场）址选择、资金筹措等方面进行比选，根据比较的结果，结合其他因素进行科学决策。

（二）备选方案应满足的条件

（1）备选方案的整体功能应达到目标要求；
（2）备选方案的经济效益应该达到可以被接受的水平；
（3）备选方案包含的范围和时间应该一致，效益和费用计算口径应一致。
既然工程经济评价的备选方案有多个，这些方案之间就必然存在某种关系。

二、方案间关系的类型

工程项目方案类型是指一组备选方案之间所具有的相互关系。方案间具有三种基本关系类型即独立关系型、互斥关系型和相关关系型❶。

（1）独立关系型是指各方案的现金流量是独立的不具相关性，其中任一方案的采用与否只与其自身的可行性有关，而与其他方案是否采纳没有关系。换言之，只要投资者在资金上没有限制，就可以自由地选择要投资的任何可行的方案。例如，交通部门面临着修建三条高速公路的决策，如果这三条高速公路的修建方案都不存在资金或其他资源的限制，同时，三方案的现金流量是独立的，那么这三个方案就是相互独立的。

事实上，由于项目主体的资源总是有限的，因此，真正意义的独立关系方案很少。工程经济评价关注的是在资源约束条件下的独立方案的比选问题，此时，方案关系归入到相关关系型。

（2）互斥关系型是指各方案之间存在着互不相容和排斥的关系，决策问题要求在所有备选方案中只能选择一个，其余的方案均须放弃。

（3）相关关系型是指各方案之间存在着某一方案的采用与否会对其他方案的现金流量带来影响，进而影响到其他方案的关系类型。方案间的相关关系有正相关和负相关两类。当一个方案的实施虽然不排斥另一个方案，但可能会使后者的效益减少或费用增加，这时，这两个方案之间就具有负相关关系，反之为正相关关系。

相关关系型可能有多种情况。如互补型（或称依存型）关系，此时，一个方案的接受或实施是以另一方案的接受或实施为前提。例如在考虑建设一个大型坑口电站时，如果必须同时建设铁路和电厂，那么建设铁路的方案和建设电厂的方案间就是互补型的相关关系；又如现金流量相关型关系，此时，一个方案的取舍会直接导致另一方案现金流量的变化。例如一个过江项目，考虑建桥和轮渡两个方案，这两个方案都是收费项目。显然，在没有规定二者为互斥的情况下，任一方案的实施或放弃都会影响另一方案的现金流量，它们具有现金流量相关的关系。再如独立方案如果考虑资源约束条件，方案间的关系就会转变为相关关系，称之为资源约束下的独立方案关系。

需要指出的是，参与评价的诸多方案往往形成各种关系，这些关系对方案的经济评价与决策具有重要影响。同时，由于项目主体资源的有限性，使表面独立的方案实际存在相关关系。此外，出于研究的需要，常将一个方案划分为许多个独立的子方案，但实际中总

❶　总体上方案之间总具有某种关系，所以相关性是备选方案的普遍属性，独立关系只是强调了不同备选方案现金流量的相互影响较弱达到可以忽略的程度。此外，习惯上将方案关系分为独立关系、互斥关系和相关关系三种类型，而不是独立关系和相关关系两种类型。

是完整地接受或拒绝整体方案，因此，这些独立子方案间本质上是相关的、不可分的。从这个意义上说，方案间最本质的关系是相关关系。

三、多方案经济比选的原则

对多个方案进行比选时，要遵循下列原则：

（1）可比性原则。该原则要求备选方案之间应具有某种共同的比较基础。对没有任何比较基础的两个事物进行比较是没有意义的。如在考虑生产某一产品的工艺方案选择时，各方案在产品或服务质量上相同就是方案可比的前提；在考虑方案的经济效益比较时，计算期相同和费用与效益计量范围的一致性是方案可比的基本前提。此外，还常常根据实际问题，要求各方案在消耗或费用、价格和时间上的可比。

（2）差异性原则。工程经济学对方案进行比选时，常将各方案共有的方面略去，只比较各方案的差异性，这样可实现在不影响比较结果可靠性的前提下大大减少经济评价的工作量。例如在各方案产出价值或效果相同的情况下，仅比较各方案的费用，由此便形成了工程经济评价的费用现值或费用年值法；同样以该原则为基础，还形成了进行互斥方案比选时最常用的增量分析法。

（3）定性与定量比选相结合。定性分析适合于方案比选的初级阶段，在一些比选因素较为直观且不复杂的情况下，定性分析即可满足需要。如在厂址方案的比选中，环保政策等方面的规定具有一票否决的性质，定性分析便能满足方案比选的要求。但在较为复杂的系统方案比选中，应先进行定性分析，如果直观很难判断各方案的优劣，通过定量分析论证其收益水平，再在定量分析结论的基础上结合定性分析综合确定方案比选的结论。

第二节　独立关系的多方案经济比选

独立关系的方案是指各方案的现金流量之间是独立的，任一方案的实施与否都不影响其他方案的现金流量。具体可将独立方案的经济比选分为无资源约束条件的独立方案比选与有资源约束条件的独立方案比选。对于后者，由于资源的约束，表面上相互独立的方案之间，实际上是相关的。但即便如此，我们仍将其放在本节中介绍其方案的经济比选。

一、无资源约束独立关系方案经济比选

（一）比选思路

对于无资源约束的独立关系型方案的经济比选实际上就是判断各方案的可行性，仅进行方案的绝对效果检验即可。对所有备选方案来说，只要具有好的经济效益，就应该接受，因此，比选的结论可能是接受所有的方案。

“可加性”是无资源约束条件下独立方案的特点。例如，某企业面临有 A 和 B 两个投资方案，只选择 A 方案时，需要投资 50 万元，获得净收益 40 万元；只选择 B 方案时，需要投资 100 万元，获得净收益是 90 万元，两个方案都是可行的。因为没有投资额的约束，当 A 和 B 方案同时实施时，实际共需投资 150 万元，共获得净收益 130 万元，所以，A 方案和 B 方案之间具有可加性。

（二）比选方法

关于独立方案的绝对效果检验我们在第五章中都已介绍。下面仅作简要归纳。

（1）静态法。无资源约束独立关系型方案的静态经济比选方法主要有投资收益率法和静态回收期法。此时，只要对各投资方案分别计算其投资收益率或静态回收期，并与确定的行业平均投资收益率或基准静态投资回收期进行比较，逐一判断各方案的可行性，可行方案的集合即为比选的结果。

（2）动态法。动态法主要有净现值法和内部收益率法，费用现值和费用年值法一般不用于对独立方案进行经济比选。

在应用净现值进行比选时，首先依据各方案的现金流量表和共同的基准收益率计算出所有方案的净现值，凡净现值为正的方案都已达到了资金盈利的要求，此时，可行方案的集合即为比选的结果。在应用内部收益率进行比选时，首先依据各方案的现金流量表，分别计算出各方案的内部收益率，然后将各方案内部收益率分别与共同的基准收益率相比较，凡内部收益率大于基准收益率的方案都已达到了资金盈利的要求，此时，可行方案的集合即为比选的结果。除此而外，也可以采用净年值法进行比选，此时，凡是净年值为正的方案都是可行的方案，应该接受。

二、资源约束下独立关系方案经济比选

（一）比选思路

资源约束下独立关系方案的经济比选主要是通过独立方案互斥化处理这一思路进行的。尽管独立方案本身互不相关，但这仅说明各方案的现金流量无关，在资源如投资额有约束的条件下，就不能将所有可行方案的集合视为经济比选的结果。此时，只能按费用效果评价指标为依据，按费用效果从高到低的次序，逐项选择可行的备选方案，直到资源的充分利用为止。

（二）独立方案的互斥化

考虑如下问题：A、B、C 为三个独立方案，但目前它们之间不是互斥关系，即选择其中一个方案的同时还可以选择其余的方案，如可以同时选择 A 和 B 这两个方案，甚至可以同时选择 A、B、C 这三个方案，实际上这是一个无资源约束的独立方案比选问题。

对于 A、B、C 这三个独立关系方案可以形成 8 个互斥的方案：第 1 方案：实施 A 方案；第 2 方案：实施 B 方案；第 3 方案：实施 C 方案；第 4 方案：实施 A 和 B 方案；第 5 方案：实施 A 和 C 方案；第 6 方案：实施 B 和 C 方案；第 7 方案：实施 A、B 和 C 方案；如果加上“无”方案即“A、B、C 都不实施”的方案，总共就有 8 个方案。现在，这 8 个方案的关系就演变成了互斥关系，即 A、B、C 三个独立关系方案的比选等同于在这 8 个方案中仅选其中一个方案，其余 7 个方案放弃。以上过程就是 A、B、C 三个独立方案的互斥化过程。

一般来说，如果有 n 个独立关系的方案，则可形成 2^n 个互斥方案（含“无”方案）。

（三）比选步骤

（1）列出各种可能的独立方案组合，即进行独立方案的互斥化；

（2）依据资源约束变量（如投资额）对所有互斥方案由小到大进行排列，整理出相应的现金流量，舍去不满足资源约束条件的互斥方案，形成满足资源约束条件的方案集合；

（3）按互斥多方案经济比选的方法，选出最佳的组合方案。

互斥关系方案的经济比选指标可以有净现值、净年值、内部收益率等，下面通过例子，分别展示资源约束下独立关系方案的经济比选过程。

例 6-1　采用净现值法对资源约束下独立关系方案进行经济比选

某公司有三个相互独立的投资方案，最高投资限额为 20000 万元，期望利润率不小于 15%，试用净现值法进行经济比选，如表 6-1 所示。

表 6-1　A、B、C 独立方案的投资额及净现金流量

方　案	初始投资/万元	第 1 ~ 3 年净现金流量/万元
A	2000	1200
B	6000	3000
C	10000	4000

解：

（1）先列出所有可能的互斥组合，如表 6-2 所示。其中“1”表示方案被接受，“0”表示方案被拒绝。

表 6-2　某公司独立方案的互斥化及对应的现金流量和净现值　（万元）

序号	A	B	C	初始投资	第 1 ~ 3 年净收入	净现值
1	1	0	0	2000	1200	739.87
2	0	1	0	6000	3000	849.69
3	1	1	0	8000	4200	1589.55
4	0	0	1	10000	4000	−867.10
5	1	0	1	12000	5200	−127.23
6	0	1	1	16000	7000	−19
7	1	1	1	18000	8200	−722.45

（2）然后依据初始投资由小到大顺序排列，并整理出对应的现金流量。由于所有互斥组合都满足资源的约束条件，所以全部作为比选的备选方案。计算各互斥组合的净现金流量。

（3）由于第三互斥组合（即实施方案 A 和方案 B）的净现值最大，按互斥方案的净现值比选方法，该公司应选择同时实施 A 和 B 方案。

例 6-2　采用净年值法对资源约束下独立关系方案进行经济比选

独立方案 A、B、C 的投资分别为 100 万元、70 万元和 120 万元，各方案的净年值分别为 30 万元、27 万元和 32 万元。如果投资额不超过 250 万元，如何进行方案比选？

解：显然，资源约束变量是投资额，同时已知方案的净年值，所以按照净年值法进行比选。

表 6-3 列出了 A、B、C 方案的所有互斥组合及对应的投资额和净年值。

表 6-3　A、B、C 独立方案的互斥化及互斥组合对应的投资额和净年值　（万元）

序号	互斥方案组合	投资额	净年值	序号	互斥方案组合	投资额	净年值
1	B	70	27	5	B + C	190	59
2	A	100	30	6	A + C	220	62
3	C	120	32	7	A + B + C	290	89
4	B + A	170	57				

由表 6-3 可见，第 7 方案组合的投资额达到了 290 万元，超过了投资额约束条件的 250 万元，所以不可行；在满足投资额约束条件的第 1 至第 6 方案中，第 6 方案（即同时实施 A 方案和 C 方案）的净年值最大，按互斥方案比选的净年值法，应选择 A 方案和 C 方案，此时，净年值总额可达到 62 万元，实现资金的最佳利用。

第三节　互斥关系的多方案经济比选

互斥关系方案的经济比选实际是在一组备选方案中选出一个最优的方案。因此，经济比选包含两部分内容：一是考察各方案自身的经济效果，即进行绝对经济效果检验，以保证每个参选方案的可行性；二是考察哪个方案相对最优，即进行相对经济效果检验，以保证选中的方案是最优的。

互斥方案的经济比选最常用的是使用差额（或增量）分析法。我们从净现值和内部收益率指标对同一方案进行比选时，出现非等效性的一个例子入手。

一、净现值与内部收益率出现非等效性时的处理

例 6-3　有 A、B 两个方案，其寿命期内的现金流量、净现值、内部收益率如表 6-4 所示，$i_0 = 15\%$，试进行 A 与 B 方案的互斥比选。

表 6-4　A、B 方案的现金流量、净现值和内部收益率　（万元）

净现金流量	0	1 ~ 10	NPV	IRR
方案 A	-5000	1400	2026.28	25.0%
方案 B	-10000	2500	2546.92	21.4%
增量方案	-5000	1100	ΔNPV = 520.6	ΔIRR = 17.8%

如果按 NPV→max，B 方案为优方案，但如果按 IRR→max，则 A 方案为优方案。用不同的方法所得到的比选结论存在矛盾，此时应如何处理？

对于投资额大的 B 方案，如果将其现金流量划分为两部分。其中，第一部分的现金流量与投资额小的 A 方案完全相同，这样第一部分与 A 方案的费用经济效果是相同的。第二部分是差额现金流，即 B 方案相对于 A 方案的增额投资及其增量净现金流量。对于第二部分可视为一个虚拟的增量投资方案，该方案的投资额为 5000 万元，此后各年的净现金流量是 1100

万元。显然，若第二部分的现金流量表明其经济性可行，则说明增量投资是合理的，也就是说方案 B 为优方案；相反，若第二部分的现金流量表明增量投资方案的经济性不可行，则说明增量投资是不合理的，此时方案 A 为优方案。

通过增量或差量的处理，我们将问题从对两个方案的经济比选转变成了对单一方案（即虚拟的增量投资方案）的可行性判断，判断标准也相应从判断 A 和 B 方案的净现值谁大或内部收益率谁大转变为判断虚拟的增量投资方案的净现值是否大于 0 或内部收益率是否超过基准收益率，即差量现金流的 ΔIRR 或 ΔNPV 反映其可行性见图 6-1，图 6-2。

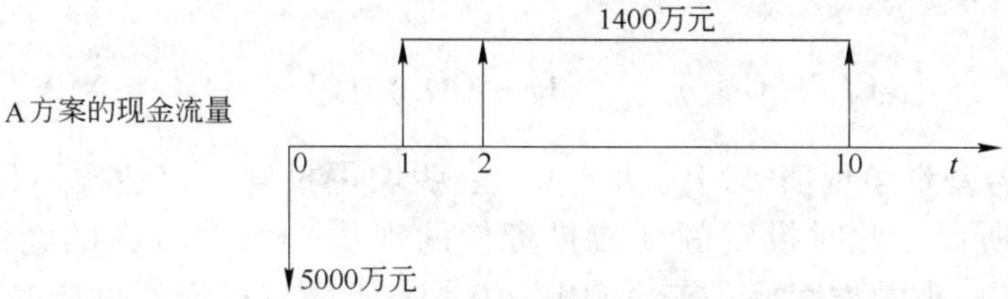

图 6-1　方案 A 现金流量图

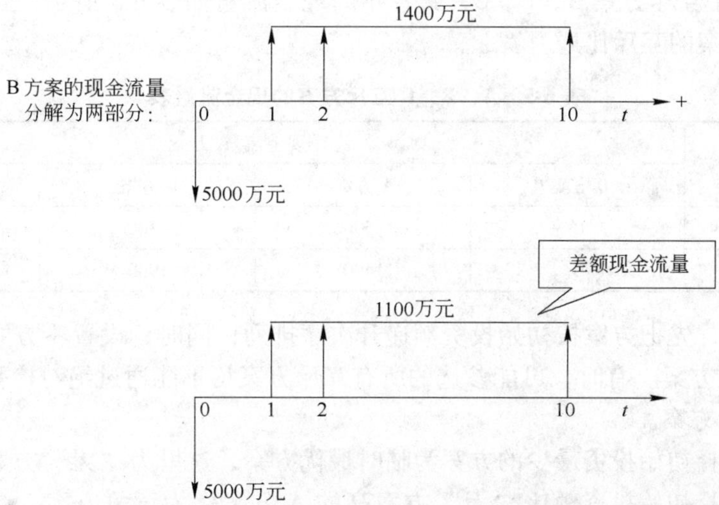

图 6-2　方案 B 现金流量的分解示意图

对于该例，由于增量投资方案的净现值 520.6 大于 0，所以增量投资方案是可行的，此时说明 B 方案比 A 方案优；同理，由于增量投资方案的内部收益率 17.8% 大于 15%，所以，增量投资方案是可行的，此时也说明了 B 方案比 A 方案优。

上述分析过程告诉我们在进行多方案互斥经济比选时，如果出现净现值与内部收益率非等效性时，应该以净现值指标作为经济比选的判据，而不能使用内部收益率；其次，也告诉我们可以通过增量（差额）虚拟出一个投资方案，将比选问题转化为判断单一方案的可行问题，从而实现对互斥方案的经济比选。

二、差量分析法：投资规模不同的互斥方案经济比选

以增量现金流虚拟方案的可行性进行互斥方案经济比选的方法称为增量分析法或差量

(额）分析法，这是互斥方案比选的基本方法。

由于判断单一方案的可行性可通过净现值、净年值、费用现值、费用年值、内部收益率等费用效果指标进行，因此相应地形成了互斥方案经济比选的差量净现值法、差量净年值法、差量费用现值法、差量费用年值法、差量投资回收期法、差量内部收益率法等。

（一）差量净现值法

设 A、B 为两个投资额不等的互斥方案，A 方案投资额比 B 方案大，则两方案的差量净现值可由下式求出：

$$\Delta NPV = \sum_{t=0}^{n} [(CI_A - CO_A)_t - (CI_B - CO_B)_t](1 + i_0)^{-t} = NPV_A - NPV_B$$

判别准则：若差量净现值 ΔNPV 大于 0，表明增量投资不仅达标而且还有超额收益，是可以接受的，所以，此时投资额（或投资额的现值）大的方案的经济效果比投资额（或投资额的现值）小的方案好；若 $\Delta NPV < 0$，表明增量投资不可接受，此时，投资额（或投资额的现值）小的方案的经济效果好。

例 6-4　三个互斥方案 A、B、C，其各年的现金流量如表 6-5 所示，若基准收益率为 15%，试进行方案的互斥比选。

表 6-5　A、B、C 互斥方案的现金流量表

时间/年	净现金流量/万元			
	0 方案	A 方案	B 方案	C 方案
0	0	-5000	-8000	-10000
第 1 ~ 10 年	0	1400	1900	2500

解：第一步，先把方案按初始投资额递升次序排列，同时，设置零方案。零方案为全不投资的“无”方案。有时，可能参选的所有互斥方案均不能通过绝对检验，此时，最佳方案就是“无”方案。

第二步，选择初始投资最少的方案为临时最优方案，这里为“无”方案。

第三步，选择初始投资额比“无”方案高的 A 方案作为竞争方案。计算这两个方案的差量现金流量的净现值 ΔNPV_{A-0}。有：

$$\Delta NPV_{A-0} = (-5000 - 0) + (1400 - 0)(P/A, 15\%, 10) = 2026.32 \text{ 万元}$$

如果差额净现值 $\Delta NPV_{A-0} \geq 0$，则说明竞争方案 A 优于临时最优方案；若差额净现值 $\Delta NPV_{A-0} < 0$，则临时最优方案不变。现在，由于 $2026.32 > 0$，所以，临时最优方案应变更为 A 方案。

第四步，把上述步骤反复下去，直到所有方案都比较完毕，便可以找到最后的最优方案。

现在，以方案 B 作为竞争方案，计算 B 和 A 差量现金流量的净现值 ΔNPV_{B-A}：

$$\Delta NPV_{B-A} = (-8000 + 5000) + (1900 - 1400)(P/A, 15\%, 10) = -490.6 \text{ 万元}$$

由于 ΔNPV_{B-A} 为负，说明 B 方案较 A 方案劣，淘汰 B 方案，仍然保持 A 为临时最优方案。以方案 C 为竞争方案，计算 $\Delta NPV_{C\ A}$：

$\Delta NPV_{C-A} = (-10000+5000)+(2500-1400)(P/A,15\%,10) = 520.68$ 万元

ΔNPV_{C-A} 大于零，说明方案 C 优于方案 A。方案 C 即为最终的最优方案。

容易验证，按各方案净现值大小直接进行比较与采用差量净现值法比较的结论完全一致。对于该例，三个方案的净现值分别为 $NPV_A = 2026.32$ 万元，$NPV_B = 1535.72$ 万元，$NPV_C = 2547.0$ 万元，C 方案最优，这与采用差量净现值法的结论一致。

（二）差量内部收益率法

差量内部收益率（ΔIRR）是指根据差量现金流计算的差量净现值为零时的收益率。差量内部收益率 ΔIRR 满足：

$$\sum_{t=0}^{n}[(CI_A - CO_A)_t - (CI_B - CO_B)_t](1+\Delta IRR)^{-t} = 0$$

式中，ΔIRR 表示 A 方案相对于 B 方案的差量内部收益率。

差量内部收益率的另一种表述方式是两互斥方案净现值（或净年值）相等时的折现率。差量内部收益率 ΔIRR 满足：

$$\sum_{t=0}^{n}(CI_A - CO_A)_t(1+\Delta IRR)^{-t} - \sum_{t=0}^{n}(CI_B - CO_B)_t(1+\Delta IRR)^{-t} = 0$$

$$NPV_A(\Delta IRR) - NPV_B(\Delta IRR) = 0$$

或

$$NPV_A(\Delta IRR) = NPV_B(\Delta IRR)$$

注意：这里 ΔIRR 并不是指两方案的内部收益率之差。

用差量内部收益率进行互斥方案经济比选的判别准则是：若 ΔIRR 大于基准折现率，则投资额（或投资的现值）大的方案为优；相反，若 ΔIRR 小于基准折现率，则投资额（或投资现值）小的方案为优。

差量内部收益率法的计算步骤与差量净现值法基本相同。

对例6-4，首先，使 A 方案相对于“无”方案的差量现金流量的净现值等于零，求出其差量内部收益率 ΔIRR_{A-0}：

$$(-5000+0)+(1400-0)(P/A,\Delta IRR_{A-0},10) = 0$$

由此可得：$\Delta IRR_{A-0} = 25.0\%$。

由于 ΔIRR_{A-0} 大于 15%，方案 A 成为临时最优方案。

其次，计算方案 B 相对于方案 A 的差量内部收益率 ΔIRR_{B-A}：

$$-3000+500(P/A,IRR_{B-A},10) = 0$$

由此，可得 $\Delta IRR_{B-A} = 10.588\% < 15\%$

因此，保留 A 方案为临时最优方案。

最后，计算方案 C 相对于方案 A 的差量内部收益率 ΔIRR_{C-A}，有：

$$-5000+1100(P/A,IRR_{C-A},10) = 0$$

得：

$$\Delta IRR_{C-A} = 17.68\% > 15\%$$

所以，C 方案应为最终比选出的最优方案。

（三）差量费用现值或差量费用年值法

差量费用现值或差量费用年值法一般用于当各方案产出价值相同时的互斥方案的比选。判别准则是：差量现金流量的费用现值或费用年值最小的方案为最优方案。由于方案一般具有投资额高则年使用费用小的特点，因此，应将投资额大的方案带来的年使用费的节约视为增量投资的收益。

例 6-5　有两个能满足同样需要的可行互斥方案 A 与 B，其费用现金流如表 6-6 所示，基准收益率 $i_0 = 10\%$，试采用差量费用现值法对这两个方案进行互斥选择。

表 6-6　方案 A、B 的初始投资及年使用费用　（万元）

方　案	初始投资	年度费用支出
	0	1～15
A	-100	-11.68
B	-150	-6.55
差量费用现金流（B-A）	-50	5.13

解：与净现值法类似，差量费用现值法与直接通过比较各方案的费用现值比选的结论一致，所以，直接比较 A 和 B 方案的费用现值 PC。

$$PC_A = 100 + 11.68(P/A,10\%,15) = 188.84\text{ 万元}$$

$$PC_B = 150 + 6.55(P/A,10\%,15) = 199.82\text{ 万元}$$

由于 $PC_A < PC_B$，可判定方案 A 优于方案 B，故应选取方案 A。

由于费用年值法与费用现值法等效，所以差量费用现值法与差量费用年值法等效。

三、寿命期不同的互斥方案经济比选

对寿命期不等的互斥方案进行比选时，为满足方案间的可比性要求，需要解决如何设定一个合理的共同计算期问题。一般有以下几种处理方法。

（一）寿命期最小公倍数法

寿命期最小公倍数法假定备选方案中有一个或若干个在寿命期结束后按原方案重复实施若干次，并取各备选方案的最小公倍数作为共同的分析期。比如，有两个互斥方案，A 方案的运营期为 10 年，B 方案的运营期为 15 年，则计算期取两个方案运营期的最小公倍数即 30 年，在此期间内，A 方案重复两次，而 B 方案只重复一次。

例 6-6　有 A、B 两个互斥方案，其初始投资及年净现金流量如表 6-7 所示，若基准收益率为 10%，试进行互斥比选。

表 6-7　方案 A、B 的初始投资及年净现金流量　（万元）

方　案	初始投资	年净现金流量	寿命期/年
A	100	40	4
B	200	53	6

解：如果直接计算各方案的 NPV，则：

$$NPV_{A4} = -100 + 40(P/A, 10\%, 4) = 26.79 \text{ 万元}$$

$$NPV_{B6} = -200 + 53(P/A, 10\%, 6) = 30.83 \text{ 万元}$$

显然，两方案均可行，且 B 方案的 NPV 大于 A 方案，所以选择 B 方案。但这样的比选由于忽略了 A 与 B 方案寿命期不同这一因素，因而是欠妥的。

取 4 与 6 的最小公倍数即 12 年为共同的计算期，使 A 方案进行两次重复投资，而 B 方案进行 1 次重复投资。现金流量情况如图 6-3 和图 6-4 所示。

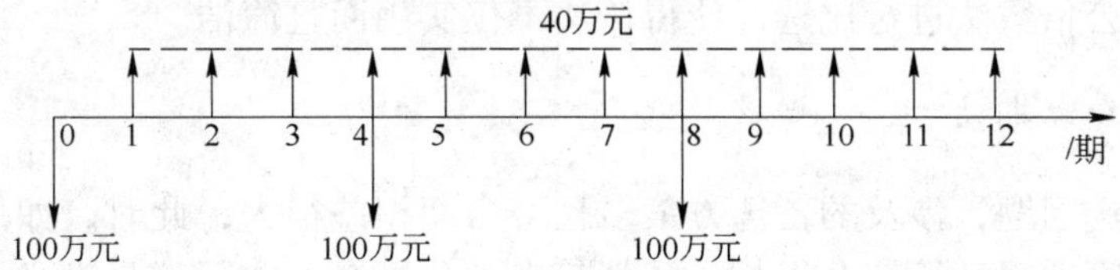

图 6-3　共同计算期下 A 方案的现金流量及其分布

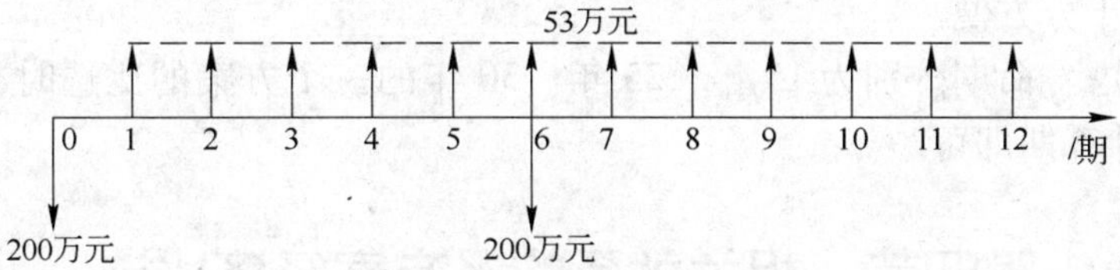

图 6-4　共同计算期下 B 方案的现金流量及其分布

此时，

$$NPV_{A12} = -100 - 100(1+10\%)^{-4} - 100(1+10\%)^{-8} + 40(P/A, 10\%, 12)$$
$$= 57.60 \text{ 万元}$$

$$NPV_{B12} = -200 - 200(1+10\%)^{-6} - 53(P/A, 10\%, 12)$$
$$= 48.23 \text{ 万元}$$

由于在共同计算期下，方案 A 的净现值大于方案 B，所以应选择方案 A。

(二) 直接计算净年值法

直接计算净年值法就是在备选方案寿命期不同时，可以通过直接计算并比较各方案的净年值从而对方案进行比选的方法。

为什么使用净年值指标可以忽略备选方案计算期不同的问题？我们仍看例 6-6。

直接计算的 A、B 方案的净年值分别为：

$$NAV_{A4} = -100(A/P, 10\%, 4) + 40 = 8.45 \text{ 万元}$$

$$NAV_{B6} = -200(A/P, 10\%, 6) + 53 = 7.08 \text{ 万元}$$

共同计算期下的 A、B 方案的净年值分别为

$$NAV_{A12} = [-100 - 100(1+10\%)^{-4} - 100(1+10\%)^{-8}](A/P, 10\%, 12) + 40 = 8.50 \text{ 万元}$$

$$NAV_{B12} = [-200-200(1+10\%)^{-6}](A/P,10\%,12)+53=7.10\text{万元}$$

实际上，$NAV_{A4} = NAV_{A12}$，$NAV_{B6} = NAV_{B12}$，表明净年值与是否设置共同计算期无关。

可以证明，这一结论可以推广到一般情况：即净年值法可以适用计算期不同的互斥方案的经济比选。

用净年值法进行寿命期不等的互斥方案的经济比选，实际也包含着一种假定，即各备选方案在其寿命结束后均可按原方案重复实施，而且原方案的费用效果水平得以持续，这样，方案无论重复实施多少次，其净年值是不变的。

不需按最小公倍数法进行比选，使得该法不仅实用而且简洁。

(三) 最大寿命期法

对于有些比选问题，涉及的备选方案多且寿命期相差很大，此时，如果使用最小公倍数法设置共同计算期，计算期会很长，计算起来十分复杂。实际这是没必要的，因为，较长时期后的现金流量折现值已经很小，对决策影响的程度不大，此时，用最大寿命期法作为计算期，反而十分方便。

例如，在考虑寿命期分别为 15 年、25 年、30 年的三个方案的比选时，取最大寿命期即 30 年为共同计算期即可。

第四节　相关关系的多方案经济比选

如第一节所述，资源约束下独立关系方案的经济比选实际上属于相关关系的多方案比选范畴，这类问题可以通过对独立方案进行互斥化处理，再根据互斥关系的经济比选方法即可进行经济比选。

下面再介绍解决资源约束下独立关系方案进行经济比选的加权内部收益率法。

加权内部收益率法也叫总体收益率法，是以各备选方案的 IRR 为依据，在一定的资源约束条件下，以投资额为权重，分别计算各备选方案的加权内部收益率，加权内部收益率最大的方案（或互斥组合）即为最佳方案。比选步骤如下：

(1) 先计算出各方案的内部收益率，将内部收益率小于基准收益率的方案舍去；

(2) 然后，将各可行备选方案按内部收益率由大到小的顺序进行排列；

(3) 根据资源约束条件，构造出所有互斥方案组合，分别计算各组合的加权内部收益率 IRR_P，IRR_P 最大组合为最佳方案。

加权内部收益率 IRR_P 的计算公式为：

$$IRR_p = [\sum_{j=1}^{m} I_{0j} \times IRR_j + (I_{max} - \sum_{j=1}^{m} I_{0j}) \times i_c]/I_{max}$$

式中，m 表示组合方案中独立方案的数目；I_{max} 表示资金约束条件；I_{0j} 表示第 j 个方案的初始投资；IRR_j 表示第 j 个方案的内部收益率；$(I_{max} - \sum_{j=1}^{m} I_{0j}) \times i_c$ 表示投资约束与组合方案投资的差额，对这部分差额假定以基准收益率水平获得收益。

例 6-7　采用内部收益率法对资源约束下独立关系方案进行经济比选

表6-8列出了六个独立方案，若基准收益率 $i_c = 14\%$ ，投资总额为35000万元，试用内部收益率法进行方案比选。

表6-8 六个独立方案的投资额、使用寿命、年净收益、内部收益率及其排序

方案名称	投资额/万元	寿命/年	年净收益	内部收益率/%	按内部收益率排序
A	10000	6	2870	18	3
B	15000	9	2930	13	舍去
C	8000	5	2680	20	2
D	21000	3	9500	17	4
E	13000	10	2600	15	5
F	6000	4	2540	25	1

解：先分别求出6个方案的内部收益率，列于表中，由于 $IRR_B < i_c$ ，将方案B舍去。然后，按照内部收益率由大到小的顺序选择方案。

如果选择F、C、A三个方案的组合，此时该组合的总投资额为24000万元，在总投资额为35000万元的条件下，尚有11000万元资金没有利用，假设这11000万元资金投向收益率等于基准收益率（14%）的“无”方案，此时，这一组合的加权内部收益率便为：

$$i' = \frac{6000 \times 0.25 + 8000 \times 0.20 + 10000 \times 0.18 + 11000 \times 0.14}{35000} = 18.4\%$$

A、C、D、E、F这5个可行方案还可以形成其他的组合。依据同样的原理，这些组合的投资总额及加权内部收益率见表6-9。

表6-9 各方案组合的投资额及加权内部收益率

组合方案	投资额/万元	总收益率/%
F、C、D	35000	19.1
F、C、A	24000	18.4
C、A、E	31000	16.9
F、A、E	29000	17.4
C、E、F	27000	17.6

表6-9中由F、C、D同时实施形成的组合方案，其加权内部收益率最大，达到19.1%，因此，应选择方案F、C、D这一组合。

思考题及习题

1. 结合实际谈谈为什么工程经济评价需要有尽可能多的备选方案。
2. 方案间的关系主要有哪几种类型？谈谈这些类型方案的经济比选思路。
3. 无约束条件与有约束条件独立方案的比选有什么区别？
4. 谈谈差量分析法的比选思路。
5. 在进行互斥方案的经济比选时，为什么可直接采用净现值法而不能直接使用内部收益率法？
6. 在进行计算期不同的互斥方案经济比选时，为什么可直接采用净年值法而不能直接使用净现值法？
7. 某洗车店为安装一套洗车系统，有两个方案可供选择，其现金流量如下表，基准收益率为8%，试选择最优方案。

A、B方案的经营费用表　　（元）

方案	投资	年经营费用	期末残值	寿命期/年
A	80000	9000	15000	10
B	150000	6000	25000	15

8. 考虑三个独立方案A、B、C，寿命期均为8年，各方案的投资、年净收益如下表所示，基准收益率为10%，总投资限额是35000万元，试进行方案的经济比选。

A、B、C方案的投资与年净收益表

方案	投资/万元	年净收益/万元
A	18000	4200
B	15000	4000
C	10000	3200

9. 某公司拟投资建设一项目，并计划在8年后将项目出售。现有A、B、C三种方案可供选择，各方案的初始投资、年净现金流量和预计项目的出售价格见下表。企业要求各投资方案的收益率在12%以上，试用差额净现值法进行比选。

A、B、C方案的初始成本、转售价格和年净收益表

方案	A	B	C
初始投资/万元	130	160	180
预计出售价格/万元	120	130	150
年净现金流量/万元	25	30	30

10. 考虑A、B、C三个互斥方案，寿命期均为10年，各方案初始投资和年净现金流量见下表。

A、B、C方案的初始投资和年净现金流量表

方案	初始投资/万元	年净现金流量/万元
A	50	18
B	100	30
C	60	22

在折现率为12%的条件下，应选择哪个方案？

11. 某服装公司现有两个互斥方案，有关数据见下表。两方案的投资均一次性发生在第一年年初，寿命期均为8年，设期末残值为零，基准收益率为9%，试用年值法比较两个方案的优劣。

方案	投资/万元	年产量/件	价格/元·件$^{-1}$	年经营成本/万元
A	20	800	200	8
B	15	500	200	6

12. 某项目有A、B两个方案，方案A的初始投资为900万元，寿命期为4年，每年末的净收益为330万元；方案B的对应数据为1400万元、8年、400万元。两方案均无残值，若基准收益率为12%，试对这两个方案进行比选。

13. 某投资者现有资金200万元，面临A、B、C、D、E五个长期投资方案，这些投资方案的安全性基本相同，投资者的期望收益率为9%，投资期限均为5年，各方案的投资额、年收益及第5年期末的残值收入如下表所示。当下市面上有五年期利率为7.5%的债券出售。问该投资者应该如何投资？

A、B、C、D、E五个方案现金流量表 （万元）

方 案	投 资	年净现金流	残 值
A	50	17	0
B	40	15	5
C	75	16	6
D	70	21	7
E	85	25	0

14. 请选择一个传统的项目财务评价指标（或方法），分析其缺陷或不足，并提出你对该指标的改进思路或具体的改进意见。

第七章　财务评价

本章学习目标

重点掌握财务评价的目的、内容和程序、财务评价盈利能力、债务清偿能力、财务生存能力分析的指标体系；能熟练运用 Excel 电子表格进行财务评价报表的编制和财务评价指标的计算。

第一节　财务评价相关问题

一、财务评价概念

建设项目财务评价就是从企业或项目角度，在财务效益与费用估算及编制财务辅助报表的基础上，编制项目未来的财务报表、计算财务评价指标，考察和分析项目的盈利能力、贷款清偿能力以及财务生存能力，全面判断项目财务的可行性，明确项目整体价值及对投资者的贡献，为投资决策、融资决策及银行审贷提供依据。

二、财务评价主要内容

项目财务评价主要通过项目盈利能力、偿债能力和生存能力的评价与分析，全面判断项目的财务可行性，明确项目整体价值及对投资者的贡献，为各类关系人决策提供依据❶。

（一）盈利能力分析

项目盈利能力不仅是开展项目的目的之一，也关系到投产后项目的生存与发展，还关系到项目对债务的偿还，因此，盈利能力分析成为财务评价的核心内容。盈利能力分析主要通过计算项目的投资回收期、总投资利润（税）率、资本金利润（税）率、财务净现值、内部收益率等静态和动态财务指标，多角度考察项目的投资盈利水平，反映项目在财务上的可行性，为各类关系人的投资或参与决策提供依据。

（二）清偿能力分析

清偿能力分析主要通过计算资产负债率、借款偿还期、流动比率、速动比率等指标，

❶ 传统财务评价包括外汇平衡分析，但在《建设项目经济评价方法与参数》（第三版）中，反而强调财务生存能力分析。

考察项目的财务状况和按期偿还债务的能力，为各类关系人的融资决策提供依据。

（三）财务生存能力分析

财务生存能力分析就是在计算由投资、融资和经营活动所产生现金流量的基础上，计算各期累计净现金流量和盈余资金，全面考察项目是否有足够的净现金流量维持正常运营，实现项目在财务上的可持续性。

为进一步区别反映项目整体价值和项目对投资者的贡献，以及为融资决策提供更好的服务，上述财务评价工作围绕融资前分析和融资后分析两块展开。

财务评价一般先进行融资前分析，在融资前分析结论满足要求的情况下，再初步设定融资方案，最后进行融资后分析。

融资前分析假定项目投资资金全部来自自有资金，以项目营业收入、建设投资、经营成本和流动资金的估算为基础，编制项目投资现金流量表，利用资金时间价值原理计算项目动态回收期、投资内部收益率和净现值等动态指标，还通过投资利润（税）率、静态回收期等静态指标，共同反映项目盈利水平和收回项目投资所需时间。融资前分析排除了融资方案的影响，从项目投资总获利能力的角度，考察项目方案设计的合理性。融资前分析将形成初步投资决策与融资方案设计的基础。

融资后分析以融资前分析和初步融资方案为基础，通过静态和动态分析两种路径，考察项目在所拟定的融资方案条件下的盈利能力、清偿能力和财务生存能力，判断项目方案在融资条件下的可行性。在该部分的分析中，仍突出项目整体价值和项目对投资者的贡献，贡献指标又进一步根据需要分为所得税前和所得税后指标。

这样，通过对盈利能力、清偿能力和财务生存能力进行融资前和融资后的分析，全面实现财务评价的目的。

三、财务评价程序

财务评价工作大致可按以下四个步骤展开：

第一，财务评价前的准备工作。该部分又可以具体分为依序进行的四项工作：

（1）熟悉拟建项目的基本情况。包括项目建设的目的、意义、要求、建设条件和投资环境、市场预测及主要技术实现方案等。

（2）收集、整理经济评价基础数据和资料。包括收集各类项目投入物和产出物的数量、质量、价格及项目实施进度安排、资金筹措方案等。

（3）编制辅助报表。通过编制辅助报表，为财务评价基本报表编制提供原始和明细数据。例如，编制用于投资估算、折旧和摊销费估算，总成本费用估算，产品销售收入和销售税金及附加估算等数据的辅助报表。

（4）编制计算期内项目的各类基本财务报表。

第二，进行财务分析。

通过基本财务报表，计算各项财务评价指标及财务比率，进行包括融资前和融资后的财务盈利能力分析、清偿能力分析、生存能力分析工作。值得注意的是，对财务评价获得的定量结果要进行定性分析。

第三，进行不确定性分析。

为了分析不确定因素对财务评价的影响，需对上述财务评价进行不确定性分析，以预测项目可能承担的风险和项目承受风险的能力，反映项目财务评价的可靠性。不确定性分析又包括盈亏平衡分析，敏感性分析和概率分析等。

第四，提出财务评价总体结论。

由于财务评价的不确定性分析将安排在第八章，其他财务评价的准备工作已在前几章分别做了详细介绍，为此，本章将着重介绍财务评价辅助与基本报表的编制以及财务分析的内容。

四、财务评价中的费用与效益识别

财务效益与费用的识别是项目财务评价的前提。

识别费用、收益的基本准则是针对目标进行的，凡性质上属于削弱目标的就是“费用”，对目标有贡献的就是“收益”，同时，目标又是和评价角度相联系的，对于财务评价而言，项目的主要目标就是赢得利润。

正确识别财务效益与费用还要考虑具体情况和财务评价所处的角度。如对于所得税而言，企业所交的所得税看起来应当作费用，但：(1) 如果允许税前还贷，在还清贷款前本应交的所得税，就不是项目费用，而是相当于收益了，还清贷款后上缴的所得税则又恢复其费用的性质；(2) 如果必须交所得税，剩余利润才能用于还贷，那么所得税就是项目的费用；(3) 如果分析项目自有资金的盈利能力时，那么不管税前还是税后还贷，所得税都是费用。

再如，对于折旧与摊销来说，一般认为折旧与摊销是成本的组成部分。但是，(1) 在项目盈利能力、清偿能力分析时，折旧和摊销却是收益的一部分，因为企业在经营过程中消耗的是固定资产、无形资产、递延资产，而不是折旧和摊销费，而固定资产、无形资产、递延资产的投资已在建设期中以投资的形式计算过了，折旧与摊销费提取后，企业可自由支配，可用于还贷，也可用于其他目的，显然它们的性质是收益而不是费用；(2) 但当企业用折旧和摊销费进行再投资或设备更新时，那么再投资和更新投资，则是项目的费用。

五、财务评价时对参数的使用

财务评价时会用到各种参数，包括项目盈利能力参数和项目偿债能力的参数。判断项目盈利能力的参数主要包括财务内部收益率、总投资收益率、项目资本金净利润率等指标的基准值或参考值。判断项目偿债能力的参数主要包括利息备付率、偿债备付率、资产负债率、流动比率、速动比率等指标的基准值或参考值。

国家行政主管部门统一测定并发布的行业财务基准收益率，在政府投资项目以及按要求进行经济评价的建设项目中必须采用；在非政府投资的各类建设项目经济评价中可参考选用。

财务基准收益率是建设项目财务评价中对可货币化的项目费用与效益采用折现方法计算财务净现值的基准折现率，是衡量项目财务内部收益率的基准值，是项目财务可行性和方案比选的主要判据。它反映了投资者对相应项目占用资金的时间价值判断，应是投资者在相应项目上的最低可接受财务收益率。

它的测定可采用资本资产定价模型法、加权平均资金成本法、典型项目模拟法、德尔菲专家调查法等，也可同时采用多种方法进行测算，将不同方法测算的结果互相验证，经协调后确定。

《建设项目经济评价方法与参数》（第三版）中公布的部分建设项目行业财务基准收益率取值见附录所示。

总投资收益率、项目资本金净利润率参数是项目的最低接受值；资产负债率、流动比率、速动比率等参数测定的是合理区间；而利息备付率、偿债备付率等参数测定的是最低接受值。例如，《建设项目经济评价方法与参数》（第三版）参考国际经验、国内行业的具体情况和企业的历史数据统计分析，一般情况下，利息备付率不宜低于2，偿债备付率不宜低于1.3。部分行业如果统计分析表明其相应参数普遍大大高于或低于公布的取值，应首先分析原因，在适当情况下，可根据统计数据提出修正，提高或降低取值。

第二节　财务评价分析

一、盈利能力分析

财务盈利能力分析主要计算一些反映盈利能力的财务指标，这些指标包括项目投资财务内部收益率和财务净现值、项目资本金财务内部收益率、项目动态回收期、总投资收益率、项目资本金净利润率等，可根据项目特点及财务分析目的、要求等选用。

（一）财务内部收益率（FIRR）

财务内部收益率是指项目在整个计算期内各年净现金流量现值累计等于零时的折算率，它反映项目占用资金的收益率水平，是考察项目盈利能力的主要动态评价指标。

财务内部收益率可根据财务现金流量表中净现金流量用试差法计算求得，也可以通过Excel提供的IRR函数求得。具体的计算公式为：

$$\sum_{t=1}^{n}(CI-CO)_t(1+FIRR)^{-t}=0$$

项目投资财务内部收益率、项目资本金财务内部收益率和投资各方财务内部收益率都依据上式进行计算，但所使用的现金流入和流出不同。

在财务评价中，将财务内部收益率（FIRR）与行业的基准收益率或设定的折现率（i_c）比较，当FIRR $> i_c$ 时，即认为项目盈利能力已满足最低要求，在财务上是可以考虑接受的。项目投资财务内部收益率、项目资本金财务内部收益率和投资各方财务内部收益率可有不同的判别基准值，可参看附录。

（二）项目动态回收期（P_t）

动态回收期是指在考虑资金时间价值的情况下，以项目各期净现金流量抵偿全部投资

(固定资产投资、建设期利息和流动资金等) 所需要的时间，它是考察项目在财务上投资回收能力的主要评价指标，一般以年为单位，从项目建设开始年算起。

项目动态回收期可采用下式计算：

$$\sum_{t=0}^{P_t}(CI-CO)_t(1+i_0)^{-t}=0$$

项目投资回收期可根据财务现金流量表（全部投资）中累计净现金流量计算求得。当项目投资现金流量表中累计净现金流量现值由负值变为零的时点，即为项目的动态投资回收期，详细计算公式为：

$$P_t=T-1+\frac{\text{第 }T-1\text{ 年的累计净现金流量现值的绝对值}}{\text{第 }T\text{ 年的净现金流量现值}}$$

式中，T 为项目累计净现金流量现值首次出现正值或零的年份对应的时值。

在财务评价中，通过动态投资回收期（P_t）与行业基准动态投资回收期（P_c）比较，当 $P_t<P_c$ 时，表明项目投资能在期望的时期内收回。投资回收期短，表明项目投资回收快，盈利能力和抗风险能力强。

(三) 项目财务净现值（FNPV）

财务净现值是指按基准收益率或设定的折现率，将项目计算期内各年净现金流量折现到建设期初的现值之和。

财务净现值可根据财务现金流量表计算求得。计算公式为：

$$FNPV=\sum_{t=1}^{n}(CI-CO)_t(1+i_c)^{-t}$$

可根据需要，选择计算所得税前净现值或所得税后净现值。

如果按照设定的折现率计算的财务净现值大于零时，就可认为项目在财务上是可行的。

(四) 总投资收益率 (ROI)

总投资收益率表示项目总投资的盈利水平，是指项目达到设计能力后正常年份的年息税前利润或运营期内年平均息税前利润（EBIT）与项目总投资（TI）的比率。它是考察项目单位投资盈利能力的静态指标。对生产期内各年利润总额变化幅度较大的项目，应计算生产期内各年平均利润总额与项目总投资的比率。

总投资收益率的计算公式如下：

$$ROI=\frac{EBIT}{TI}\times 100\%$$

式中，EBIT 表示项目正常年份年息税前利润或运营期内年平均息税前利润。

在财务评价中，将项目总投资收益率与行业的参考值进行对比，可判别项目单位投资盈利能力是否达到行业的平均水平，当总投资收益率高于同行业的收益率参考值，表明用总投资收益率表示的盈利能力满足要求。

（五）项目资本金利润率（ROE）

项目资本金净利润率表示项目资本金的盈利水平，是指项目达到设计生产能力后正常生产年份的年净利润总额或运营期内的年平均净利润（NP）与项目资本金（EC）的比率，它反映投入项目资本金的盈利能力。

项目资本金净利润率的计算公式为：

$$\mathrm{ROE} = \frac{\mathrm{NP}}{\mathrm{EC}} \times 100\%$$

项目资本金净利润率高于同行业的净利润率参考值，表明用项目资本金净利润率表示的盈利能力满足要求。

二、偿债能力分析

对使用债务资金的项目，应进行偿债能力分析。项目偿债能力分析主要通过计算反映偿债能力的一些指标来考察项目在计算期内各期的财务状况及偿债能力。

偿债能力指标包括利息备付率、偿债备付率、资产负债率、流动比率、速动比率等指标。

（一）利息备付率（ICR）

利息备付率是指在借款偿还期内的息税前利润（EBIT）与应付利息（PI）的比值，它从付息资金来源的充裕性角度反映项目偿付债务利息的保障程度和支付能力。

其计算公式如下：

$$\mathrm{ICR} = \frac{\mathrm{EBIT}}{\mathrm{PI}}$$

利息备付率是分年指标，利息备付率高，表明利息偿付的保障程度高。

显然，利息备付率应当大于1，并结合债权人的要求确定。

（二）偿债备付率（DSCR）

偿债备付率是指在借款偿还期内，用于还本付息的资金（$\mathrm{EBITDA} - T_{\mathrm{AX}}$）与应还本付息金额（PD）的比值，它表示可用于还本付息的资金对借款本息的保障程度。

其计算公式为：

$$\mathrm{DSCR} = \frac{\mathrm{EBITDA} - T_{\mathrm{AX}}}{\mathrm{PD}}$$

式中 EBITDA——息税前利润加折旧和摊销；

T_{AX}——企业所得税；

PD——当期应还本付息的金额，包括当期还本金额和计入总成本费用的全部利息，融资租赁费用可视同借款偿还，运营期内的短期借款本息也应纳入计算。

如果项目在运营期内有维持运营的投资，那么可用于还本付息的资金应扣除这部分投资。

偿债备付率也是分年指标，偿债备付率高，表明可用于还本付息的资金保障程度高。显然，偿债备付率应大于1，并结合债权人的要求确定。

（三）资产负债率（LOAR）

资产负债率是综合反映项目各年所面临的财务风险程度及偿债能力的指标，它是各期末负债总额（TL）与资产总额（TA）的比率。

其计算公式如下：

$$\mathrm{LOAR} = \frac{\mathrm{TL}}{\mathrm{TA}} \times 100\%$$

适度的资产负债率，表明项目经营安全、稳健并具有较强筹资能力。资产负债率的合理范围应结合国家宏观经济和行业发展状况、企业所处竞争环境等因素综合判定。

在工程经济评价中，长期债务还清后，可不再计算资产负债率。

（四）流动比率

流动比率是流动资产与流动负债之比，反映项目流动资产偿还流动负债的能力。

其计算公式如下：

$$流动比率 = \frac{流动资产}{流动负债} \times 100\%$$

流动比率越高，说明项目偿还流动负债的能力越强。显然，流动比率要大于1，但过高也不好，说明滞留在流动资产上的资金太多，反而会影响项目的收益水平。

（五）速动比率

速动比率是速动资产与流动负债之比，反映项目在短时间内（一年内）偿还流动负债的能力。

其计算公式为：

$$速动比率 = \frac{速动资产}{流动负债} \times 100\% = \frac{流动资产 - 存货}{流动负债} \times 100\%$$

一般认为，速动比率为1时比较合理。

三、生存能力分析

在项目运营期间，从各项经济活动中获得足够净现金流量是项目能够持续生存的条件。因此，财务生存能力分析主要判断项目在经营期内各期是否有能力维持简单再生产，即在正常生产经营情况下，各期期末的净现金流量累计值是否为正数。在现金流量表的基础上，综合考察项目在计算期（主要是生产期）内各年的净现金流量和累计净现金流量，分析项目是否有足够的净现金流量维持下期的正常运营以实现项目经营的财务可持续性。为此，财务生存能力分析亦可称为资金平衡分析。

财务可持续性应首先体现为有足够的经营活动净现金流量，其次是各年累计盈余资金不应出现负值。如果出现负值应进行短期借款，此时要依据短期借款的期限和数额，进一步判断项目的财务生存能力和短期借款的可靠性。短期借款应体现在财务计划现金流量表中，其利息计入各期财务费用。

对于没有营业收入的项目，不进行盈利能力分析，主要考察项目的财务生存能力，此类项目通常需要政府长期补助才能维持运营，此时应合理估算项目运营期内各年所需的政府补贴数额，并分析政府补贴的可能性和支付能力。对有债务资金的项目还应结合借款偿还要求进行财务生存能力分析。

第三节　财务评价报表编制

与财务会计中的财务报表类似，工程经济评价工作中也编制财务评价报表，通过这些报表可以集中展示项目在计算期内各年的更多财务信息，同时还把表上各指标的关系直观反映出来，报表本身即是财务评价的成果，同时还为计算工程经济财务评价指标提供数据来源。

在财务评价工作之前，须对项目在计算期内各项费用与效益进行估算，包括进行费用与效益原始和明细的数据收集工作，形成财务评价辅助报表，估算技术和辅助报表的编制已在第二章中作了详细的介绍。同时，出于第二章内容的需要，也列出了部分财务评价基本报表。实际上，将财务评价报表分为辅助报表和基本报表是相对的。

下面仅指出财务评价基本报表类型、每种类型报表的主要使用目的和列出《建设项目评价方法与参数》（第三版）中财务评价基本报表式样，以规范财务评价工作实践。

财务评价基本报表包括各类财务主体现金流量表、利润与利润分配表、财务计划现金流量表、资产负债表和借款还本付息表等五类，有了这五类财务评价报表便能满足实际财务评价的需要。

一、各类财务主体现金流量表

现金流量表应正确反映项目在计算期内的现金流入和流出，同时还为了适应评价目标的需要，在项目财务费用与效益估算的基础上，具体形成三种不同财务主体现金流量报表。

（一）项目投资现金流量表

项目投资现金流量表，主要用于计算项目投资内部收益率、净现值、投资回收期等财务评价指标，具体式样如表7-1所示。

（二）项目资本现金流量表

项目资本现金流量表，主要用于计算项目资本金财务内部收益率等财务评价指标，具体式样如表7-2所示。

表 7-1　项目投资现金流量表　　（人民币单位：万元）

序号	项目	合计	计算期					
			1	2	3	4	…	n
1	现金流入							
1.1	营业收入							
1.2	补贴收入							
1.3	回收固定资产余值							
1.4	回收流动资金							
2	现金流出							
2.1	建设投资							
2.2	流动资金							
2.3	经营成本							
2.4	营业税金及附加							
2.5	维持运营投资							
3	所得税前净现金流量（序号 1 - 序号 2）							
4	累计所得税前净现金流量							
5	调整所得税							
6	所得税后净现金流量（序号 3 - 序号 5）							
7	累计所得税后净现金流量							

计算指标：

1. 项目投资财务内部收益率（所得税前）（%）
2. 项目投资财务内部收益率（所得税后）（%）
3. 项目投资财务净现值（所得税前）（i_c =　　%）
4. 项目投资财务净现值（所得税后）（i_c =　　%）
5. 项目投资回收期（所得税前）（年）
6. 项目投资回收期（所得税后）（年）

表 7-2　项目资本金现金流量表　　（人民币单位：万元）

序号	项目	合计	计算期					
			1	2	3	4	…	n
1	现金流入							
1.1	营业收入							
1.2	补贴收入							
1.3	回收固定资产余值							
1.4	回收流动资金							
2	现金流出							
2.1	项目资本金							
2.2	借款本金偿还							

续表 7-2

序 号	项　目	合计	计　算　期					
			1	2	3	4	…	n
2.3	借款利息支付							
2.4	经营成本							
2.5	营业税金及附加							
2.6	所得税							
2.7	维持运营投资							
3	净现金流量（序号1－序号2）							

计算指标：

资本金财务内部收益率（%）

注：1. 项目资本金包括用于建设投资、建设期利息和流动资金的资金；

2. 对外商投资项目，现金流出中应增加职工奖励及福利基金科目；

3. 本表适用于新设法人项目与既有法人项目“有项目”的现金流量分析。

（三）投资各方现金流量表

投资各方现金流量表主要用于计算投资各方内部收益率指标，具体式样如表 7-3 所示。

表 7-3　投资各方现金流量表　（人民币单位：万元）

序 号	项　目	合计	计　算　期					
			1	2	3	4	…	n
1	现金流入							
1.1	实分利润							
1.2	资产处置收益分配							
1.3	租赁费收入							
1.4	技术转让或使用收入							
1.5	其他现金收入							
2	现金流出							
2.1	实缴资本							
2.2	租赁资产支出							
2.3	其他现金支出							
3	净现金流量（序号1－序号2）							

计算指标：

投资各方财务内部收益率（%）

注：1. 本表可按不同投资方分别编制；

2. 现金流入是指出资方因该项目实施将实际获得的各种收入；现金流出是指出资方因该项目的实施将实际投入的各种支出。表中科目应根据项目具体情况调整。实分利润是指投资者由项目获取的利润；资产处置收益分配指对有明确的合营期限或合资期限的项目在期满时对资产余值按股比或约定比例的分配；

3. 租赁费收入是指出资方将自己的资产租赁给项目使用所获得的收入，此时应将资产价值作为现金流出，列为租赁资产支出科目；

4. 技术转让或使用收入是指出资方将专利或专有技术转让或允许该项目使用所获得的收入。

二、利润与利润分配表

利润与利润分配表主要反映项目在计算期内各年的营业收入、总成本费用、利润总额、所得税后利润的分配等情况，用于计算总投资收益率、项目资本金净利润率等指标。具体式样如第二章表2-14 所示。

三、财务计划现金流量表

财务计划现金流量表主要反映项目在计算期内各年的投资、融资及经营活动的现金流入和流出，用于计算累计资金、盈余资金，分析项目的财务生存能力。具体式样如表 7-4 所示。

表 7-4　财务计划现金流量表　　（人民币单位：万元）

序号	项目	合计	计算期					
			1	2	3	4	…	*n*
1	经营活动净现金流量（序号 1.1 – 序号 1.2）							
1.1	现金流入							
1.1.1	营业收入							
1.1.2	增值税销项税额							
1.1.3	补贴收入							
1.1.4	其他流入							
1.2	现金流出							
1.2.1	经营成本							
1.2.2	增值税进项税额							
1.2.3	营业税金及附加							
1.2.4	增值税							
1.2.5	所得税							
1.2.6	其他流出							
2	投资活动净现金流量（序号 2.1 – 序号 2.2）							
2.1	现金流入							
2.2	现金流出							
2.2.1	建设投资							
2.2.2	维持运营投资							
2.2.3	流动资金							
2.2.4	其他流出							
3	筹资活动净现金流量（序号 3.1 – 序号 3.2）							
3.1	现金流入							
3.1.1	项目资本金投入							
3.1.2	建设投资借款							

续表 7-4

序 号	项　目	合计	计　算　期					
			1	2	3	4	…	*n*
3.1.3	流动资金借款							
3.1.4	债券							
3.1.5	短期借款							
3.1.6	其他流入							
3.2	现金流出							
3.2.1	各种利息支出							
3.2.2	偿还债务本金							
3.2.3	应付利润（股利分配）							
3.2.4	其他流出							
4	净现金流量（序号1+序号2+序号3）							
5	累计盈余资金							

注：1. 对于新设法人项目，本表投资活动的现金流入为零；对于既有法人项目，可适当增加科目；
2. 对于外商投资项目应将职工奖励与福利基金作为经营活动现金流出。

四、资产负债表

资产负债表用于综合反映项目在计算期内各年年末资产、负债和所有者权益的增减变化及对应关系，主要用于计算资产负债率。具体式样如表7-5所示。

表7-5　资产负债表　（人民币单位：万元）

序 号	项　目	合计	计　算　期					
			1	2	3	4	…	*n*
1	资产							
1.1	流动资产总额							
1.1.1	货币资金							
1.1.2	应收账款							
1.1.3	预付账款							
1.1.4	存货							
1.1.5	其他							
1.2	在建工程							
1.3	固定资产净值							
1.4	无形及其他资产净值							
2	负债及所有者权益（序号2.4+序号2.5）							
2.1	流动负债总额							
2.1.1	短期借款							

续表 7-5

序号	项目	合计	计算期					
			1	2	3	4	…	*n*
2.1.2	应付账款							
2.1.3	预收账款							
2.1.4	其他							
2.2	建设投资借款							
2.3	流动资金借款							
2.4	负债小计(序号2.1+序号2.2+序号2.3)							
2.5	所有者权益							
2.5.1	资本金							
2.5.2	资本公积							
2.5.3	累计盈余公积金							
2.5.4	累计未分配利润							
指标	资产负债率（%）							

注：1. 对外商投资项目，第2.5.3项改为累计储备基金和企业发展基金；

2. 对于既有法人项目，一般只针对法人编制，可按需要增加科目，此时表中资本金是指企业全部实收资本，包括原有和新增的实收资本。

五、借款还本付息计划表

借款还本付息计划表反映项目计算期内各年借款本金偿还和利息支付情况，主要用于计算偿债备付率和利息备付率等财务评价指标。具体式样如表7-6所示。

表7-6　借款还本付息计划表　　　　（人民币单位：万元）

序号	项目	合计	计算期					
			1	2	3	4	…	*n*
1	借款1							
1.1	期初借款余额							
1.2	当期还本付息							
1.2.1	其中：还本							
1.2.2	付息							
1.3	期末借款余额							
2	借款2							
2.1	期初借款余额							
2.2	当期还本付息							
2.2.1	其中：还本							
2.2.2	付息							

续表 7-6

序 号	项　目	合计	计　算　期					
			1	2	3	4	…	*n*
2.3	期末借款余额							
3	债券							
3.1	期初债务余额							
3.2	当期还本付息							
3.2.1	其中：还本							
3.2.2	付息							
3.3	期末债务余额							
4	借款和债券合计							
4.1	期初余额							
4.2	当期还本付息							
4.2.1	其中：还本							
4.2.2	付息							
4.3	期末余额							
计算指标	利息备付率（%）							
	偿债备付率（%）							

注：1. 本表可与建设期利息估算表合并；
　　2. 本表可另加流动资金借款的还本付息计算。

完成财务评价基本报表编制与评价指标的计算后，还应结合不确定性分析的结果及定性分析，才能形成财务评价的结论。

第四节　某拟建制造项目财务评价案例

下面通过案例展示财务评价报表编制、评价指标计算及 Excel 电子表格在财务评价中应用的完整过程。

一、概述

某公司拟建一个制造项目，生产市场前景看好的某化工产品，设计生产规模为每年 2.2 万吨。厂址位于城市近郊，靠近铁路、公路，交通运输方便，原材料及水电等供应可靠。项目的主要设施包括主生产车间、辅助生产设施、生活福利设施等。

该项目占用一般农田 250 亩，拟 3 年建成，第四年投产，当年生产负荷达到设计生产能力的 70%，第 5 年达到 90%，第 6 年达到 100%，生产期 15 年，计算期为 18 年。

二、项目评价估算基础数据

（一）固定资产投资

该项目固定资产投资采用指标概算法估算。其中，工程费用 34452 万元；其他费用含三项：土地费用 600 万元、无形资产为 1600 万元、递延资产为 832 万元；预备费用为 5040 万元。

项目建设期为 3 年，各年的固定资产投资比例分别为 20%、50%、30%。

预计净残值比率为 5%。固定资产按 15 年平均折旧、无形资产按 10 年平均摊销；递延资产按 5 年平均摊销。

建设期 3 年分别从银行借入长期贷款 5800 万元、15400 万元、7100 万元。长期贷款年利率为 8%。

借款期不支付利息，其利息累计到生产期初转为借款本金逐年偿还。建设期当年按半年计算借款利息，其后年份按全年计算利息。

（二）流动资金

项目自有资金为 16354 万元，其中建设期 3 年投入的自有资金分别为：2704.8 万元、5862 万元、5657.2 万元，第 4 年投入的 2130 万元用于流动资金。

第 4 到第 6 年从银行借入流动资金分别为 2860 万元、1380 万元、710 万元。流动资金贷款利率为 5%。

该项目存货、应收账款、应付账款按年周转 12 次考虑，现金按年周转 24 次考虑。根据行业特点，确定正常年份流动资金占用为应收账款 1700 万元、存货 6800 万元、现金 50 万元。应付账款为 1470 元。

（三）资金偿还

偿还借款本金的资金，来源于折旧费、摊销费和未分配利润。

流动资金借款本金在计算期末用回收的流动资金偿还，其利息计入财务费用。

借款偿还期期限为 10 年。

（四）销售收入和销售税金及附加

预计该化工产品每吨 15000 元，年销售税金及附加按国家规定计算，产品缴纳的增值税率为 17%，城市维护建设税按增值税额的 7% 计取，教育附加按增值税的 3% 计取，由此计算得到的第 4 年、第 5 年、第 6 年至第 18 年的增值税分别为 1790 万元、2300 万元、2560 万元。

（五）总成本费用

（1）原材料。根据单位产品消耗定额和原材料估算，正常年份的原材料费总额为 14000 万元。

（2）燃料及动力费。根据单位产品消耗定额和当地燃料和动力单价，估计正常年份的燃料及动力费总额为 2000 万元。

（3）工资及福利费。每年工资及福利费总额估算为 300 万元。

（4）修理费。折旧费的 50%。

（5）其他费用。按工资及福利费的 200% 计取，另外还要加上每年 60 万元的土地使用费。

（六）利润分配

所得税率为 33%；从还本资金有余额的年份开始，每年按可供分配利润的 10% 提取盈余公积金，本项目不提取公益金，按 30% 向投资者分配利润。

（七）基准收益率

行业基准收益率标准为 10%。

三、对项目进行财务评价工作

（一）编制财务评价报表

（1）建设期利息计算表；（2）项目建设投资估算表；（3）流动资金估算表；（4）投资计划与资金筹措表；（5）销售收入和税金及附加估算表；（6）固定资产折旧估算及无形资产和递延资产摊销估算表；（7）总成本费用估算表；（8）借款还本付息表；（9）损益表；（10）全部投资的现金流量表；（11）自有资金的现金流量表；（12）资金来源与运用表；（13）资产负债表。

（二）计算财务评价指标

资产负债率、流动比率、速动比率、全部投资税前利润率、全部投资税后利润率、资本金税前利润率、资本金税后利润率、全部投资净现值、资本金财务净现值、全部投资内部收益率、资本金内部收益率、静态投资回收期、动态投资回收期、借款偿还期等财务评价指标。

四、财务评价的报表编制、指标计算和初步分析

虽然财务评价特别是现金流量表的编制涉及大量的计算工作，但现金流量表上各年指标之间的关系基本是一致的。因此，如果熟悉了各财务报表上指标之间的关系，又能熟练使用 Excel 提供的 FV、PV、PMT、IRR、NPV、NPER 等函数和拖曳拷贝功能，便可很快完成财务评价报表的编制和评价指标的计算工作。

下面，我们展示使用 Excel 电子表格完成本案例财务评价工作的完整过程。各表中，为显示更多数据，将数值型数据设为整数。

（一）建设期利息计算表的编制

启动 Excel 软件，按图 7-1 式样建立建设期利息计算表的序号、指标和计算期；由于建设期 3 年分别从银行借入长期贷款 5800 万元、15400 万元、7100 万元，长期贷款年利率为 8%。借款期不支付利息，其利息累计到生产期初转为借款本金逐年偿还。建设期当年贷款按半年计算借款利息，其后年份按全年计算利息。所以，在表 7-7 中，对单元格 C8、D8、E8 分别赋值 5800、15400、7100，表示第 1 年、第 2 年、第 3 年的本年借款；在 C5、C6、C7、C10 中分别赋值 0，C9 中输入“＝C8 ∗ 0.08/2”回车，则“本年利息额”

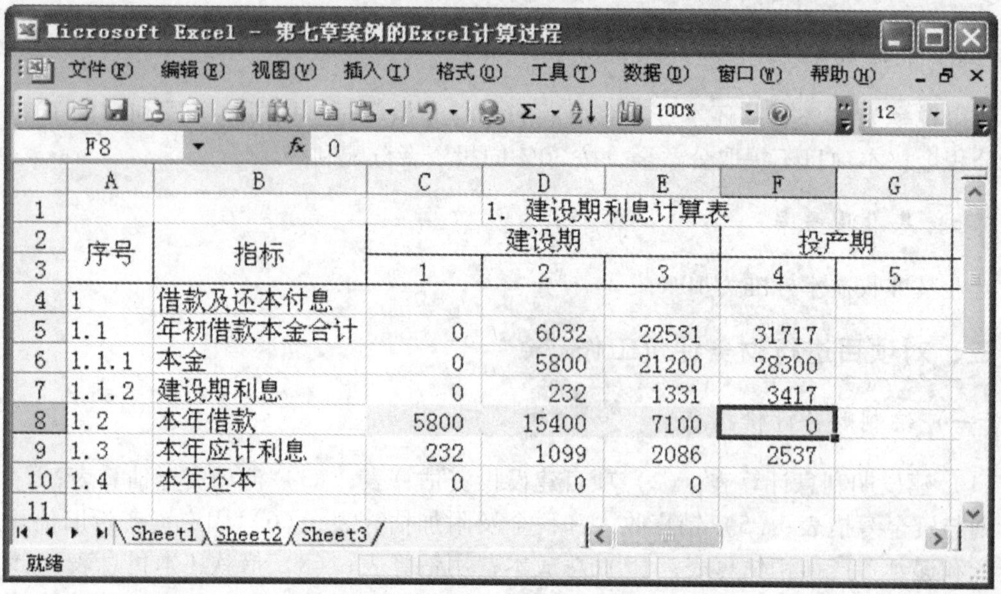

1. 建设期利息计算表

序号	指标	建设期			投产期	
		1	2	3	4	5
1	借款及还本付息					
1.1	年初借款本金合计	0	6032	22531	31717	
1.1.1	本金	0	5800	21200	28300	
1.1.2	建设期利息	0	232	1331	3417	
1.2	本年借款	5800	15400	7100	0	
1.3	本年应计利息	232	1099	2086	2537	
1.4	本年还本	0	0	0		

图 7-1　建设期利息计算表的编制

为 232 万元；由于建设期不支付利息，所以第 1 年的本金 5800 万元和第 1 年的 232 万元利息要结转到第 2 年，作为第 2 年的年初借款本金，当期还本数为 0；所以，在单元格 D6 中输入“=C6+C8”，D7 中输入“=C7+C9”，D5 中输入“=D7+D6”，D9 中输入“=(D6+D7+D8/2)*0.08”回车；这样，我们已经建立了建设期年本金、年建设期利息、当年贷款、当年应付利息以及下期期初借款本金合计之间的关系，在输入各年贷款金额后，拖曳上两期数据便可逐项获得下年的数据。获得至第 4 年年初，项目建设期利息为 3417 万元，借款本金合计 28300 万元，将建设期利息算为本金后，实际长期贷款的本金总额达到 31717 万元。结果见图 7-1。本表如果列出运营期各年的还本数据，则可通过拖曳扩展成“借款还本付息表”。

（二）项目建设投资估算表的编制

按图 7-2 式样建立项目建设投资估算表的序号、指标和估算值框架；根据固定资产投资的估算数据：工程费用 34452 万元，其他费用（含土地费用 600 万元、无形资产为 1600 万元、递延资产为 832 万元），预备费用为 5040 万元。在单元格 D16 中输入“=34452”，D18 中输入“=600”，D19 中输入“=1600”，D20 中输入“=832”，D21 中输入“=5040”，完成对单元格的赋值。根据固定资产投资和建设投资（不含流动资金投资）的构成，在单元格 D17 中输入“=D18+D19+D20”，D15 中输入“=D16+D17+D21”，D22 中输入“=F7”（调用建设期利息计算表中的数据），D23 中输入“=D15+D22”。这样，形成的项目建设投资估算表（不含流动资金）如图 7-2 所示。项目建设期形成的建设投资为 45941 万元，其中固定资产投资 42524 万元，建设期利息 3417 万元。

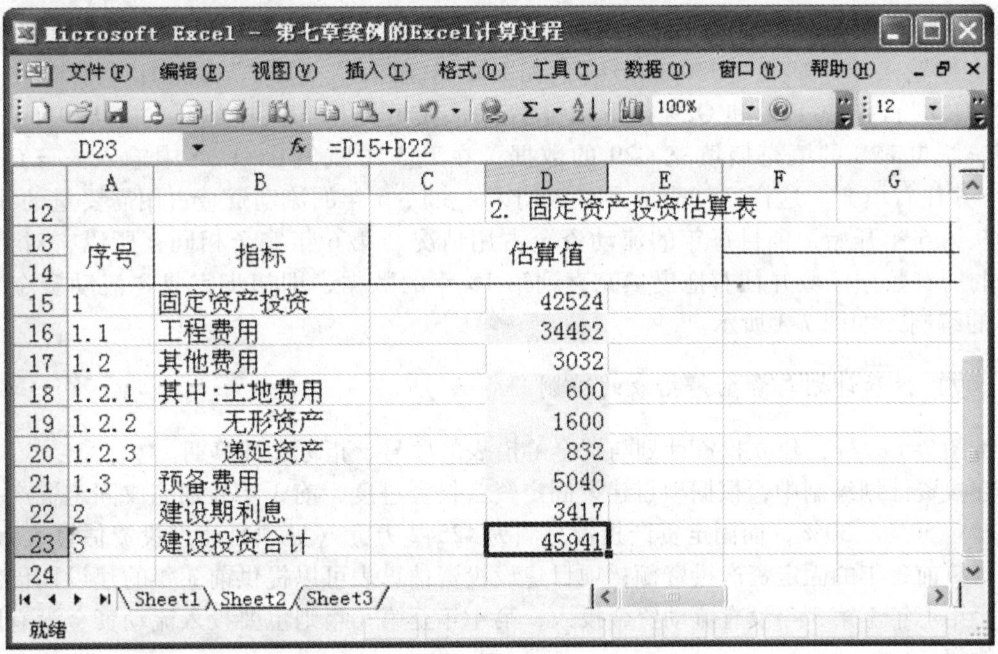

2. 固定资产投资估算表

序号	指标	估算值
1	固定资产投资	42524
1.1	工程费用	34452
1.2	其他费用	3032
1.2.1	其中:土地费用	600
1.2.2	无形资产	1600
1.2.3	递延资产	832
1.3	预备费用	5040
2	建设期利息	3417
3	建设投资合计	45941

图 7-2　项目建设投资估算表的编制

（三）流动资金估算表的编制

按图 7-3 式样，建立流动资金估算表的序号、指标和计算期；根据估算，正常年份流动资金占用情况为：应收账款 1700 万元、存货 6800 万元、现金 50 万元。应付账款为 1470 万元，由此，计算期第 4 年各项流动资金占用量是正常年份的 0.7 倍，第 5 年各项流动资金占用量是正常年份的 0.9 倍，第 6 年各项流动资金占用量是正常年份的 1 倍。为此，在表 7-3 中，在 F36、G36、H36 中分别赋值 0.7、0.9、1 作为倍数；在 H29、

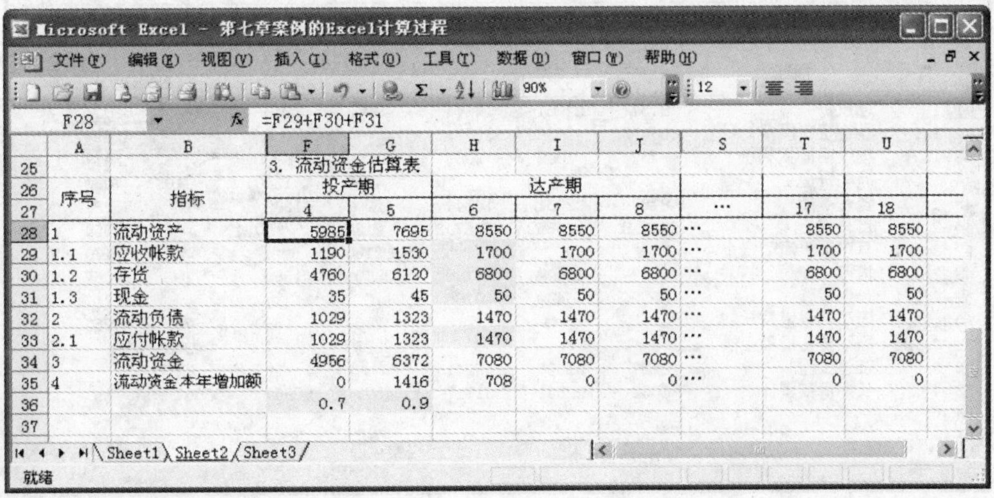

3. 流动资金估算表

序号	指标	投产期		达产期					
		4	5	6	7	8	…	17	18
1	流动资产	5985	7695	8550	8550	8550	…	8550	8550
1.1	应收帐款	1190	1530	1700	1700	1700	…	1700	1700
1.2	存货	4760	6120	6800	6800	6800	…	6800	6800
1.3	现金	35	45	50	50	50	…	50	50
2	流动负债	1029	1323	1470	1470	1470	…	1470	1470
2.1	应付帐款	1029	1323	1470	1470	1470	…	1470	1470
3	流动资金	4956	6372	7080	7080	7080	…	7080	7080
4	流动资金本年增加额	0	1416	708	0	0	…	0	0
		0.7	0.9						

图 7-3　流动资金估算表的编制

H30、H31 和 H33 中分别赋值 1700、6800、50、1470 作为计算期第 6 年的流动资金占用基础数据；在 F29 中输入“ = H29 * F36”，在 G29 中输入“ = H29 * G36”，在 H28 中输入“ = H29 + H30 + H31”，在 H32 中输入“ = H33”，在 H34 中输入“ = H28 - H32”；拖曳 F29 和 G29 往下填充数据，在单元格 F28 中输入“ = F29 + F30 + F31”，拖曳 F28 的填充柄填充 G29 的数据；在 F35 中赋值 0，G35 中输入“ = G34 - F34”并往右填充。这样，就完成了计数期第 4、5、6 年的流动资金占用需要量的编制。由于从第 6 年开始，项目每年的流动资金占用情况与第 6 年完全相同，所以，对 H28：H35 的所有数据区域并往右拖曳填充直到第 18 年的数据，即初步完成“流动资金估算表”的编制，如图 7-3 所示。

（四）投资计划与资金筹措表的编制

按图 7-4 式样，建立投资计划与资金筹措表的序号、指标和计算期。

在投资计划编制中，根据项目建设固定资产投资进度，前 3 年分别完成固定资产投资的 20%、50%、30%，而固定资产投资总额为 42542 万元（见项目建设投资估算表），由此可计算前 3 年的固定资产投资额；项目建设投资估算表可以提供前 3 年的建设期借款利息额；第 1 年至第 3 年没有流动资金投入，第 4 年至第 6 年则主要投入流动资金没有固定资产投资。

在资金筹措计划编制中，前 3 年，用自有资金分别投入 2704.8 万元、5862 万元、5657.2 万元，用于固定资产投资；对于连续发生的第 1 年至第 3 年长期贷款，由于建设期不支付利息，所以每年的利息加总到借款中，形成图 7-4 中的“长期借款”，其数据可来自建设投资估算表；第 4 年用自有资金投入了 2130 万元流动资金，第 4、5、6 年从银行借入流动资金贷款分别为 2860 万元、1380 万元、710 万元，流

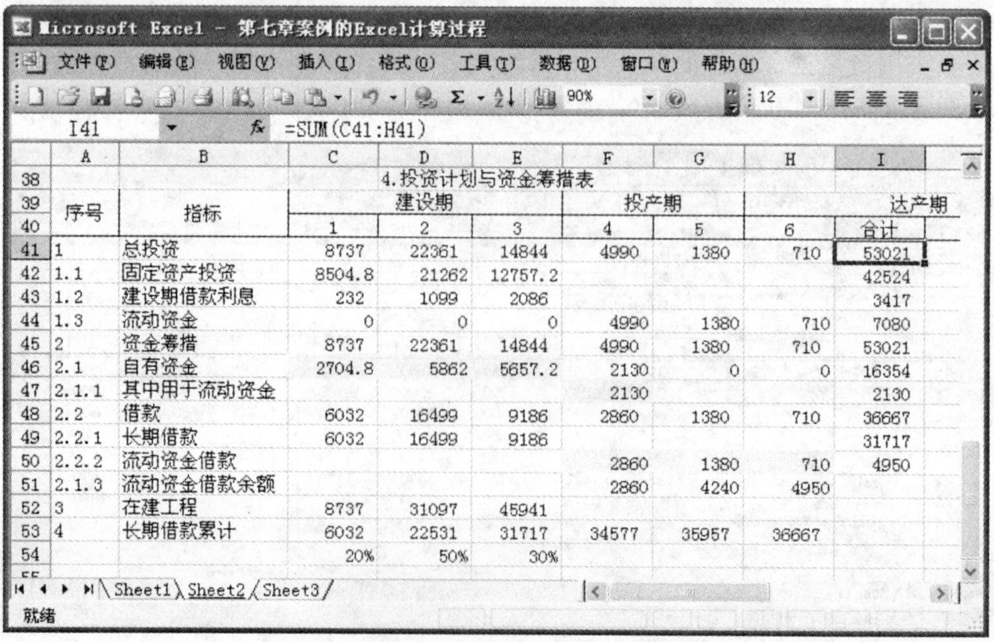

4.投资计划与资金筹措表

序号	指标	建设期 1	建设期 2	建设期 3	投产期 4	投产期 5	达产期 6	合计
1	总投资	8737	22361	14844	4990	1380	710	53021
1.1	固定资产投资	8504.8	21262	12757.2				42524
1.2	建设期借款利息	232	1099	2086				3417
1.3	流动资金	0	0	0	4990	1380	710	7080
2	资金筹措	8737	22361	14844	4990	1380	710	53021
2.1	自有资金	2704.8	5862	5657.2	2130	0	0	16354
2.1.1	其中用于流动资金				2130			2130
2.2	借款	6032	16499	9186	2860	1380	710	36667
2.2.1	长期借款	6032	16499	9186				31717
2.2.2	流动资金借款				2860	1380	710	4950
2.1.3	流动资金借款余额				2860	4240	4950	
3	在建工程	8737	31097	45941				
4	长期借款累计	6032	22531	31717	34577	35957	36667	
		20%	50%	30%				

图 7-4　投资计划与资金筹措表的编制

动资金贷款利率为 5%。

为此，对单元格 C46、D46、E46、F47、F50、G50、H50 分别赋值 2704.8、5862、5657.2、2130、2860、1380、710，在 C54、D54、E54 中分别赋值 20%、50% 和 30%；在 C49 中输入“= C8 + C9”回车，再拖曳填充 D49 和 E49；在 C42 中输入“= D15 * C54”，D42 中输入“= D15 * D54”，E42 中输入“= D15 * E54”；在 C43 中输入“= C9”并拖曳填充 D43 和 E43；在 C48 中输入“= C49 + C50”并拖曳填充至 H48；在 F46 中输入“= F47”，在 C45 中输入“= C46 + C48”并拖曳填充至 H45；在 C44 中输入“= C47 + C50”并拖曳填充至 H44；C41 中输入“= C42 + C43 + C44”并拖曳填充至 H41；F51 中输入“= F50”，G51 中输入“= F51 + G50”；C52 中输入“= C41”，D52 中输入“= C52 + D41”并拖曳至 E52；C53 中输入“= C48”，D53 中输入“= C53 + D48”并拖曳至 H53；在 I41 中输入“= SUM(C41:H41)”并拖曳填充至 I50。这样，得到的投资计划与资金筹措表如图 7-4 所示。

（五）销售收入和税金及附加估算表的编制

由于该项目在正常年份的设计生产规模为每年 2.2 万吨，预计该化工产品每吨 15000 元，第 4 年、第 5 年、第 6 年至第 18 年的增值税分别为 1790 万元、2300 万元、2560 万元，城市维护建设税按增值税额的 7% 计取，教育附加按增值税的 3% 计取。由此，按图 7-5 式样，建立“销售收入和税金及附加估算表”的序号、指标和计算期；在 F61、G61、H61 中赋值 1790、2300、2560；在 G64 和 H64 中赋值 2.2、15000，以便用于计算销售收入；在相应单元格输入公式：H59 = H64 * G64，G59 = H59 * 0.9，F59 = H59 * 0.7，F63 = F61 * 0.03，F62 = F61 * 0.07，F60 = F61 + F62 + F63；然后拖曳填充至第 6 年。由于第 6 年至第 18 年的各项指标一样，故只要拖曳第 6 年数据复制后面年份的数据即可。这样，得到的销售收入和税金及附加估算表如图 7-5 所示。

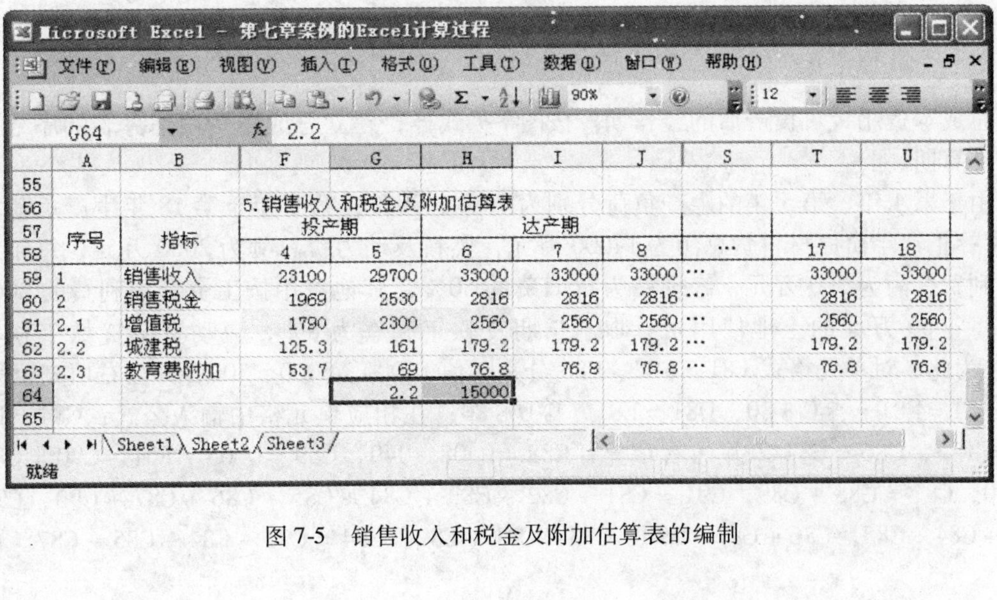

	A	B	F	G	H	I	J	S	T	U
55										
56			5.销售收入和税金及附加估算表							
57	序号	指标	投产期		达产期					
58			4	5	6	7	8	…	17	18
59	1	销售收入	23100	29700	33000	33000	33000	…	33000	33000
60	2	销售税金	1969	2530	2816	2816	2816	…	2816	2816
61	2.1	增值税	1790	2300	2560	2560	2560	…	2560	2560
62	2.2	城建税	125.3	161	179.2	179.2	179.2	…	179.2	179.2
63	2.3	教育费附加	53.7	69	76.8	76.8	76.8	…	76.8	76.8
64				2.2	15000					
65										

图 7-5　销售收入和税金及附加估算表的编制

（六）固定资产折旧及无形资产和递延资产摊销估算表的编制

由于项目的预计净残值比率为5%，固定资产按15年平均折旧、无形资产按10年平均摊销，递延资产按5年平均摊销。

所以，按图7-6式样，建立固定资产折旧及无形资产和递延资产摊销估算表的序号、指标和计算期；在D70、D71、D72中分别赋值15、10、5；将工程费用、土地费、预备费、建设期利息四部分形成的资产作为固定资产的原值，所以，在相应单元格式中输入公式：C70 = D16 + D18 + D21 + D22，C71 = D19，C72 = D20，C73 = C71 + C72 得到原值；输入 E70 = C70 * (1 - 5%)/15，E71 = C71/10，E72 = C72/5 得到年平均折旧或摊销额；将E70相同地赋值到F70至T70，将E71相同地赋值到F71至O71，将E72相同地赋值到F72至J72；在相应单元格输入公式：F73 = F71 + F72，F74 = C70 - (F69 - 3) * E70，F75 = C73 - F73，G75 = F75 - G73；然后拖曳填充，形成固定资产折旧及无形资产和递延资产摊销估算表，如图7-6所示。

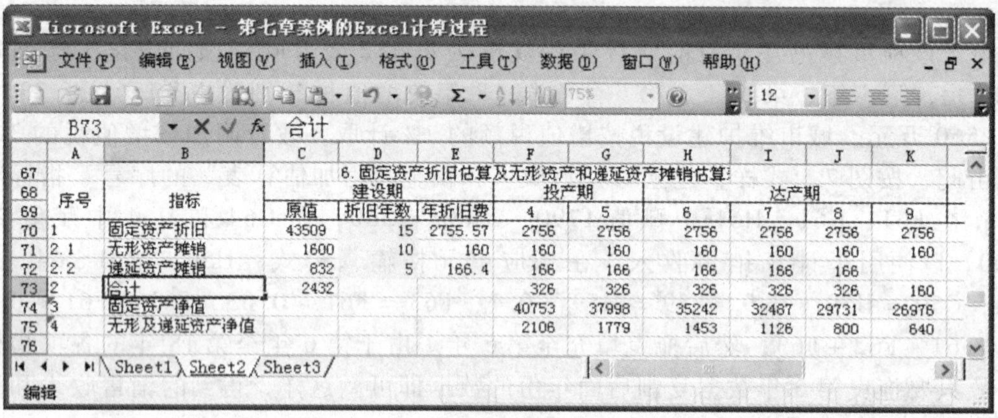

	A	B	C	D	E	F	G	H	I	J	K
67				6. 固定资产折旧估算及无形资产和递延资产摊销估算							
68	序号	指标	建设期			投产期		达产期			
69			原值	折旧年数	年折旧费	4	5	6	7	8	9
70	1	固定资产折旧	43509	15	2755.57	2756	2756	2756	2756	2756	2756
71	2.1	无形资产摊销	1600	10	160	160	160	160	160	160	160
72	2.2	递延资产摊销	832	5	166.4	166	166	166	166	166	
73	2	合计	2432			326	326	326	326	326	160
74	3	固定资产净值				40753	37998	35242	32487	29731	26976
75	4	无形及递延资产净值				2106	1779	1453	1126	800	640
76											

图7-6　固定资产折旧及无形资产和递延资产摊销估算表的编制

（七）总成本费用估算表的编制

总成本费用针对投产后的经营期。按图7-7式样，建立总成本费用估算表的序号、指标和计算期。

由于第4年、第5年的生产负荷分别为70%、90%；第6年至第18年生产负荷均为100%；正常年份原材料费总额为14000万元，燃料及动力费总额为2000万元，每年工资及福利费总额为300万元，修理费为折旧费的50%，其他费用按工资及福利费的200%，外加每年60万元的土地使用费计取。长期贷款年利率为8%，流动资金贷款年利率为5%。为此，对单元格式E81、E82、E83分别赋值14000、2000、300，并往右填充至第18年；C81 = E81 * C80，D81 = E81 * D80；在相应单元格中输入公式：C84 = E70，C85 = F73，C86 = C84/2 并往右填充；C88 = 0.08 * I49，C89 = 0.05 * F51，C90 = C83 * 2 + 60，C87 = C88 + C89，C91 = C81 + C82 + C83 + C84 + C85 + C86 + C87 + C90，C92 = C83 + C84 + C85 + C86 + C87 + C90，C93 = C81 + C82，C94 = C91 - C84 - C85 - C87。由此

	A	B	C	D	E	F	G	L	Q
77	7.总成本费用估算表								
78	序号	项目	投产期		达产期				
79			4	5	6	7	8	9 ~13	14~18
80	1.	生产负荷	70%	90%	100%	100%	100%	100%	100%
81	2.1	原材料费	9800	12600	14000	14000	14000	14000	14000
82	2.2	燃料及动力费	1400	1800	2000	2000	2000	2000	2000
83	2.3	工资及福利费	300	300	300	300	300	300	300
84	2.4	折旧费	2756	2756	2756	2756	2756	2756	2756
85	2.5	摊销费	326	326	326	326	326	160	0
86	2.6	修理费	1378	1378	1378	1378	1378	1378	1378
87	2.7	利息支出	2680.36	2404.667	1928.527	1315.575	669.7684	247.5	247.5
88	2.7.1	长期贷款利息	2537.36	2193	1681	1068	422	0	0
89	2.7.2	流动资金贷款利息	143	212	247.5	247.5	247.5	247.5	247.5
90	2.8	其他费用	660	660	660	660	660	660	660
91	2	总成本费用	19300	22224	23348	22735	22090	21501	21341
92	3.1	其中:固定成本	8100	7824	7348	6735	6090	5501	5341
93	3,2	变动成本	11200	14400	16000	16000	16000	16000	16000
94	4	经营成本	13538	16738	18338	18338	18338	18338	18338
95									
96									

图 7-7　总成本费用估算表的编制

获得第 4 年的总成本费用。将 C89 拖曳到 E89，并将 E89 等额复制到 T89，表示从第 7 年到第 18 年的流动资金利息相同。

在获得第 4 年总成本费用后，就可以通过损益表计算出第 4 年的税后利润，第 4 年的税后利润连同第 4 年的折旧费和摊销费共同作为第 4 年长期借款本金的还款额（在长期贷款本金未还完前，全部税后利润不作分配，全用于偿还长期借款本金），在支付了第 4 年实际长期借款还本额后，剩余长期借款本金数额便可计算出来并结转到第 5 年。可见，总成本费用表、损益表、借款还本付息表这三个表交替引用数据，逐年计算。在借款还本付息表获得第 5 年应付长期借款利息费 G123 后，再根据该表与损益表、借款还本付息表建立起来的关系，按计算顺序逐年逐项指标拖曳。由于到第 8 年年末，长期借款本金归还完毕，所以从第 9 年起，长期借款利息均为 0，即使 H88 = 0，并拖曳到 T88。便可完成总成本费用估算表，如图 7-7 所示。

（八）损益表

按图 7-8 的式样，建立损益表的序号、指标和计算期；在相应的单元格输入公式：C101 = F59，C102 = F60，C103 = C91，C104 = C101 - C102 - C103，C105 = C104 * 33%，C106 = C104 - C105，C107 = 0，C108 = 0，C109 = C106 - C107 - C108，C110 = C109；D110 = C110 + D109。由此获得了第 4 年的税后利润数据，作为借款还本付息表上的还款来源之一。在长期借款本金未还完前，使盈余公积金和应付利润均为 0。再根据上述所建立的总成本费用表、损益表和借款还本付息表之间的关系，按计算顺序逐年逐项指标拖

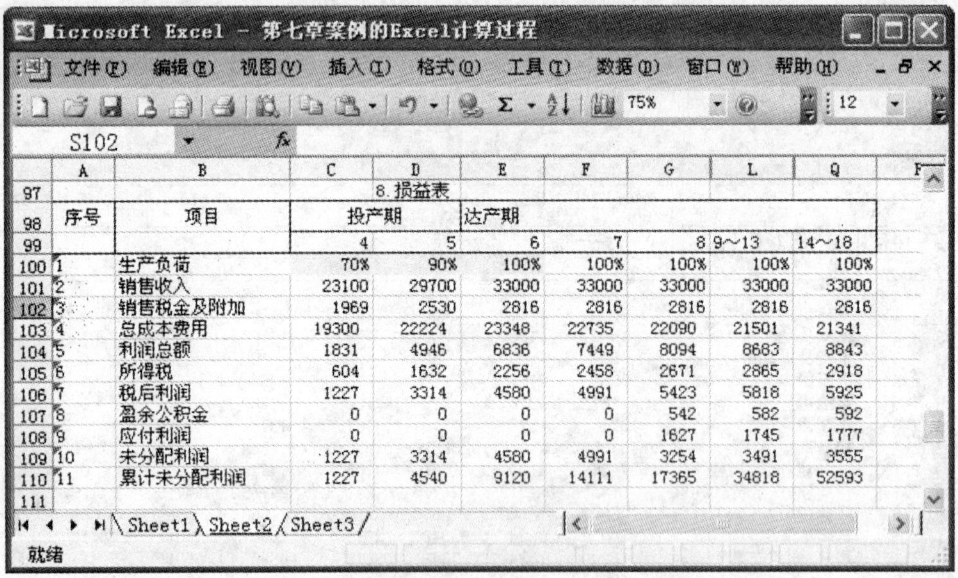

	序号	项目	投产期		达产期				
97			8. 损益表						
99			4	5	6	7	8	9～13	14～18
100	1	生产负荷	70%	90%	100%	100%	100%	100%	100%
101	2	销售收入	23100	29700	33000	33000	33000	33000	33000
102	3	销售税金及附加	1969	2530	2816	2816	2816	2816	2816
103	4	总成本费用	19300	22224	23348	22735	22090	21501	21341
104	5	利润总额	1831	4946	6836	7449	8094	8683	8843
105	6	所得税	604	1632	2256	2458	2671	2865	2918
106	7	税后利润	1227	3314	4580	4991	5423	5818	5925
107	8	盈余公积金	0	0	0	0	542	582	592
108	9	应付利润	0	0	0	0	1627	1745	1777
109	10	未分配利润	1227	3314	4580	4991	3254	3491	3555
110	11	累计未分配利润	1227	4540	9120	14111	17365	34818	52593

图 7-8　损益表的编制

曳。由于从还本资金有余额的年份开始，每年按可供分配利润的 10% 提取盈余公积金，本项目不提取公益金，按 30% 向投资者分配利润。由于在第 8 年除归还长期借款本金后尚有余额，所以，从第 8 年起计提盈余公积金和应付利润。使 G107 = G106 ∗ 0.1，G108 = G106 ∗ 0.3；拖曳填充剩余单元格，便可完成损益表的编制，如图 7-8 所示。

（九）借款还本付息表的编制

按图 7-9 的式样，建立借款还本付息表的序号、指标和计算期；本表是建设期利息计

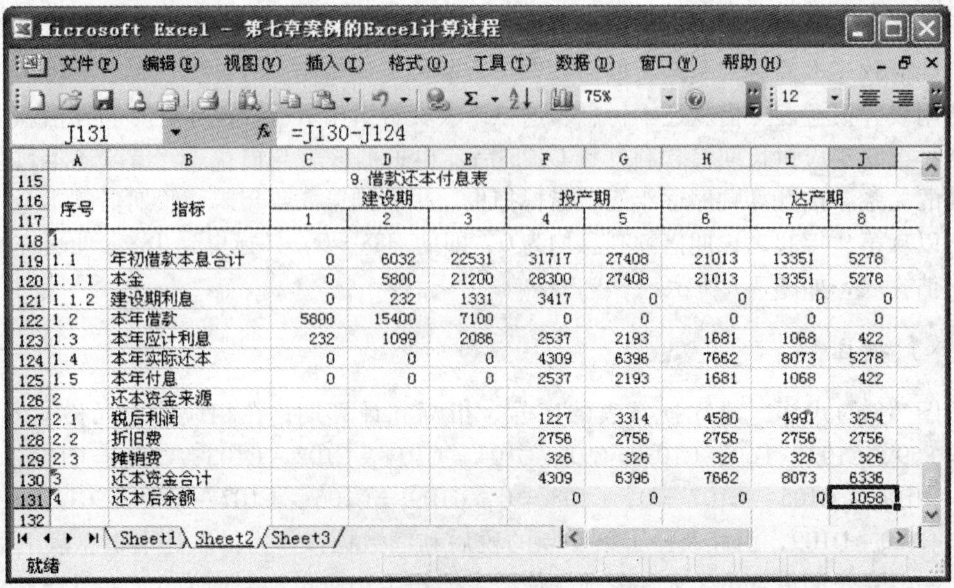

	序号	指标	建设期			投产期		达产期		
115			9. 借款还本付息表							
117			1	2	3	4	5	6	7	8
118	1									
119	1.1	年初借款本息合计	0	6032	22531	31717	27408	21013	13351	5278
120	1.1.1	本金	0	5800	21200	28300	27408	21013	13351	5278
121	1.1.2	建设期利息	0	232	1331	3417	0	0	0	0
122	1.2	本年借款	5800	15400	7100	0	0	0	0	0
123	1.3	本年应计利息	232	1099	2086	2537	2193	1681	1068	422
124	1.4	本年实际还本	0	0	0	4309	6396	7662	8073	5278
125	1.5	本年付息	0	0	0	2537	2193	1681	1068	422
126	2	还本资金来源								
127	2.1	税后利润				1227	3314	4580	4991	3254
128	2.2	折旧费				2756	2756	2756	2756	2756
129	2.3	摊销费				326	326	326	326	326
130	3	还本资金合计				4309	6396	7662	8073	6336
131	4	还本后余额				0	0	0	0	1058

图 7-9　借款还本付息表的编制

算表的延伸。

建设期各年的年初借款本息合计、本金、建设期利息、本年借款、本年应计利息、本年实际还本、本年付息等数据全部取自建设期利息计算表，这只要在单元格式 C119 中输入“ = C5”，回车后，先拖曳到 C125 再整体拖曳到 F125 即可。建设期项目无收入、不提取折旧及摊销费、不支付利息，所以图中建设期各年的还本资金来源、利润、折旧费、摊销费、还本资金合计等单元格的值均为 0。

由于偿还长期借款本金的资金来源于折旧费、摊销费和税后利润。在相应单元格中输入公式：F125 = F123，F127 = C106，F128 = F70，F129 = F73，F130 = F127 + F128 + F129；由此便计算出第 4 年可用于偿还长期借款本金的数额。使 F124 = F130，作为第 4 年的实际可还本额；使 G120 = F119 − F124，G119 = G120 + G121，G123 = G119 * 0.08，得到第 5 年的应付长期借款利息费，从而转到总成本费用表。

根据上述所建立的总成本费用表、损益表和借款还本付息表之间的关系，按计算顺序逐年逐项指标拖曳。当拖曳到第 8 年时，出现第 8 年的本金尚有 5278.35 万元，而第 8 年有税后利润、固定资产折旧、摊销费合计 8505.27 万元，因此，本年实际还本数为 5278.35，即使 J124 = min(F130, F119)，J127 = G109，J131 = J130 − J124。结果 J131 = 1058 万元，表明第 8 年还本后余额有 1058 万元，无长期借款本金结转到第 9 年。这样便完成了借款还本付息表，如图 7-9 所示。

（十）全部投资现金流量表的编制

按图 7-10 的式样，建立全部投资现金流量表的序号、指标和计算期；建设期的 3 年都没有现金流入，从第 4 年起至第 17 年仅获得销售收入，而最后 1 年除了销售收入外尚有固定资产余值和流动资金回收。为此，在相应单元格中输入公式：F138 = F59，F137 = F138 + F139 + F140，F139 = 0，F140 = 0，并整体拖曳到第 18 年；使 T139 = C70 * 0.05，

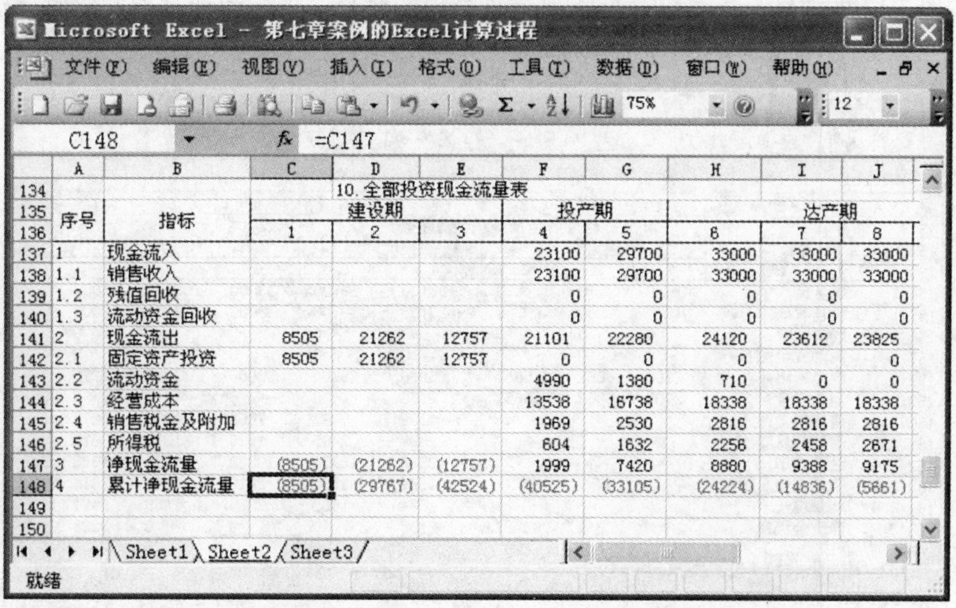

	A	B	C	D	E	F	G	H	I	J
134			10. 全部投资现金流量表							
135	序号	指标	建设期			投产期		达产期		
136			1	2	3	4	5	6	7	8
137	1	现金流入				23100	29700	33000	33000	33000
138	1.1	销售收入				23100	29700	33000	33000	33000
139	1.2	残值回收				0	0	0	0	0
140	1.3	流动资金回收				0	0	0	0	0
141	2	现金流出	8505	21262	12757	21101	22280	24120	23612	23825
142	2.1	固定资产投资	8505	21262	12757	0	0	0		0
143	2.2	流动资金				4990	1380	710	0	0
144	2.3	经营成本				13538	16738	18338	18338	18338
145	2.4	销售税金及附加				1969	2530	2816	2816	2816
146	2.5	所得税				604	1632	2256	2458	2671
147	3	净现金流量	(8505)	(21262)	(12757)	1999	7420	8880	9388	9175
148	4	累计净现金流量	(8505)	(29767)	(42524)	(40525)	(33105)	(24224)	(14836)	(5661)
149										
150										

图 7-10　全部投资现金流量表的编制（1）

T140 = H34，从而完成现金流入的数据填充。由于该表是全部投资的现金流量表，所以，建设期间每年完成的固定资产投资额将视为建设期的现金流出，所以，在相应单元格输入公式：C142 = C42 并拖曳到 E142，C141 = C142 + C143 + C144 + C145 + C146，C147 = C137 – C141，C148 = C147，D148 = C148 + D147，并都拖曳到第 3 年；输入 F143 = F44，F144 = F94，F145 = F60，F146 = C105，I143 = 0，再将剩余单元格式拖曳填充完毕，即形成全部投资现金流量表，如图 7-10 和图 7-11 所示。

Microsoft Excel - 第七章案例的Excel计算过程

C154 =C137

	K	L	M	N	O	P	Q	R	S	T
135		全部投资现金流量表(2)								
136	9	10	11	12	13	14	15	16	17	18
137	33000	33000	33000	33000	33000	33000	33000	33000	33000	42255
138	33000	33000	33000	33000	33000	33000	33000	33000	33000	33000
139	0	0	0	0	0	0	0	0	0	2175
140	0	0	0	0	0	0	0	0	0	7080
141	24019	24019	24019	24019	24019	24072	24072	24072	24072	24072
142	0	0	0	0	0	0	0	0	0	0
143	0	0	0	0	0	0	0	0	0	0
144	18338	18338	18338	18338	18338	18338	18338	18338	18338	18338
145	2816	2816	2816	2816	2816	2816	2816	2816	2816	2816
146	2865	2865	2865	2865	2865	2918	2918	2918	2918	2918
147	8981	8981	8981	8981	8981	8928	8928	8928	8928	18183
148	3320	12300	21281	30262	39243	48171	57099	66027	74955	93138
149										

图 7-11 全部投资现金流量表的编制（2）

（十一）权益投资（自有资金）现金流量表

按图 7-12 的式样，建立权益投资现金流量表的序号、指标和计算期；此时，建设期

Microsoft Excel - 第七章案例的Excel计算过程

H166

	A	B	C	D	E	F	G	H	I	J
151			11. 自有资金投资现金流量表							
152	序号	指标	建设期			投产期		达产期		
153			1	2	3	4	5	6	7	8
154	1	现金流入	0	0	0	23100	29700	33000	33000	33000
155	1.1	销售收入	0	0	0	23100	29700	33000	33000	33000
156	1.2	残值回收	0	0	0	0	0	0	0	0
157	1.3	流动资金回收	0	0	0	0	0	0	0	0
158	2	现金流出	2705	5862	5657	25230	29700	33000	33000	29773
159	2.1	自有资金	2705	5862	5657	2130	0	0	0	0
160	2.2	借款本金偿还				4309	6396	7662	8073	5278
161	2.3	借款利息支出				2680	2405	1929	1316	670
162	2.4	经营成本				13538	16738	18338	18338	18338
163	2.5	销售税金及附加				1969	2530	2816	2816	2816
164	2.6	所得税				604	1632	2256	2458	2671
165	3	净现金流量	(2705)	(5862)	(5657)	(2130)	0	0	0	3227

图 7-12 自有资金投资现金流量表的编制（1）

的实际现金流出只有企业用自有资金的投资支出，而现金流入均为0；从第4年开始，现金流入以及现金流出中的经营成本、销售税金都与全部投资现金流量表相同；利息支出和自有资金支出分别在总成本费用估算表和投资计划与资金筹措表获得。

为此，在单元格C154中输入“=C137”并先往下拖曳至C157，再拖曳至T157完成全部现金流入数据的填充；输入C159=C46并拖曳到F159；C161=C87，F160=F124，F161=C87并拖曳到第18年，对单元格T160输入“=I50”；输入F162=F144，并先往下拖曳到F164，再往右拖曳到T164；输入C158=SUM（C159：C164），C165=C154－C158，并一直拖曳到第18年，即完成权益投资（自有资金）现金流量表的编制，如图7-12和图7-13所示。

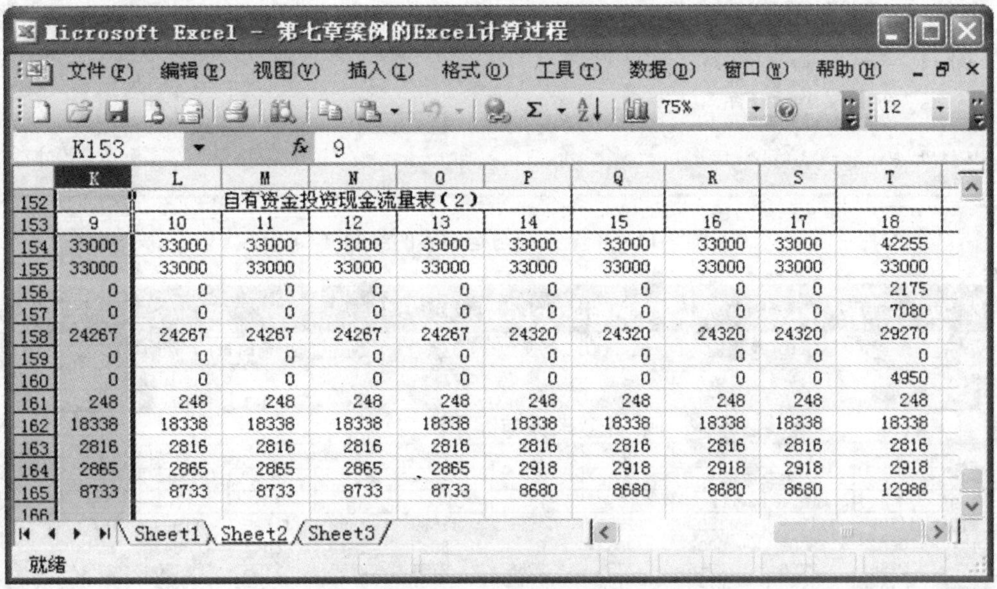

	K	L	M	N	O	P	Q	R	S	T
152		自有资金投资现金流量表（2）								
153	9	10	11	12	13	14	15	16	17	18
154	33000	33000	33000	33000	33000	33000	33000	33000	33000	42255
155	33000	33000	33000	33000	33000	33000	33000	33000	33000	33000
156	0	0	0	0	0	0	0	0	0	2175
157	0	0	0	0	0	0	0	0	0	7080
158	24267	24267	24267	24267	24267	24320	24320	24320	24320	29270
159	0	0	0	0	0	0	0	0	0	0
160	0	0	0	0	0	0	0	0	0	4950
161	248	248	248	248	248	248	248	248	248	248
162	18338	18338	18338	18338	18338	18338	18338	18338	18338	18338
163	2816	2816	2816	2816	2816	2816	2816	2816	2816	2816
164	2865	2865	2865	2865	2865	2918	2918	2918	2918	2918
165	8733	8733	8733	8733	8733	8680	8680	8680	8680	12986

图7-13　自有资金投资现金流量表的编制（2）

（十二）资金来源与运用表

按图7-14的式样，建立资金来源与运用表的序号、指标和计算期；按照指标间的关系，在相应单元格输入以下公式：F171=C104，F172=F70，F173=F73，C174=C49，C175=C50，C176=C46，C177=C156，C178=C140，C170=SUM（C171：C178）；C180=C42，C181=C43，F182=F143，F183=C105，F184=C108，F185=F124，C186=0并拖到S186，T186=I50，C179=SUM（C180：C186）；C187=C170－C179，C188=C187，D188=C188+D187；然后拖曳填充单元格（拖曳时注意抵达的单元格位置），以便完成资金来源与运用表的编制，如图7-14和图7-15所示。

（十三）资产负债表

按图7-16的式样，建立资产负债表的序号、指标和计算期；根据指标间的关系，在相应单元格输入以下公式：F195=F29并先往下拉至F197再往右拉至T197，C198=

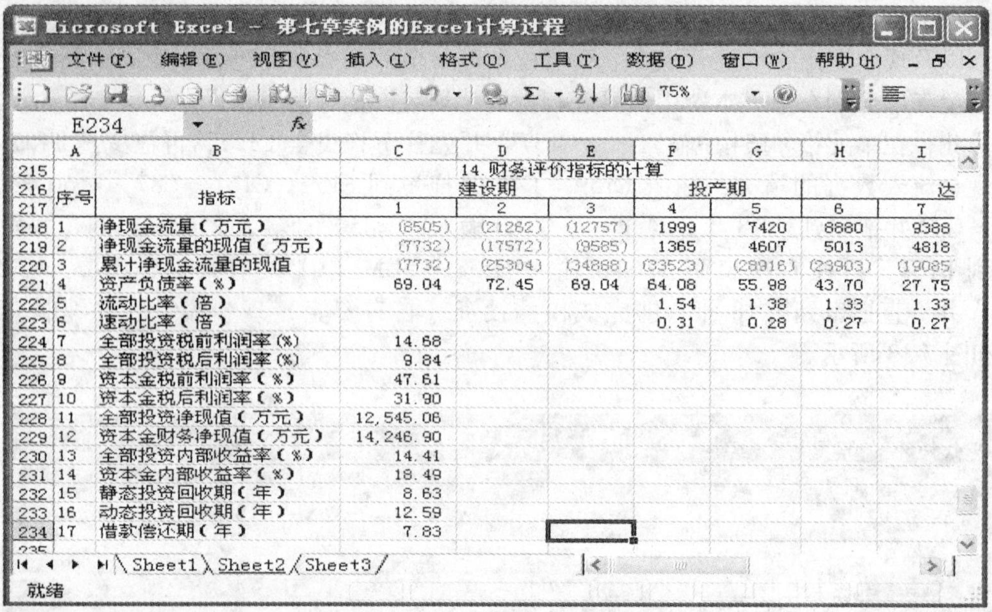

	A	B	C	D	E	F	G	H	I
215			14. 财务评价指标的计算						
216	序号	指标	建设期			投产期			达
217			1	2	3	4	5	6	7
218	1	净现金流量（万元）	(8505)	(21282)	(12757)	1999	7420	8880	9388
219	2	净现金流量的现值（万元）	(7732)	(17572)	(9585)	1365	4607	5013	4818
220	3	累计净现金流量的现值	(7732)	(25304)	(34888)	(33523)	(28916)	(23903)	(19085
221	4	资产负债率（%）	69.04	72.45	69.04	64.08	55.98	43.70	27.75
222	5	流动比率（倍）				1.54	1.38	1.33	1.33
223	6	速动比率（倍）				0.31	0.28	0.27	0.27
224	7	全部投资税前利润率(%)	14.68						
225	8	全部投资税后利润率(%)	9.84						
226	9	资本金税前利润率（%）	47.61						
227	10	资本金税后利润率（%）	31.90						
228	11	全部投资净现值（万元）	12,545.06						
229	12	资本金财务净现值（万元）	14,246.90						
230	13	全部投资内部收益率（%）	14.41						
231	14	资本金内部收益率（%）	18.49						
232	15	静态投资回收期（年）	8.63						
233	16	动态投资回收期（年）	12.59						
234	17	借款偿还期（年）	7.83						

图 7-14　资金来源与运用表的编制（1）

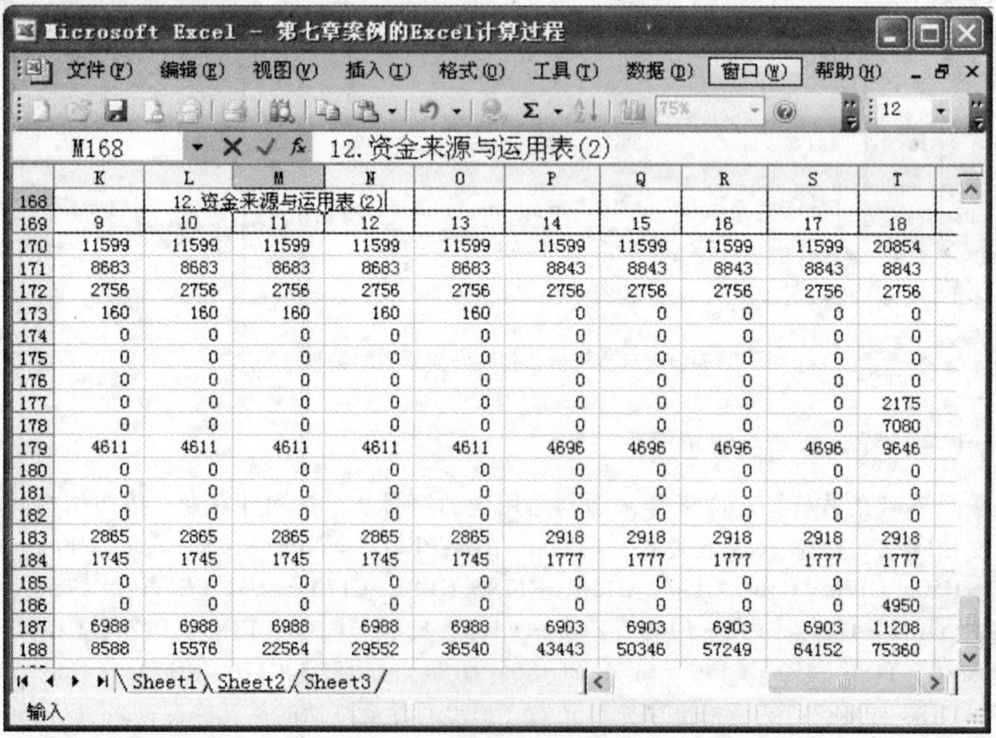

	K	L	M	N	O	P	Q	R	S	T
168		12. 资金来源与运用表(2)								
169	9	10	11	12	13	14	15	16	17	18
170	11599	11599	11599	11599	11599	11599	11599	11599	11599	20854
171	8683	8683	8683	8683	8683	8843	8843	8843	8843	8843
172	2756	2756	2756	2756	2756	2756	2756	2756	2756	2756
173	160	160	160	160	160	0	0	0	0	0
174	0	0	0	0	0	0	0	0	0	0
175	0	0	0	0	0	0	0	0	0	0
176	0	0	0	0	0	0	0	0	0	0
177	0	0	0	0	0	0	0	0	0	2175
178	0	0	0	0	0	0	0	0	0	7080
179	4611	4611	4611	4611	4611	4696	4696	4696	4696	9646
180	0	0	0	0	0	0	0	0	0	0
181	0	0	0	0	0	0	0	0	0	0
182	0	0	0	0	0	0	0	0	0	0
183	2865	2865	2865	2865	2865	2918	2918	2918	2918	2918
184	1745	1745	1745	1745	1745	1777	1777	1777	1777	1777
185	0	0	0	0	0	0	0	0	0	0
186	0	0	0	0	0	0	0	0	0	4950
187	6988	6988	6988	6988	6988	6903	6903	6903	6903	11208
188	8588	15576	22564	29552	36540	43443	50346	57249	64152	75360

图 7-15　资金来源与运用表的编制（2）

C188，C199 = C52，F200 = F74，F201 = F75，C194 = SUM（C195：C198），C193 = C194 + C199 + C200 + C201；F204 = F33，F205 = F51 并拖到 H205，再将 H205 的值复制到后续各年；F203 = F204 + F205，C206 = D119 并拉到 I206，其后赋值 0；C207 = C203 + C206。对

于资本金，可将自有资金连续 4 年的投入逐年进行累计计算。C210 = C46 并拉到 F210，C211 = C210，D211 = C211 + D210，F212 = C107，G212 = F212 + D107，F213 = C110，C209 = C211，C208 = C209 + C212 + C213，C202 = C207 + C208；对第 18 年的累计盈余资金进行修正，输入：T198 = T188 - T177 - F47。利用 Excel 的拖曳功能填充剩余单元格，便得到资产负债表，如图 7-16 和图 7-17 所示。

Microsoft Excel - 第七章案例的Excel计算过程

T198　=T188-T177-F47

	A	B	C	D	E	F	G	H	I	J
190					13. 资产负债表					
191	序号	指标	建设期			投产期		达产期		
192			1	2	3	4	5	6	7	8
193	1	资产	8737	31097	45941	48844	47472	45245	42163	40681
194	1.1	流动资产	0	0	0	5985	7695	8550	8550	10150
195	1.1.1	应收帐款				1190	1530	1700	1700	1700
196	1.1.2	存货				4760	6120	6800	6800	6800
197	1.1.3	现金				35	45	50	50	50
198	1.1.4	累计盈余资金				0	0	0	0	1600
199	1.2	在建工程	8737	31097	45941	0	0	0	0	0
200	1.3	固定资产净值				40753	37998	35242	32487	29731
201	1.4	无形及递延净值				2106	1779	1453	1126	800
202	2	负债及所有者权益	8737	31097	45941	48878	47470	45245	42163	40681
203	2.1	流动负债				3889	5563	6420	6420	6420
204	2.1.1	应付帐款				1029	1323	1470	1470	1470
205	2.1.2	流动资金借款				2860	4240	4950	4950	4950
206	2.2	长期借款	6032	22531	31717	27408	21013	13351	5278	0
207		负债小计	6032	22531	31717	31297	26576	19771	11698	6420
208	2.3	所有者权益	2705	8567	14224	17581	20894	25474	30465	34261
209	2.3.1	资本金	2705	8567	14224	16354	16354	16354	16354	16354
210	2.3.1.1	自有资金投入	2705	5862	5657	2130				
211	2.3.1.2	自有资金投入累计	2705	8567	14224	16354	16354	16354	16354	16354
212	2.3.2	累计盈余公积金				0	0	0	0	542
213	2.3.3	累计未分配利润				1227	4540	9120	14111	17365

图 7-16　资产负债表编制（1）

（十四）财务评价指标的计算

以财务评价报表为基础，很容易计算该项目的相关财务评价指标。

按图 7-18 的式样，建立财务评价指标表的序号、指标和计算期，在相应单元格输入以下公式：C218 = C147，C219 = PV（10%，C217，- C218），C220 = C219，D220 = C220 + D219，C221 = 100 * C207/C193，F222 = F194/F203，F223 =（F194 - F196）/F203，利用 Excel 的拖曳功能往右填充剩余单元格，便得到各年的资产负债率、流动比率、速动比率，并为动态投资回收期的计算建立数据基础。

在相应单元格输入以下公式：C224 = 100 * SUM(C104:Q104)/15/I41；C225 = 100 * SUM(C106:Q106)/15/I41，C226 = 100 * SUM(C104:Q104)/15/F209，C227 = 100 * SUM(C106:Q106)/15/F209，C228 = NPV（10%，C147:T147），C229 = NPV（10%，C165:T165），C230 = 100 * IRR(C147:T147)，C231 = 100 * IRR(C165:T165)，C232 = J136 -

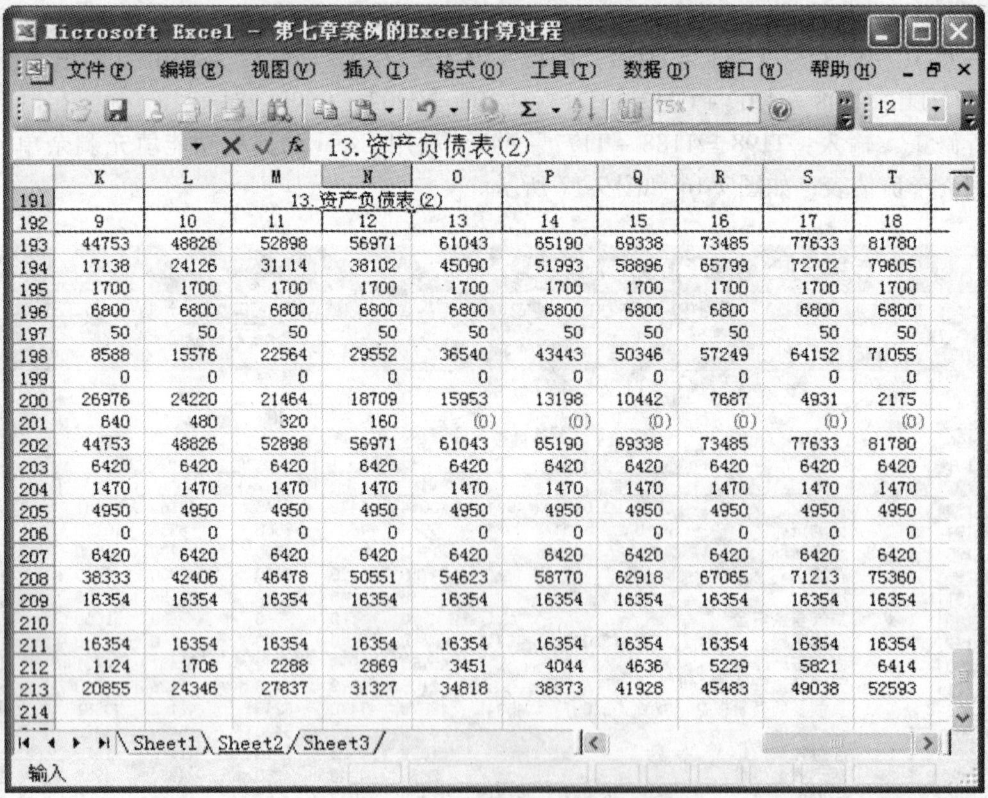

Microsoft Excel - 第七章案例的Excel计算过程

13.资产负债表(2)

	K	L	M	N	O	P	Q	R	S	T
191			13.资产负债表(2)							
192	9	10	11	12	13	14	15	16	17	18
193	44753	48826	52898	56971	61043	65190	69338	73485	77633	81780
194	17138	24126	31114	38102	45090	51993	58896	65799	72702	79605
195	1700	1700	1700	1700	1700	1700	1700	1700	1700	1700
196	6800	6800	6800	6800	6800	6800	6800	6800	6800	6800
197	50	50	50	50	50	50	50	50	50	50
198	8588	15576	22564	29552	36540	43443	50346	57249	64152	71055
199	0	0	0	0	0	0	0	0	0	0
200	26976	24220	21464	18709	15953	13198	10442	7687	4931	2175
201	640	480	320	160	(0)	(0)	(0)	(0)	(0)	(0)
202	44753	48826	52898	56971	61043	65190	69338	73485	77633	81780
203	6420	6420	6420	6420	6420	6420	6420	6420	6420	6420
204	1470	1470	1470	1470	1470	1470	1470	1470	1470	1470
205	4950	4950	4950	4950	4950	4950	4950	4950	4950	4950
206	0	0	0	0	0	0	0	0	0	0
207	6420	6420	6420	6420	6420	6420	6420	6420	6420	6420
208	38333	42406	46478	50551	54623	58770	62918	67065	71213	75360
209	16354	16354	16354	16354	16354	16354	16354	16354	16354	16354
210										
211	16354	16354	16354	16354	16354	16354	16354	16354	16354	16354
212	1124	1706	2288	2869	3451	4044	4636	5229	5821	6414
213	20855	24346	27837	31327	34818	38373	41928	45483	49038	52593
214										

Sheet1 Sheet2 Sheet3

输入

图 7-17　资产负债表编制（2）

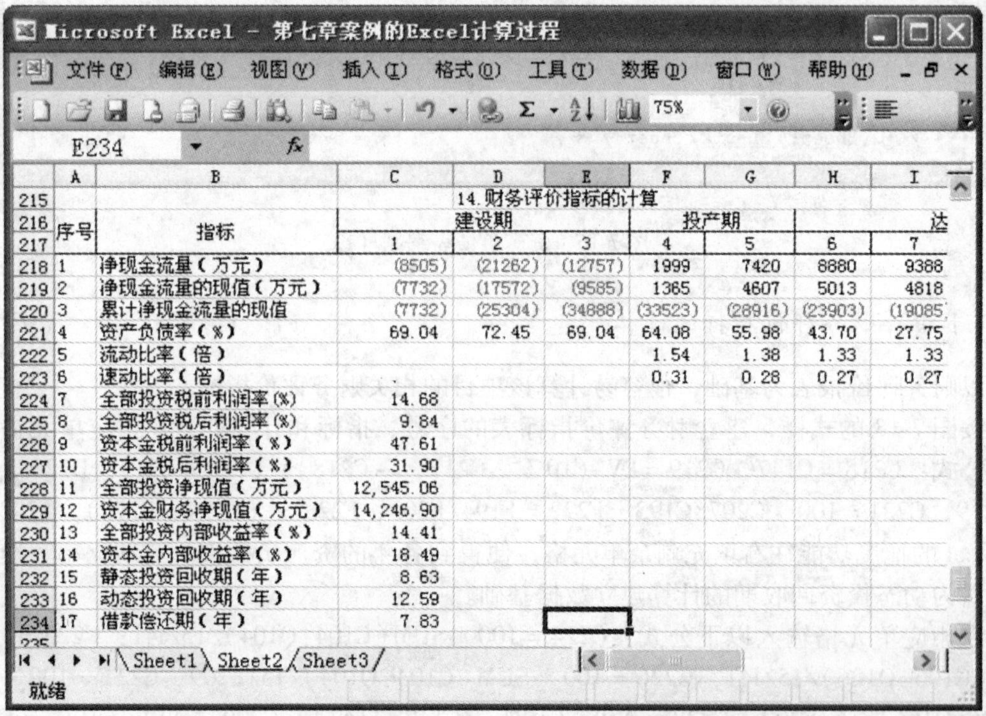

Microsoft Excel - 第七章案例的Excel计算过程

E234

	A	B	C	D	E	F	G	H	I
215			14.财务评价指标的计算						
216	序号	指标	建设期			投产期			达
217			1	2	3	4	5	6	7
218	1	净现金流量（万元）	(8505)	(21262)	(12757)	1999	7420	8880	9388
219	2	净现金流量的现值（万元）	(7732)	(17572)	(9585)	1365	4607	5013	4818
220	3	累计净现金流量的现值	(7732)	(25304)	(34888)	(33523)	(28916)	(23903)	(19085)
221	4	资产负债率（%）	69.04	72.45	69.04	64.08	55.98	43.70	27.75
222	5	流动比率（倍）				1.54	1.38	1.33	1.33
223	6	速动比率（倍）				0.31	0.28	0.27	0.27
224	7	全部投资税前利润率(%)	14.68						
225	8	全部投资税后利润率(%)	9.84						
226	9	资本金税前利润率（%）	47.61						
227	10	资本金税后利润率（%）	31.90						
228	11	全部投资净现值（万元）	12,545.06						
229	12	资本金财务净现值（万元）	14,246.90						
230	13	全部投资内部收益率（%）	14.41						
231	14	资本金内部收益率（%）	18.49						
232	15	静态投资回收期（年）	8.63						
233	16	动态投资回收期（年）	12.59						
234	17	借款偿还期（年）	7.83						

Sheet1 Sheet2 Sheet3

就绪

图 7-18　财务评价指标的计算

J148/K147，C233 = N217 - N220/O219，C234 = I117 + J119/J130，便可相应得到全部投资税前利润率、全部投资税后利润率、资本金税前利润率、资本金税后利润率、全部投资净现值、资本金财务净现值、全部投资内部收益率、资本金内部收益率、静态投资回收期、动态投资回收期、借款偿还期等财务评价指标。这些指标是项目在计算期的整体情况的反映，并没有各年的指标，结果如图 7-18 所示。

(十五) 财务评价基本结论

根据计算项目全部投资净现值为 12545. 06 万元，资本金投资的财务净现值为 14246 万元，均大于 0；全部投资财务内部收益率达到 14. 41%，资本金投资内部收益率达到 18. 49%，均超过基准收益率 10% 的水平；静态投资期为 8. 63 年，动态回收期为 12. 59 年，均在计算期 18 年之内；资本金税前和税后利润率均达到较高的水平。说明项目不论从全部投资还是从自有资金角度都具有较强的盈利能力。

其次，该项目的借款偿还期为 7. 83 年，符合 10 年内归还的要求；资产负债率、流动比率、速动比率显示该项目具有较好的清偿能力。从第 9 年开始，每年均有较高的累计净现金流量值，财务生存能力较强。

因此，财务评价的基本结论是本项目可行。在此基础上，结合不确定性分析和其他定性分析，最终确定结论。

思考题及习题

1. 财务评价的目的和内容是什么？
2. 应该按什么程序开展财务评价工作？
3. 财务盈利能力、清偿能力和生存能力分析工作各计算哪些评价指标？
4. 在编制财务评价报表和计算评价指标前需要收集或估算哪些基础数据？
5. 在使用 Excel 进行财务评价报表编制时，为提高编制效率和减少出错需要注意哪些操作问题？
6. 为什么总成本费用表、损益表、借款还本付息表这三个报表要交替引用数据，为此在运用 Excel 进行编制时，需按指标计算顺序，逐年逐项指标拖曳填充报表数据？
7. 使用 Excel 重新对第五节案例所要求的 13 个财务评价报表和 14 个评价指标进行完整编制和计算。

第八章　不确定性分析

本章学习目标

重点掌握不确定性分析在工程经济评价中的必要性，能熟练进行工程经济评价的盈亏平衡分析、单因素、双因素和多因素敏感性分析；了解不确定性分析的概率分析法；能使用 Excel 对不确定性分析中的各类问题进行计算。

第一节　不确定性分析相关问题

一、不确定性分析概念

所谓不确定性是指由于对项目未来面临的运营条件、技术发展和各种环境缺乏准确的知识而造成所实施方案的实际运行结果偏离最初的预想的可能性，也称之为风险。或者简而言之，不确定性是指项目（方案）的预测结果与将来实施后的实际效果的差异。因此，工程经济评价的不确定性分析就是研究主要因素变化或波动对项目经济评价结果影响的过程。

风险有正风险和负风险之分，不过我们这里所关注的是负风险，即各种不利因素造成项目实际运行结果达不到预想的可能性。

二、不确定性的根源

前一章所介绍的财务评价分析其性质实际是建立在相关分析人员对方案未来的预测与判断基础之上的确定性分析。但是，现实实践告诉我们，任何项目都不会完全实现分析人员其预想的结果，不确定性总是存在的。产生不确定性的最根本原因有以下几个方面：

一是人的认识具有局限性，对方案未来信息的掌握总是不充分的。

二是影响工程经济评价的因素具有复杂性。首先体现为影响因素多。宏观方面如政治形势、经济政策、资源条件、技术发展情况、贷款利率及外币汇率变动等因素；微观方面如投资超支，建设工期拖长，生产能力达不到设计要求，原材料价格上涨，劳务费用增加，产品售价波动，市场需求量变化等都能影响到项目未来的实际运行结果。其次，体现为这些影响因素都具有不确定性。此外，这些影响因素往往以“非线性”的方式对项目运行施加影响，任何一项因素的微小变化都可能对项目现金流量产生极大的不利影响。

三是所使用的方法和处理方式都具有局限性。为进行工程经济评价会使用到各种评价方法和处理方式，而方法总是有假设的，这注定要产生不确定性。例如，在对项目进行费用效果评价时，需要首先确定计算期、价格和基准折算率等参数，在不同的计算期、价格和参数下，会产生截然不同的评价结果。

以上各方面的原因相互交织在一起，使方案费用效果评价中所使用的投资、成本、产量、营业收入、价格等基础数据的估算不可避免地发生误差，从而使方案经济效果偏离其预期值。

三、不确定性分析的必要性

不确定性是普遍的，但并不意味着只能被动地接受这些风险。工程经济评价进行不确定性分析的必要性可从以下两个方面加以认识：

（1）有助于决策者选出最佳投资方案。项目关系人不仅关注影响因素正常情况下的项目投资收益水平，更看重这些因素发生变化或产生波动后项目的经济效果。有些方案虽然通过确定性分析得知其具有较好的费用经济效果，但通过不确定性分析可能会得出方案实现的可能性不大，项目或方案的风险承受能力弱等结论，此时，最终选择往往是拒绝该方案。

（2）有助于投资决策者或管理者对采纳方案的管理。通过对所采纳项目或方案的不确定性分析，有助于投资决策者或管理者对影响因素的变动趋势和对项目的影响程度进行预先估计，从而对项目实施的关键影响因素予以充分的控制，以保证项目取得预期的经济效益。

为此，我国《建设项目评价方法与参数》（第三版）中明确指出，在对项目进行确定性分析的基础上须进行不确定性分析。

四、不确定性分析的内容与方法

经济评价的不确定性分析就是要研究各种变量或参数发生变化时，项目费用经济效果的变化范围，分析项目或方案对主要影响因素发生不利变化的承受能力，分析项目或方案经济效果的概率分布，全面评价项目的风险，提出项目风险的预警、预报和相应的对策，为项目投资决策和管理提供依据。

目前项目经济评价中常见的不确定分析方法有：盈亏平衡分析法、敏感性分析法和概率分析法。《建设项目经济评价方法与参数》（第三版）中提到“不确定性分析主要进行盈亏平衡分析和敏感性分析”、“根据项目特点可有选择地使用其他风险分析方法，如蒙特卡罗分析法”。

第二节　盈亏平衡分析

盈亏平衡分析是通过对项目盈亏平衡点的分析，反映项目安全程度或风险承受能力的一种方法。

盈亏平衡分析通过项目在达到设计生产能力的条件下，项目成本与收益平衡关系的分析，考察项目的抗风险能力，由于其分析是建立在对项目产量（销量）、成本与利润关系之上，所以也称量本利分析。

盈亏平衡点是项目或方案固有的，它提供了项目或方案决策和安全情况判断的一个临界值，因此，盈亏平衡分析既是项目经济评价的风险分析方法，同时也是项目方案的比选方法，前者是针对单个方案，后者针对两个或两个以上的方案。

下面分别从方案风险评估盈亏平衡分析和方案比选盈亏平衡分析分别加以介绍。

一、风险评估盈亏平衡分析

盈亏平衡分析分为线性盈亏平衡分析和非线性盈亏平衡分析。

（一）线性盈亏平衡分析

1. 线性盈亏平衡分析的假设

线性盈亏平衡分析是假设极为严格的一种分析方法。它假定项目在正常运营时：(1) 产量等于销售量，且销售单价不变，这样销售收入与产量之间才呈线性关系，不会出现企业主管通过降低价格增加销售量的情况；(2) 正常生产年份的总成本均可划分为固定和变动成本两部分；(3) 项目在分析期内，生产工艺、技术装备、生产方法、管理水平等均无变化；(4) 项目只生产一种产品，或当生产多种产品时产品结构不变，且都可以换算为单一产品计算；(5) 该项目的生产销售活动不会明显地影响市场供求状况，即产品市场价格不会随该项目销售量的变化而变化。

通过对线性盈亏平衡分析方法假设的认识，我们可以感受到方法总有假设，而假设总与现实之间存在偏差，从而使方法具有局限性。这也是为什么通过“拍脑袋”所作出的决策有时比建立在科学预测和分析基础上的决策有效的原因之一。

2. 固定成本与变动成本

盈亏平衡分析要求所有费用均要按性质划分为固定成本或者变动成本，这一工作是在项目总成本费用估算表中完成的。

固定成本是指其总额不随产量变动而变化的成本，在考虑范围内是固定值，但单位固定成本却与产量呈反比关系。固定成本主要包括工资（计件工资除外）、折旧费、无形资产及其他资产摊销费、利息支出、修理费和其他费用等。

变动成本或称可变成本是指其总额随产量变动呈正比例变化的成本，但单位产品的可变成本却为常数，即变动成本总额是产量的倍数。变动成本主要包括原材料、燃料、动力消耗、包装费和计件工资等。

也有一部分变动成本与产品产量不成正比例关系，与生产批量有关的某些消耗性材料费用，如模具制造费及运输费等，这部分变动成本随产量变动的规律呈阶梯形曲线，通常称之为半变动成本，但是，由于半变动成本在总成本中所占比例常常很小，在工程经济评价中可根据其性质，要么将其作为固定成本，要么作为变动成本处理。

这样，项目年总成本便等于年固定成本与年变动成本之和，而年变动成本为产量与单位变动成本的积。

3. 盈亏平衡状态及其表示

按照假设，项目总收入与业务量之间呈线性关系，即：$B = PQ$（式中，B 表示销售收入；P 表示单位产品价格；Q 表示业务量（产量或销售量））。

总成本也与业务量呈线性关系，即：$C = C_f + C_v Q$（式中，C 表示总成本；C_f 表示固定成本总额；C_v 表示单位产品变动成本）。

于是,利润 $$\pi = PQ - (C_f + C_v Q)$$

如果 $\pi = 0$ 即为盈亏平衡状态，此时，总收入等于总成本。盈亏平衡状态可通过盈亏平衡图表示，如图 8-1 所示。

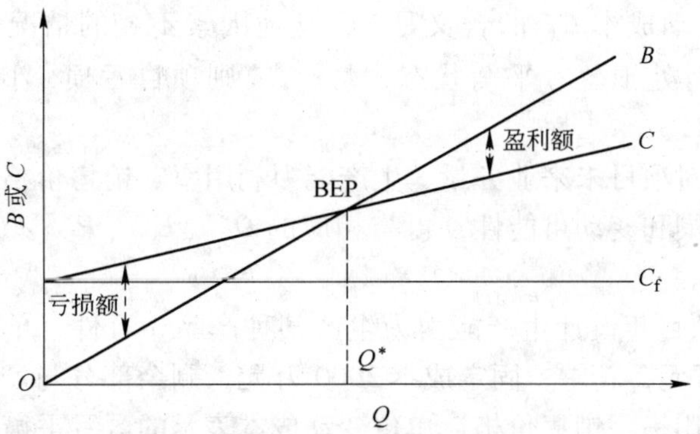

图 8-1 盈亏平衡图

图中，纵坐标表示总收入或总成本，横坐标表示业务量（如产量），总收入线与总成本线的交点称为盈亏平衡点（Break Even Point，简称 BEP），也就是项目盈利与亏损的临界点。在 BEP 左边，总成本大于总收入，项目亏损，在 BEP 右边，总收入大于总成本，项目盈利，在 BEP 点上，项目不亏不盈。

除总收入等于总成本外，还可以用业务量、生产能力利用率、销售价格、单位变动成本等方式反映盈亏平衡点或状态。

设盈亏平衡业务量为 Q^*，则 $Q^* = \dfrac{C_f}{P - C_v}$，所以，

$$\text{BEP}_{\text{业务量}} = \frac{\text{年固定成本总额}}{\text{单价} - \text{单位变动成本}}$$

由于销售税金与营业税的性质属于变动成本，故可以并到变动成本中处理。

设项目设计生产能力为 Q_c，则盈亏平衡生产能力利用率 E^* 可表示为：

$$E^* = \frac{Q^*}{Q_c} \times 100\% = \frac{C_f}{(P - C_v) Q_c} \times 100\%$$

在其他因素正常的情况下，设盈亏平衡单价为 P^*，则 P^* 可表示为：

$$P^* = C_v + \frac{C_f}{Q_c}$$

在其他因素正常的情况下，设盈亏平衡单位变动成本为 C_v^*，则 C_v^* 可表示为：

$$C_v^* = P - \frac{C_f}{Q_c}$$

盈亏平衡业务量 Q^* 的含义是：在其他因素不变的情况下，如果项目业务量为 Q^*，则项目处于盈亏平衡状态，小于 Q^* 则项目亏损，大于 Q^* 则项目将获得利润。

盈亏平衡生产能力利用率 E^* 的含义是：在其他因素不变的情况下，如果项目生产能

力利用率为 E^* ，则项目处于盈亏平衡状态，小于 E^* 则项目亏损，大于 E^* 则项目将获得利润。

盈亏平衡单价 P^* 的含义是：在其他因素不变的情况下，如果项目产品单价为 P^* ，则项目处于盈亏平衡状态，小于 P^* 则项目亏损，大于 P^* 则项目将获得利润。

盈亏平衡单位变动成本 C_v^* 的含义是：在其他因素不变的情况下，如果项目单位变动成本为 C_v^*，则项目处于盈亏平衡状态，大于 C_v^* 则项目亏损，小于 C_v^* 则项目将获得利润。

为此，可以通过对项目未来业务量、生产能力利用率、销售价格、单位变动成本等主要影响因素的变动范围和变动可能性，再与相应的 Q^* 、E^* 、P^* 、C_v^* 对比，从而对项目或方案进行风险评价。

例 8-1　某工业项目年设计生产能力为生产某种产品 3 万件，单位产品售价 3000 元，总成本费用为 7800 万元，其中，固定成本 3000 万元，剩余部分与产量成正比例关系，求以产量、生产能力利用率、销售价格、单位变动成本表示的盈亏平衡点。

解： 首先计算单位产品变动成本：

$$C_v = \frac{(7800 - 3000) \times 10^4}{3 \times 10^4} = 1600 \text{ 元/件}$$

盈亏平衡产量　　$$Q^* = \frac{3000 \times 10^4}{3000 - 1600} = 21428 \text{ 件}$$

盈亏平衡生产能力利用率：

$$E^* = \frac{3000 \times 10^4}{(3000 - 1600) \times 3 \times 10^4} \times 100\% = 71.43\%$$

盈亏平衡销售价格：

$$P^* = 1600 + \frac{3000 \times 10^4}{3 \times 10^4} = 2600 \text{ 元/件}$$

盈亏平衡单位产品变动成本：

$$C_v^* = 3000 - \frac{3000 \times 10^4}{3 \times 10^4} = 2000 \text{ 元/件}$$

通过计算盈亏平衡点，结合市场预测，可以对投资方案发生亏损的可能性作出大致判断。

在本例中，如果未来产品销售价格及生产成本与预期值相同，项目不发生亏损的条件是年销售量不低于 21428 件或生产能力利用率不低于 71.43%；如果按设计能力进行生产并能全部销售，生产成本与预期值相同，项目不发生亏损的条件是产品价格不低于 2600 元/件；如果销售量、产品价格与预期值相同，项目不发生亏损的条件是单位产品变动成本不高于 2000 元/件。

（二）非线性盈亏平衡分析

实际上，在生产实践中，最普遍的情况是，销售收入与产量、总成本与产量间呈非线性关系，盈亏平衡分析就复杂得多。此时，盈亏平衡如图 8-2 所示。

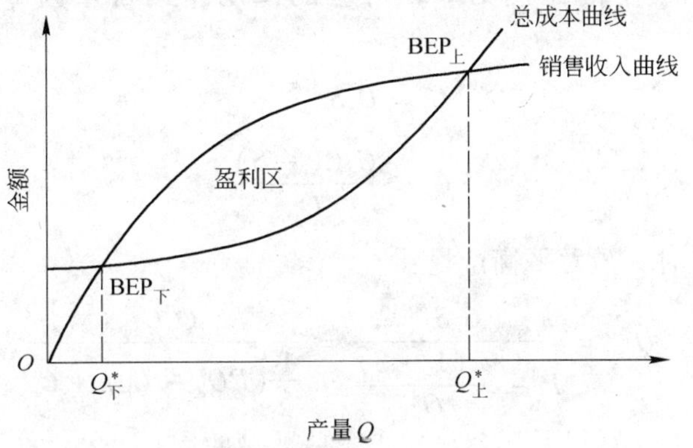

图 8-2　非线性盈亏平衡图

例 8-2　某制造项目年预计生产量为 12000 件，如果实际生产量为 x，则单位产品销售价格 $P=(100-0.001x)$ 元/件，固定成本为 20 万元，单位产品变动成本 $C_v=0.005x+4$ 元/件。试求该项目的盈亏平衡产量和最大利润时的产量。

解：

(1) 列出生产总成本和总收入的函数表达式：

$$C=C_f+C_vx=200000+(0.005x+4)x=0.005x^2+4x+200000$$

$$B=(100-0.001x)x=-0.001x^2+100x$$

(2) 求盈亏平衡产量：

令：$B=C$，即：

$-0.001x^2+100x-(0.005x^2+4x+200000)=0$，则：

$$x=\frac{96\pm\sqrt{96^2-4\times0.006\times200000}}{2\times0.006}=\frac{96\pm66.4}{0.012}$$

这样，求得的盈亏平衡产量低值为 $x_1=2467$ 件，高值为 $x_2=13533$ 件。

(3) 计算利润最大时的产量：

利润最大时的产量满足利润函数的导数为 0，所以，令

$$\frac{d\pi}{dx}=\frac{d(B-C)}{dx}=\frac{d(-0.006x^2+96x-200000)}{dx}=-0.012x+96=0$$

$x=8000$ 件

代入利润函数得：

$$-0.006\times8000^2+96\times8000-200000=184000\ 元$$

即利润最大时的产量为 8000 件，此时的利润最大值为 184000 元。

(三) 成本与经营风险的关系

销售量、产品价格及单位产品变动成本等不确定因素发生变动所引起的项目盈利额的波动称为项目的经营风险。经营风险的大小与项目固定成本占总成本的比例有关。

设固定成本占总成本的比例为 S，对应的预期年销售量为 Q_c，预期年总成本为 C_c，则，

固定成本　　$C_f = C_c S$

单位产品变动成本　　$C_v = \dfrac{C_c(1-S)}{Q_c}$

当产品价格为 P 时，盈亏平衡产量：

$$Q^* = \frac{C_c S}{P - \dfrac{C_c(1-S)}{Q_c}} = \frac{Q_c C_c}{\dfrac{1}{S}(PQ_c - C_c) + C_c}$$

盈亏平衡单位产品变动成本：

$$C_v^* = P - \frac{C_c S}{Q_c}$$

由此可以看出，固定成本占总成本的比例 S 越大，盈亏平衡产量 Q^* 越高，盈亏平衡单位变动成本 C_v^* 越低。较高的盈亏平衡产量和较低的盈亏平衡单位变动成本极大地降低了项目对风险因素的承受能力，增加了项目在面临不确定因素变动发生亏损的可能性。

设项目的年净收益为 NB，对应于预期的固定成本和单位产品变动成本，则

$$NB = PQ - C_f - C_v Q = PQ - C_c S - \frac{C_c(1-S)}{Q_c}Q$$

$$\frac{d(NB)}{dQ} = P - \frac{C_c(1-S)}{Q_c}$$

显然，当销售量发生变动时，S 越大，年净收益 NB 的变化率越大。也就是说，固定成本的存在扩大了项目的经营风险，固定成本占总成本的比例越大，这种放大作用越强，这种现象称为运营杠杆效应。

固定成本占总成本的比例取决于产品生产的技术要求及工艺设备的选择。一般来说，资金密集型的项目固定成本占总成本的比例较高，因而经营风险也较大。

二、方案比选盈亏平衡分析

如果某一共有不确定因素同时影响几个互斥方案，此时可以用盈亏平衡分析方法获得一个临界值，从而对方案进行比选。

设两个互斥方案的经济效果都受某一不确定因素 x 的影响，则方案 1 和方案 2 的经济效果 E_1 和 E_2 就可以表示为 x 的函数：

$$E_1 = f_1(x);\ E_2 = f_2(x)$$

当两个方案的经济效果相同时，有

$$f_1(x) = f_2(x)$$

解出使这个方程成立的 x，即为方案 1 与方案 2 的“盈亏平衡点”，也就是决定这两个方案孰优孰劣的临界点。如果再结合对不确定因素 x 未来的取值范围，便可以进行比选决策。

例 8-3　生产某种产品有三种工艺方案，采用方案 1 时，年固定成本为 800 万元，单位产品变动成本为 10 元；采用方案 2 时，年固定成本 500 万元，单位产品变动成本为 20 元；采用方案 3 时，年固定成本 300 万元，单位产品变动成本为 30 元。分析这三个方案的适用生产规模。

解：三个方案的年总成本均可表示为产量 Q 的函数：

$$C_1 = C_{f1} + C_{v1}Q = 800 + 10Q$$

$$C_2 = C_{f2} + C_{v2}Q = 500 + 20Q$$

$$C_3 = C_{f3} + C_{v3}Q = 300 + 30Q$$

各方案的年总成本函数曲线如图 8-3 所示。

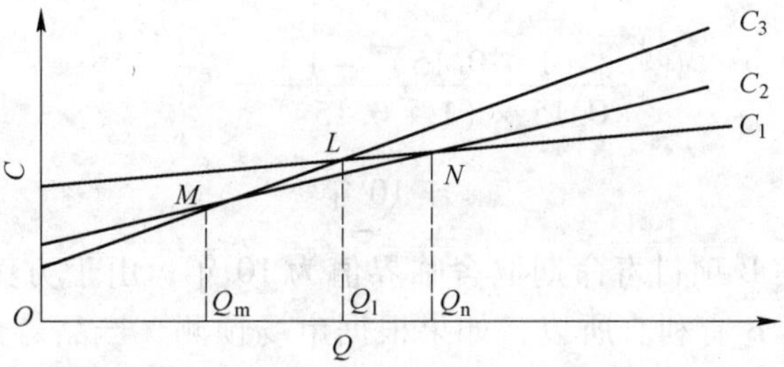

图 8-3　方案 1、方案 2、方案 3 的盈亏平衡比选

由图可以看出，三个方案的年总成本函数曲线两两相交于 M、L、N 三点，各交点所对应的产量就是相应两个方案的盈亏平衡产量。Q_m 是方案 2 与方案 3 的盈亏平衡产量，Q_l 是方案 1 与方案 3 的盈亏平衡产量，Q_n 是方案 1 与方案 2 的盈亏平衡产量。显然，当项目的产量 $Q < Q_m$ 时，第 3 方案的总成本最小，而当 $Q_m < Q < Q_l$ 时采用方案 2 总成本会最小，当 $Q > Q_n$ 时，则应采用方案 1。

当 $Q = Q_m$ 时，$C_2 = C_3$，即

$$C_{f2} + C_{v2}Q_m = C_{f3} + C_{v3}Q_m$$

于是
$$Q_m = \frac{C_{f2} - C_{f3}}{C_{v3} - C_{v2}} = \frac{500 - 300}{30 - 20} = 20 \text{ 万件}$$

当 $Q = Q_n$ 时，$C_1 = C_2$，即

$$C_{f1} + C_{v1}Q_n = C_{f2} + C_{v2}Q_n$$

于是
$$Q_n = \frac{C_{f1} - C_{f2}}{C_{v2} - C_{v1}} = \frac{800 - 500}{20 - 10} = 30 \text{ 万件}$$

由此可知，当预期产量低于 20 万件时，应采用方案 3；当预期产量在 20 万件至 30 万件之间时，应采用方案 2；当预期产量高于 30 万件时，应采用方案 1。

在例题中，我们是用产量作为盈亏平衡分析的共有变量，根据年总成本的高低判断方案的优劣。还可以根据实际需要，选用投资额、产品价格、经营成本、贷款利率、项目寿命期、期末固定资产残值等作为方案间盈亏平衡分析比选的共有变量，而用净现值、净年值、内部收益率等作为衡量方案经济效果的评价指标。

例 8-4　生产某种产品有两种方案，方案 A 初始投资为 50 万元，预期年净现金流量为 15 万元；方案 B 初始投资 150 万元，预期年净现金流量为 35 万元。该产品的市场寿命具有较大的不确定性，如果给定基准折现率为 15%，不考虑期末资产残值，试计算两方案的项目寿命期取舍临界值。

解：设产品的寿命期为 x，则两个方案的净现值分别为：

$$\mathrm{NPV_A} = -50 + 15(P/A, 15\%, x)$$

$$\mathrm{NPV_B} = -150 + 35(P/A, 15\%, x)$$

当 $\mathrm{NPV_A} = \mathrm{NPV_B}$ 时，有

$$-50 + 15(P/A, 15\%, x) = -150 + 35(P/A, 15\%, x)$$

$$(P/A, 15\%, x) = 5$$

即：

$$\frac{(1 + 0.15)^x - 1}{0.15 \times (1 + 0.15)^x} = 5$$

$$x \approx 10 \text{ 年}$$

这样方案 A 与方案 B 项目寿命期取舍临界值为 10 年，由于方案 B 年净收益比较高，项目寿命期延长对方案 B 有利。所以，如果根据市场预测，产品寿命期少于 10 年，应采用方案 A，如果寿命期在 10 年以上，则应采用方案 B。

第三节　敏感性分析

敏感性分析是建设项目评价中应用十分广泛的技术，用以考察项目的各种不确定因素对项目基本方案经济评价指标的影响，找出敏感性因素，估计项目效益对它们的敏感程度，粗略预测项目可能承受的风险，为下一步的风险分析打下基础。

敏感性分析侧重于对最敏感的关键因素（一般为不利因素）及其敏感程度进行分析。通常分析单个因素变化，必要时也可分析两个或多个不确定因素变化对项目经济效益指标的影响。因此，相应地，就有单因素敏感性分析和多因素敏感性分析。还可根据项目评价内容的不同，如经济评价中对经济净现值、经济内部收益率所作的敏感性分析，称为经济敏感性分析，对财务评价指标所作的敏感性分析，称为财务敏感性分析。

一、两种不同的敏感性分析思路

（一）通过影响因素发生变化引起评价指标变化程度的衡量进行分析

该思路遵循的是影响因素到评价指标的分析路径。在该思路下，因素对经济评价指标的影响程度可用敏感系数来反映，即项目评价指标变化的百分率与不确定因素变化百分率之比，敏感度系数高，表示项目效益对该不确定因素的敏感程度高。敏感系数可表示为：

$$S_{\mathrm{AF}} = \frac{\Delta A/A}{\Delta F/F}$$

式中，S_{AF} 表示评价指标 A 对于不确定因素 F 的敏感系数；$\Delta F/F$ 表示不确定因素 F 的变化

率；$\Delta A/A$ 表示不确定因素 F 发生 $\Delta F/F$ 变化率时评价指标 A 的相应变化率。显然，$S_{AF}>0$ 表示评价指标与不确定因素同方向变化，$S_{AF}<0$ 表示评价指标与不确定因素反方向变化，$|S_{AF}|$ 较大者敏感度高。

（二）通过评价指标处于临界点时因素不利变化的最大范围进行分析

该思路遵循的是从评价指标到影响因素的研究路径。在该思路下，先让经济评价指标处于方案取舍的临界点，如净现值为0，财务内部收益率等于财务基准收益率，经济内部收益率等于社会折现率等，从而求出主要影响因素的值，该值就是影响因素发生不利变化时的最大容忍值，当不利因素发生不利变化并超过此容忍值时，项目或方案便不可行，由此实现对项目经济评价的敏感性分析，常借用敏感性分析图进行分析。

实践中，可把敏感性分析的两种思路结合起来，综合运用。

二、敏感性分析的步骤

敏感性分析可按以下步骤进行：

第1步，选择需要分析的不确定因素，并设定这些因素的变动范围。

影响投资方案经济效果的不确定因素有很多，严格来说，凡影响方案经济效果的因素都在某种程度上对项目经济效果产生影响。但没有必要也不可能对所有不确定因素都进行敏感性分析，可以根据以下原则选择主要不确定因素：预计在可能的变动范围内，因素的变动将会比较强烈地影响方案的经济效果指标，对在确定性经济分析中，若分析人员对所使用的因素数据准确性把握不大，对这类因素就要给予更多的关注。

对一般工业投资项目而言，敏感性分析的因素通常从下列因素中选定：（1）投资额，包括固定资产投资与流动资金占用，根据需要还可将固定资产投资划分为设备费用、建筑安装费用等；（2）项目寿命期、项目建设期、投产期、达产期；（3）产品产量及销售量；（4）产品价格；（5）经营成本，特别是其中的变动成本；（6）项目寿命期末的资产残值；（7）折现率；（9）汇率等。

在选择出需要分析的不确定因素后，根据实际情况，设定因素的合理变动范围。通常，不确定因素变化的百分率从确定性分析中所采用的数值开始变动，且因素每次变动的幅度（增或减的百分数）相同，如选择 ±5%、±10%、±15%、±20% 等，对于不便用百分数表示的因素，例如建设工期，可采用延长或缩短一定时间如一年进行选择。

第2步，确定分析指标。

建设项目经济评价有一套完整的指标体系，敏感性分析时可选定其中一个或几个主要指标进行分析，最常见的是选择内部收益率和净现值，也可根据实际情况选择动态投资回收期等评价指标进行敏感性分析。但由于敏感性分析是在确定性经济评价的基础上进行的，所以，敏感性分析的经济评价指标应与确定性分析所使用的指标一致，不宜超出确定性分析所用指标的范围。

第3步，假设因素发生不同程度的变化，分别计算评价指标的变化结果。

计算各不确定因素在可能的变动范围内发生不同幅度变动导致方案经济效果指标的变动结果，建立起二者在数量上的一一对应关系，并以图或表的形式加以表示。

第4步，确定敏感因素，判断方案的风险程度和提出方案比选的建议。

所谓敏感因素就是其数值变动能显著影响方案经济效果的因素。根据敏感程度，确定敏感因素，对敏感因素进一步分析，揭示确定性分析结论的风险，对方案选择提出建议等。

三、单因素敏感性分析

单因素敏感性分析是在假定其他因素不变的情况下，仅就某一个不确定因素的变动对方案经济效果的影响所进行的分析。单因素敏感性分析，在分析方法上类似于数学上多元函数的偏微分。

下面通过实例，介绍单因素敏感性分析的过程。

例 8-5 用于某一项目投资方案确定性经济评价的现金流量如表 8-1 所示，表中数据是分析人员在对项目未来最可能出现的情况综合预测估算并确定的，实际上，投资额、经营成本和产品价格均有可能在 ±20% 的范围内变动。设基准折现率为 10%，不考虑所得税，试分别就这三个不确定因素作单因素敏感性分析。

表 8-1 例 8-5 投资方案确定性分析现金流量表 （万元）

计算期	0	第 1 期	第 2 ~ 第 10 期	第 11 期
投资额	15000			
销售收入			19800	19800
经营成本			15200	15200
期末资产残值				2000
净现金流量	-15000	0	4600	4600 + 2000

解： 设投资额为 K，年销售收入为 B，年经营成本为 C，期末资产残值为 L。用净现值指标评价方案的经济效果，则 NPV 为：

$$NPV = -K + (B - C)(P/A,10\%,10)(P/F,10\%,1) + L(P/F,10\%,11)$$

按照表中的数据

$$NPV = -15000 + 4600 \times 6.144 \times 0.9091 + 2000 \times 0.3505 = 11394 \text{万元}$$

这就是项目投资方案在确定性分析时获得的净现值。

下面对净现值指标分别就投资额、产品价格和经营成本三个不确定因素作单因素敏感性分析：

设投资额变动的百分比为 x，投资额发生变动后，方案净现值变为：

$$NPV_x = -K(1 + x) + (B - C)(P/A,10\%,10)(P/F,10\%,1) + L(P/F,10\%,11)$$

设经营成本变动的百分比为 y，经营成本变动后方案净现值变为：

$$NPV_y = -K + [B - C(1 + y)](P/A,10\%,10)(P/F,10\%,1) + L(P/F,10\%,11)$$

设产品价格变动的百分比为 z，产品价格变动后将导致销售收入变动，销售收入变动的比例与产品价格变动的比例相同，故此时方案净现值变为：

$$NPV_z = -K + [B(1 + z) - C](P/A,10\%,10)(P/F,10\%,1) + L(P/F,10\%,11)$$

按照上述三个公式，分别取不同的 x、y、z 值，便可计算出各不确定因素在不同变动幅度下方案的净现值，计算结果如表 8-2 所示。

表 8-2 不确定因素变动对净现值的单因素影响 （万元）

变动率 不确定因素	-20%	-10%	0	+10%	+20%
投资额	14394	12894	11394	9894	8394
经营成本	28374	19884	11394	2904	-5586
产品价格	-10725	335	11394	22453	33513

在表 8-2 中，第 1 横行表示变动率，第 1 纵列表示单因素，第 2 行第 2 列上的数字表示在其他因素不变的情况下，如果投资额在原有的 15000 万元基础上减少 20%，那么整个方案的净现值将增加为 14394 万元；同样，第 3 行第 3 列上的数字表示在其他因素不变的情况下，如果经营成本在原有的 15200 万元基础上减少 10%，那么整个方案的净现值将增加为 19884 万元；而第 4 行第 5 列上的数字表示在其他因素不变的情况下，如果产品价格在原有基础上提高 10%，那么整个方案的净现值将增加为 22453 万元。因此，表 8-2 已经反映了净现值指标对三个因素单一变化的敏感性，这样的表可称之为单因数敏感分析表。

单因数敏感分析的结果还可以通过绘制单因素敏感分析图表示出来。将投资额、经营成本和产品价格（或销售收入）发生一定比例变动导致净现值变化的曲线分别画在图 8-4 上，便形成本例的单因素敏感分析示意图。

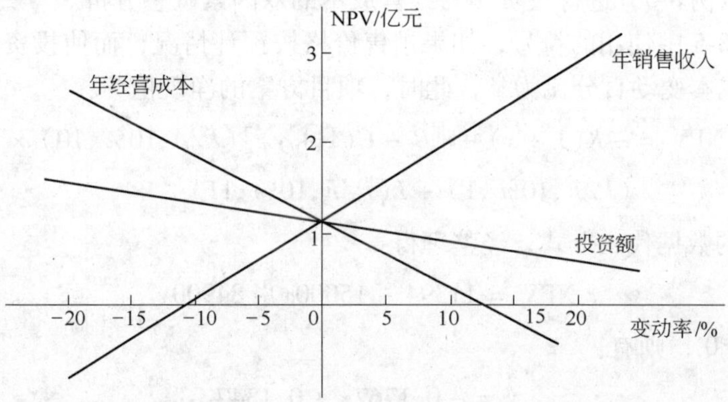

图 8-4 例 8-5 单因素敏感性分析图

在图 8-4 中，三条直线都交于纵轴的（0，11394 万元）的位置，表示确定性分析时的净现值为 11394 万元。横坐标表示因素变动的百分比，纵轴表示方案净现值；坐标图上的投资额线表示总投资变动百分比与方案净现值之间的关系，年销售收入线表示年销售收入变动百分比与方案净现值之间的关系，年经营成本线表示年经营成本变动百分比与方案净现值之间的关系。

在敏感性分析图中单因素敏感直线的陡度越大，项目评价指标对该因素变动越敏感；反之，直线越平缓，项目评价指标对该因素变动越不敏感。对于本例，由单因素敏感分析表和单因素敏感分析图可以看出，在同样的变动率下，产品价格变动对方案净现值的影响最大，经营成本的影响次之，投资额变动的影响最小。

分别使用前面的三个公式，不难计算出，当 NPV = 0 时，$x=76.0\%$；$y=13.4\%$；$z=-10.3\%$，它们分别是三条单因素敏感直线与横轴交点对应的变动率。表示只有在投资额增加幅度超过 76.0%、年经营成本增加幅度超过 13.4%或者产品价格下降 10.3%时，方案的决策结果才会发生质的变化。由此，方案对投资额变动的风险承受能力最强，而对价格变动和年经营成本变动的风险承受能力最弱。

如果实施这一方案，维持商品价格和严格控制经营成本将是提高项目经济效益的重要途径。至于投资额显然不是本方案的敏感因素，即使增加20%甚至更多一些也不会影响到该方案的可行性。

四、双因素敏感性分析

在进行单因素敏感性分析过程中，计算某一不确定因素对经济效果指标的影响总是以其他因素不变为前提的。实际上，因素变动具有相关性，一个因素变动往往伴随着其他因素的变动。例如生产电动汽车的投资方案，如果世界市场上石油价格上涨，电动汽车的市场需求量就可能增加，从而导致销售量和产品价格的上升，然而，石油价格上升的同时会引起生产资料价格的上涨，这将导致方案生产成本的增加。所以，单因素敏感性分析有其局限性。改进的方法是进行多因素敏感性分析，即考察多个因素同时变动对方案经济效果的影响，以判断方案的风险承受能力以及方案对因素变动的敏感性。

下面以实例的方式，介绍双因素敏感性分析的过程。

例 8-6　仍以例 8-5，进行投资额与经营成本的双因素敏感分析。

解：沿用例 8-5 中使用的符号，如果销售价格按预计情况，而使投资额变动百分比为 x，同时年经营成本变动百分比为 y，此时，项目方案的净现值为：

$$\mathrm{NPV} = -K(1+x) + [B - C(1+y)](P/A,10\%,10) \times (P/F,10\%,1) + L(P/F,10\%,11)$$

将表 8-1 中的数据代入上式，经整理得：

$$\mathrm{NPV} = 11394 - 15000x - 84900y$$

若令 NPV = 0，则有：

$$y = -0.1767x + 0.1342$$

这是一个直线方程。可将其绘制在坐标图上，便形成双因素敏感分析图，如图 8-5 所示。

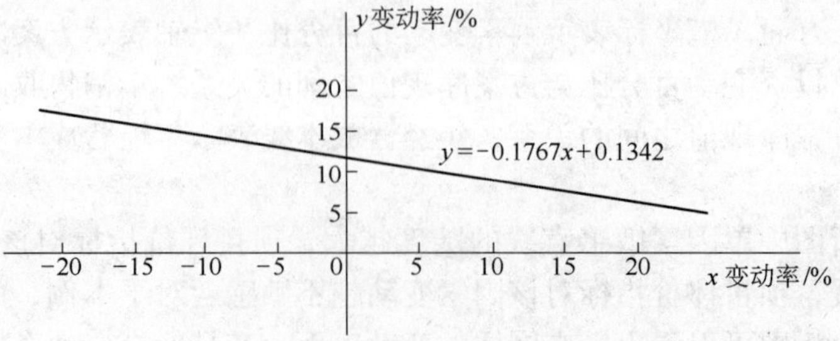

图 8-5　例 8-6 双因素敏感分析图

图 8-5 显示了 NPV =0 这一临界线。在临界线上，NPV =0，在临界线左下方的区域，根据 x、y 的性质，可知此时 NPV >0，在临界线右上方的区域，NPV <0。也就是说，如果投资额与经营成本同时变动，只要变动范围不超出临界线左下方的区域（包括临界线上的点），方案都是可以接受的。

在图 8-5 中，x 轴表示总投资额变动率；y 轴表示年经营成本变动率；图上的斜线表示当净现值为 0 时，投资额变动率与年经营成本变动率的组合，在线上的每一变动率组合下，NPV =0。所以，双因素敏感分析图上的线具有特定的含义。对于本例，由于投资额和年经营成本的性质均为成本，因此，在线的右边，所有投资额与年经营成本变动率的组合都会使 NPV <0，而在线上的组合均使 NPV =0，线左边的所有组合均使 NPV >0。

于是，投资额和年经营成本变动率组合线提供了方案取舍的临界线。对于本例，线的左边区域是方案接受区，线的右边表示方案拒绝区。

五、多因素敏感性分析

最一般的敏感分析是多因素敏感分析。多因素敏感分析要考虑多个不确定因素同时发生变动，计算起来要比单因素或双因素敏感分析时要复杂得多。但如果需要分析的不确定因素不超过三个，而且经济效果指标的计算比较简单，仍可以通过解析法与作图法相结合进行分析。

为能在平面图上直观反映多因素敏感分析的结果，下面以实例介绍三因素敏感分析的过程。

例 8-7 仍以例 8-5，试同时考虑投资额、年经营成本和产品价格同时变动的三因素敏感分析。

解：设投资额、年经营成本和产品价格的变动率分别为 x，y，z，此时方案的净现值为：

$$\begin{aligned}\mathrm{NPV} = &-K(1+x)+[B(1+z)-C(1+y)](P/A,10\%,10)\times \\ &(P/F,10\%,1)+L(P/F,10\%,11)\end{aligned}$$

代入确定性分析时的数据（见表 8-1），经整理得：

$$\mathrm{NPV} = 11394 - 15000x - 84900y + 110593z$$

令 NPV = 0，同时取不同的产品价格变动幅度 z 代入上式，可以得到一组 NPV = 0 的临界线方程：

当 $z = +20\%$ 时，$y = -0.1767x + 0.3947$

当 $z = +10\%$ 时，$y = -0.1767x + 0.2645$

当 $z = -10\%$ 时，$y = -0.1767x + 0.0039$

当 $z = -20\%$ 时，$y = -0.1767x - 0.1263$

每给定一个价格的变动率 z，便可以得到一条关于投资额与年经营成本变动率的双因素临界线。此时，三因素敏感分析问题实际上已被转化为双因素敏感分析。在坐标图上，这是一组平行线，它们共同形成了三因素敏感分析图，如图 8-6 所示[1]。在图中仅画出了

---

[1] 本例的一组三因素敏感线十分靠近，为了反映三因素敏感分析图上各线的差异，这里适当加大了各线之间的距离。

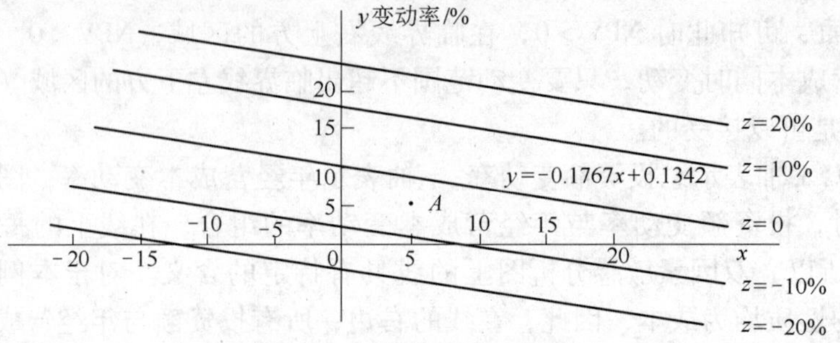

图 8-6　例 8-7 三因素敏感分析图

5 条双因素敏感曲线，但一系列平行的双因素敏感线整体形成了三因素敏感分析图。

由图 8-6 可以看出，产品价格上升，临界线往右上方移动，产品价格下降，临界线往左下方移动。

有了三因素敏感分析图，便可以针对影响因素未来可能出现的变动方向和程度，对方案取舍作出判断。在图中，标出了一个点 A，此时，点 A 对应的是投资额增加 5%，而年经营成本增加 6%，此时，由于 A 点在 $z=0$ 线的左边，因此，当销售价格为预期价格时，对应的 NPV >0，方案是可以接受的，但若在投资额增加 5%，年经营成本增加 6% 的同时，销售价格下降了 10%，此时 A 点已经在 $z=-10\%$ 线的右边，NPV <0，所以，出现这样的情况，应该拒绝该方案。

敏感性分析在一定程度上就各种不确定因素变动对方案经济效果的影响作了定量描述，这有助于决策者进行投资方案的比选，也有助于管理者在项目实施过程中，有针对性地根据项目对主要因素的风险承受能力，对敏感性因素进行调控，实现项目的经济效益目标。

但是，敏感性分析没有考虑各种不确定因素在未来发生各种变动率的概率，这可能会影响到敏感性分析结论的准确性。实际上，不确定因素在未来发生不同幅度变动的概率并不相等。可能会出现这样的情况，通过敏感性分析所找到的某一敏感因素在未来发生不利变动的概率很小，此时，该因素给项目所带来的风险并不大，以至于可以忽略。相反，虽然经济评价指标对某一因素不是十分敏感，但由于该因素发生不利变动的概率极大，仍然是工程经济分析人员和项目管理者需要十分关注的。类似的问题是敏感性分析所无法解决的，需要再借助概率分析方法进行深度分析。

第四节　概率分析

大量的社会经济现象都具有概率性质，因此，不确定因素的变动及项目经济效果指标都具有概率性，影响因素和经济评价指标都可看成是随机变量。工程经济评价中的概率分析就是通过不确定性因素的概率分布，找出经济效果评价指标的概率分布，据此判断项目可能发生的风险和项目目标实现的可能性。

概率分析可用于对方案的比选，也可以用于对单个方案的风险分析。下面主要介绍工程经济评价概率分析中的基本分析方法。而约当量分析法、正态分布分析法、决策树分析法等更多概率分析方法可参看相关概率论与数理统计书籍。

在受不确定因素影响下，项目经济效果评价指标就不是一个确定值，期望值和标准差是描述经济评价指标分布特征的重要参数。

一、期望值

在大量重复事件中，期望值就是随机变量取值的平均值，也是最大可能取值，它最接近实际真值。

设 X 表示随机变量，可能有 m 种取值，$P_j(X)$ 表示该随机变量出现 X_j 时的概率，则期望值 $E(X)$ 可按下式计算：

$$E(X) = \sum_{j=1}^{m} X_j P_j(X)$$

式中，$\sum_{j=i}^{m} P_j(X) = 1$。

例 8-8　某项目的投资决策有两个方案。方案一是大规模生产方案，通过计算，该方案在没有竞争对手的情况下可获得净现值 3000 万元，在有竞争对手的情况下净现值为 -500万元；方案二是小规模生产方案，该方案在没有竞争对手情况下可获净现值 1800 万元，在有竞争对手情况下可获净现值 1300 万元。经征求多方意见，认为“有竞争”的概率为 0.25，“没有竞争”的概率为 0.75。试求这两个方案的期望值，并确定最优方案。

解：对于大规模方案，其净现值的期望值为：

$$E(X)_{大} = 3000 \times 0.75 - 500 \times 0.25 = 2125 \text{ 万元}$$

对于小规模方案，其净现值的期望值为：

$$E(X)_{小} = 1800 \times 0.75 + 1300 \times 0.25 = 1675 \text{ 万元}$$

根据期望值最大准则，大规模方案最有可能的净现值是 2125 万元，大于小规模的方案，因此，此时应该选择大规模生产方案。

显然，这里要判断出 0.25 和 0.75 即事件的概率分布是很困难的。

工程经济评价中，概率分布可以通过两种途径获得。一是参照历史积累的统计数据，以历史数据形成的概率分布为基础进行预测，这就是客观概率分析。例如，某种消费品的销售量的时间分布、某一时期（或季节）的洪水水位、降雨量等，都可以根据历史记录，得出未来的概率分布，据此获得项目经济评价指标的概率分布。概率分析如果不是基于历史统计数据，而是通过相关人员的判断和估计，这样的概率分析称之为主观概率分析。

二、获取事件概率分布的简单方法（六分法）

将事件未来可能出现的情况限定为最乐观、最可能、最悲观的三种，并分别以 1/6、4/6、1/6 为这三种情况的概率。

这种获取概率分布的方法虽然简单，但实际已经假设事件概率分布符合“正态分布”，因此是获取概率分布的常见方法之一。

例 8-9　根据市场前景估计和计算，某项目内部收益率指标可能有三种结果：一是最乐观估计，项目的内部收益率为 28%；二是最可能估计，项目内部收益率为 18%；三是最悲观估计，项目内部收益率为 11%，试求该项目的内部收益率期望值。

解：该项目的内部收益率期望值为：

$$E(X)=\frac{\Sigma Xf}{\Sigma f}=\frac{28\%\times 1+18\%\times 4+11\%\times 1}{6}=18.5\%$$

应该指出的是，当事件多次重复发生时，期望值是一个可靠指标，但对于像建设项目投资之类的经济行为实际只能发生一次，此时，期望值的可靠性很低，因此，还应配合其他指标进行分析和判断。

三、标准差

标准差可用来表示随机变量的离散程度，即随机变量与其期望值之间的偏离程度。标准差可用下式计算：

$$\sigma=\sqrt{\sum_{j=1}^{m}(X_j-\overline{X})^2P_j(X)}$$

式中，$\overline{X}$ 表示随机变量的平均数或期望值。

如果认为项目经济评价指标服从正态分布，则可建立其置信区间：

$$E(X)\pm t\sigma$$

式中，t 为概率度，其值可通过正态分布表依据不同的置信度查表求得，如置信度为 95% 时，$t=1.96$。

例 8-10　某项目有两个方案可供选择。方案甲净现值为 4000 万元，标准差为 600 万元；方案乙净现值为 2000 万元，标准差为 400 万元。试以 95% 的置信度（即风险率不超过 5%），选择项目。

解：方案甲的置信区间为 $4000\pm1.96\times600$ 万元，即（2824 万元，5176 万元）。其含义是方案甲的净现值在 2824 万元至 5167 万元之间的可能性为 95%。

方案乙的置信区间为 $2000\pm1.96\times400$ 万元，即（1216 万元，2784 万元）。其含义是方案乙的净现值在 1216 万元至 2784 万元之间的可能性为 95%。

通过置信区间比较，不难看出应该选择甲方案。

四、期望值与标准差之间的权衡

期望值与标准差从不同角度反映项目经济评价指标未来可能出现的情况，如果出现不一致，常按下列原则进行权衡。

如果两个方案的期望值相同，则标准差大的方案，风险也大，由于人们总是回避风险的，因此，标准差小的方案是优方案。

如果两个（甲与乙）方案的期望值不相同，便可能有几种情况。一是方案甲期望值大，标准差却小，则方案甲无疑为优方案；二是方案甲期望值小，标准差却大，则方案乙为优方案；三是方案甲期望值大，但标准差也大，则两方案取舍就比较困难。怕担风险的决策者常常挑选方案乙，但这样的选择同时也失去了获取较高经济效益的机会。

最一般的情况是通过计算标准差系数，标准差系数是反映期望值代表性大小的指标。标准差系数 V 可表示为：

$$V = \frac{\sigma}{E}$$

一般而言，标准差系数越小，期望值的代表性越大，以项目或方案的期望值大小进行选择时，把握性越大，风险就越小。

例 8-11 A、B 两个项目的净现值分别为 500 万元和 200 万元，其标准差分别为 200 万元和 150 万元。试比较它们的风险。

解： 显然，A 项目的标准差大，那是否意味着其风险就一定大于 B 项目了？答案是否定的，下面比较它们的标准差系数：

$$V_A = \frac{200}{500} = 0.4$$

$$V_B = \frac{150}{200} = 0.75$$

通过比较两方案的标准差系数，可知选择 A 项目比 B 项目的风险小。

第五节 Excel 在不确定性分析中的应用

不确定性分析涉及到图形的绘制，因此，本节通过一个实例展示运用 Excel 进行盈亏平衡分析和盈亏平衡图绘制的完整过程。至于通过 Excel 进行单因素、双因素等敏感性分析以及敏感性分析图绘制可用类似的方式进行计算或绘制。

例 8-12 仍以例 8-1，运用 Excel 求以产量、生产能力利用率、销售价格、单位变动成本表示的盈亏平衡点，并绘制盈亏平衡图。

解： 启动 Excel 软件，按图 8-7 式样，建立盈亏平衡点计算的指标框架。

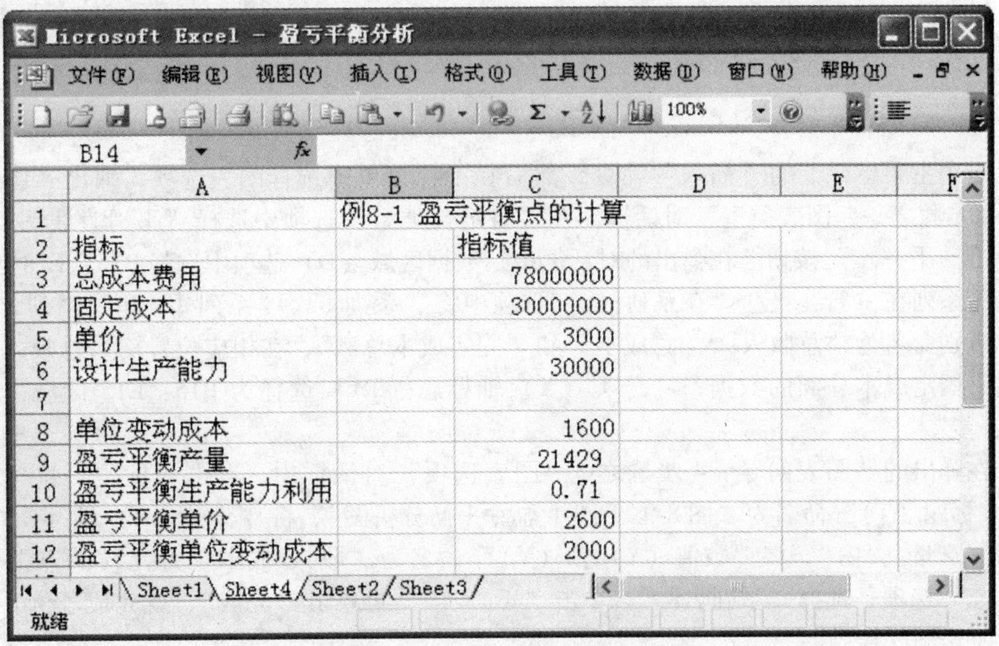

	A	B	C	D	E	F
1		例8-1 盈亏平衡点的计算				
2	指标		指标值			
3	总成本费用		78000000			
4	固定成本		30000000			
5	单价		3000			
6	设计生产能力		30000			
7						
8	单位变动成本		1600			
9	盈亏平衡产量		21429			
10	盈亏平衡生产能力利用		0.71			
11	盈亏平衡单价		2600			
12	盈亏平衡单位变动成本		2000			

图 8-7 盈亏平衡指标的计算

在相应单元格输入公式：C3 = 78000000，C4 = 30000000，C5 = 3000，C6 = 30000，从而完成基础数据的输入。

按照正常情况下单位变动成本、盈亏平衡产量、盈亏平衡生产能力利用率、盈亏平衡销售单价、盈亏平衡单位变动成本的计算公式，分别在相应单元格式输入以下公式：

C8 = (C3 - C4)/C6，C9 = C4/(C5 - C8)，C10 = C9/C6，C11 = C8 + C4/C6，C12 = C5 - C4/C6，从而完成盈亏平衡 4 个指标的计算。

下面绘制盈亏平衡图。

按图 8-8 的式样，建立盈亏平衡图数据表的指标框架。在相应单元格输入以下公式：B15 = 0，C15 = 10000，D15 = 20000，E15 = 30000，B16 = C5 * B15，B17 = C4 + C8 * B15，B18 = C4，然后选择 B16：B18 区域，拖曳其右下角的填充柄至单元格 E18，出现与产量 0、10000、20000 和 30000 相对应的总收入、总成本和固定成本总额，从而完成盈亏平衡图绘制的数据表，如图 8-8 所示。

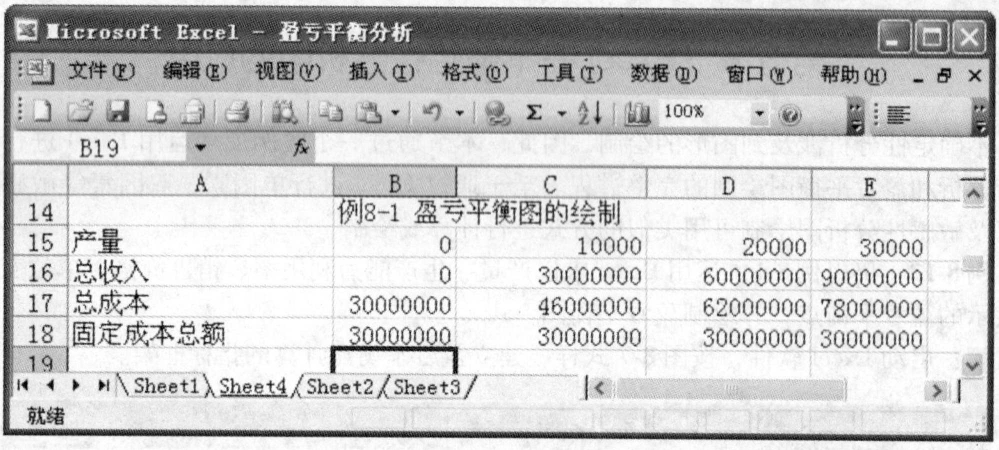

	A	B	C	D	E
14		例8-1 盈亏平衡图的绘制			
15	产量	0	10000	20000	30000
16	总收入	0	30000000	60000000	90000000
17	总成本	30000000	46000000	62000000	78000000
18	固定成本总额	30000000	30000000	30000000	30000000
19					

图 8-8　盈亏平衡图的绘制

点击主菜单栏上的“插入”命令，然后在下拉菜单中选择图表选项，弹出“图表向导→4 步骤之一→图表类型”对话框。在“自定义类型”选项中选择“平滑直线图”，然后单击“下一步”按钮。在弹出的对话框中，数据区域（D）选项中选择 B15：E18 区域，并选择系列在“行”产生。在系列（S）选项中将“系列 1”、“系列 2”和“系列 3”的名称分别命名为“总收入”、“总成本”和“固定成本总额”，在相应位置输入总收入、总成本、固定成本总额的数据；“分类（X）轴标志（T）”选择为 B15：E15 区域，单击“下一步”。

在弹出的“图表向导 - 4 步骤之 3→图表选项”对话框中，点击“标题”选项，将“图表标题（T）”命名为“图 8-9　例 8-1 盈亏平衡分析图”，将“分类（X）轴（C）”命名为“产量（件）”，将“数值（Y）轴（V）”命名为“收入/成本（万元）”。点击“数据标志”选项，选择“系列名称”。单击“下一步”，再单击“完成”，就完成了例 8-1 的盈亏平衡图的绘制。

对所生成的图形作适当视觉处理。如本例中收入或成本由于单位太小，所以其数值均较大，为此点击图中的刻度数据，并点击显示的坐标轴格式，出现坐标轴格式对话框，将刻度“显示单位”改为“万”，再对标题、直线形状等进行适当调整，便得到图 8-9。

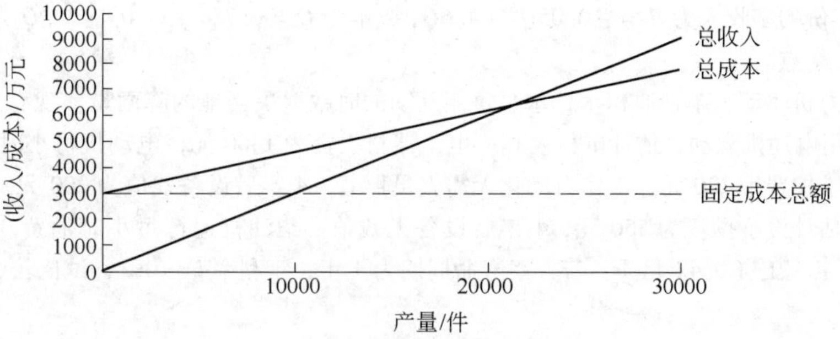

图 8-9 例 8-1 盈亏平衡分析图

思考题及习题

1. 什么是工程经济评价中的不确定性分析？
2. 为什么要进行不确定性分析？
3. 不确定性分析的步骤是什么？
4. 可沿用哪两种思路进行敏感性分析？主要区别是什么？
5. 谈谈单因素敏感分析、双因素敏感分析以及三因素敏感分析的联系。
6. 为什么在敏感性分析的基础上还要进行概率分析？
7. 以下是某项目财务评价中某一方案的净现值的敏感性分析图，其中 *X*、*Y*、*Z* 分别表示项目的总投资的增长率、年经营成本的增长率、年销售收入的增长率。
   (1) 说明目前现金流量情况下的净现值是多少？
   (2) 说明左图和右图的坐标轴各代表什么？选择图上的一条线，说明其含义。
   (3) 若该项目只有未来的投资比预期的增加 5%，那么是否接受该方案？
   (4) 若该项目未来的投资和年经营成本均会增加 3%，此时是否可以接受该方案？
   (5) 若该项目未来的投资比预期减少 5% 且经营成本下降 10%，而价格下降 10%，对方案的取舍又有什么影响呢？

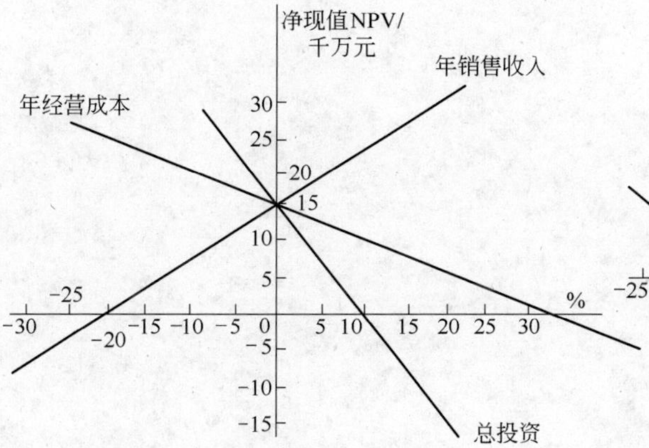

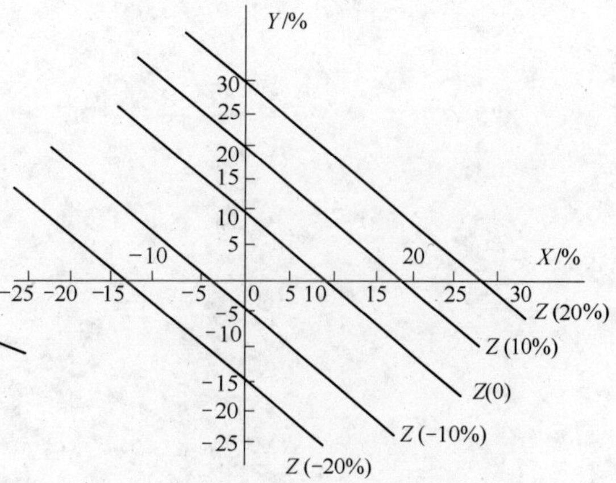

8. 某项目年设计生产能力为4000件，单位产品售价为50元，固定成本为30000元，单位产品变动成本为35元，求以产量、生产能力利用率、销售价格、单位变动成本表示的盈亏平衡点，并以产量为研究对象绘制盈亏平衡分析图。

9. 某项目正常年份的年收入为 $B = -0.05Q^2 + 4.6Q$，成本为 $C = 0.7Q^2 - 0.4Q + 3$，Q 为产量，求以产量表示的盈亏平衡点。

10. 需要一台动力机驱动水泵抽取积水，水泵每年开动的时数取决当地的降雨量。现有两方案可供选择。A方案：采用电动机驱动，估计电机及相应电工器材投资为1400元，电动机每小时运行电费为0.84元/h，每年维护费用120元，工作自动化无需人员照管。4年后设备残值为200元。B方案：采用柴油机驱动，估计设备投资为550元，4年后设备无残值。柴油机运行每小时油费0.8元/h，维护费0.15元/h。工人工资0.42元/h。若方案寿命周期为4年，年利率 $i = 10\%$，试比较A、B两方案的经济可行性。

11. 某项目的寿命期为10年，年初始投资50万元，建设期一年，第2年到第10年每年销售收入为40万元，经营成本25万元，第10年末资产残值为5万元。由于对未来经济环境的某些因素把握不大，投资额、年经营成本和年销售收入均有可能在 ±20% 范围内变动。设基准折现率为10%，对上述三个不确定性因素作单因素敏感性分析。

12. 某企业计划投资一个项目，投资额为10000元，寿命期为5年，年收入为5000元，年支出为2000元，基准收益率为8%。现假定最关键的因素是投资额和年收入，试进行双因素敏感性分析。

第九章　经济费用效益评价

本章学习目标

重点掌握项目经济费用效益评价的概念、必要性及其评价思路；经济费用、效益的识别与计量处理方式；影子价格的概念与计算方法；经济费用效益评价指标、参数和报表。了解项目财务评价与经济费用效益评价的区别与联系，我国项目经济费用效益评价的基本要求。

第一节　经济费用效益评价相关问题

本节主要对项目经济费用效益评价概念、开展经济费用效益评价的必要性、评价思路以及经济费用效益评价与财务评价的区别与联系进行阐述。

一、经济费用效益评价概念、必要性、范围

（一）经济费用效益评价概念

项目经济费用效益评价又称项目国民经济评价或项目经济分析❶，是工程项目经济评价的重要组成部分，是按照国家资源合理配置的原则，从国家整体角度，用货物的影子价格计算和考察项目的效益和费用，综合评价项目对国民经济带来的净贡献，继而对项目进行经济评价的过程。

（二）经济费用效益评价的必要性

项目首先要能满足企业或投资者对项目经济效益的要求，不仅如此，还要符合国家产业发展的需要并有利于国民财富的增加。因此，项目经济评价实际上包含两个方面的内容，即针对企业或投资者层面的财务评价和针对国家或社会财富层面的经济费用效益评价。

项目在企业和国家层面的效益评价通常是同向的，但也存在不一致的两种情况，一种是项目在企业或投资者层面上表现为有效益或效益明显，但这一项目未推动国民财富的增加；另一种情况是项目在国家和社会财富层面表现为有效益或效益明显，但这一项目并不表现为显著增加企业或投资者的经济效益。这就是项目财务评价与项目经济费用效益评价的异向。

---

❶ 在《建设项目经济评价方法与参数》（第三版）中称为经济费用效益评价。

导致项目财务评价与项目经济费用效益评价异向的原因至少有以下两个方面：

一是市场的失灵。财务评价可以反映建设项目给企业或投资者带来的直接效果，但由于市场失灵总是存在的，市场的失灵或垄断的存在导致项目的产出和所耗用的资源被过高或过低地反映，形成投入物或产出物的价格扭曲。例如，对于基础设施项目如教育项目、市政设施项目等，由于这类项目的产品价格不能充分反映项目对社会的贡献，往往出现项目的财务效益不明显甚至是亏损，但项目却具有较好的经济费用效益。

二是费用与效益不一致。费用和效益的不一致表现为项目在费用和效益主体上的不一致、费用和效益范围上的不一致。费用与效益不一致导致项目财务评价时所采用的财务费用和效益不能将建设项目所消耗的全部资源和所产生的全部效果完整地反映出来。例如，当项目的收益主体（企业）和污染物的治理主体（国家）不一致时，对于环境污染巨大或政府为治理项目所投入的治理费用较大的项目，可能会出现企业财务效益虽然可观但项目的经济费用效益是负向的情况。

因此，从企业或投资者角度所进行的项目财务评价不能代替从国家或社会财富角度所进行的经济费用效益评价。对于价格扭曲，财务现金流量不能全面、真实反映项目经济价值的项目，十分有必要在财务评价的基础上再进行项目的经济费用效益评价，使项目经济费用效益评价结论成为项目决策的主要依据之一。

（三）需要进行经济费用效益评价的项目

根据以上分析，对于外部费用和外部效果显著的项目，以及财务价格不能真实反映价值的项目应进行经济费用效益评价。这主要有两类：

一类是具有政府垄断性质的项目。基础设施项目、公益性项目，如铁路、公路、市政工程、水利电力、教育、卫生等项目，此外还有涉及国家经济安全或其他公益性的项目，这类项目的产出品多为公共品，且其经营往往关系国际民生，因此多为政府或者国有企业垄断经营。这些项目的基本特征是其投入或产出物的财务价格不仅不能反映项目对国民经济资源的消耗和贡献，同时由于这类项目的产品具有很强的外部性特征，因此须进行经济费用效益评价。

另一类是具有市场垄断性质的项目。如资源开发型项目等，这类项目虽然不完全由政府垄断经营，但由于项目在规模和技术等方面具有一定的垄断性，竞争者进入受到一定程度的限制，加之市场的不完善，投入物的资源价格为零或很低，而产出品的价格往往较高，因而往往造成对资源的过度使用。失真的市场价格会使项目的收支状况变得过于乐观或过于悲观，因而有必要通过影子价格对失真的市场价格进行修正。

二、经济费用效益评价的思路、遵循原则与内容

经济费用效益评价的基本思路是遵循项目经济评价理论，采用费用效益评价方法寻求以最小的社会资源投入（费用）获取最大产出（效益）的方案，通过“有无”对比法识别项目的费用和效益，并运用影子价格估算各项费用和效益，通过现金流量分析，编制经济费用效益评价报表，计算内部收益率和净现值等经济盈利性指标综合进行项目的经济费用效益评价。

经济费用效益评价中的“有无对比”法是指将“有”项目与“无”项目两种不同情

况下的国民经济状况进行对比，从而识别项目的费用和效益。对于某单一项目方案，相对于“无”项目即不实施该项目时的情况，“有”项目即实施了该项目必然会消耗社会的一定资源，这些所消耗的资源便是该项目的经济费用，相应地，由于“有”项目即实施了该项目也会形成一定的对国民财富的贡献（体现为项目的经济效益），这样，通过经济费用与经济效益、投入与产出的对比，便能判断出该项目实施的经济可行性。同理，在对比两个不同项目方案时，只要分别将这两个方案与“无”方案进行对比，在此基础上再比较这两个方案，并计算这两个方案的差别费用效益，实现对这两个不同方案的比选。

经济费用效益评价需要遵循费用和效益计算范围相一致的原则。在经济费用效益评价中，需要计算项目的外部费用和外部效益（相对于财务费用和财务效益而言）。应该指出的是要全面正确地估算出项目的外部费用和外部效益是极其困难的。在经济费用效益评价实践中，如果不能很好地遵循费用和效益计算范围一致的原则，就很容易出现将项目外部效益重复计算以至使项目效益扩大化的偏差。为了避免这类偏差，要求对项目的每一项外部效益都要验证其是否需要本项目以外的其他投入费用。

经济费用效益评价需要遵循资源优化的原则。经济费用效益评价的基本目的是促进社会资源的优化配置，即要求项目对社会资源消耗的同时能获得最大的经济效益。由此要求经济费用效益评价需采用体现目标优化思想的影子价格而不是实际的财务价格来计量项目的经济费用和经济效益。在经济费用效益评价实践中，通常有使总量效益最大化或单位效率最大化两种方法。从总资源的有效利用角度考虑，应该使用总量效益最大化为基本的评判标准，在使用单位资源效率最大化时，则需要分析是否会与总量效益最大化相冲突。

因此，经济费用效益评价的主要工作包括：识别项目的经济费用与效益、测算和选取影子价格、编制经济费用效益评价报表、计算经济费用效益评价指标和进行方案的比选。通过这些工作以实现对项目“失真价格的调整”和“增删相关外部费用和外部效益”，以实现将项目置于国民经济或国民财富的高度，最终对项目的经济合理性作出评价。

三、经济费用效益评价的基本步骤

经济费用效益评价工作可以单独直接进行，也可以在财务评价的基础上进行评价。

（一）直接进行评价

直接进行项目经济费用效益评价的思路与财务评价基本一致，其步骤大致为：

（1）正确识别和计算项目的直接效益和间接效益。按照“有无对比”原则，正确识别和计算出项目实施后的各种效益。项目为国民经济提供的产出物，应根据定价原则确定产出物的影子价格并按照项目产出物的种类、数量及其逐年的增减情况计算项目的直接效益和间接效益。对为国民经济提供服务的项目，应根据提供服务的数量和用户的受益情况或用户的支付意愿计算项目的直接和间接效益。项目的间接效益部分应尽量定量估算，不能定量的也应进行定性描述。

（2）正确识别和计算项目的直接费用和间接费用。按照“有无对比”原则，正确识别和计算出项目实施所要发生的各种直接和间接费用，用货物的影子价格、土地的影子费用、影子工资、影子汇率、社会折现率等参数估算项目的固定资产和流动资金投资、项目各项经营费用等。项目的间接费用应尽量定量估算，不能定量的也应进行定性描述。

（3）编制经济费用效益评价基本报表。

（4）依据基本报表进行经济费用效益评价指标的计算。

（5）依据经济费用效益评价基本参数和计算指标进行经济费用效益综合评价。

（二）在财务评价的基础上进行评价

在财务评价的基础上进行经济费用效益评价的基本步骤大致是：

（1）调整财务评价时所使用的各项费用与效益。在财务评价基础上进行经济费用效益评价主要是剔除已计入财务效益和费用中的各种转移支付，同时增加没有计入的但却是项目真实发生的间接费用和产生的间接效益部分。根据增加国民财富的是效益，减少国民财富的是费用的原则，识别并调整项目财务评价时所使用的费用和效益科目。

（2）编制经济费用效益评价基本报表。

（3）依据基本报表进行经济费用效益评价指标的计算。

（4）依据经济费用效益评价基本参数和计算指标进行经济费用效益综合评价。

四、经济费用效益评价与财务评价的区别与联系

经济费用效益评价和财务评价是项目经济评价的两个层次，它们既有联系，又有着本质的区别。

（一）共性点

（1）评价的目的基本相同。经济费用效益评价和财务评价都属于项目经济评价的范畴，其目的都是为了寻求经济效益最佳的投资项目和建设方案，即都是为了寻求投入产出效果最佳的方案和项目。

（2）评价的核心基础资料基本相同。经济费用效益评价和财务评价都是可行性研究的重要组成部分，都是在完成项目产品需求预测、工程技术方案设计、资金筹措等可行性研究前期工作的基础上所进行的计算和论证工作。当然由于经济费用效益评价尚需要对项目的外部费用和外部效益作出更为完整的计量，还需要对货物的市场价格进行调整，因此，经济费用效益评价所依赖的基础资料要多于财务评价的基础数据，但其中最核心的基础数据是项目或方案的财务现金流量数据。

（3）评价的基本方法和指标相同。经济费用效益评价和财务评价都是在费用效果评价与方案比选基本理论指导下进行的，采用的分析方法基本相同；同时都需要考虑资金的时间价值；所计算的指标均为净现值、内部收益率等；评价时都是通过编制相关报表，再进行项目的相关经济评价指标的计算，最后对各方案的经济评价指标进行对比与分析。

（二）区别点

（1）评价的角度和基本出发点不同。财务评价是在微观层次上，从企业或投资者财务角度考察项目的盈利能力、债务偿还能力及财务生存状况，以确定投资项目或方案的财务可行性；而经济费用效益评价则是在宏观层次上，从国家经济整体的角度考察项目需要国民经济付出的代价和对国民经济的贡献，以分析投资项目的经济合理性。

(2) 费用、效益的含义及划分范围不同。财务评价是根据项目直接发生的实际收支确定项目的效益和费用，凡属于项目的货币支出均视为费用，如将税金、利息等均计为费用，而经济费用效益评价则着眼于将项目所耗费的全社会有用资源作为项目的费用，而将为社会提供的有用产品或服务的价值作为项目的效益，例如，财务评价时所涉及的税金、借款利息和财政补贴等一般并不发生社会资源消耗的实际增加或减少，因此不作为项目的费用或收益；同样，在财务评价中不考虑的间接费用或间接效益如环境污染、节约劳动时间和降低劳动强度等，在经济费用效益评价中又必须当作费用或效益进行相关计算。

(3) 采用的价格体系不同。财务评价要确定投资项目在财务上的可行性，因而对投入物和产出物均采用财务价格即现行市场价格（或预测值）。经济费用效益评价则采用由机会成本和供求关系确定的影子价格。

(4) 所用参数不同。在衡量项目的盈利能力及方案评价时，财务评价使用的是财务基准收益率，财务基准收益率随项目所处的行业和地区的不同而有差异；而经济费用效益评价使用的则是社会折现率，社会折现率在全国范围内是一致的。

(5) 评价的内容不同。财务评价主要包括项目的盈利性评价、清偿能力评价和财务生存能力评价；而经济费用效益评价则主要包括项目的盈利能力评价。

(三) 两类评价结论异向时的决策原则

在很多情况下，项目的财务评价和经济费用效益评价的结论是一致的，但毕竟财务评价和经济费用效益评价是在本质上有所区别的两类评价，因此两者的评价结论出现异向是正常的。两类评价结论异向的存在是我们对项目进行财务评价后，还需进行经济费用效益评价工作的原因。对于可能出现的四种情况相应的决策原则分别为：

(1) 财务评价与经济费用效益评价均认为可行的项目，应予以通过；

(2) 财务评价认为可行，而经济费用效益评价认为不可行的项目，一般予以否定；

(3) 财务评价不可行，而经济费用效益评价认为可行的项目，这主要是基础设施项目和公益性项目，一般应予以通过，或重新调整方案以增强项目的财务生存能力；

(4) 财务评价和经济费用效益评价均不可行的项目，应予以否定。

第二节　经济费用、效益的识别与计量处理

由于经济费用效益评价的主体是国民经济，因此，项目的费用和效益都是针对整个国民经济而言的，收益指的是项目对国民经济的贡献即带来国民财富增加的部分，而费用是国民经济为项目付出的代价，即导致国民财富减少的部分。经济费用效益评价中的项目费用和效益的识别，实际就是要判明所评价项目在哪些方面对整个国民经济产生费用，在哪些方面产生效益。

一、直接费用与直接效益

(一) 直接费用

直接费用是指在项目范围内由项目建设或运营对投入物的使用所形成的费用。一般表

现为项目建设和运营对各种物料、人工、资金、技术以及自然资源等的使用所形成的对社会资源的消耗。这种消耗一般表现为：其他部门为本项目提供投入物，需要扩大生产规模所耗费的资源费用；减少对其他项目或者最终消费产出物的供应而放弃的效益；增加进口或者减少出口从而耗用或者减少的外汇等。直接费用一般已在项目财务评价中得到反映。

（二）直接效益

直接效益是指在项目范围内由项目产出物直接生成的经济效益。一般表现为项目为社会提供的物质产品和服务所产生的效益。如工业项目生产的产品、副产品，运输项目提供的运输服务，卫生项目所提供的医疗服务，教育项目所提供的就业机会等。这类效益一般体现为：增加项目产出物或者服务的数量以满足国内需求的效益；替代效益较低的相同或类似企业的产出物或者服务，使被替代企业减产（停产）从而减少国家有用资源耗费或者损失的效益；增加出口或者减少进口从而增加或者节约的外汇等。项目的直接效益在财务评价中大多已得到反映，但可能存在一定程度的失真。

二、项目间接费用和间接效益

（一）间接费用

间接费用是指由项目引起而在项目的直接费用中没有得到反映的费用。如化工项目最普遍的间接费用是项目排放的废水、废气和废渣引起的环境污染治理费，项目所产生的环境污染的外部治理需要由项目以外的部门承担，或者由于没有外部环境治理费用的投入而造成社会危害而发生损失，显然这部分治理费用的性质是间接费用，没有计入到项目的直接费用中。项目的间接费用一般未在财务评价中得到反映。

（二）间接效益

间接效益是指由项目引起而在项目的直接效益中没有得到反映的效益。如原材料工业项目一般会具有带动下游行业乃至某一地区社会经济发展的间接效益，例如化肥生产项目可增加国内化肥的供应，继而具有促进国内农业增产的间接效益。同样，项目的间接效益一般未在财务评价中得到很好反映。

（三）项目外部效果的内容

项目的间接费用和间接效益统称为项目的外部效果，是由于项目的投入或产出无意识地给社会或他人带来的费用或效益，但项目却没有为此付出代价或获得收益，是在直接费用与直接效益中未得到反映的那部分费用（间接费用）与效益（间接效益）。一般情况下，外部效果包括以下几个方面：

（1）产业关联效果。例如建设水电站的项目，通常除发电、防洪、灌溉和供水等直接效果外，可能会促进旅游业的发展、河道或城镇基础设施的改善等（间接效益）；同时，由于建设水电站项目会导致农牧业因土地淹没而遭受一定的损失（间接费用）。

（2）环境和生态效果。如发电厂项目排放的烟尘可使附近田园的作物产量减少，作物质量下降，而化工厂项目排放的污水可使附近江河的鱼类资源骤减。项目对环境及生态的影响是项目外部效果的一种最常见的表现形式，是项目经济费用效益评价时必须考虑的。因此，在进行经济费用效益评价时，应尽可能将项目的环境影响和生态效果进行量化和货币化，并将其列入经济现金流量表，在不能量化或货币化时，也要做出定性评价。

(3) 技术扩散效果。技术扩散和示范效果是由于实施了技术先进的项目或方案后，通常会在项目内部培养和造就一定数量的技术人员和管理人员。由于这部分人员的流动和技术交流以及该项目与外部的联系必然会形成技术从该项目向其他项目和行业的溢出，继而产生持续的技术扩散效果。但技术扩散类型的间接效益很难进行定量计算，因此通常仅作定性评价。

(4) 乘数效果。乘数效果是指项目的实施使原来闲置的资源得到了有效的利用，从而产生一系列积极或消极的连锁反应，刺激或抑制某一地区的经济发展。例如，在对经济落后地区实施的项目进行经济评价时，可能就要考虑到项目的这种乘数效果，而且要尽量选择乘数效果较大的项目。

(5) 价格影响。有些项目的产出物如果是大量出口，从而导致我国同类产品出口价格的下降，减少了外汇收益，这就形成了项目的外部费用。而如果项目产出物增加了国内市场的供应量，导致产品市场价格下降，从而使消费者得到好处，但这种好处一般不计为项目的外部效益，因为产品价格下降，必然导致原材料价格的下降，使原材料生产厂的效益减少，其减少的收益转移到了消费者手中，对整个国民经济来说，效益并未发生显著的增减。

外部效果计算的范围应结合项目的实际情况，综合考虑以上各类效果。为防止外部效果计量的扩大化，项目外部效果一般只计算一次性的相关效果。

（四）计量外部效果的注意事项

在计量项目的外部效果时，应该注意以下事项和问题：

(1) 重复计量的问题。即应特别注意那些在计量直接费用和直接效益时已经考虑过的因素不应再重复计入项目的外部效果中。

(2) 虚假或效益扩大化的问题。即应特别注意所计入的外部效果是否确应归于所评价的项目；此外，多数情况下，当项目产出物的影子价格是以消费者的支付意愿为基础计价时，影子价格已充分考虑了产出物的效益，因此不应再计算其间接效益。比如钢丝子午轮胎项目的产出物在节油和提高车辆的行驶里程等方面给消费者增加了效益，但在给钢丝子午轮胎确定影子价格时已充分考虑了对消费者增加的效益和消费者的支付意愿，此时就不应再为项目另外计算间接效益。

(3) 合理确定项目边界的问题。在进行经济费用效益评价时，应根据项目的具体情况，合理确定项目的范围和边界，以方便对项目外部效果的识别与计量。在项目外部效果计量困难时，可采用调整项目范围的方法，将具有相互关联的几个单一项目捆绑成“项目群”从而进行经济费用效益评价，这样处理的好处是可将单一项目的外部效果转变为“项目群”的内部效果，从而实现外部效果的内部化处理。例如在评价煤矿、铁路运输和火力发电三个项目时，可以将这些单一项目合成为一个大的综合性能源项目，这样，三个单一项目的外部效果就转变为大项目内部的收支行为。

三、关于转移支付的处理

项目发生的有些财务收入和支出，从全社会的角度看只是国内不同社会成员之间的相互支付，其性质是社会再分配，并不构成社会资源的实际增加或减少。项目与各种社会实体之间的货币转移，如交纳的税金、政府补贴、国内外贷款及其还本付息等一般并不增加或减少社会资源，称为国民经济内部的转移支付，不应计作项目的国民经济效益与费用。不同类型转移支付的处理方式如下。

（一）税金处理

税收形成国家和地方政府的财政收入，是政府参与国民收入分配的手段。纳税对企业来说是支出，因此，在财务评价时税金的性质属于现金流出。但相对于整个国民经济来说，纳税行为仅实现了这部分资源从企业转移到了国家，资源的支配与使用权转移并没有实际增加或减少整个社会的国民财富，因此，在进行项目经济费用效益评价时，税金不作为项目的经济费用。

（二）补贴处理

补贴是国家为了鼓励使用某些资源或其他特殊目的，而给予项目在投入资金和项目产品价格上的各种扶持，补贴使项目的财务支出减少，或增加了项目的财务收益。但补贴行为仅实现了所补贴资源的支配与使用权由国家转移到企业手中，从全社会角度看，这一过程同样并未伴随国民收入的增减。因此，在进行项目经济费用效益评价时，补贴不作为项目的经济效益。

（三）国内贷款与还本付息处理

从企业的角度看，贷款意味着企业拥有了相应资源的支配权与使用权，还本付息则是与此相反的货币转移过程，二者均实际形成了企业或项目的财务收支行为。但从整个国民经济角度看，贷款并没有增加国民收入，还本付息也没有减少国民收入。因此国内贷款与还本付息也是一种转移支付。

（四）国外贷款与还本付息的处理

对于利用国外贷款的投资项目，国外贷款构成财务分析中的收益（现金流入），还本付息构成财务分析中的费用（现金流出）。但在经济费用效益评价中，国外贷款与还本付息的处理与国外贷款的条件及经济费用效益评价的目的有关。具体分下面几种情况：

（1）以评价国内投资项目的经济费用效益为目的时的处理原则。通常情况下，项目的经济费用效益评价是以项目所在国的经济利益为根本出发点，所以必须考察国外贷款及其还本付息对项目举办国的影响情况，项目全部投资（包括国外贷款投资）经济效益的好坏并不一定反映受贷国的真正受益状况，如果国外贷款利率很高，高于全部投资的内部收益率，那么即使是全部投资经济效益较好的项目，也可能由于偿还国外债务本息造成本国投资得不偿失。为了能揭示这种情况，如实判断本国投资资金的盈利水平，就必须进行国内投资的经济费用效益评价。因此，在考察国内投资的国民经济费用效益时，国外贷款意味着国外资源流入国内，应当把国外贷款视作收益（现金流入）项，而还本付息部分意味着国内资源流入国外，应视为费用（现金流出）。

（2）以评价全部投资的经济费用效益为目的时的处理原则。对项目进行经济费用效益评价的目的是使有限的资源得到最佳配置，因此，应当对项目所用全部资源的利用效果作出分析评价，这种评价就是所谓的全部投资（包括国外贷款投资）的经济费用效益评价。不过，对使用国外贷款的项目进行全部投资经济评价应是有条件的，这个条件就是国外贷款不是针对某一项目专款专用，该贷款还允许用于其他项目，在这种情况下，与贷款对应的实际资源虽然来自国外，但受贷国在如何有效利用这些资源的问题上，面临着与国内资源同样的优化配置任务，因而应当对包括国外贷款在内的全部资源的利用效果作出评价。在这种评价中，与国内信贷交易的处理原则一样，国外贷款及其还本付息既不视作收益，也不视作费用，不出现于经济费用效益评价所用的全投资评价现金流量表中。

（3）如果国外贷款只针对某特定项目，不上该项目就无法得到这笔贷款，这时无须进行全投资经济费用效益评价，只进行国内投资资金的经济费用效益评价。这是因为全投资经济费用效益评价的目的在于对全部资源多种用途进行比较选优，既然国外贷款的用途已经唯一限定，别无其他选择，也就没有必要对其利用效果作出评价了。

综上所述，对于利用国外贷款的投资项目，其经济费用效益评价应以国内投资经济效益评价为主，在这种评价中，国外贷款及其还本付息分别视为收益和费用；如果不是针对特定项目所开展的国外贷款，那么，可进行全部投资经济费用效益评价，此时，国外贷款及其还本付息既不视作收益，也不视作费用；而针对特定项目所开展的国外贷款，只需进行国内投资的经济费用效益评价即可。

四、经济费用与效益的计量原则

与识别问题类似，项目经济费用与经济效益的计量也具有很强的项目特征，需要在结合项目特征和评价目的的基础上，研究在特定社会经济背景下相关利益主体获得的收益及付出，并遵循以下原则：

（1）支付意愿原则。该原则要求在计量项目产出物的正面效果时，应该以产出物使用者的支付意愿（WTP）为基础。

（2）受偿意愿原则。该原则要求在计量项目产出物的负面效果时，应该以承受项目负面产出物的承受者所能接受的补偿意愿（WTA）为基础。

（3）机会成本原则。该原则要求在计量项目投入物的经济费用值时，应该以投入物的机会成本为基础，即用投入物的其他最有效利用途径所获得的效益作为该项目投入物的经济费用。

（4）实际价值计算原则。该原则要求计量经济费用和经济效益时，应该以反映资源真实价值的实际价格为基础，不考虑通货膨胀因素的影响。

第三节　影子价格

企业或投资者向项目投入实物性或货币性资金以期望资金投入的增值，因此，在财务分析中应以获得最大化的货币收入为追求的目标，因此在计算投入或产出物的财务费用和财务收益时，采用的价格是反映项目实际收支的交换价格，是项目与外界进行商品交易的实际价格。而在项目的经济费用效益评价时，目的是使社会资源得到合理地配置和利用，为使社会资源能够合理配置和有效利用，就必须使价格能够真实反映其经济价值。为此，在项目的经济费用效益评价中采用的是另一种价格体系即影子价格体系，使用影子价格来计量投入物或产出物的价值。

一、影子价格概念

（一）概念

影子价格是一种虚拟价格，指国民经济处于最优状态下，能反映投入物和产出物资源稀缺程度和需求情况的资源价格。由于影子价格满足资源优化配置的条件，因而是一种反映货物真实经济价值的价格形式。

真正的影子价格只有在完善的市场经济体制以及完全竞争条件下才会出现，然而这样的市场条件在现实中是不存在的，因此真正意义上的影子价格是不存在的。但现实经济中的货物交换价格也是对资源价值的一种估价，因此，可以以现实经济中的货物交换价格为基础，对交换价格进行一定调整，使之接近影子价格。

（二）数学意义与经济解释

影子价格由于其要满足资源最佳配置的优化目标，因此是一种最优计划价格。影子价格的概念最初出现在求解线性规划的最优化问题中，是指资源最优分配的线性规划问题的对偶解，因该解与资源分配形影相随，故称为资源的影子价格。

例如，某企业现有一批资源（如设备、劳动力、自然资源等），但资源的数量是有限的，这些资源的利用机会很多，那么此时该企业应如何配置资源（或安排生产）以使其产出物的总价值最大呢?

这是一个资源分配问题，对这一问题可建立如下的线性规划模型：

$$\max Z = \sum_{i=1}^{n} p_i x_i$$

$$\sum_{i=1}^{n} c_{ij} x_i \leqslant b_j$$

$$x_i \geqslant 0 \quad i = 1,2,\cdots,n$$

式中 Z ——配置活动的总收益；

x_i ——第 i 种产品的产量（或经济活动的水平）；

p_i ——第 i 种产品的单价；

b_j ——第 j 种产品的资源总量；

c_{ij} ——单位第 i 种产品所消耗的第 j 种资源的数量。

对上述模型进行求解，便可得到该企业的满足资源约束和目标函数值最大的最优生产计划 X 和最优目标函数值 Z 。事实上，资源分配问题和价格确定问题是同一事物的两个侧面。只要将问题的表述转化为：

假如这个企业打算将这些资源全部卖掉，应如何确定各种资源的价格，这样才能既保证总收益不低于原来用于从事生产活动时的收益，又能在市场上具有竞争力呢？

对这一问题可建立如下的线性规划模型：

$$\min W = \sum_{j=1}^{m} b_j y_j$$

$$\sum_{j=1}^{m} c_{ij} y_j \geqslant p_i$$

$$y_j \geqslant 0, i = 1,2,\cdots,n, \quad j = 1,2,\cdots,m$$

式中，W 表示出售资源活动的总价值；y_j 表示第 j 种资源的单价。

由线性规划理论可知，后一个规划问题的解正好是前一个规划问题的对偶解，最优解 y_j^*（$j = 1,2,\cdots,m$）正是各种资源的影子价格。

由线性规划对偶定理可知：

$$\max Z = \min W$$

$$Z^* = W^* = y_1^* b_1 + y_2^* b_2 + y_3^* b_3 + \cdots + y_m^* b_m$$

这表明，在资源最有效利用的条件下，产出的总价值应等于其影子价格计算的生产要素的总价值。对上式求导，得：

$$\frac{\partial Z^*}{\partial b_j} = y_j^*$$

所以，影子价格在数学上表现为原规划问题的目标函数的最优值对某一约束条件的一阶偏导数，其经济含义便是当某一项资源得到最有效利用时的边际产出的价值。

在项目经济费用效益评价中，影子价格的确定占有重要地位。下面将投入物和产出物进一步区分为外贸货物、非外贸货物和特殊投入物，分别指出其影子价格的确定思路。

二、外贸货物影子价格的计量

外贸货物的影子价格以货物的实际口岸价格为基础来确定。口岸价格是指进口或出口货物在我国口岸交、接货的价格，即进口时的到岸价格和出口时的离岸价格。

到岸价格（CIF）亦称成本加保险费和运费价格，是指国际贸易中以卖方将货物装上运输工具并支付起运港至目的港的运费和保险费为条件的价格。按照这种价格卖方负责租订运输工具，在合同规定的港口和规定的期限内将货物装上运输工具，支付运费，向买方提供货运单据，办理保险手续并支付保险费，交纳出口税，承担货物装上运输工具前的一切费用和风险，买方负责缴纳进口税，接受货运单据并支付货款，承担货物装上运输工具后的一切风险和运费、保险以外的一切费用。

离岸价格（FOB）亦称船上交货价或装运港船上交货价，是指国际贸易中以卖方将货物装上运输工具为条件的价格。此时，卖方须负责在合同规定的港口及规定的期限内将货物装上买方自派或指定的运输工具，向买方提供货运单据，缴纳出口税，承担货物装上运输工具前的一切费用和风险；买方则负责租订运输工具和给付运费，办理保险手续和支付保险费，缴纳进口税，接受货运单据和支付货款，承担货物装上运输工具后的一切费用和风险。

由于讨论对象是外贸货物，因此，首先引入影子汇率的概念。

（一）影子汇率

影子汇率（SER）就是外汇的影子价格，在形式上影子汇率是将外汇换算为人民币表示的货物真实价值，是从国家角度对外汇真实经济价值的一种计量。在项目经济费用效益评价中，项目的进口投入物和出口产出物的价值都涉及到外汇，因而都需要用影子汇率对投入物和出口物所涉及的外汇值进行调整。

影子汇率可通过影子汇率换算系数得出。影子汇率换算系数是指影子汇率与外汇牌价之间的比值。影子汇率的计算公式为：

影子汇率 = 外汇牌价 × 影子汇率换算系数

在其他因素不变的情况下，如果影子汇率换算系数越高，外汇的影子价格就越高，项目的产品若是外贸货物，则项目的经济效益就越好，因而项目就越容易通过经济性评价。反则反之。当项目要考虑是否引进国外的技术、设备或进口原材料、零部件而进行的“引进”与“不引进”方案比选时，若外汇的影子价格越高，引进方案的费用就越高，评价结果会不利于引进方案。所以影子汇率对涉及外贸货物项目的经济费用效益评价有着重要的影响。

在《建设项目经济评价方法与参数》（第三版）中，根据我国外汇收支、外汇供求、进出口结构、进出口关税、进出口增值税及出口退税补贴等情况，影子汇率换算系数确定为1.08。

外贸货物可进一步区分为直接出口产品、间接出口产品、替代进口产品、直接进口产品、间接进口产品、减少出口产品等几类。在进行项目经济费用效益评价时，对于外贸货物主要使用的是项目产出物的出厂影子价格和投入物到厂的影子价格。下面结合每类外贸货物的特点，分别计量项目产出物的出厂影子价格和投入物的到厂影子价格。

（二）外贸产出物的出厂影子价格

（1）直接出口产品的影子价格（SP）：离岸价格（FOB）乘以影子汇率（SER），减去国内运输费用（T_1）和贸易费用（T_{r1}）。其表达式为：

$$SP = FOB \times SER - (T_1 + T_{r1})$$

（2）间接出口产品（内销产品，替代其他货物使其他货物增加出口）的影子价格（SP）：离岸价格（FOB）乘以影子汇率（SER），减去原供应厂到口岸的运输费用（T_2）及贸易费用（T_{r2}），加上原供应厂到用户的运输费用（T_3）及贸易费用 T_{r3}，再减去拟建项目到用户的运输费用 T_4 及贸易费用（T_{r4}）。其表达式为：

$$SP = FOB \times SER - (T_2 + T_{r2}) + (T_3 + T_{r3}) - (T_4 + T_{r4})$$

原供应厂和用户难以确定时，可按直接出口考虑。

（3）替代进口产品（内销产品，以产顶进，减少进口）的影子价格（SP）：原进口货物的到岸价格（CIF）乘以影子汇率，加口岸到用户的运输费用（T_5）及贸易费用（T_{r5}），再减去拟建项目到用户的运输费用及贸易费用。其表达式为：

$$SP = CIF \times SER + (T_5 + T_{r5}) - (T_6 + T_{r6})$$

具体用户难以确定时，可按到岸价格计算。

（三）外贸投入物的影子价格

（1）直接进口产品的影子价格（SP）：到岸价格（CIF）乘以影子汇率，加国内运输费用和贸易费用。其表达式为：

$$SP = CIF \times SER + (T'_1 + T'_{r1})$$

（2）间接进口产品（国内产品，如木材、钢材、铁矿、铬矿等，以前进口过，现在也大量进口）的影子价格（SP）：到岸价格（CIF）乘以影子汇率，加口岸到原用户的运输费用及贸易费用，减去供应厂到用户的运输费用及贸易费用，再加上供应厂到拟建项目的运输费用及贸易费用。其表达式为：

$$SP = CIF \times SER + (T'_2 + T'_{r2}) - (T'_3 + T'_{r3}) + (T'_4 + T'_{r4})$$

原供应厂和用户难以确定时，可按直接进口考虑。

（3）减少出口产品（国内产品，如石油、可出口的煤炭和有色金属等，以前出口过，现在也能出口）的影子价格（SP）：离岸价格（FOB）乘以影子汇率，减去供应厂到口岸的运输费用及贸易费用，再加上供应厂到拟建项目供货商的运输费用及贸易费用。其表达式为：

$$SP = FOB \times SER - (T_5 + T_{r5}) + (T_6 + T_{r6})$$

供应厂难以确定时，可按离岸价格计算。

三、非外贸货物的影子价格的计量

在计量非外贸货物影子价格时，如果项目处于竞争性市场环境中，应以货物的市场价格作为计量项目投入或产出货物影子价格的依据；如果项目的投入或产出的规模很大，导致“有项目”和“无项目”两种情况下的市场价格显著不一致时，可取二者的平均值作为计量影子价格的依据。

（一）产出物的影子价格

（1）增加了国内供应数量的项目产出物。供求基本均衡的，可直接按财务价格定价；供不应求（或供过于求）并有价格上涨（或下降）趋势的产出物，参照国内市场价格并考虑价格变化因素定价，但不应高于相同质量产品的进口价格；无法判断供求情况的，取上述价格中较低者。

（2）不增加国内供应数量的项目产出物。此时项目的产出物只是替代了其他相同或类似企业的产出物，致使被替代企业停产或减产。质量与被替代产品相同的，应按被替代企业相应的产品成本定价；提高产品质量的，原则上应按被替代产品的可变成本加提高产品质量而带来的国民经济效益定价，其中，提高产品质量带来的效益，可近似地按国际市场价格与被替代产品的价格之差确定。

（二）投入物的影子价格

（1）能通过原有企业的挖潜（不增加投资）增加投入物供应的，按投入物生产时的可变成本定价。

（2）在拟建项目计算期内需通过增加投资，扩大生产规模来满足拟建项目需要的，按全部成本（包括可变成本和固定成本）定价，或参照国内市场价格定价。

（3）项目计算期内无法通过扩大生产规模增加供应的，参照国内市场价格定价、国家统一价格加补贴（如有时）中较高者定价。

（4）投入物按上述原则定价后，再计算为到厂价格。

四、特殊投入物的影子价格的计量

项目特殊投入物主要指项目在建设过程中所占用的劳动力、土地和自然资源等生产要素。

（一）工资的影子价格

工资的影子价格又称为影子工资，是指建设项目使用劳动力资源而使国民经济付出的代价。建设项目经济费用效益评价中以影子工资计量劳动力投入的费用。

影子工资的计算公式如下：

$$影子工资 = 劳动力机会成本 + 新增资源消耗$$

（1）劳动力机会成本是拟建工程项目占用的人力资源由于投入到本项目中而不能再用于其他领域或享受闲暇而被迫放弃的价值。劳动力机会成本应根据项目所在地的人力资源市场及劳动力就业情况，按下列原则确定：

如果投入到本项目的劳动力是从其他受雇单位转移过来，其影子工资应是原来就业时的工资（含工资性福利）及支付的税金之和；如果投入到本项目的劳动力是自愿失业人员，影子工资应等于本项目为这部分人员使用所支付的税后净工资额，以反映边际工人投入到劳动力市场所必须支付的金额；如果投入到本项目的劳动力是非自愿失业劳动力，影子工资应能反映他们为了工作而放弃休闲而愿意接受的最低工资金额，其数值应低于本项目的使用所支付的税后净工资但大于这部分人员的最低生活保障收入；如果劳动力的信息缺乏，可按非自愿失业人员接受的最低生活保障收入和税后净工资的平均值近似加以计量。

（2）新增资源耗费是指劳动力在本项目新就业或由其他就业岗位转移到本项目而发生的经济资源消耗，而这种消耗与劳动者生活水平的提高无关。在分析中应根据劳动力就业的转移成本测算。

类似于影子汇率的计算公式，影子工资也可以通过影子工资换算系数得到。影子工资换算系数是指影子工资与项目财务分析中的劳动力工资之间的比值，影子工资可按下式计算：

$$影子工资 = 财务工资 \times 影子工资换算系数$$

影子工资确定时应该尽量考虑项目所在地的劳动力就业状况、劳动力就业或转移成本水平；对于技术劳动力的工资报酬一般可由市场供求决定，即以财务实际工资计算；对于非技术劳动力，根据我国非技术劳动力就业状况，其影子工资换算系数一般取为0.25～0.8，具体可根据当地的非技术劳动力供求状况确定，非技术劳动力较为富余的地区可取较低值，不太富余的地区可取较高值，中间状况可取0.5。

（二）土地的影子价格

土地是一种重要的经济资源，项目占用的土地无论是否需要实际支付财务成本，均应根据土地用途的机会成本原则或消费者支付意愿的原则计算土地投入的影子价格。

（1）生产性用地的影子价格。生产性用地主要指农业、林业、牧业、渔业及其他行业生产性用地。生产性用地的影子价格按照这些生产用地未来可以提供的产出物的效益及因改变土地用途而发生的新增资源消耗为基础进行计量。即：

生产性用地的影子价格 = 土地机会成本 + 新增资源消耗

其中，土地的机会成本应按照社会对这些生产用地未来可以提供的消费产品的支付意愿价格进行分析计量，一般按照项目占用土地在“无项目”情况下的“最佳可行替代用途”的生产性产出的净效益现值进行计算。新增资源耗费应按照在“有项目”情况下，由于土地的征用而造成原有地上附属物财产的损失及其他资源耗费来计量。由于土地平整等开发成本已计入工程建设成本中，在项目的土地经济费用计量中不再重复计算。

对土地的影子价格的计量应按以下要求进行：在项目是通过政府公开招标或通过市场交易方式获得土地使用权时，应按市场交易价格计算其影子价格；在项目未通过正常市场交易取得土地使用权时，应分析土地价格优惠或扭曲情况，参照当地正常情况下的土地市场交易价格调整计量土地的影子价格；在无法通过正常市场交易价格类比确定土地影子价格时，应采用土地的收益现值法或以土地开发成本加开发投资应得收益确定；在项目征用农村土地时，应按土地征用费调整计量土地的影子价格，其中耕地补偿费及青苗补偿费视为土地机会成本，地上建筑物补偿费及安置补偿费视为新增资源消耗。这些费用如果与农民进行了充分协商并获得认可，可直接以财务成本计量其影子价格；若存在征地费优惠，或在征地中没有进行充分协商，导致补偿和安置补助费低于市场定价的，应按当地正常征地补偿标准调整计量土地的影子价格；在征地过程中发生的征地管理费、耕地占用税、耕地开垦费、土地管理费、土地开发费等各种税费应视为转移支付，不计入土地的影子价格。

各地区土地影子价格标准差异较大，可参考《建设项目经济评价方法与参数》（第三版）中的“2000 年部分市县土地影子价格参考表”（见附录）。

（2）非生产性用地的影子价格。对于非生产性用地如住宅、休闲用地等，应遵循支付意愿原则，由市场交易价格计量其影子价格。

（三）自然资源的影子价格

项目的自然资源投入是指自然形成的具有一定“稀缺性”的实物性资源的总称，在一定的经济、技术条件下，自然资源可以被开发利用以提高人们生活福利水平和生存能力，包括土地资源、森林资源、矿产资源和水资源等。

在项目经济费用效益评价时，应先将自然资源细分为资产性资源和非资产性自然资源，自然资源的影子价格仅计量资产性资源的影子价格。资产性资源是指所有权已经界定，或者随着项目的实施可以界定，所有者能够有效控制并能够在目前或可预见的将来产生预期经济效益的自然资源。资产性资源属于经济资产范畴，包括土地资产、森林资产、矿产资产、水资产等。

在经济费用效益评价中，项目的建设和运营需要投入的自然资源，是项目投资所付出的代价，这些代价要用资源的经济价值而不是市场价格表示，此时可采用项目投入物的替代机会成本进行计量。

第四节　经济费用效益评价指标

经济费用效益评价主要进行费用效益流量分析，对难以量化的项目外部效果进行定性分析。因此经济费用效益评价的主要指标是经济内部收益率、经济净现值和效益费用比。对于产品出口创汇及替代进口节汇的项目，还可以进行外汇效果分析，此时还要计算经济外汇净现值、经济换汇成本和经济节汇成本等指标。

一、经济费用效益评价指标

（一）经济内部收益率（EIRR）

经济内部收益率是反映项目对国民经济净贡献的相对指标，它是项目在计算期内各年经济净效益流量的现值累计等于零时的折现率。其表达式为：

$$\sum_{t=1}^{n}(B-C)_t(1+\mathrm{EIRR})^{-t}=0$$

式中，B_t 表示项目经济效益流入量；C_t 表示项目经济费用流出量；$(B-C)_t$ 表示第 t 年的经济净效益流量；n 表示项目的计算期。

经济内部收益率等于或大于社会折现率表明项目对国民经济的净贡献达到或超过了期望的水平，这时应认为项目是可以接受的。

（二）经济净现值（ENPV）

经济净现值是反映项目对国民经济净贡献的绝对指标，是指用社会折现率将项目计算期内各年的净效益流量折算到建设期初的现值之和。其表达式为：

$$\mathrm{ENPV}=\sum_{t=1}^{n}(B-C)_t(1+i_s)^{-t}$$

式中，i_s 表示社会折现率。

经济净现值等于或大于零表示国民经济将资源投入拟建项目后，至少可以获得社会折现率的资源配置经济效率水平，或项目除可以达到社会折现率水平的社会盈余外，还可以得到超额社会盈余，这时认为项目是可以接受的。

（三）经济效益费用比（R_{BC}）

经济效益费用比是指项目在计算期内效益流量的现值与费用流量的现值之比，其计算公式为：

$$R_{BC}=\frac{\sum_{t=1}^{n}B_t(1+i_s)^{-t}}{\sum_{t=1}^{n}C_t(1+i_s)^{-t}}$$

如果经济效益费用比大于1，表明项目资源配置的经济效率达到了可以被接受的水平。

在完成经济费用效益指标计算和分析后，应进一步分析对比经济费用效益与财务现金流量之间的差异，并根据财务评价与经济费用效益评价结论之间的差异，找出受益或受损群体，分析项目在经济上对不同利益相关者的影响程度，还要提出改进资源配置效率及提高项目财务生存能力的政策建议。

此外，对于费用或效益难以货币化的项目，应采用费用效果分析方法或进行定性的经济费用效益分析。

二、外汇效果分析

涉及产品出口创汇及替代进口节汇的项目，还可以[1]选择计算经济外汇净现值、经济换汇成本、经济节汇成本等指标进行外汇效果分析。

（一）经济外汇净现值（$ENPV_F$）

经济外汇净现值是反映项目实施对国家外汇收支直接或间接影响的重要指标，用以衡量项目对国家创汇的真实净贡献或用汇的净消耗。经济外汇净现值以经济外汇流量表为基础进行计算，其表达式为：

$$ENPV_F = \sum_{t=1}^{n}(FI - FO)_t(1 + i_s)^{-t}$$

式中，FI_t 表示项目经济外汇流入量；FO_t 表示项目经济外汇流出量；$(FI - FO)_t$ 表示项目第 t 年的经济净外汇流量；n 表示项目计算期。当项目的产出物的性质是替代进口时，可按净外汇效果计算经济节汇的净现值。显然，若 $ENPV_F \geqslant 0$，表示项目除可以达到社会折现率水平的社会盈余外，还具有创汇盈余；反之，若 $ENPV_F < 0$，则表示项目没有创汇盈余。

（二）经济换汇成本

经济换汇成本反映出口产品创汇的能力。当有产品直接出口时，应计算经济换汇成本。它是用货物影子价格、影子工资和社会折现率计算的，为生产出口产品而投入的国内资源现值（以人民币表示）与生产出口产品的经济外汇净现值（通常以美元表示）之比，亦即换取1美元外汇所需要的人民币金额，是分析评价项目实施后其产品在国际上的竞争力，进而判断其产品是否出口的指标。其表达式为：

$$经济换汇成本 = \frac{\sum_{t=1}^{n} DR_t(1 + i_s)^{-t}}{\sum_{t=1}^{n}(FI - FO)_t(1 + i_s)^{-t}}$$

式中　DR_t ——项目在第 t 年为出口产品的生产而投入的国内资源（包括投资、原材料、工资、其他投入和贸易费用），元；

FI ——生产出口产品所获得的外汇流入，美元；

[1] 《建设项目经济评价方法与参数》（第三版）不再要求必须进行外汇效果分析。

FO ——生产出口产品的外汇流出（包括应由出口产品分摊的固定资产投资及经营费用中的外汇流出），美元；

i_s ——社会折现率；

n ——计算期。

（三）经济节汇成本

经济节汇成本反映项目因生产了替代进口产品而节省国家外汇的能力。当项目的产出物可以替代国内的进口时，可以计算经济节汇成本，它等于项目在计算期内生产替代进口产品所投入的国内资源的现值与生产替代进口产品的经济外汇净现值之比，即节约1美元外汇所需的人民币金额。其表达式为：

$$\text{经济节汇成本} = \frac{\sum_{t=1}^{n} DR'_t(1+i_s)^{-t}}{\sum_{t=1}^{n}(FI'-FO')_t(1+i_s)^{-t}}$$

式中　DR'_t ——项目在第 t 年为生产替代进口产品所投入的国内资源（包括投资、原材料、工资、其他投入和贸易费用），元；

FI′ ——生产替代进口产品所节约的外汇，美元；

FO′ ——生产替代进口产品的外汇流出（包括应由替代进口产品分摊的固定资产及经营费用中的外汇流出），美元。

显然，经济换汇成本或经济节汇成本（元/美元）小于或等于影子汇率时，表明该项目产品出口或替代进口是有利的。

三、关于社会折现率

进行项目经济费用效益评价时，要使用到社会折现率。社会折现率不仅用作判断经济内部收益率是否达到要求的基准值，也用作计算项目经济净现值时的折现率，是项目经济可行性和方案比选的主要判据，社会折现率体现了国民经济对资金时间价值的最低期望水平和对资源盈利能力的基本估量。

社会折现率根据国家社会经济发展水平和发展目标、发展战略、发展优先顺序、宏观调控意图、社会成员的费用效益时间偏好、社会投资收益水平、资金供给状况、资金机会成本等因素综合测定。《建设项目经济评价方法与参数》（第三版）结合当前的实际情况，最终确定的社会折现率为8%，也同时指出，对于受益期长的建设项目，如果项目的远期效益较前期大，效益实现的风险小，社会折现率可适当降低，但不应低于6%。

各国或组织的社会折现率相差很大，例如美国为2%～3%、英国为3.5%、德国为3%、比利时为4%、法国为8%、瑞典为4%、亚洲开发银行为10%～12%、日本为4%、意大利为5%[1]。

---

[1] 国家发展改革委、建设部，建设项目经济评价方法与参数，中国计划出版社，2006。

第五节　经济费用效益评价报表

编制经济费用效益评价报表是项目经济费用效益评价的一项基础工作，编制的目的是反映项目的经济费用与经济效益情况，并以此为基础计算经济费用效益评价指标。

根据分析评价的目的，经济费用效益评价报表一般编制“项目经济费用效益流量表”或称为“全部投资项目经济费用效益流量表”，以及“国内投资经济费用效益流量表”。

一、项目经济费用效益评价流量表

项目经济费用效益评价流量表用以综合反映计算内各年按全部投资口径计算的项目经济费用、经济效益及净效益流量，以此来计算项目经济内部收益率、经济净现值、经济效益费用比，以及相关的经济外汇效果指标等。

参照《建设项目经济评价方法与参数》（第三版），经济费用效益评价基础报表有经济费用效益评价投资费用估算调整表（如表9-1所示）、经济费用效益评价经营费用估算调整表（如表9-2所示），为编制这两个基础报表需要先编制项目直接效益估算调整表（如表9-3所示）、项目间接费用估算表（如表9-4所示）、项目间接效益估算表（如表9-5所示）。最后编制出项目经济费用效益流量表（如表9-6所示）。

表9-1　经济费用效益评价投资费用估算调整表

（人民币单位：万元，外币：美元）

序号	项　目	财务评价			经济费用效益评价			经济费用评价与财务评价增减
		外币	人民币	合计	外币	人民币	合计	
1	建设投资							
1.1	建筑工程费							
1.2	设备购置费							
1.3	安装工程费							
1.4	其他费用							
1.4.1	其中：土地费用							
1.4.2	专有技术费							
1.5	基本预备费							
1.6	涨价预备费							
1.7	建设期利息							
2	流动资金							
3	合计（序号1+序号2）							

注：若投资费用是通过直接估算获得，本表应略去财务分析时的相关栏目。

表 9-2　经济费用效益评价经营费用估算调整表　（人民币单位：万元）

序号	项　目	单　位	投入量	财务评价		经济费用效益评价	
				单价/元	成本	单价/元	费用
1	外购原材料						
1.1	原材料 A						
1.2	原材料 B						
1.3	原材料 C						
1.4	……						
2	外购燃料及动力						
2.1	煤						
2.2	水						
2.3	电						
2.4	油						
2.5	……						
3	工资及福利费						
4	修理费						
5	其他费用						
6	合计（序号 1 + 序号 2）						

注：若经营费用是通过直接估算获得，本表应略去财务分析时的相关栏目。

表 9-3　项目直接效益估算调整表　（人民币单位：万元）

<table>
<tr><th colspan="3" rowspan="2">产 出 物 名 称</th><th colspan="4">第 1 年</th><th>第　年</th></tr>
<tr><th>A 产品</th><th>B 产品</th><th>…</th><th>合计</th><th>…</th></tr>
<tr><td rowspan="4">年产出量</td><td colspan="2">计算单位</td><td></td><td></td><td></td><td></td><td>…</td></tr>
<tr><td colspan="2">国　内</td><td></td><td></td><td></td><td></td><td>…</td></tr>
<tr><td colspan="2">国　际</td><td></td><td></td><td></td><td></td><td>…</td></tr>
<tr><td colspan="2">合　计</td><td></td><td></td><td></td><td></td><td>…</td></tr>
<tr><td rowspan="4">财务分析</td><td rowspan="2">国内市场</td><td>单价/元</td><td></td><td></td><td></td><td></td><td>…</td></tr>
<tr><td>现金收入</td><td></td><td></td><td></td><td></td><td>…</td></tr>
<tr><td rowspan="2">国际市场</td><td>单价/美元</td><td></td><td></td><td></td><td></td><td>…</td></tr>
<tr><td>现金收入</td><td></td><td></td><td></td><td></td><td>…</td></tr>
<tr><td rowspan="4">经济费用效益分析</td><td rowspan="2">国内市场</td><td>单价/元</td><td></td><td></td><td></td><td></td><td>…</td></tr>
<tr><td>现金收入</td><td></td><td></td><td></td><td></td><td>…</td></tr>
<tr><td rowspan="2">国际市场</td><td>单价/美元</td><td></td><td></td><td></td><td></td><td>…</td></tr>
<tr><td>现金收入</td><td></td><td></td><td></td><td></td><td>…</td></tr>
</table>

注：若经营费用是通过直接估算获得，本表应略去财务分析时的相关栏目。

表 9-4　项目间接费用估算表　（人民币单位：万元）

序号	项　目	合计	计　算　期					
			1	2	3	4	…	n
1								
1.1								
1.2	……							
2								
2.1	……							

表 9-5　项目间接效益估算表　（人民币单位：万元）

序号	项　目	合计	计　算　期					
			1	2	3	4	…	n
1								
1.1								
1.2	……							
2								
2.1								
2.2	……							

表 9-6　项目经济费用效益流量表　（人民币单位：万元）

序号	项　目	合计	计　算　期					
			1	2	3	4	…	n
1	效益流量							
1.1	项目直接效益							
1.2	资产余值回收							
1.3	项目间接效益							
2	费用流量							
2.1	建设投资							
2.2	维持运营投资							
2.3	流动资金							
2.4	经营费用							
2.5	项目间接费用							
3	净效益流量（序号 1 – 序号 2）							

计算指标：

经济内部收益率（%）

经济净现值（i_s =　%）

二、国内投资经济费用效益流量表

国内投资经济费用效益流量表用以综合反映项目在计算内各年按国内投资口径计算的

项目经济费用、经济效益及净效益流量。对于有从国外借款的项目，应当编制该表，并计算国内投资的经济内部收益率、经济净现值、经济效益费用比等指标。

“国内投资经济费用效益流量表”与“项目经济费用效益评价流量表”的主要区别在于费用流量。由于要计算分析国内投资的经济效益，项目建设过程中从国外借款用于建设投资或流动资金投资的部分，通过“一借一还”用收支相抵在净效益流量中已互相冲抵，因此不再计算这一部分的投资，而在偿还国外借款本息时再在费用流量中列出。

国内投资经济费用效益流量表所涉及的基础报表和辅助报表与全部投资时报表类似。

三、经济费用效益评价案例

经济费用效益评价案例，见第十二章（某新建公路项目经济评价案例）。

思考题及习题

1. 结合我国对建设项目经济评价的要求，说明哪些项目需要进行经济费用效益评价？为什么要对这些项目进行经济费用效益评价？
2. 项目经济费用效益评价的思路是什么？经济费用效益评价应遵循哪些原则？
3. 项目经济费用效益评价的主要内容有哪些？
4. 怎样进行项目经济费用、效益的识别与计量？
5. 什么是影子价格？为什么在进行经济费用效益评价时要使用影子价格？
6. 项目经济费用与效益计量应遵循哪些原则？为什么？
7. 社会折现率的含义是什么？
8. 谈谈项目投入物和产出物影子价格计量的基本思路。
9. 请对项目财务评价与项目经济费用效益评价的区别与联系进行全方位比较。

第十章　特殊项目的经济评价

本章学习目标

重点掌握五类项目即设备更新项目、改扩建项目、并购项目、公共项目以及特殊行业项目的特点及其经济评价的重点、方法和要点。

第一节　设备更新项目经济评价

在现代化企业中，设备已成为企业组织生产所必需的物质和技术基础，设备运行状态的好坏和技术水平的高低，直接影响企业的生产效率和产品质量。因此，企业必须根据设备磨损和设备费用的变化规律，适时对设备更新进行经济分析，选择合理的更新方案。

本节主要涉及三个方面的内容：一是设备更新概述；二是设备磨损的度量与经济寿命的确定；三是设备更新方案的经济评价。

一、设备更新概述

在对设备更新项目进行经济评价前，首先应对设备更新的基本概念、特点、更新的原因、设备更新的原则与决策程序有一个全局性的把握。与设备更新密切关联的一个重要概念就是设备磨损。

（一）设备磨损的概念及其分类

设备经过一段时间的使用，由于受到物理变化和化学反应等正常或不正常因素影响，设备会出现不同程度的老化，甚至损坏等现象，称为设备磨损。设备磨损可分为有形磨损、无形磨损和综合磨损。

（1）有形磨损。设备的有形磨损有以下两种形式：一是设备在使用过程中，在外力的作用下产生的磨损；二是设备在闲置过程中受自然力的作用而产生的磨损。设备的有形磨损将导致设备的性能、精度等的降低，甚至致使设备不能按成本要求生产出合格产品。

（2）无形磨损。设备的无形磨损也有两种形式：一是由于技术进步，社会劳动生产率水平的提高，同类设备的再生产价值降低，致使原设备相对贬值；二是由于新技术的开发和应用，出现了生产性能更完善、生产效率更高的设备，致使原设备贬值。

（3）综合磨损。设备的综合磨损是指设备在使用过程中会不同程度地同时遭受有形磨损和无形磨损的情形。一般情况下，需要更新的设备大多为综合磨损。

（二）设备更新

设备更新是指用结构更先进、技术更完善、生产效率更高、能源和原材料消耗更少的新设备，去替代技术落后、能耗高、设备损坏及经济上不宜继续使用的原设备的行为。设备更新就实物形态而言是用新的设备替代陈旧落后的设备，就价值形态而言，是对设备在运动中所消耗掉的价值进行重新补偿，是弥补设备磨损的重要手段，目的是为了提高企业生产的现代化水平，尽快形成新的生产能力。

设备更新对提高企业生产效率，改进产品质量，促进技术进步起着重要作用，但并不是在任何条件下设备更新都是有利的。过早的设备更新将造成企业资金的浪费，使资金失去其他的收益机会；过迟的设备更新则会造成生产成本的迅速上升，使企业失去竞争优势。因此，设备是否更新、何时更新、选用何种设备更新，都要从技术和经济角度进行综合考虑。

（三）设备磨损的补偿方式

为维持设备的正常工作，必须对已遭受磨损的设备进行及时合理的补偿。

设备磨损的补偿形式大致可分为修理、现代化改装和更换等，从补偿程度可进一步分为局部补偿和完全补偿。设备有形磨损通常可通过修理或大修理得到局部补偿，无形磨损通过现代化改装得到局部补偿，综合磨损则通常需要设备更换方式对原有设备进行完全补偿。

（四）设备维护与更新的原则、策略与程序

（1）设备维护与更新的原则、策略。设备维护与更新采用的是“维修—改装—更换”的模式，一般应遵循以下原则：一是应根据企业生产发展和技术进步的需求，遵循技术适宜、经济合理的原则，有计划、有步骤地进行；二是要求企业建立一套完善的设备维护管理体系，针对设备使用寿命的不同阶段，制定详细的设备检修计划，保证设备的完好；三是对局部存在缺陷、工程技术与经济指标不达标的设备，选择技术改造方式以维持设备功能，对能耗高、技术性能和安全性差，已严重影响环境的设备，则应当及早更换；四是对机械性能较好而自动化程度不高的设备，为适应技术进步的需要，可吸收国内外的新技术，尽可能地对其进行现代化改装。

（2）设备更新经济评价一般程序。科学的设备更新经济评价的程序一般是：首先要确定设备更新的目标。不论是对一台设备还是一个生产装置或一条生产线的更新决策，都要确定以“技术适宜，经济合理，条件允许”为主要内容的决策目标；其次是收集资料，通过收集与设备相关的折旧、费用、性能、技术进步、设备磨损程度等方面的基本资料，完整了解该设备的磨损状况与同类设备的发展状况；第三是计算设备的经济寿命，并确定最佳的更新时机；第四是拟定条件允许的更新方案，采用设备更新经济评价的基本方法对不同更新方案（式）进行比较与分析，选出最优更新方式；最后才是更新方案的实施。

（五）设备更新经济评价的特点

设备更新经济评价具有以下特点：一是设备更新经济评价应站在目前设备的客观现实

的立场上，而不是站在原资产的取得方式或其所有者的立场上；二是设备更新经济评价不考虑发生在设备上的沉没成本，而只考虑设备的未来现金流量；三是设备更新经济评价只比较设备的费用。在假定不同设备更新方式产生的收益相同下，仅对设备更新方式的费用进行比较。四是设备更新经济评价以费用年值法为主。这是由于不同设备方案的服务寿命不同，因此通常采用年值法进行比较。

二、设备磨损的度量与经济寿命的确定

设备的更新取决于设备的经济寿命，而经济寿命又与设备的磨损程度有关，因此首先要对设备的磨损程度进行度量。

（一）设备磨损的度量

设备磨损可用修理费用和重置价值等经济指标衡量。

（1）有形磨损的度量。

有形磨损程度可采用以下方式进行度量：

$$\alpha_p = R/k_1$$

式中　α_p ——设备有形磨损程度；

R ——修复全部磨损零件所需要的修理费用；

k_1 ——设备的重置价值。

（2）无形磨损的度量。

无形磨损程度可通过以下方式进行度量：

$$\alpha_I = (k_0 - k_1)/k_0 = 1 - k_1/k_0$$

式中　α_I ——设备的无形磨损程度；

k_0 ——旧设备的原始价值；

k_1 ——设备的重置价值。

（3）综合磨损的度量。

按照综合磨损的含义，设备综合磨损程度是有形磨损与无形磨损程度之和，其计算公式为：

$$\begin{aligned}\alpha &= 1 - (1 - \alpha_p)(1 - \alpha_I) = 1 - (1 - R/k_1)(k_1/k_0) \\ &= 1 - (k_1/k_0 - R/k_0) \\ &= 1 - (k_1 - R)/k_0\end{aligned}$$

式中，α 表示设备的综合磨损程度；其他变量的含义同上。

（二）设备寿命

磨损总是存在的，当设备磨损达到一定的程度，设备就不能再使用或不能继续使用，所以设备具有一定的寿命。设备寿命可划分为自然寿命、技术寿命、折旧寿命和经济寿命。

（1）自然寿命（物理寿命）。自然寿命是指设备从全新状态下开始使用，直到报废的

全部时间，主要取决于设备有形磨损的速度。

（2）技术寿命。技术寿命是指设备开始使用到功能不再满足使用者需要时的时间。技术寿命的长短，主要取决于设备无形磨损的速度。

（3）折旧寿命（会计寿命）。折旧寿命是指设备从购置起通过折旧的方式将其投资全部收回所需的时间。

（4）经济寿命。经济寿命从经济角度衡量设备的最合理使用期限，具体指使设备等额年总成本（包括购置成本和运营成本）最低或等额（平均）年净收益最高的期限。设备的经济寿命是由有形磨损和无形磨损程度共同决定的。在设备更新分析中，经济寿命是确定设备最优更新期的主要依据。

（三）设备经济寿命的确定

设备在其整个寿命期间内涉及的费用主要包括三个部分：一是原始费用。原始费用指采用新设备时一次性投入的费用，包括设备原价、运输费和安装费；二是使用费。使用费指设备在使用过程中发生的费用，包括运行费（人工、燃料、动力、刀具和机油等消耗）和维修费（保养费、修理费、停工损失费和废次品损失费等）；三是设备残值。设备残值指对原设备进行更换时的原设备价值，可根据设备转让或处理收入扣除拆卸费用和可能发生的修理费用估算，设备残值也可能是负数。如果把第一部分和第三部分合并，则设备的年费用由两部分组成：一是资金恢复费用，指设备的原始费用扣除设备弃置不用时的估计残值（净残值）后分摊到设备使用各年上的费用；二是年平均使用费。

设备的年使用费和残值具有一定的变动规律。新设备的原始费用高但运行和维修费用低，而旧设备则相反。一般情况下，随着使用年限的延长，平均每年分摊的设备原始费用将越来越少，而与此同时，设备的使用费却逐年增加。随着使用年限的延长，总会出现平均每年分摊的原始费用减少的效果不足以抵消使用费用的增加，这时如果再继续使用设备就不经济，这一时点对应的就是设备的经济寿命。因此，设备的经济寿命是指设备的平均年费用最低的使用年限。

1. 不考虑残值的设备经济寿命确定

不考虑设备的残值，即假定设备在使用 t 年后的残值 $L_n = 0$ 。按是否考虑资金时间价值因素可进一步细分为设备经济寿命的动态模型和静态模型。

设备经济寿命的静态模型：

$$\min \mathrm{AC}_t = \frac{I_0}{t} + \frac{1}{t}\sum_{k=1}^{t} C_k$$

设备经济寿命的动态模型：

$$\min \mathrm{AC}_t = \left[I_0 + \sum_{k=1}^{t} C_k(P/F,i,k)\right](A/P,i,t)$$

式中 AC_t ——设备第 t 年的平均年总费用；

I_0 ——设备的初始投资额；

C_k ——第 k 年设备的使用费用；

t ——设备的使用时间，$t = 1,2,\cdots,n$ ；

n ——设备的自然寿命。

按照以上模型，设备经济寿命为数值最小的 AC_t 所对应的 t 值。

2. 考虑残值的设备经济寿命确定

假定设备在使用 t 年后的残值为 L_n，与不考虑残值的设备经济寿命的计算方法相类似，按是否考虑资金时间价值可进一步分为设备经济寿命的动态模型和静态模型。

设备经济寿命的静态模型：

$$\min AC_t = \frac{I_0 - L_n}{t} + \frac{1}{t}\sum_{k=1}^{t} C_k$$

设备经济寿命的动态模型：

$$\min AC_t = \left[I_0 - L_n(P/F,i,n) + \sum_{k=1}^{t} C_k(P/F,i,k)\right](A/P,i,t)$$

同样地，设备经济寿命为数值最小的 AC_t 所对应的 t 值。

例 10-1　A 厂某机器设备的初始投资为 60000 元，使用年限为 10 年，根据过去的记录，随着使用时间延长，其年使用费会逐年增加而期末净残值会逐渐减少。该设备的年使用费和估计残值如表 10-1 所示。

表 10-1　A 厂某机器设备的使用费和估计残值　（元）

年　限	1	2	3	4	5	6	7	8	9	10
使用费	10000	12000	14000	16000	18000	22000	26000	30000	34000	38000
残　值	40000	30000	25000	20000	15000	10000	7000	5000	3000	1000

求：（1）求该机器设备的静态经济寿命。

（2）如果按 10% 的年利率计算，该机器设备的动态经济寿命为多少？

分析：（1）将计算结果列于表 10-2。

表 10-2　A 厂某机器设备的静态经济寿命的计算　（元）

t	$I_0 - L_n$	$\sum_{k=1}^{t} C_k$	$(I_0 - L_n) + \sum_{k=1}^{t} C_k$	静态平均年总费用 $AC_t = W/t$
1	20000	10000	30000	30000
2	30000	22000	52000	26000
3	35000	36000	71000	23667
4	40000	52000	92000	23000
5	45000	70000	115000	23000
6	50000	92000	142000	23667
7	53000	118000	171000	24429
8	55000	148000	203000	25375
9	57000	182000	239000	26556
10	59000	220000	279000	27900

根据以上计算结果，设备使用到第四年末及第五年末时，平均年总费用相等且最低，所以该设备的经济寿命为 5 年。

（2）如果按 10% 的年利率考虑资金的时间价值，该设备的动态经济寿命计算如

表10-3所示。

表 10-3 A 厂某机器设备的动态经济寿命的计算 （元）

t	$P/F,10\%,t$ $=W_1$	L_n	L_nW_1 $=W_2$	I_0-W_2 $=W_3$	$\sum_{k=1}^{t}C_kW_1$ $=W_4$	$A/P,10\%,t$ $=W_5$	$AC=(W_3+W_4)\times W_5$
1	0.9091	40000	36364	23636	9091	1.1000	36000
2	0.8265	30000	24795	35207	19008	0.5762	31238
3	0.7513	25000	18783	41217	29527	0.4021	28447
4	0.6830	20000	13660	46340	40455	0.3155	27381
5	0.6209	15000	9314	50686	51631	0.2638	**26991**
6	0.5645	10000	5645	54355	64050	0.2296	27187
7	0.5132	7000	3592	56408	77392	0.2054	27483
8	0.4665	5000	2333	57667	91387	0.1874	27933
9	0.4241	3000	1272	58728	105807	0.1736	28563
10	0.3855	1000	386	59614	120457	0.1627	29298

由表10-3可见，该设备的平均年总费用AC最小（26991）所对应的t值为5，所以该设备的动态经济寿命为5年。

三、设备更新经济评价

一般而言，设备更新的方式有：原设备大修理、设备原型更新、新型设备更换和原设备现代化改造等。对备选的设备更新方式或方案宜采用“最低总费用现值法”进行综合比较，即通过计算各方案在不同使用年限内的总费用现值，并按总费用现值最低的评价准则进行方案选优。

（一）原设备大修理的经济评价

原设备大修理是通过调整、修复或替换磨损的零部件方法恢复原设备的精度、整机的功能。在一定限度内，由于大修理可以延长设备的物理使用期限，与购置新设备相比在一定条件下具有优越性。但是，对原设备的修理也不是无止境的。实践表明，对现有设备长期无止境的修理，不仅会造成设备性能不断劣化，阻碍技术进步，而且修理费用不断提高，设备使用费用随之增加，经济效益显著下降。因此，大修理不可能总是经济的，存在一定的经济界限。

原设备大修理存在最低经济界限和理想经济界限。

如果一次大修理的费用超过新设备的购置成本，显然此时进行大修理是不合理的。因此，大修理的最低经济界限可表示为：

$$R \leqslant K_j - V_j$$

式中，R表示原设备某次大修理的费用；K_j表示设备在第j次大修理时新设备的购置价格；V_j表示原设备在第j次大修理时的残值。

显然最低经济界限过于宽泛，只有使用大修理后的设备进行生产的产品的单位成本在任何情况下，都不超过用新设备生产同种产品的单位成本，同时产品质量达到规定要求时，大修理在经济上才是理想的。这个条件称为大修理经济界限的理想条件，其表达式为：

$$C_j \leqslant C_0$$

式中，C_j 表示第 j 次大修理后的原设备加工的单位产品成本；C_0 表示使用新购置设备加工的单位产品成本。进一步地，

$$C_j = (I_j - \Delta V_j)(A/P,i,T_j)/Q_j + CC_j$$

$$C_0 = (I_0 - \Delta V_j - \Delta V_n)(A/P,i,T_n)/Q_n + C_n$$

式中，I_j 表示原设备第 j 次大修理的价值；ΔV_j 表示原设备第 j 次大修理到第 $j+1$ 次大修理周期末时的残值现值；Q_j 表示原设备第 j 次大修理到第 $j+1$ 次大修理周期内的年均产量；CC_j 表示原设备第 j 次大修后生产单位产品的经营成本；T_j 表示原设备第 j 次大修理到第 $j+1$ 次大修理的间隔年数；ΔV_n 表示新设备第 1 个修理周期末时的残值现值；Q_n 表示新设备第 1 个大修理周期的年均产量；C_n 表示新设备生产的单位产品经营成本；T_n 表示新设备投入使用到第 1 次大修理的间隔年数；I_0 为新设备购置现值。

上述原设备大修理经济评价的原理可通过下例加以说明。

例 10-2　汽车制造厂一台锻造设备已使用 6 年，需要进行第 1 次大修理，预计大修费为 5000 元，大修后年平均生产锻件 45t，年平均运行成本为 2530 元，大修时设备残值为 3000 元，大修后设备增值为 6400 元，并可继续使用 4 年，进入第 2 次大修时残值为 2000 元。新设备价值为 32000 元，预计使用 5 年进行第 1 次大修，此时残值为 7500 元。在第 1 次大修期内年均生产锻件 63t，年平均运行费用为 2260 元。基准折现率为 10%。问大修是否合理？

分析：按大修最低经济界限条件，该设备第 1 次大修费用为 5000 元，小于新设备更换净费用 32000 − 3000 = 29000 元，因此满足大修最低经济界限条件。

进一步比较单位产品的成本，现役设备第 1 次大修后的单位产品成本为：

$$C_j = \{[6400 - 2000(P/F,10\%,4)](A/P,10\%,4) + 2530\}/45$$
$$= 91.5 \text{ 元}$$

新设备在第 1 次大修期内的单位产品成本为：

$$C_0 = \{[32000 - 3000 - 7500(P/F,10\%,5)](A/P,10\%,5) + 2260\}/63$$
$$= 137.5 \text{ 元}$$

显然，$C_j \leqslant C_0$，所以对现役设备进行大修理是合理的。

（二）设备原型更新的经济评价

设备使用到一定年限后，设备性能不能满足规定要求，生产效率下降，而经营费用却逐年增加。为了保证设备运行性能必须对设备进行更新。设备更新实际上是对技术上或经济上不宜继续使用的设备，用新的设备更换或用先进技术对原有设备进行局部改造。

设备更新有两种方式，一是原型设备更新，即用相同的设备去更换有形磨损严重，不能继续使用的旧设备。这种更新主要解决设备的损坏问题，而不是技术升级，因此不能促

进技术的进步；另一种是新型设备更新，即以结构更先进，技术更完善、性能更好，效率更高的设备替代原有设备。

设备原型更新分析，就是假定企业生产经营期较长，并且设备均采用原型设备重复更新，这相当于研究期为各设备自然寿命的最小公倍数。

原设备更新分析主要有三个步骤：首先是确定各方案共同的研究期；其次是用费用年值法确定各方案设备的经济寿命；最后通过比较每个方案设备的经济寿命以确定最佳方案，即旧设备是否更新以及新设备未来的更新周期。

设备原型更新分析按是否考虑时间价值，分为静态设备原型更新分析和动态设备原型更新分析。

1. 静态设备原型更新分析

在不考虑时间价值的前提下，经济寿命是总成本最低值对应的年限，即成本函数极值对应的时间。因此对总成本函数求导数，并令其为零，则此时的 t 值便是经济寿命。

$$t^* = \sqrt{\frac{2(I_0 - L_n)}{x}}$$

式中　I_0——设备的初始投资；

L_n——设备使用 t 年后的残值；

x——每年运行成本的增加额，称为年运行成本劣化值。

例 10-3　若设备的初始投资为 10000 元，预计残值为 2000 元，年运行成本劣化值为 200 元，求设备的经济寿命。

解：由公式可知，设备的经济寿命

$$t^* = \sqrt{\frac{2(I_0 - L_n)}{x}} = \sqrt{\frac{2(10000 - 2000)}{200}} = 8.9\text{ 年}$$

2. 动态设备原型更新分析

由考虑残值的动态设备经济寿命的计算公式

$$\min AC_t = \left[I_0 - L_n(P/F,i,n) + \sum_{k=1}^{t} C_k(P/F,i,k)\right](A/P,i,t)$$

可推得考虑时间价值的设备经济寿命为数值最小的年均总费用 AC_t 所对应的 t 值。

例 10-4　某企业现有一台机器 A，目前市场上另有与机器 A 相同功能的两种机器 B 和 C，这三台机器构成了互斥方案组。现有机器 A 还有 5 年使用期，机器 B 和 C 的自然寿命分别为 6 年和 7 年，机器各年的部分现金流量如表 10-4 所示。设基准收益率为 10%，试采用原型设备更新分析方法，比较三个机器方案的优劣。

解：研究期为 5、6、7 的最小公倍数 210 年。

采用费用年值法确定各台机器的经济寿命，A 机器有 5 个更新策略；B 和 C 分别有 6 个和 7 个更新策略，更新分析的互斥策略数为 5 + 6 + 7 = 18 个。各机器年平均费用最低的策略所对应的使用期限即为该机器的经济寿命。

计算各方案不同更新策略的年平均费用如表 10-4 所示。

表 10-4　各方案机器的经济寿命计算　（元）

t 年末	A 机器			B 机器			C 机器		
	第 t 年残值	t 年期间的运营费	年平均费用	第 t 年残值	t 年期间的运营费	年平均费用	第 t 年残值	t 年期间的运营费	年平均费用
0	18000			26000			33000		
1	12000	3600	11400	—	2000	30600	—	2250	38550
2	9500	5600	10400	—	3800	17838	—	2250	21265
3	7600	7900	10505	—	6300	14352	—	2250	15519
4	5800	9900	10928	—	8600	13145	—	2250	12662
5	3400	12000	11591	—	11300	12816	—	2250	10955
6				—	14800	13072	—	2250	9828
7							—	2250	9028

由表 10-4 可知，$AC_{A2}=10400$ 元；$AC_{B5}=12816$ 元；$AC_{C7}=9028$ 元，因此，旧机器 A 的经济寿命为 2 年，新机器 B 的经济寿命为 5 年，新机器 C 的经济寿命为 7 年。以各方案机器经济寿命对应的年平均总成本为比较依据，方案 C 为最优。

为此可得出结论，采用新机器 C 更新现有设备 A，机器 C 未来更新周期为 7 年。

（三）新型设备更换的经济分析

所谓新型设备更新分析，就是假定企业现有设备可被其经济寿命内等额年总成本最低的新设备取代。

例 10-5　假定上例中的现有机器 A 可采用经济寿命内年平均费用最低的新机器进行更新，试进行更新决策。

解：在能对现有机器 A 进行更新的新设备中，机器 C 在其经济寿命 7 年内的年平均费用为 9028 元，低于机器 B 在其经济寿命 5 年内的年平均费用 12816 元，故将机器 C 作为现有机器 A 的潜在更新设备，这相当于在 B、C 机器的 13 个互斥策略中选择了一个策略 C7，这样策略数减少为 12 个。

由于 7 年后，各策略的现金流量相同，故选择新机器 C 的经济寿命 7 年为研究期，采用总成本现值法并根据上表中数据比较机器方案。

$$AC_{A1}=11400(P/F,10\%,1)+9028(P/A,10\%,6)=49683\text{ 元}$$
$$AC_{A2}=10400(P/A,10\%,2)+9028(P/A,10\%,5)=52273\text{ 元}$$
$$AC_{A3}=10505(P/A,10\%,3)+9028(P/A,10\%,4)=54743\text{ 元}$$
$$AC_{A4}=10928(P/A,10\%,4)+9028(P/A,10\%,3)=57092\text{ 元}$$
$$AC_{A5}=11591(P/A,10\%,5)+9028(P/A,10\%,2)=59607\text{ 元}$$
$$AC_{A7}=9028(P/A,10\%,7)=43952\text{ 元}$$

策略 C7 的总成本现值最低，故应采用新机器 C 立即更新现有机器 A。

（四）原设备现代化改造的经济分析

由于现有运行条件的变化，使设备不能满足目前的需求或影响未来的发展，需要对原有设备进行现代化技术改造。现代化改造决策的依据也是比较备选方案的年均费用，以年均费用最小者为最优。

影响设备现代化改造的主要因素有三个：加工方法是否发生全新的变化？如果新加工方法是全新的，而又有很大的优越性，则不易进行现代化改造；设备结构变动是否非常重大？如果设备结构变动重大，则不宜进行现代化改造；设备役龄是否很长？如果役龄很长，则现代化改造从技术上讲非常困难，所需费用也较高。

后两条影响因素直接关系到现代化改造的费用大小。现代化改造同样也应该有一个合理的经济界限，其经济合理性的条件是：

$$K_{ri} + K_{m} + S_{e} < K_{n}\alpha\beta + S_{n}$$

式中　K_{ri} ——与现代化改造同时进行的第 i 期大修理费用；

K_{m} ——设备现代化改造费用；

K_{n} ——新设备价值；

S_{e} ——使用成本；

S_{n} ——提前更换时设备未折旧完的费用损失。

$$\alpha = \frac{\text{现代化改造后设备的生产率}}{\text{新设备第 1 次大修之前的生产率}}$$

$$\beta = \frac{\text{现代化改造后设备的修理周期长度}}{\text{新设备从开始使用至第 1 次大修的时间长度}}$$

若令：

$$E_{m} = 1 - \frac{K_{ri} + K_{m} + S_{e}}{K_{n}\alpha\beta + S_{n}}$$

E_{m} 称为现代化改造判定系数。则当 $E_{m} > 0$ 时，设备现代化改造在经济上是合理的；$E_{m} < 0$ 时，设备现代化改造在经济上不如设备更新；$E_{m} = 0$ 时，设备现代化改造在经济上与设备更新是等效的。

（五）设备更新方式经济评价的比较

使用总费用现值比较法对以上介绍的四种更新方案进行综合比较。总费用现值比较法是分别计算各方案在各自服务年限内总费用的现值，并加以比较，再根据工作需要年数，按照总费用现值最低原则对方案进行选择，即选取总费用现值低的方案为优选方案。

各方案总费用现值的计算如下：

（1）原设备大修理后设备的费用现值 PC_1。

$$PC_1 = \frac{1}{\beta_1}\left[I_1 - L_0 + \sum_{t=1}^{n} C_{1t}(P/F,i,t) - L_{1n}(P/F,i,n)\right]$$

（2）原设备更新的费用现值 PC_2。

$$PC_2 = \frac{1}{\beta_2}\left[I_2 - L_0 + \sum_{t=1}^{n} C_{2t}(P/F,i,t) - L_{2n}(P/F,i,n)\right]$$

（3）新型设备更新的费用现值 PC_3。

$$PC_3 = \frac{1}{\beta_3}\left[I_3 - L_0 + \sum_{t=1}^{n} C_{3t}(P/F,i,t) - L_{3n}(P/F,i,n)\right]$$

（4）原设备现代化改造后设备的费用现值 PC_4。

$$PC_4 = \frac{1}{\beta_4}\left[I_4 - L_0 + \sum_{t=1}^{n} C_{4t}(P/F,i,t) - L_{4n}(P/F,i,n)\right]$$

式中　PC_1、PC_2、PC_3、PC_4——各种方案 n 年内的总费用现值；

β_1、β_2、β_3、β_4——各种方案的生产效率系数，它由方案的生产能力与同类型新设备的生产能力的比值确定；

C_{1t}、C_{2t}、C_{3t}、C_{4t}——各种方案在第 t 年的运行成本；

I_1、I_2、I_3、I_4——各种方案中设备的投资费用；

L_{1n}、L_{2n}、L_{3n}、L_{4n}——各种方案的设备使用到第 n 年的净残值；

L_0——被更新设备在更新决策时的净残值或市场出售价值。

当设备由于性能降低使运行费用、废品率上升，费用增加时，应考虑对设备进行大修；当现有设备缺乏满足目前需求的能力或维修费用过高时，应考虑使用新设备替换来弥补老设备的不足；当出现新技术或效率更高的新设备时，应考虑对老设备进行现代化技术改造。

在原设备大修理方案中，决策的依据是设备的修理费或修理后使用该设备生产产品的单位成本；在原设备更新方案中，主要依据设备的经济寿命进行决策；在新型设备更新方案中，决策的依据是比较原设备与新设备的年均使用费；在原设备现代化改造方案中，可通过现代化改造判定系数 E_m 的符号考虑如何进行决策。

第二节　改扩建项目经济评价

一、改扩建项目特点

（一）概念

改扩建项目是指既有企业利用原有资产与资源，投资形成新的生产（服务）设施，扩大或完善原有生产（服务）系统功能的活动。

（二）项目目的

改扩建项目是实现既有企业总体战略目标的手段，其目的是通过实施项目，提高既有企业总体经济效益。

企业总体经济效益可表现为多个方面。对于有直接财务效益的改扩建项目，项目的增量收入或减少亏损会增加既有企业的经济效益；对于环境治理与保护的项目，既有企业不能得到直接的财务效益，但是可能减少排污费，进而节约生产成本，减少社会为治理污染发生的费用，进而节约了经济费用，提高既有企业的财务与经济效益。改扩建项目对既有企业的生产活动可能还有乘数效应，对既有企业上下游产业链条具有带动作用。具体而言，项目目的可能既有企业增加产品供给，开发新型产品，调整产品结构，提高技术水平，降低资源消耗，节省运行费用，提高产品质量，改善劳动条件，治理生产环境等方面的需要。改建、扩建、迁建和停产复建等项目的经济评价都可以归入到改扩建项目的经济评价范畴。

（三）特点

改扩建项目通常都具有下列特点：

（1）项目是既有企业的有机组成部分，同时项目活动与企业活动在一定程度上是有区别的；

（2）项目的融资主体是既有企业，同时融资的还款主体也是既有企业；

（3）项目的建设与经营一般要利用到既有企业部分或全部资产；

（4）建设期内既有企业的生产（运营）与项目建设同时进行；

（5）项目的效益与其目的有关，有些效益可直接体现，有些效益则要通过间接途径来体现。

上述特点对改扩建项目的经济评价有着重要影响。

二、改扩建项目经济评价内容

改扩建项目经济评价的主要内容：在完成改扩建项目财务费用效益的识别与估算后，便着手进行融资分析，继而进行项目的盈利能力分析、项目层次的偿债能力分析、企业层次的偿债能力分析以及财务生存能力分析等。

（一）融资能力分析

从法律上来讲，改扩建项目建设与经营的所有资金都来源于既有企业。这是由于项目的债务资金主要是以既有企业的信用及还款保障为基础贷入的，而项目的权益资金也来源于既有企业。

既有企业的债务资金包括既有企业自身运行和发展需要的贷款，也包括为实施项目的贷款。贷款人在为项目提供贷款时，要考虑项目未来的现金流量状况，以考察项目是否有可能盈利，更主要的是要考察企业的信用与还款能力，后者较前者在贷款人的贷款决策上有着更为重要的影响。

项目的权益资金也可能有两部分。一部分是既有企业的包括固定资产和流动资产，如既有企业的土地或现金盈余；另一部分是既有企业定向募集的股本资金，这部分股本资金对于既有企业来说是增量股本。

因此，改扩建项目的融资分析的重点是既有企业为项目提供和筹措建设和运营资金的能力、方式等，以评价改扩建项目资金筹措的可行性和可靠性。

（二）盈利能力分析

改扩建项目应分析项目对既有企业的贡献，通过计算项目实施后既有企业的营业收入、利润总额等指标的“新增”数据及相关增长率，估算项目投资活动对既有企业财务状况改善的贡献。

因此，改扩建项目经济评价的基本方法是“有无项目”比较法，通过比较“有项目”和“无项目”的净现金流，求出增量净现金流，并依此计算内部收益率及净现值，考察项目实施的效果。由于既有企业不实施改扩建项目的“无项目”数据是固有的且是非零的，在进行既有企业改扩建项目的盈利能力分析时，要将“有项目”的现金流量减去“无项目”的现金流量，得出增量现金流量，依增量现金流量判别项目的盈利能力。增量现金流量包括增量权益资金、增量借贷资金、增量营业收入、增量补贴收入、增量成本、增量所得税等。既有企业改扩建项目的盈利能力分析是增量分析的最好体现。

（三）偿债能力分析

由于改扩建项目融资的债务主体和还款的财务主体是既有企业，因此，改扩建项目的偿债能力主要分析既有企业整体的偿债能力。另一方面，既有企业之所以要进行融资行为其目的主要是为了解决项目所需资金的缺口问题，因此，不管项目的建设和经营是否为独立核算，都应该考察项目本身的偿债能力，这也是企业财务管理本身的需要。这样，改扩建项目的偿债能力分析是按两个层次进行分析评价的。

1. 项目层次的偿债能力分析

此时将企业为项目的融资全部作为该项目的贷款，将融资的债务主体视为项目，通过编制项目层次的借款还本付息计划表，结合拟建项目的现金流量状况，分析以项目的收益偿还企业新增债务的能力，计算利息备付率和偿债备付率等偿债能力指标，考察项目自身的还款能力。虽然债务偿还是企业行为，但项目层次的偿债能力指标可以给企业法人和贷款人重要的提示，即项目本身的收益是否可能完全偿还债务，是否会因此增加企业法人的债务负担。若“有项目”还款资金不足，应分析“有项目”还款资金的缺口。符合简化条件时，项目层次分析可直接用“增量”数据和相关指标进行分析。

如果说，考虑项目层次的因素是改扩建项目投资的必要条件，那么项目给既有企业带来的实惠是改扩建投资项目实施的充分条件，这是先做项目分析，再求出“有项目”与现状之间的差量，即“增量”。“增量”就是项目给企业带来的实惠。有些项目如环境治理与保护项目，虽然本身可能无收益，也不可能靠项目自身的能力偿还借款，但是，污染的减少节省了企业成本，能使企业整体效益得到提高，为既有企业实现其战略目标创造更为有利的条件。所以，既有企业绩效指标的改善程度往往是改扩建项目投资决策的重要依据。

2. 企业层次的偿债能力分析

此时，将企业为项目的融资作为企业融资的一个组成部分，通过编制企业层次的借款还本付息计划表，分析既有企业以往的财务状况与未来生产与经营情况、资产负债结构、发展战略、资源利用优化的必要性、企业信用等，结合企业的现金流量状况，分析以企业收益偿还融资的能力。

在项目范围与企业范围一致时（即企业的整体改扩建），“有项目”时的现金流量、报表等与企业一致，可直接通过企业财务报表进行借款偿还计算、资金平衡分析和资产负债分析。在改扩建项目范围与企业范围不一致时（即局部改扩建），偿债能力分析就应该按项目和企业两个层次分别进行偿债能力分析。

对于已通过贷款人信用评级并获得贷款人一定授信额度的企业，项目的偿债能力分析可以只进行项目层次的偿债能力分析。同样，对于财务状况良好的大企业所进行的小型改扩建项目，一般也只需进行项目层次的偿债能力分析。

(四) 财务生存能力分析

改扩建项目一般只进行“有项目”状态的生存能力分析，分析的内容同一般新建项目。

对于迁建时的改扩建和在停产基础上的重建、改扩建项目，当产权不变时，不仅要考察项目的生存能力，同时还要考察整个企业总量指标的情况；偿债能力分析时还要考虑改建前企业的负债情况；当产权发生变化时，项目的经济评价应视同新建项目，因此，既有企业对项目的资产投入需要在评估的基础上，按评估价值计为项目的投入（费用)。

(五) 简化为一般建设（或新建项目）的情形

改扩建项目一般要用到“有项目”、“无项目”、“现状”、“新增”和“增量数据”，增大了数据预测的工作量；特别是融资的还款主体与项目的经营主体异位，使改扩建项目的经济评价较为复杂，一般要求要进行项目层次与企业层次的经济评价。加之企业规模比较大时，必要的企业数据又难以准确获得，即使得到了可靠性，也比较差。因此，在改扩建项目经济评价实践中，对符合下列特定条件之一的改扩建项目，可按一般建设项目或新建项目经济评价方法与方式，简化处理：

(1) 项目的投入和产出与既有企业的生产经营活动相对独立时。此时，项目的边界比较清楚，项目的费用与效益容易识别，现金流入与流出容易测度，符合新建项目经济评价的基本条件，因此可以简化为新建项目处理。

(2) 以增加产出为目的的项目，且增量产出占既有企业产出比例较小时。此时，由于既有企业产出规模大，项目的增量产出不会对既有企业现金流量产生较大影响，此时的改扩建项目实际上相对独立，可以简化为新建项目处理。

(3) 利用既有企业的资产较新增量较小时。此时，被使用的既有企业的固定资产量少，意味着“有项目”情况下的现金流入与流出基本不受既有企业的影响，新增投资是项目建设期内主要的现金流出，此时可以简化为新建项目处理。

(4) 效益和费用的增量流量较容易确定时。此时，“有无项目”比较法的比较结果是求出增量现金流量，增量现金流量可直接用于项目的盈利能力分析。

新建项目实际上是改扩建项目的特例，当“无项目”的净现金流量为零，也不利用既有企业的任何资产，增量现金流量可以视作“无项目”的流量为零时“有项目”的现金流量。

对于可以进行简化处理的项目，一般要阐明简化处理的理由。

三、“有无项目”分析法

“有无项目”分析法是改扩建项目经济评价的基本方法。因此，应正确识别与估算改扩建项目在“无项目”、“有项目”、“现状”、“增量”等状态下的资产、资源、效益与费用、同时要求“无项目”与“有项目”的口径与范围保持一致，还要避免费用与效益的误算、漏算或重复计算。对于难以计量的费用和效益，可做定性描述。下面对这几种状态分别做出规范：

(1)“有项目”是指既有企业实施改扩建项目的状态。

(2)“无项目”是指既有企业不实施改扩建项目的状态。

（3）“增量”是指“有项目”与“无项目”的现金流量差异。其中，“有项目”的投资减“无项目”的投资就是增量投资，“有项目”的效益减“无项目”的效益就是增量效益，“有项目”的费用减“无项目”的费用就是增量费用。

（4）“现状”是指考虑项目是否需要实施时的状态。项目实施前既有企业的资产与资源、效益与费用数据，形成“现状”时点的基础数据。“现状”数据对比较“项目前”与“项目后”的效果有基础性作用，也是形成和预测“有项目”和“无项目”时现金流量的基础。现状数据一般可用实施前一年的数据，当该年数据不具有代表性时，可选用有代表性的数据或近几年数据的平均值。

通常，“无项目”时的效益由“老产品”产生，费用是对“老产品”的投入；“有项目”时的效益一般由“新产品”与“老产品”共同产生，费用包含有对“新产品”的投入与对“老产品”的投入。“老产品”的效益与费用在“有项目”与“无项目”状态时可能有较大差异。

四、值得注意的问题

（一）改扩建项目范围界定的问题

项目范围的界定是改扩建项目经济评价中非常重要的环节，改扩建项目的范围界定对项目经济评价的繁简有着重要的影响。在财务评价中，项目的费用与效益范围指项目活动的直接影响范围。而在经济费用效益评价中，效益和费用范围指项目活动的直接和间接影响的范围。在经济评价实践中，遵循的基本原则是在保证不影响评价结论的情况下尽可能缩小项目的范围。

（1）对于整体改扩建项目，项目范围就是既有企业范围。此时，项目除了要使用既有企业的部分资产、场地、设备外，可能还需要投入一部分资金进行扩建或技术改造，但企业的投资主体、融资主体、还债主体、经营主体是统一的。整体改扩建项目不仅要识别和估算与项目直接有关的费用和效益，而且还要识别和估算既有企业其余部分的费用和效益。

（2）对局部改扩建项目，项目范围是既有企业的一部分。此时，项目使用既有企业的一部分原有资产、资源、场地、设备，加上新投入的资金，形成改扩建项目，企业的投资主体、融资主体与还债主体虽然也是一致的，但可能与经营主体分离，整个企业只有一部分包含在项目范围内，还有相当一部分在项目范围外。

（二）计算期的可比性问题

根据“有无”方案计算期口径一致的原则，既有企业改扩建项目经济评价的计算期一般应取“有项目”情况下的计算期。

如果“无项目”的计算期短于“有项目”的计算期，可以通过追加投资（局部更新或全部更新）方式来维持“无项目”，将“无项目”的寿命期延长至“有项目”的结束期，并于计算期末回收资产余值；如果在经济和技术上延长寿命不可行，则应适时终止“无项目”的实施，但使“无项目”终止后各期的现金流量为零或在此基础上进行相应的调整。

此外，改扩建项目经济评价应处理好既有企业原有资产利用、可能造成的停产或减产损失、沉没成本等问题。

改扩建项目经济评价所使用的经济评价报表、评价指标与一般建设项目相同，但报表与评价指标需要分别单列“有项目”与“无项目”两种情况进行编制与计算。

第三节 并购项目经济评价

一、并购项目特点

（一）概念

并购项目是指既有企业通过投资兼并或收购目标企业，获得目标企业的部分或全部产权的项目。

（二）特点

（1）并购项目包括兼并和收购。兼并是指一个企业通过各种方式有偿接受其他企业产权，使被兼并方丧失法人资格或改变法人实体的经济行为。企业兼并的形式主要有承担债务式兼并、购买式兼并、吸收股份式兼并、控股式兼并等。收购则是指一个企业通过购买公司股份而使公司经营决策权易手的行为，包括企业收购和股权收购。

（2）并购的目的可能是扩大既有企业规模，提高既有企业效率，减少竞争对手，取得管理、经营、财务协同效益，增强既有企业的竞争能力，维持或改进目标企业原有的生产系统等。

二、并购项目经济评价内容

并购项目的经济评价主要开展以下工作：

（1）分析目标企业所处行业地位、竞争对手、行业发展趋势、市场格局与前景；

（2）分析目标企业经营管理现状、资产与债务结构、盈利能力、管理水平，并预测其发展前景；

（3）分析既有企业管理能力与水平、财务状况、品牌信誉、市场份额、融资能力、企业现状等；

（4）预测并购成本；

（5）预测改组、改造所需投资；

（6）预测并购收益和经营费用；

（7）构造并购后的现金流量表，依据内部收益率等指标判断并购的可行性；

（8）并购风险分析。

并购项目一般只做财务分析，分析财务效益、资产经营效益和发展速度等。对于影响行业结构和地区发展的重大并购项目，还应该做经济费用效益分析，判断并购形成的垄断等后果的社会承受能力。

并购成本包括产权交易价格，并购后对目标企业的投资（包括对目标企业改造、改组、人员安置与遣散费用等)、咨询费、律师费、佣金等。

三、并购项目价格的确定方法

(一) 收益现值法

并购项目价格确定的收益现值法是以拟并购企业的未来收益的现值作为并购项目价格的方法。收益现值法是评估企业价值的一种最直接、最有效的方法。企业价值的高低主要取决于被并购企业未来的获利能力，而不是现实存量的多少。在企业“持续经营”的假定前提下，将目标企业未来预测的现金流量进行折现，计算目标企业的收益净现值，作为目标企业内在的价值。

收益现值法中所采用的折现率应为目标企业的加权平均资金成本。

可由下式计算：

$$MAP = \sum_{t=0}^{n} \frac{CF_t}{(1+k)^t} - L$$

式中 MAP——并购项目的购买价格；

k——被兼并企业的加权平均资金成本；

n——被兼并企业预期经济寿命；

CF_t——被兼并企业在兼并后第 t 期所有资本产生的税后净现金流量；

L——被兼并企业负债的市场价值。

CF_t = 经营利润 ×(1 - 所得税率) + 折旧 - 增量营运资金和固定资产等支出

(二) 市场比较法

市场比较法是将可比上市公司或已交易的非上市公司的市盈率（或市净率）作为倍数，乘以被评估企业的当期收益（或净资产），从而计算出被评估企业的市场价值。可见该法需要有较发达的证券市场为基础，同时有已交易的可比并购项目为参照物。即选定一家与目标企业类似的上市公司或已交易的非上市公司，分别求其每股净利润、每股息税前利润加权平均值，再将其股价与两个加权平均值相比，所得的两个比值再分别乘上目标企业的每股净利润及每股息税前利润即可得出两个股价，作为估算目标企业每股价值的上下限范围。

(三) 账面价值调整法或重置成本法

重置成本法的评估思路是从企业重建的角度，将在评估时重建目标企业的投入成本作为目标企业的价值。

企业账面价值等于企业资产减去企业负债，但由于企业账面价值不能反映通货膨胀、技术贬值和企业组织等因素，基于历史成本记录形成的账面价值很有可能不等于其市场价值。因此需要对账面价值调整。

所以，账面价值调整法就是从资产成本的角度，以目标企业的资产净值为基础估算出并购价格，即按照财务报表中的资产净值，采用经过注册会计师审计调整后的资产账面价值进行估算，以形成目标企业价值评估的基本依据。

值得指出的是，不管使用哪一种方法，得到的仅是对目标企业价值的一个粗略值，仅作为并购双方谈判时参考。

四、并购项目的效益

并购效益包括被并购企业自身的效益以及并购带来的企业整体协同效益。前者包括资本经营效益、市场增加值和经济增加值三个方面，后者包括财务协同效应和经营协同效应。

（1）资本经营效益。评价指标包括被并购企业的投资回报率、总资产收益率等，主要反映并购后的当期经营效益。将目标公司并购后的资本经营效益与并购前进行比较，从而衡量并购对目标公司所产生的绩效增长。

（2）市场增加值。目标企业并购后的市场价值与并购前的市场价值的差额即为市场增加值。

（3）经济增加值。并购企业将投资于目标企业的资本变现后的收益与资本的机会成本进行比较，两者的差额就是企业的增值收益。

$$\begin{aligned}\text{EVA} &= (\text{ROC}-k)\times \text{现有资产的账面价值}\\ &= \text{EBIT}(1-\text{税率})-k\times \text{现有资产的账面价值}\end{aligned}$$

式中 ROC——资本收益率，$\text{ROC}=\text{EBIT}(1-\text{税率})/\text{现有资产的账面价值}$；

EBIT——息税前利润；

k——加权平均资金成本。

（4）协同效应。并购行为的协同效应包括财务协同效应和经营效应。

财务协同效应。财务协同效应可能是多方面的。例如通过并购行为，可能使并购企业增强了业务的多样化从而降低经营风险；或是通过并购一家资金短缺但有投资机会的企业，从而使并购企业获得商业机会；或是通过收购一家享受税收优惠的企业，从而使并购企业获得税收节余的好处等。

经营协同效应。由于目标企业可能控制着某种关键资源、技能或能力，如果与并购企业的资源相结合，将对并购双方产生更大的价值；当处于同一业务领域的两家企业发生水平收购时，由于生产规模提高、成本降低，边际利润水平提高；当收购原材料供应商或产品的分销商或零售商时，协同效应来自于对价值链的更完整控制。

协同效应的评价可通过“有无”比较法，对并购双方以及整体的现金流量进行分析。首先，分别评估并购企业和目标企业的价值，根据并购双方企业现金流量，分别计算现值，汇总后得到并购前的双方企业价值；其次，考虑并购完成后企业预期增长率或成本下降率，重新评估并购双方企业的价值；第三，将并购后的双方企业价值减去并购前的双方企业价值，就可以得到并购的协同效应价值。

并购行为还会伴生并购风险，因此需要对并购风险进行分析。并购风险分析包括融资风险分析、经营风险分析、政策风险分析和市场风险分析等。

第四节　公共项目经济评价

一、公共项目及其特点、分类

社会经济活动的目的是不断满足人们日益增长的物质文化需要。一般来说，人们的生活消费是社会的最终消费，而基本建设和生产系统消耗的是投资品，属于中间消费。居民生活消费可以分为两大类：一类是直接的个人消费品，如用于吃、穿、用、住（住宅）、行（汽车、摩托车）等的物品；另一类是公共消费品。公共消费品如交通、通信、供水、供电、供热、休闲、旅游等公共设施是否发达、完善、便捷、廉价以及阳光、大气、水资源等生存环境是否优质、充足，也是提高人们生活水平和生活质量十分重要甚至是必不可少的组成部分。

（一）概念

公共项目是指由各级政府或其他部门筹划、出资或运营，直接或间接向公众提供消费品的项目。公共项目以促进国民经济和社会发展、为公共生活服务、为提高社会科学文化水平和人民素质为目的，着眼于创造社会效益而不是以商业利润，对社会资源进行组织和配置的活动。

（二）特点

1. 公共性

项目的公共性是指项目的产出品可以被多个消费者同时消费的性质。项目所提供的产品或服务按其使用或受益性质可以区分为三类：私有品、准公共品和公共品。

区分这三类物品的基本标志是竞争性与排他性。这里的竞争性指某一产品只能向一个消费者提供，而不能同时供多个消费者消费的性质；排他性则是指只有那些按价付费的消费者才具有消费该物品权利的性质。

竞争性和排他性是私人物品的基本特性，市场机制的支配作用发挥最显著的正是同时具有竞争性和排他性的私人物品。而公共物品的特性是非竞争性和非排他性，即公共物品可以集体消费，而且是免费消费。比如广播、公共电视等。准公共品则介于私有品与公共品之间。比如，收费公路可以集体使用，但却将不付费者排除在外，因此，收费公路为准公共品，而免费公路为纯公共品。总体上，公共项目的公共性决定了公共项目的产出品或所提供的服务一般是准公共品或公共品。

公共项目和设施提供的服务具有公共性的特点，它不单纯是为个别人、个别家庭、个别单位服务，而是为整个社会或一个局部区域提供社会化服务；同时，公共项目如城市基础设施的功能又具有两重性，从服务对象看，基础设施既为人民生活服务，又为物质生产服务，两者难以截然分开，因此，公共项目是生产和生活共同使用的独立部门和领域，是经济系统和社会生活系统的重要组成部分，为整个社会运转提供基础条件。如城市供水项目，既供工业生产使用，又供民用；城市道路上行驶的车辆，既有生产用车，又有生活用车。

2. 外部性

外部性、项目效益的外部性或项目的外部效应是指由于项目的存在给除投资者外的其他生产者或消费者带来的有利或不利影响。当这种影响是有利时，项目的外部效应进一步称为项目的正向外部效应，反之为负向外部效应。

许多公共项目，特别是公共基础设施项目的投资效益和经济效益尽管也可以用投资回收期或获取利润的多少等直接经济指标衡量，但项目的主要效益更多地体现为服务对象效益的提高上，即主要体现为项目的间接效益和社会效益。事实上，项目的外部性并不是公共项目所特有，而是公共项目的外部性体现得更为显著。如兴建一座水电站，其投资主体可以通过发电获取直接收益，而下游居民能从电站大坝的修建中免费获得减少洪水灾害的间接收益。

公共项目效益的外部性通常是间接体现的，项目不但产生经济效益而且产生社会效益和环境效益。如城市园林绿化项目提高了环境质量，给人们创造了良好的休闲娱乐场所，使人民群众的身心得到健康发展，减少疾病的发生和传播。

3. 非盈利性

对于实行"公有公营"公共品运营模式的国家（如我国），公共项目大多为政府投资项目，此时公共项目还具有显著的非盈利性，这是由政府投资项目的性质所决定的。在市场经济体制下，一般经济组织的投资活动总是追求自身利益的最大化，同时受一般性组织所控制资源的局限性，总是避开对非盈利、难以盈利或投资回收期较长、风险巨大且不可控的公共项目的投资。但这类项目往往对国家或区域经济发展、改善人民生活极为重要，所以政府是这类公益性项目的投资主体，政府作为投资主体参与项目的目的不是为了盈利，而是为了获得持续的国家利益和社会经济发展、改善人民生活的项目外部效应。

（三）分类

根据不同的使用目的，可按不同标准对公共项目进行分类。

(1) 按产出物的内容，公共项目可分为基础设施项目、公共卫生项目、教育项目、文化项目和体育项目等。

基础设施项目是指既为物质生产又为人民生活提供生产生活一般条件的公共设施项目。这类项目的产品（基础设施）是区域社会经济赖以生存和发展的基础。对于城市基础设施按内容可进一步形成区域社会经济的六大系统：一是能源系统，包括电的生产及输变电设施，人工煤气的生产及煤气、天然气、石油液化气的供应设施，集中供热的热源生产及供应设施；二是水资源及供、排水系统，包括水资源的开发、利用和管理设施，自来水的生产和供应设施，雨水排放设施，污水排放、处理等设施；三是交通系统，包括内部交通和对外交通设施。内部交通设施有道路交通设施，电汽车、轨道交通、公共货运汽车、货物流通区等设施；对外交通有航空、铁路、公路、水运、管理运输等设施；四是邮电系统，包括邮政设施、电信设施等；五是环境系统，包括环境卫生、园林绿化、环境保护等；六是防灾系统，包括防火、防洪、防地面沉降、防风、防雪、防冰雹、防地震以及人防备战等设施。

(2) 按投资来源，公共项目可划分为政府投资项目和非政府项目。

我国公共项目主要由政府投资兴建和经营，但随着我国投资体制改革的不断深入，不断放开对民间组织参与公共项目的准入限制，同时，随着国际经济一体化趋势的加强，国外资本进入公共项目领域进行投资和参与经营的情况越来越普遍，公共项目的建设和运行资金来源既有可能来自政府财政预算，也有可能来自非政府机构的民间企业、个人和外国资本。不管公共品的运营采用何种模式，政府在公共项目为社会公众提供公共品都将发挥着特殊作用。但值得指出的是项目的投资来源不是划分项目是否属于公共项目的基本要件。

（3）按项目投资主体的盈利程度，公共项目可划分为经营性项目和非经营性项目。

经营性公共项目的显著特征是其产品或服务的最终用户需要向项目的经营者缴纳使用费，或者由政府向经营者一次性交纳产品或服务的使用费，经营者可以从中取得一定的商业利润。非经营性公共项目则是指其产品和服务可以免费为社会公众获得，或社会公众在使用该项目提供的公共品时只需支付必要的成本，支付必要的运营成本可有效地减轻政府在公共项目建设中的支出压力，还能有效提供公共项目的服务效率。

（4）政府采购项目。政府采购项目是一类特殊的公共项目，其基本含义是指一国政府部门及政府机构或其他直接或间接受政府控制的企事业单位，为实现其政府职能和公共利益，使用公共资金获得货物、工程和服务的行为。政府采购的主体是公共部门，资金来源也具有公共性，其职能的范围和目标是为了向公众提供公共服务。

公共项目的范围不仅相当广泛，占用了大量的社会资源，同时，公共项目的资金主要来源于广大公众（纳税人），对其进行项目经济性评价就显得格外重要。

二、费用效益评价法

（一）费用效益评价法的思路

费用效益评价法通过比较各备选项目的全部预期效益和全部预计代价（费用）的现值来比选备选项目，以作为决策者进行投资决策时的参考依据。

公共项目的实施通常都会改变初始的经济状态和社会福利水平。如果公共项目实施的结果可以改善经济状态，增进社会福利，那么该项目就值得实施，否则就不值得。问题的关键是根据什么标准来比较实施前后的两个状态？

西方福利经济学研究项目对于个人或集团福利水平的影响，提供了如何确定经济状态好坏的标准。20 世纪初，意大利经济学家帕累托提出了判断经济状态好坏的标准，即帕累托最优准则。

对比两种社会经济状态 A 与 B，如果至少有一个人认为经济状态 A 比经济状态 B 好，而且没有任何一个人认为状态 B 比状态 A 好，则从社会的观点看，认为状态 A 优于状态 B。但特定项目总会使一些人受损，而使另一些人得益，根据帕累托标准，没有任何一个项目可以划定为使全社会受益，所以根据该标准无法进行项目评价。

潜在的帕累托准则是 1939 年由卡尔多和希克斯从帕累托那里发展过来的，因而被称为卡尔多—希克斯标准。假如由于项目的实施，使社会从状态 B 转变到状态 A，一部分人受益，另一部分人受损，但如果让受益的人补偿受损的人，从而在补偿之后，没有一个人会比状态 B 更坏，则认为从社会观点看，状态 A 优于状态 B，也就是说项目是必要的。潜在的帕累托准则构成了传统费用效益分析的基础，如果某项目的实施使社会所得（效益）

补偿了社会所失（费用），那么该项目的实施是必要的。由于补偿是潜在的而非实际的，潜在的帕累托准则实际上没有考虑到收入分配问题，即不管项目的实施导致谁损失、谁受益。

因此，费用效益评价法通过比较各备选项目的全部预期效益和全部预计代价（费用）的现值来比选备选项目，作为决策者进行投资决策时的参考依据。

（二）费用和效益的界定与量化

由于公共项目的非盈利性，纯公共项目和准公共项目没有或只有很少的现金流入，其效益主要体现在消费者的费用节省或非货币化的收益上。费用效益评价的关键是如何界定与量化项目的费用和效益。

1. 费用和效益的界定

公共项目费用和效益的界定需要对项目区分真实的费用（效益）和货币性费用（效益）。真实效益是指项目使最终消费者增加的效用，它反映了公众福利的增加，真实费用则指由于项目的存在使社会有用资源实际减少的代价；而货币性费用（效益）是指由于项目的存在引起的物品的相对价格变化而产生的效益和费用在国民经济内部的重新分配和转移，这部分并未实际增加效益或形成资源的耗费，因此不能作为项目的效益与费用，否则会导致重复计算。

如在农田灌溉项目中，增加农业的产出、美化环境、减少土地沙化、稳定农村社会等都属于真实的效益，而由项目引起的农机、农药和化肥行业增收、粮食加工行业成本降低等等则属于货币性的效益。又如轨道交通项目节省了人们的出行时间、减少交通事故、减轻空气污染、缓解地面交通阻塞属于真实效益，而沿线土地、房产升值则属于货币性效益。就教育项目而言，增加学生日后的就业收入、丰富生活、减少犯罪、提升道德水平属于真实效益，而教育用具和学生生活用品商店的利润增加则属于货币性效益。由项目引起的相对价格变化而产生的效益和费用部分不能作为项目的效益和费用。

当然要严格区分项目的真实费用（效益）和货币性费用（效益）是很困难的，这只是提出了公共项目费用（效益）识别的一个基本原则。

2. 消费者费用节省的量化处理

对于不能收费或收费成本太高的项目如交通运输项目（包括一般的国道、不收费道路和桥梁以及城市道路的改扩建项目），其效益主要体现为消费者剩余的增加，或者说使用者费用的节省上。下面以交通项目为例，从消费者费用节省的角度说明公共项目的效益量化问题。

按“有无”对比原则，计算由于项目的存在引致的路程缩短、道路标准或质量的提高而产生的各种使用者费用的节省，形成项目的效益。具体包括车辆运行费用的节省（由路程缩短、车速加快和路况改善而获得的单位行驶里程的费用节省），这部分的性质属车辆运行的可变成本；第二部分是由于时间节省而产生的机会效益，包括车辆运行时间或旅客时间的节省引致的机会效益，前者是车辆利用节省出的时间所获得的机会效益，等于车辆运行的毛收益减去可变成本，后者是旅客对交通时间节省的支付意愿；第三部分是由于货物在途时间的节省而引致的货物保管费用的减少和货物利用效益的增加。

在不收费的情况下，项目的效益主要由消费者剩余的增加来体现，可形象地用图 10-1

表示。项目的效益为面积 C_0edC_1。具体可分为两部分，一是由于项目的存在为原有交通量 Q_0 形成的消费者剩余；二是由于项目的存在所诱发的交通量增加（Q_1-Q_0）而形成的消费者剩余。

对于交通项目，项目除了会形成上述的费用节省外，还应包括直接的无形效益，包括由于项目的存在引致交通拥挤减少的效益、交通事故减少的效益、旅客出行舒适和准点的效益等。

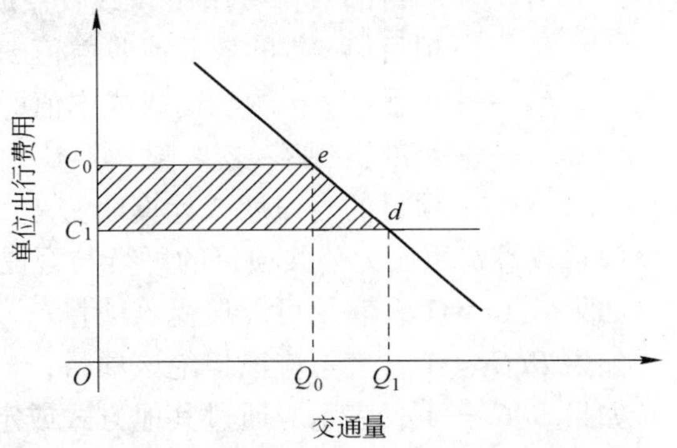

图 10-1　非经营性交通项目消费者剩余的构成

3. 无形效果的量化处理

在对公共项目进行费用效益评价分析时，常遇到项目的效益（费用）难以量化的问题。例如公共项目的效益（费用）常会涉及城市犯罪率、安全、国防、噪声、空气污染和绿化等方面的增加与减少。虽然这些方面的增加与减少不会有市场价格，但确是项目社会效果的重要组成部分。而在诸如交通工程、水利工程、抗震工程时，人身安全是项目效果的重要方面，不可避免地要涉及到生命的“价值”问题。难以对公共项目的社会效果进行计量成为这类项目经济评价的难点。

对项目无形效果的计量首先要估计实物指标，如噪声指数、空气中的含硫量等；再设法估计各种实物指标的货币价值。通常的做法有：

一是对消费者进行询问获得。例如设置“如果 X 在市场上销售，你愿为此付出多少？或者你为了忍受 X，你认为多少的补偿较为合适？”等等。通过对消费者的询问可以获得大致的项目效益（费用）值。

二是参照与公共项目产出物类似的物品市场价格。例如市场上销售的净化器能起到净化水质的作用，如果公共项目能使水质净化到同等的程度，那么该项目在水质净化方面的效益至少应有获得相应数量净水器的代价。

三是用项目的费用来反映效益。例如衡量公共项目在城市绿化方面的效益时，将提供同等数量与质量的绿化设置所需费用作为项目在城市绿化方面的效益。显然这样的处理方式存在一定的缺陷，因为提供同等数量与质量的绿化设置所需费用也同样难以计量。

（三）评价指标和准则

公共项目的经济评价通常是从国家和社会角度，考察和分析项目向社会提供的有益效果，并与其所消耗的资源进行全面的比较，以此作为项目在经济上可行与否的主要判别标准，因此要涉及国民经济评价和社会影响评价。两种评价总体上都是对公共项目的费用和效益进行对比，并通过计算净现值、内部收益率等指标来进行评价。此外，还可通过计算项目的效益费用比（或收益成本比）进行评价，其公式如下：

$$B/C=\frac{\sum_{t=0}^{n}B_t(1+i)^{-t}}{\sum_{t=0}^{n}C_t(1+i)^{-t}}$$

式中　B/C ——项目的效益费用比（或收益成本比）；

B_t ——项目第 t 年的效益或收益值，$t = 0,1,2,\cdots,n$；

C_t ——项目第 t 年的费用或成本值，$t = 0,1,2,\cdots,n$；

i ——基准折现率；

n ——项目的寿命期或计算期。

项目效益费用比为公共项目的可行与否提供了评价标准：

如果 $B/C > 1$，表示可以接受该项目；

如果 $B/C < 1$，表示应该拒绝该项目；

如果 $B/C = 1$，表示应通过其他方式或定性分析进行综合决策。

当对多个互斥公共项目方案进行选优时，就不能直接使用效益费用比指标作为选优标准，因为效益费用比最大的方案不一定是最优方案。此时，宜采用增量法进行修正。

一般情况下，若第 k 方案的投资大于第 j 方案，则项目的增量效益费用比可表示为：

$$\Delta B/\Delta C = \frac{\sum_{t=0}^{n} B_{kt}(1+i)^{-t} - \sum_{t=0}^{n} B_{jt}(1+i)^{-t}}{\sum_{t=0}^{n} C_{kt}(1+i)^{-t} - \sum_{t=0}^{n} C_{jt}(1+i)^{-t}} = \frac{\Delta B}{\Delta C}$$

式中　$\Delta B/\Delta C$ ——项目的增量效益费用比（或增量收益成本比）；

ΔB ——第 k 方案相对于第 j 方案的增量效益（收益）现值；

ΔC ——第 k 方案相对于第 j 方案的增量费用（成本）现值；

B_{kt}, C_{kt} ——第 k 方案第 t 年的效益（收益）和费用（成本），$t = 0,1,2,\cdots,n$；

B_{jt}, C_{jt} ——第 j 方案第 t 年的效益（收益）和费用（成本），$t = 0,1,2,\cdots,n$；

i ——基准折现率；

n ——项目的寿命期或计算期。

此时选优的评价准则为：

设 $\Delta B > 0$，$\Delta C > 0$，那么，

如果 $\Delta B/\Delta C > 1$，应该选择投资金额大的第 k 方案；

如果 $\Delta B/\Delta C < 1$，应该选择投资金额小的第 j 方案；

如果 $\Delta B/\Delta C = 1$，应通过其他方式或定性分析进行综合决策。

（四）案例

案例一　城市立交桥工程项目的单方案费用效益经济评价

某城市市内有 A、B 两条公路交叉于某处，十字路口设有红绿信号灯控制系统指挥车辆通行，此信号系统年运行成本为 1000 元。此外，还有负责指挥的交通民警 1 人，每日执勤 2h，每小时工资为 3 元。据统计，公路 A 的日平均车辆通行数为 5000 辆，公路 B 的为 4000 辆。两路的通行车辆中，20% 为商业性货车，80% 为普通客车（轿车）。由于通行车辆量大，约有 50% 的车辆在十字路口要停车等候，每次停车时间公路 A 为 1min，公路 B 为 1.2min。如对停车时间进行折算，则货车停车每小时损失 5 元，客车（轿车）停车每小时损失 2 元；车辆每启动一次的费用，货车为 0.06 元，客车（轿车）为 0.04 元。另据统计资料显示，该路口之前 4 年因车辆违反信号控制，发生死亡事故两件，每件支付的赔

偿费用为50000元；伤残事故40件，每件支付的赔偿费用为1500元。

现拟通过修建立交公路桥的方式解决路口的交通拥堵和事故多发的问题。立交公路桥方案的投资为750000元，使用寿命为25年，年维修费为25000元，残值为零。预计立交桥投入使用后，停车等候现象与交通事故可基本消除，但通行车辆的15%需要增加行驶路程0.25km，货车与客车（轿车）每公里行驶成本分别为0.25元和0.06元。设投资的最低期望收益率$i=7\%$，试用费用效益评价法对该立交桥工程项目的经济效益进行评价。

对该项目可作如下的分析与评价：

首先，对该项目的费用和效益进行识别，并计算其对项目受益者效益的现值：

（1）消除车辆等待时间方面的效益。

公路A行驶车辆的节约额

$=[(5\times20\%+2\times80\%)(5000\times365\times50\%\times1/60)](P/A,7\%,25)$

$=39541.667\times11.653=460779.04$ 元

公路B行驶车辆的节约额

$=[(5\times20\%+2\times80\%)(4000\times365\times50\%\times1.2/60)](P/A,7\%,25)$

$=37960\times11.653=442347.88$ 元

（2）减少车辆启动的节约额

$=(0.06\times20\%+0.04\times80\%)\times[(5000+4000)\times365\times50\%](P/A,7\%,25)$

$=72270\times11.653=842162.31$ 元

（3）消除交通事故的节约额

$=(2/4\times50000+40/4\times1500)(P/A,7\%,25)$

$=40000\times11.653=466120$ 元

（4）行驶路程延长导致的车辆运行成本的增加额

$=(0.25\times20\%+0.06\times80\%)[(5000+4000)\times365\times15\%\times0.25](P/A,7\%,25)$

$=0.098\times123187.5\times11.653=140679.39$ 元

（5）受益者总收入的现值为(1)+(2)+(3)-(4)

$=460779.04+442347.88+842162.31+466120-140679.39$

$=2070729.84$ 元

其次，计算该项目的费用现值：

（1）投资额为750000元；

（2）维修费用支出额$=2500(P/A,7\%,25)=2500\times11.653=29132.5$ 元；

（3）取消信号系统与指挥交通民警的节约额：

$=(1000+3\times2\times365)(P/A,7\%,25)$

$=3190\times11.653=37173.07$ 元

（4）项目的费用现值(1)+(2)-(3)

$=750000+29132.5-37173.07=741959.43$ 元

最后，计算该项目的费用效益比并获得评价结论：

$$B/C=2070729.84/741959.43=2.79$$

$$B-C=2070729.84-741959.43=1328770.41\text{ 元}$$

结果表明，该立交桥投资项目的费用效益比（经济效益相对值）$B/C>1$，经济效益绝对值 $B-C>0$，达到1328770.41元，非常可观，所以该投资项目在经济上是可行的。

案例二 防洪工程项目互斥方案的增量费用效益经济评价

某地区因洪水灾害平均每年损失2000万元，为防治洪水泛滥，当地政府提出三个防洪工程方案，这些方案实施后可以不同程度地减少受灾面积和洪水造成的损失。各方案的投资及运行成本的年值等有关数据如表10-5所示。试从方案总成本与追加成本两方面进行项目的费用效益分析。

表10-5 防洪方案的基础数据 （万元）

方案	投资与运行费用年值	水灾损失年值	方案效益年值
维持现状	0	2000	0
筑堤	400	1300	700
建小水库	1200	400	1600
建大水库	1600	100	1900

分析如下：

各方案的费用效益计算结果如表10-6所示，表中效益差值 ΔB 与费用差值 ΔC 是上、下两方案的效益年值之差与费用年值之差。

表10-6 防洪方案的增量费用效益计算 （万元）

方案	效益年值	费用年值	B/C	$B-C$	ΔB	ΔC	$\Delta B/\Delta C$	$\Delta B-\Delta C$
维持现状	0	0	0					
筑堤	700	400	1.75	300	700	400	1.75	300
建小水库	1600	1200	1.33	400	900	800	1.125	100
建大水库	1900	1600	1.19	300	300	400	0.75	-100

由计算结果可知：

（1）方案的效益费用比表明，除“维持现状”外，其他方案的 B/C 均大于1，故均可列为备选方案；

（2）方案的增量效益费用比表明，只有“建大水库”方案的增量效益费用比 $\Delta B/\Delta C$ 为0.75，小于1，而其 $\Delta B-\Delta C$ 也为负值，说明其效益的增加不足以补偿增加的费用，所以应该舍去；

（3）“建小水库”方案与“筑堤”方案相比，其相对评价指标 $\Delta B/\Delta C$ 为1.125，大于1，说明其效益增加超过了增加的费用，且“建小水库”方案的绝对评价指标 $B-C$ 在各方案中最大（400），所以应该选择“建小水库”的方案。

三、费用效果评价法

费用效果评价法与费用效益评价法在原理上有相通之处，但又有自身的特点。不同之处主要在于费用效益评价法适用于方案效益可用货币计量时的情形，而费用效果评价法适用于方案效益不能用货币计量或难以计量时的情形。

公共项目的一个显著特点是费用通常表现为货币性支出，而效益却表现为非货币性收益，或者由于伦理、技术等原因难以将效益货币化。如在医疗项目的经济评价中，项目在挽救生命方面的效益很难或不宜进行货币化处理，因为这无疑要涉及生命能否用金钱衡量的伦理道德命题。

所以，在公共项目的经济评价中，费用使用货币单位计量，而项目的效用使用非货币单位计量即效果来反映，此时费用效益评价就转化为费用效果评价。由于项目的效果一般有效能、质量、使用价值和受益等多种形式，各自的实物计量单位不同，不具有统一的量纲，因此，费用效果评价就无法再以项目的经济性为评价标准。

特殊情况下，如果各备选方案的效果相同或基本相同时，则只要对比各方案的费用即可。

一般情况下，费用效果评价法适用于对方案进行比较，而不用于判断单一方案的可行性；其次，各备选方案应有共同的、明确的并可达到的目的或目标。共同的目标或目的形成方案比较的基础，而明确的目标或对问题范围的限制，例如项目在费用、时间和至少要达到的功能限制等，则形成项目费用及效果识别与计量的前提。

第五节　特殊行业项目经济评价要点

项目具有行业特征，行业特征决定了项目的费用与效益的识别和处理方式。本节就交通运输项目、电信项目、农业项目、教育项目、卫生保健项目、水利项目、林业项目、市政公用设施项目、房地产开发项目的经济评价作出简要提示，并结合《建设项目经济评价方法与参数》（第三版）介绍这些特殊行业项目的融资前税前财务基准收益率、资本金税后基准收益率的专家调查、行业测算和协调结果。

一、交通运输项目

交通运输项目包括铁路、公路、水运和民航等基础设施项目。交通运输项目的经济评价一般具有以下特点：

（1）交通运输项目具有前期投资大、建设周期长、网络效益强、受益主体广、外部效果显著等特点；

（2）交通运输项目应以经济费用效益分析为主，有营业收入的项目还应进行财务分析，重大交通运输项目还必须进行区域经济与宏观经济影响分析；

（3）交通运输项目的经济效益主要体现在改善网络结构、扩大网络运输能力而产生的正常运输量、转移运输量和诱发运输量所引起的运输费用节约、运输时间节省、交通事故减少、设施维护（养护）费用降低、运输服务质量改善等方面；

（4）交通运输项目的财务效益主要体现为所收取的道路、桥梁、港口、机场使用费或通行费用；

（5）交通运输项目的区域经济或宏观经济影响效益主要体现在改善路网结构、促进资源利用开发、推动区域社会经济发展等效果；

（6）交通运输项目的费用主要包括征地拆迁安置费用、线路和枢纽建设费用、相关配套设施设备投资、项目营运费用及维护（养护）费用等；

（7）《建设项目经济评价方法与参数》（第三版）对交通运输项目的融资前税前财务基准收益率、资本金税后基准收益率的专家调查、行业测算和协调结果如表 10-7 所示。

表 10-7　交通运输项目财务基准收益率测算与协调结果

行业名称	融资前税前财务基准收益率			资本金税后基准收益率		
	专家调查结果	行业测算结果	协调结果	专家调查结果	行业测算结果	协调结果
铁路网既有线改造	—	—	—	—	6	6
铁路网新线建设	—	—	—	—	2.5	3
民　航						
大中型（干线）机场建设	7	5	5	8	4	4
小型（支线）机场建设	—	1	1	—	—	—
公路与水运交通						
公路建设	6	—	6			
独立公路桥梁隧道	6	—		7		
泊　位	8	—		8		
航　道	4	—		6		
内河港口	8	—		6		
通航枢纽	4	—		6		

二、电信项目

电信项目包括固定通信、移动通信、数据通信、传输网等的建设项目。电信项目一般具有以下特点：

（1）电信项目具有服务普遍、全程全网、外部效果显著等特点；

（2）全局性电信项目的经济评价一般应进行财务分析和经济费用效益分析，局部的电信项目可只进行财务分析；

（3）电信项目的经济效益主要包括改善通信条件、提高服务质量、优化网络结构、增加服务内容、提高社会生活质量、提高社会生产效率、降低社会生产成本等方面；

（4）电信项目的财务效益主要包括出售电信产品和提供电信服务的收入，以及降低电信成本的效益；

（5）电信项目费用主要包括网络建设费用、网络运行维护费用以及其他费用；

（6）《建设项目经济评价方法与参数》（第三版）对电信项目的融资前税前财务基准收益率、资本金税后基准收益率的专家调查、行业测算和协调结果如表 10-8 所示。

表 10-8　电信项目财务基准收益率的测算与协调结果

行业名称	融资前税前财务基准收益率			资本金税后基准收益率		
	专家调查结果	行业测算结果	协调结果	专家调查结果	行业测算结果	协调结果
固定通信	6	5	5	6	5	5
移动通信	12	9	10	13	12	12
邮政通信	3	2.5	3	3	—	3
数据与因特网通信	12	—		13	12	12
卫星通信	12	—		13	—	
电子计算机制造	12	—		13	—	
电子器件、元件制造	15	—		18	—	

三、农业项目

农业项目包括农业生产、农产品加工、农田水利灌溉和畜牧业等项目，通常是综合开发型项目。农业项目一般具有以下特点：

（1）农业项目具有受自然因素影响大、项目风险相对较大、收益预见性低、项目建设周期长、建设期与生产期交错、双层经营管理体制、分级管理、分级核算等特点。

（2）农业项目的经济评价应分别按项目层和经营层进行财务分析。项目层的财务分析主要通过估算项目费用与效益，判断整个项目的财务可行性；经营层的财务分析主要考察单个工程项目的财务状况和农民获得的收益和负担的费用。对于运行费用自给或以收益偿还贷款的项目应进行费用平衡分析和债务清偿能力分析；无财务收益的农业项目，一般不做财务分析，只估算运行费用，必要时进行经济费用效益分析。

（3）农业项目的效益主要包括农业产出增加、品种改良、成本节约、质量改善、防洪除涝损失避免、水土保持效益及其他有形收益。

（4）农业项目的费用主要包括建筑工程费、机电设备及安装工程费、临时工程费、水库淹没处理及补偿费、土地、种畜和草地改良费、运营费和综合经营所发生的各项费用。

（5）农业生产具有明显的季节性和时间性、投入与产出不同步、产出时间较为集中，因而流动资金的估算要根据生产运行情况确定，不能采用工业项目的方法。

（6）《建设项目经济评价方法与参数》（第三版）对农业项目的融资前、税前财务基准收益率、资本金税后基准收益率的专家调查、行业测算和协调结果如表 10-9 所示。

表 10-9　农业项目财务基准收益率测算与协调结果

行业名称	融资前税前财务基准收益率			资本金税后基准收益率		
	专家调查结果	行业测算结果	协调结果	专家调查结果	行业测算结果	协调结果
种植业	8 ~ 12	6	6	8 ~ 12	—	6
畜牧业	10 ~ 12	7	7	12 ~ 15	—	9
渔　业	10 ~ 12	7	7	12 ~ 14	—	8
农副食品加工	10 ~ 12	8	8	12 ~ 15	—	8

四、教育项目

教育项目包括城市和农村的基础教育、中等教育（包括师范教育和职业教育）、高等教育等项目，其中基础教育主要依靠国家和地方财政支持建设。教育项目一般具有下列特点：

（1）教育项目具有外部效果显著、收益时间滞后、受益对象广泛等特点。

（2）教育项目分为非经营性和经营性两种。经营性项目应进行财务分析，非经营性项目应采用费用效果分析法和费用效益分析法进行经济费用效益分析，同时通过费用平衡分析评价项目的财务可持续性。

（3）教育项目的内部效益主要包括提高教育系统效率、增加教育收入等；外部效益主要包括增加受教育者收入，提高社会劳动生产率、推动社会技术进步、降低犯罪率等效益。

（4）教育项目的费用主要包括土地、设施、设备和材料、教职工工资、接受教育者的投入、维护运营费用等。

（5）《建设项目经济评价方法与参数》（第三版）对教育项目的融资前、税前财务基准收益率、资本金税后基准收益率的专家调查结果分别为10%和12%。

五、卫生保健项目

卫生保健项目包括医院、社会保健站、卫生防疫、疫病控制系统等项目。卫生保健项目具有以下特点：

（1）卫生保健项目具有外部效果显著、效益难以用货币计量等特点。

（2）卫生保健项目可分为非经营性和经营性两种。经营项目应进行财务分析，非经营项目应以经济费用效益分析为主，有条件的可以进行财务生存能力分析。

（3）卫生保健项目的经济效益主要包括降低医疗费用、提高服务效率、改善服务质量、延续社会成员平均寿命、降低患病率和死亡率、缩短患病天数等。

（4）卫生保健项目的费用主要包括土地使用费、房屋建筑费、设备设施费、卫生研究和发展费、医用材料费、医疗业务费、培训费用等。

（5）《建设项目经济评价方法与参数》（第三版）对卫生保健项目的融资前、税前财务基准收益率、资本金税后基准收益率的专家调查结果如表10-10所示。

表10-10　卫生保健项目财务基准收益率专家调查结果

行业名称	融资前税前财务基准收益率	资本金税后基准收益率
化学药品、原药制剂制造	15	16
中成药制造	18	20
兽用药品制造	18	20
生物、生化制品制造	18	20
卫生材料及医药用品制造	15	18
商业性卫生项目	10	12

六、水利项目

水利项目包括防洪、治涝、灌溉、水土保持、供水、发电、航运等单一项目或综合项目。水利项目一般具有以下特点：

（1）水利项目具有外部效果显著，自身财务效益不明显，建设期和运营期相对较长等特点。

（2）水利项目应以经济费用效益分析为主，重大水利项目必须进行区域经济与宏观经济影响分析。此外供水、发电、灌溉等有一定财务效益的水利项目还需进行财务分析；而防洪、治涝等公益性水利项目还应进行费用平衡分析，以测算预算补贴额；综合利用水利枢纽项目应作为整体进行总体评价，同时对各主要功能按投资分摊结果分别进行经济评价。

（3）水利项目的效益受水文和地质因素的影响较大，应采用频率法或系列法计算多年平均效益作为项目评价的基础。对防洪、治涝、灌溉、供水等项目还应计算设计年及特大洪涝年或特大干旱年的效益。

（4）水利项目的经济效益，主要有减少国民经济与社会财产损失（如防洪治涝项目）、为经济社会发展提供水利水电产品、增加经济收入几个方面。水利项目的经济效益应按各功能分别计算，综合利用水利枢纽项目还应计算项目的整体效益。

（5）水利项目的财务效益主要包括出售水利产品及提供服务的收入。财务收入计算采用的价格应根据政策规定，遵循补偿成本、合理收益、优质优价、公平负担的原则，并分析用户的承受能力和支付意愿。

（6）水利项目的费用主要包括移民搬迁及安置、土地占用、工程建设、项目运行维护费用等。

（7）《建设项目经济评价方法与参数》（第三版）对水库发电工程项目的融资前、税前财务基准收益率的专家调查、行业测算、协调结果分别为8%、6%～8%和7%，资本金税后基准收益率的专家调查结果为10%；对调水、供水工程项目的融资前、税前财务基准收益率的专家调查、行业测算、协调结果分别为6%、2%～4%和4%，资本金税后基准收益率的专家调查结果为6%。

七、林业项目

林业项目包括森林营造、林业加工、林纸一体化、保护区建设、森林旅游等项目。林业项目一般具有以下特点：

（1）林业项目具有公益性、综合性、分类经营、分级管理、建设周期长、受自然因素影响大等特点。同时，许多林业项目兼具公益性和盈利性。

（2）林业项目应以经济费用效益分析为主，重大林业项目还必须进行区域经济影响分析。此外，林业加工等有一定财务效益的项目，还应进行财务分析；生态林营造等公益性项目，还应进行费用平衡分析，以测算补贴额。

（3）林业项目的经济效益主要包括水土保持、防风固沙、涵养水源、净化空气、改善生态环境、增加森林资源、美化自然环境等效益。

（4）林业项目的财务效益主要包括出售林业产品、林业加工产品及提供服务所获得的收入。

（5）林业项目的费用主要包括移民搬迁及安置、土地土壤改良、造林费用、森林保护、工程建设、项目运行费用等。

（6）《建设项目经济评价方法与参数》（第三版）对林业项目的融资前税前财务基准收益率、资本金税后基准收益率的专家调查、行业测算和协调结果如表10-11所示。

表10-11 林业项目财务基准收益率测算与协调结果

行业名称	融资前税前财务基准收益率			资本金税后基准收益率		
	专家调查结果	行业测算结果	协调结果	专家调查结果	行业测算结果	协调结果
林产加工	12	11	11	11	—	—
森林工业	12	12.5	12	15	12.4	13
林纸一体化	13	12	12	15	12	12
营造森林	10	6~8	8	12	7~9	9

八、市政公用设施项目

市政公用设施包括给水、排水、道桥、燃气、供热、快速轨道交通、垃圾处理等单个或综合项目。市政公用设施项目一般具有以下特点：

（1）市政公用设施项目具有服务公用性、自然垄断性、网络系统性、外部效果显著以及沉淀资本大、价格受管制等特点。市政项目还应与市政规划相结合。

（2）市政公用设施项目应按收费与否选择经济评价内容。收费项目一般要求进行财务分析和经济费用效益分析；不收费项目一般只进行经济费用效益分析，但应安排债务偿还计划及运营费用来源，进行费用平衡分析或费用效果分析。效果难以量化时应进行定性分析。

（3）市政公用设施项目的经济评价一般应包括处理厂（设施）与网（管、路）的综合分析，必要时厂与网也可进行经济评价。

（4）市政公用设施项目的经济效益主要表现为促进城镇社会经济发展、合理利用自然资源、减少环境污染以及提高人民群众生活水平和生活质量等方面。

（5）市政公用设施项目的财务收入表现为获得的营业收入和补贴收入。

（6）市政公用设施项目的费用主要包括土建费用、设备购置费用、安装工程费、生产（运营）费用及其他费用。

（7）市政公用设施项目的价格应根据政府政策、消费者支付意愿和承受能力，遵循补偿成本、保本微利、节约资源、公平负担的原则测算。

（8）《建设项目经济评价方法与参数》（第三版）对市政项目的融资前、税前财务基准收益率、资本金税后基准收益率的专家调查、行业测算和协调结果如表10-12所示。

表 10-12　市政公用设施项目财务基准收益率专家调查结果

行业名称	融资前税前财务基准收益率	资本金税后基准收益率
城市快速轨道	5	8
供　水	8	4
排　水	4	10
燃　气	8	10
集中供热	8	10
垃圾处理	8	6

九、房地产开发项目

房地产开发项目一般由生地、毛地、熟地、在建工程和建成后的物业（含土地）等单个或综合项目组成。房地产开发项目一般具有以下特点：

（1）房地产开发项目具有产品不可转移性、保值增值性、区域性、政策影响性、建设与经营同步性等特点，多数房地产项目还具有计算期短的特点。

（2）房地产开发项目一般只进行财务分析，涉及区域开发的项目还应进行综合分析。

（3）房地产开发项目的资金可来源于商品房合法预售所得款。

（4）房地产开发项目分为出售型、出租型和混合型。项目的收益和成本分摊方式依据项目类型而不同。自营部分的投资可转换成项目的固定资产，出售出租部分的投资转换成开发成本。开发企业大量的资产以流动资产的形式存在。

（5）房地产开发项目不按租售合同而按实际可能获得的财务收入估算现金流入，并依此估算经营成本。

（6）房地产开发项目的效益一般为售房收入、租房收入、土地（生地或熟地）出让收入、配套设施出售（租）收入以及自营收入。

（7）房地产开发项目总成本费用主要包括开发建设期间发生的开发产品成本和经营期间发生的运营费用、修理费用等。

（8）房地产开发项目除缴纳流转税和所得税外，尚需缴纳土地增值税、城镇土地使用税、耕地占用税、房产税等。

（9）《建设项目经济评价方法与参数》（第三版）对房地产项目的融资前、税前财务基准收益率和资本金税后基准收益率的专家调查结果分别为 12% 和 13%。

思考题及习题

1. 什么是设备的有形磨损和无形磨损？请举例说明各自的特点。
2. 简述设备更新经济评价的基本步骤。
3. 指出设备寿命中自然寿命、技术寿命、折旧寿命和经济寿命之间的区别。
4. 简述设备更新的基本途径。
5. 分别指出设备大修、新设备替换原设备、对原设备进行现代化技术改造的评价标准。
6. 改扩建项目有什么基本特点？这些特点对改扩建项目经济评价的内容和方法提出了什么要求？
7. 为什么说“有无”项目分析法是改扩建项目经济评价的基本方法？
8. 指出并购项目的基本特点和经济评价的重点。

9. 指出并购项目的收益现值法、市场比较法、账面价值调整法经济评价的基本思路，并说明各自的优缺点。
10. 如何计量并购项目的效益？在并购项目效益计量上你有何改进思路？
11. 公共项目有哪些基本特点？这些特点对公共项目经济评价的内容和方法提出了什么要求？
12. 整理出公共项目分类的结构体系。
13. 指出公共项目的费用效益评价与费用效果评价的区别与联系。
14. 在公共项目费用与效果计量上，你有何改进思路？
15. 怎样理解交通运输、电信、农业、教育、卫生保健、水利、林业、市政公用设施、房地产开发等项目在融资前税前财务基准收益率和资本金税后基准收益率上的差异？
16. 举例说明林业项目和房地产项目在项目特点、项目效益与费用识别、评价内容、评价方法及评价要求上的差异。
17. 指出“一般项目”经济评价与“特殊项目”经济评价在方法、内容和要求上的区别与联系。
18. 某企业新购置一成套设备，购置费用为1亿元，第一年的使用费为2000万元，以后每年增加500万元，由于设备是专为该企业定制的，任何时候都不计残值。(1) 如不考虑资金时间价值，求该设备的经济寿命；(2) 如按10%考虑资金的时间价值，求该设备的经济寿命。

第十一章 价值工程

本章学习目标

重点掌握价值工程的概念及其特点、价值工程的阶段与分析程序；掌握价值工程对象选择的定性与定量方法；掌握功能定义、功能分类、资料收集、功能整理与功能评价等功能分析技术；掌握方案创造、评价与实施的相关理论。

价值工程又称为价值分析，起源于20世纪40年代的美国，其公认的创始人是麦尔斯（LD Miles）。第二次世界大战后，原材料供应普遍短缺，在解决军用物资采购中的短缺问题时，麦尔斯较早关注到短缺材料与非短缺材料之间存在的替代关系，认为一些相对不太短缺的材料具备较好替代短缺材料的功能，并逐渐总结出以价值分析为核心的一整套解决采购问题的行之有效的方法。价值工程虽然起源于材料和代用品的研究，但价值工程的原理很快就扩散到各个领域，有着广泛的应用。1955年价值工程传入日本，使价值工程与全面质量管理得到很好结合。1961年美国价值工程协会成立时麦尔斯当选为第一任会长以及麦尔斯的专著《价值分析的方法》出版又进一步使价值工程的理论与方法得到更多的关注和传播，并在世界范围内产生积极的影响。如今价值工程已经成为寻找降低成本、提高经济效益方案和经济评价的有效分析工具。

由于项目是一种特殊的产品，所以针对产品的价值工程理论与方法同样适用于对项目的经济评价。具体来讲，价值工程的应用大体有两大方面：一是在工程建设和生产发展方面。大的可应用到对一项工程建设或一项成套技术的分析，小的可应用于企业生产的每一件产品或每一部件。因此有工程价值分析、产品价值分析、技术价值分析、设备价值分析、原材料价值分析、工艺价值分析、零件价值分析和工序价值分析等等；二是在组织经营管理方面。价值工程不仅是一种提高工程和产品价值的技术方法，而且是一项指导决策，有效管理的科学方法。例如：对经营品种价值分析、施工方案的价值分析、质量价值分析、产品价值分析、管理方法价值分析、作业组织价值分析等。

价值工程甚至可以应用于人力资源开发领域。当把价值工程的概念应用于人力资源的开发时，人自然成为价值工程的研究对象，通过对人力资源的功能分析，然后与具体工作的岗位要求相对应，应用价值系数评价便可评价人力资源的个人价值或群体价值，在此基础上便可以确定人力资源开发实施方案或者对实际方案进行改进，以达到提高组织的人力资源绩效的目的。

第一节　价值工程基础

一、价值工程概念

价值工程涉及到价值、功能和寿命周期成本等概念。

（一）价值

在价值工程中，价值具有特定的含义，是指对象（如产品）所具有的功能与获得该功能所付出的全部费用之比。可表示为：

$$V = F/C$$

式中　V——对象的价值；

F——对象的功能；

C——对象的成本。

上式表明，对象价值的高低取决于对象所具有的功能与为取得这种功能所花费的成本，反映的是对象（产品）的物美价廉程度。成本低而功能大的产品其价值就高，反之价值就低。按照经济评价的基本原则，价值高的产品是好产品，价值低的产品是需要改进或淘汰的产品。

“价值”概念的引入，便产生了新的产品评价方法，即把产品功能与成本结合起来继而把技术与经济结合起来进行评价的方法。

1947 年，麦尔斯提出，“人们需要的不是产品本身，而是产品的功能。”这就是价值工程的核心指导思想。例如，手机具有方便通话的功能，所以购买手机是获得便携通话的功能，如果手机失去便携通话的功能就不会有人去购买它。但是，购买手机的行为是受到约束的，在消费者支付能力有限的情况下，消费者的购买决策总要考虑所付出的代价，对于具有相同功能的两种手机，消费者总是购买成本较低者，这就是希望“物美价廉”。同样，对于生产者而言，也希望生产的产品质量高而消耗低。可见，不论是购买行为还是生产行为都要权衡对象的功能和成本两个方面。而将对象功能和对象成本综合为一体的对象价值就可以形成生产者和使用者决策的标准，从而形成产品或项目经济评价的标准。

从价值的定义出发，至少有五种途径可以提高价值。

（1）成本不变，功能提高，则价值提高。产品的美化和性能的成套化多属此类。美的享受是消费者的普遍追求，美化行为实际上是将产品作为一种消费品的同时又作为艺术品，实现产品功能的提高。如彩色新颖的自行车、造型美观的电风扇等在销售价格不变下，就能比普通的自行车和电风扇具有更高的价值。此外，消费者的另一追求是使用方便，产品的成套化就是指产品使用上具有某种联系的多种产品的功能结合在某一种产品上，以形成产品使用方便的功能，从而使所形成的产品价值大于原来多种产品的价值之和。如成套的室内家具等。

（2）成本下降，功能不变，则价值提高。产品的微型化、节能化、标准化等多属此类。产品微型化的结果使产品功能不变但体积缩小，重量减轻，成本下降。例如电子计算机、电子仪表、照相机等产品的微型化使这类产品的价值得以有效提高。但是，并不是说所有产品的微型化都能导致价值的提高。

(3) 成本有所提高，功能大幅度提高，则总体上价值也得以提高。产品向多功能化发展多数属于此类。多功能化是指增加产品的功能，做到一品多能、一物多用。功能增加常会导致成本增加，但如果成本增加幅度小于功能增加幅度，总体上产品的价值还是有所提高。如多功能组合机床，带电唱机的收录机等。

(4) 成本大幅度下降，功能略有下降，则价值提高。产品的低值易耗化多属此类。例如一次性产品虽然不再具有多次使用的功能，但采用价格相对较低的材料和节约维修费用的方法，产品的价值总体上还是得到了提高。

(5) 成本下降，功能提高，则价值提高。这是最理想的情况，随着科学技术的发展，不断有新工艺、新材料问世，为产品价值的提高提供了较为广泛的途径。如使用塑料替代金属材料往往能起到增加价值的效果。

功能、成本与价值的关系如表 11-1 所示。

表 11-1　产品的功能、成本与价值的关系

序　列	功能和成本状况	对价值的影响	F	C	V
1	功能不变、成本降低	价值提高	→	↓	↑
2	功能提高、成本不变	价值提高	↑	→	↑
3	功能提高、成本降低	价值大大提高	↑	↓	↑↑
4	功能大大提高、成本略有提高	价值提高	↑↑	↑	↑
5	功能略有降低、成本大大减少	价值提高	↓	↓↓	↑

（二）功能

价值工程中的功能是指对象能够满足某种需求的属性。分析产品功能的目的在于确保产品的必要功能，消除不必要的功能，降低成本，提高产品的价值。在现有产品或新产品的设计方案中，常包含有用户所不需要的多余功能。这些不必要的功能一部分是由于设计思想不合理而混杂在产品功能之中，一部分是由于设计者没有掌握用户的要求，而主观添加上去的。如果能分清对象的功能，消除多余功能，就可以使生产者降低成本从而增加收益，也会使消费者节省不必要的开支。

一般来说，一种产品（项目）往往具有多种功能，但这些功能的性质和重要程度是不同的，必须加以区分。

1. 按功能的重要程度分为基本功能和辅助功能

基本功能。基本功能是指产品（或项目）所要达到的主要目的，是产品名称的重要标志，或者说基本功能是产品（或项目）必不可少的效用，如果不具备这个功能，产品就失去了它存在的价值。因此基本功能是产品（或项目）存在的主要条件，也是用户购买或生产者生产的主要原因。例如手表的基本功能是计时，如果手表不能计时或计时不准，便失去了手表的价值。在价值工程分析中，基本功能是必须维护的功能。基本功能变了，产品的名称实际也就变了。

辅助功能。辅助功能是指为了达到基本功能而采取的手段或其他次要功能。例如，手表的基本功能是显示时间，而防水、防震、防磁、夜光等则是手表的辅助功能，这些辅助功能相对于基本功能来说是次要的，但它可以使手表在水、震、磁等环境中能准确地显示时间，有助于实现基本功能。同样，手表上的闹铃功能也是次要功能。

值得指出的是产品的辅助功能和基本功能划分是相对的，对产品基本功能和辅助功能的划分要具体问题具体分析。此外，随着人们消费观念的改变，次要功能可能会上升为基本功能。

但从性质上来看，基本功能是不变的，辅助功能是添加的。在保持产品基本功能和成本的前提下，增加辅助功能，可以增强产品的价值。

判断产品的基本功能和辅助功能可通过设置以下两个问题，依据问题的回答来加以识别。一是"这个作用是必不可少的吗?"二是"如果它的作用改变了，制造的生产工艺和构成要素是否全部改变?"如果回答都是肯定的，那么产品的这一作用就成为产品的基本功能，否则为辅助功能。

2. 按功能的性质分为使用功能和美学功能

使用功能。使用功能是指产品在使用过程中所提供的功能，是产品的实际用途、特定用途或使用价值。使用功能是与基本功能相联系的功能，是用户关心的焦点。产品的使用功能通常采用产品的内在指标来反映，如产品的使用寿命、维修性及产品的自动化程度等。

美学功能。美学功能在于为用户提供产品外表的美观，并给人一种享受。在产品性能、价格相同的条件下，最受欢迎的是美观产品，因此，产品的美学功能具有吸引用户的作用。美的东西不仅使人心情舒畅，也使拥有者引以自豪。

值得指出的是，对不同产品使用功能和美学功能的要求是不同的。例如，对轻工产品的美学功能要求要高于机械产品，轻工产品的美学功能具有极其重要的地位，是销路的决定性因素。

3. 按用户要求分为必要功能和不必要功能

必要功能。必要功能是产品必须具备的、与基本功能相联系的一种功能。如载重汽车的载重、羽绒服的保暖功能等。

不必要功能。不必要功能是指没有使用价值的功能。不必要功能与辅助功能和美学功能不同，前者反映的是用户的不需要，发现并剔除产品的不必要功能，正是价值工程分析中实现产品成本降低的主要途径之一。不必要功能通常体现为：一是无用功能。该功能对用户来说是没有价值的，甚至还是有害的；二是过剩功能。即功能虽然有一定作用，但超出了用户的需求。

由于用户的功能需求不断变化，因此，必要功能和不必要功能的划分是相对的。

（三）寿命周期成本

1. 寿命周期

任何产品都有其寿命周期，价值工程中的产品寿命周期是指产品从研究设计、制造、用户使用到报废为止的整个时期，具体包括研究设计、制造和使用三个阶段。

产品的寿命周期又可进一步分为自然寿命和经济寿命。自然寿命指产品从研究设计开始，经历销售和使用发生物理磨损，经修复、使用、再磨损、再修复，直至不能使用而报废所经历的全部时间。但是，随着技术进步和经济发展的需要，多数产品并不是一直使用到产品自然寿命周期的结束。尽管经修复还能继续使用，但由于其生产效率低、加工质量差、能耗、物耗高等原因，继续使用不仅不能满足需要，而且不经济。所以产品从研究设计开始到不经济而停止使用所经历的全部时间，称为经济寿命。在价值工程中，总是使用经济寿命来计算和确定产品的寿命周期。

2. 寿命周期成本

寿命周期成本是指产品从研制、生产、销售、使用直至停止使用整个期间内所发生的各项费用之和。主要包括生产成本和使用成本两部分。生产成本是发生在生产企业内部的成本，包括产品的研究设计和制造费用，对用户来说，生产成本主要是产品的购置费用，两者之间差一个“利税”部分；使用成本则是指除购置费用外，用户在使用产品过程中所支付的费用总和，包括产品的运输、安装、调试、管理、维修、能耗等方面的费用。因此：

寿命周期成本 = 生产成本 + 使用成本，即：

$$C = C_1 + C_2$$

式中 C——产品的寿命周期成本；

C_1——生产成本；

C_2——使用成本。

功能和成本是价值工程分析的两个重要方面，在成本方面就是要追求产品基本功能不变条件下降低产品的寿命周期成本，这就要求既要降低产品的生产成本，也要降低产品的使用成本。

产品寿命周期成本和功能之间的关系，可用图 11-1 示意。

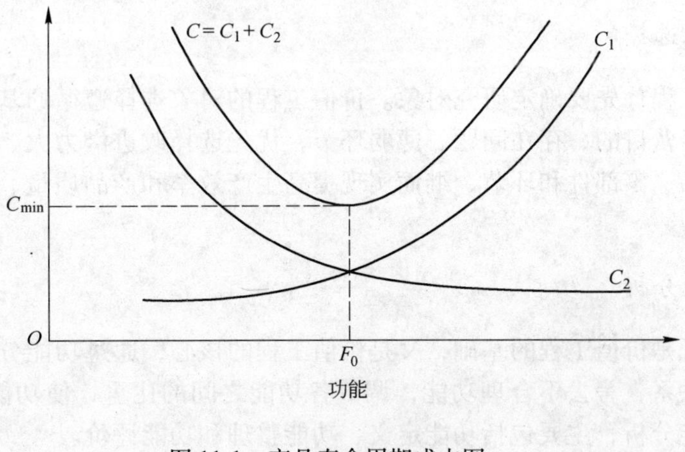

图 11-1 产品寿命周期成本图

假定用户可以接受不同功能值的产品，那么生产者应该选择生产何种功能值的产品呢？产品功能与构成产品寿命周期成本主要部分的生产成本和使用成本之间具有一定的关系。通常，产品功能值越低，那么，产品的生产成本越低而使用成本越高；相反，产品的功能值越高，则产品的生产成本越高而使用成本越低。不仅如此，产品寿命周期成本总有一个最低点 C_{min} ，而与 C_{min} 相对应的也就有一个 F_0，F_0 和 C_{min} 即为该产品生产的最佳功能值和最低寿命周期成本。

价值工程分析就是要追求产品在达到用户所需功能的同时，尽可能使产品寿命周期成本最小。

（四）价值工程

价值工程（Value Engineering，简称 VE），也称价值分析（Value Analysis，简称为 VA），就是指分析研究如何以最低的寿命周期成本使产品具有必要功能，从而提高产品价值的一种创造性活动。

二、价值工程的阶段与程序

价值工程或价值分析通常要经历以下阶段。

（一）准备

这一阶段的主要任务是确定为什么要实施价值工程，以及如何保障价值工程的顺利实施。此阶段的主要工作有：

（1）确定价值工程的目标。价值工程的目标往往来自于迫切需要解决的问题。

（2）建立价值工程的运作系统。为了顺利实施价值工程，行之有效的运作系统是必不可少的。价值工程运作系统一般由企业负责人牵头，组织技术、财务、经营管理骨干人员和价值分析人员参加。对参加实施价值工程的人员一般要事先进行培训。

（3）制定价值工程工作计划。价值工程工作计划应由项目负责人在征集工作小组成员意见的基础之上起草编制，主要包括对价值工程活动的目标、内容、程序、资金和时间等的详细安排。

（二）对象选择

开展价值工程首先要确定研究对象。价值工程的对象选择遵循的基本原则是根据企业的发展方向、经营目的、存在问题、薄弱环节，优先选择改进潜力大、效益提高明显、实施难度小的产品、零部件和环节，继而实现提高生产效率和产品质量、降低成本、提高产品价值的目的。

（三）功能分析

功能分析既是价值工程的基础，又是价值工程的核心，通过功能分析可以弄清楚产品各功能之间的关系，舍去不合理功能，调节各功能之间的比重，使功能结构更加合理化。价值工程的功能分析，主要包括功能定义、功能整理和功能评价。

（四）方案创造

方案创造是价值工程的落脚点，其理论依据是功能载体具有替代性。在正确进行功能分析和评价的基础上，通过发挥多方的积极性和创造性，群策群力，结合价值工程目标提出能够可靠实现必要功能的新方案。方案创造的重点是以功能创新的新产品替代原有产品和以功能创新的结构替代原有结构的方案。

（五）方案评价

方案评价是对方案创造阶段所产生的众多方案和设想进行分析、对比和筛选。评价内容包括技术评价、经济评价、社会评价和综合评价。技术评价主要围绕“功能”展开；经济评价主要围绕成本和效益进行；而社会评价主要针对方案给社会和环境带来的影响进行评价；综合评价是在前三者评价的基础上进行的整体评价。

（六）方案实施

价值工程方案实施阶段的主要任务是以报告的形式向管理部门提交实现价值工程目标的解决方案和建议，并对方案和建设进行说明和列出实施的具体计划。

（七）VE后评价

完整意义的价值工程一般还应包括对价值工程方案实施后的效果评价，即包括价值工程后评价阶段。

三、价值工程特点

通过以上分析，价值工程具有以下特点：

（1）价值工程以寻求最低寿命周期成本实现产品或作业功能为目标。价值工程不是单纯地强调提高功能，也不是片面要求降低成本，而是致力于功能与成本的合理结合。价值工程的前提是确保产品的必要功能，这就与偷工减料有着本质的区别，同时也克服了只顾功能而不计成本的盲目做法。

（2）价值工程以功能分析为核心。产品的价值在于满足用户需求的特有功能，因此必须具备必要功能，但由于设计制造等的不完善，也可能存在一些不必要的功能，必将导致产品的不必要成本。功能分析就是要实现如何使用更少的资源投入满足用户需要的功能。通过功能分析，可以正确地确定产品的基本功能，合理地结合使用功能和美观功能，剔除或削弱产品的多余功能，改进产品的设计，以求降低成本、提高产品的价值。

（3）价值工程是有组织的创造性活动。价值工程贯穿于产品整个寿命周期，从产品研究、设计到原材料的采购、生产制造以及推销和维修，都有价值工程分析的必要；此外一项价值工程涉及面广，需要组织设计、工艺、供应、加工、管理、财务、销售以至用户等各方面人员的参加，运用各方面的知识，发挥集体智慧，博采众家之长，以确保产品的功能和降低成本。

第二节　价值工程对象的选择

价值工程对象的选择可以通过定性与定量分析两种方式实现。

一、定性分析

价值工程对象选择可以从市场需求、设计、生产和实施角度等方面进行定性分析。图11-2列出了VE对象选择时应考虑的主要因素。

- VE 的对象选择
  - 市场角度
    - 对企业利润有重要影响的主导产品
    - 用户意见大、意见多的产品
    - 返修率高的产品
    - 已进入产品生命期的衰退期，销售量面临大幅度下降的产品
  - 设计角度
    - 结构复杂的产品或成套机组
    - 性能差、技术落后、亟待更新换代的产品
    - 设计存在严重缺陷的产品
  - 生产角度
    - 产量大的产品
    - 成本高而利润少的产品
    - 工艺复杂或工艺落后的产品
    - 重量大、体积大、物耗高的产品
    - 次品、废品率高的产品
  - VE 实施角度
    - 情报资料易收集的产品
    - 技术、人才方面有优势或劣势的产品
    - 改进牵涉面不大、不需要大量人力物力的产品
    - 实施易于成功的产品

图 11-2　价值工程对象选择考虑的因素

在价值分析中，产品寿命周期分析法是最常见的价值工程对象选择方法。每一产品的寿命周期，可以细分为初创期、成长期、成熟期及衰退期四个阶段。产品在各个不同阶段的营销情况、获利能力都有很大差异，决定了价值工程对象的选择也有所区别。

（1）初创期。在初创期阶段，产品具有投入成本大，生产技术不成熟、性能不完善的特点；而市场上，客户对产品的认同度低。因此，可根据用户的信息反馈，将价值工程的重点放在改进产品功能、降低生产成本上。

（2）成长期。在成长期阶段，产品的生产技术日益完善，市场销售量大增，但行业竞争日趋激烈。此阶段价值工程的重点是改善生产经营流程，降低运营成本；加强质量管理，提高产品的质量，从而增强产品市场竞争能力。

（3）成熟期。在成熟期，产品销售增势趋缓，并保持相对稳定，因此，价值工程的重点应放在增强和改善产品功能，降低成本，并力图延长产品的寿命周期，同时着手研发新产品。

（4）衰退期。在衰退期，由于市场上出现了效用更大、售价更便宜的替代产品，使原产品的销售量一落千丈。此时，价值工程的重点毫无疑问地将放在如何及时转向对新产品的开发上。

二、定量分析

（一）ABC 分类法

ABC 分类法又称排列图法或帕累托分析法，是价值工程对象选择的最常用的定量方法之一。ABC 分类法的基本原理是将问题的主要矛盾或主要矛盾的主要方面作为价值工程的对象。通过分清主次、轻重，区分出关键少数和次要多数的对象，并将关键少数的方面作为价值工程的研究对象。

价值工程对象选择的 ABC 分类法按 A、B、C 的顺序依次选择。以部件的成本为例，ABC 分类法的具体做法是将生产产品的全部部件按成本比重排队，将少数而占总成本比重相当大的部件作为分析的主要对象。例如，在按成本比重对部件进行排队后，如果占部件总数 10% 左右的前列部件其累计成本已占总成本的 60% ~70%，则将其定为 A 类部件；占部件总数 20% 左右的部件其累计成本占总成本的 20%，则将其定为 B 类；占部件总数 70% 左右的部件其累计成本占总成本的 10% ~20%，则将其定为 C 类。于是 A 类部件即可作为价值工程的对象，如果还要再选一类则应该选择 B 类部件，依此类推。如图 11-3 所示。

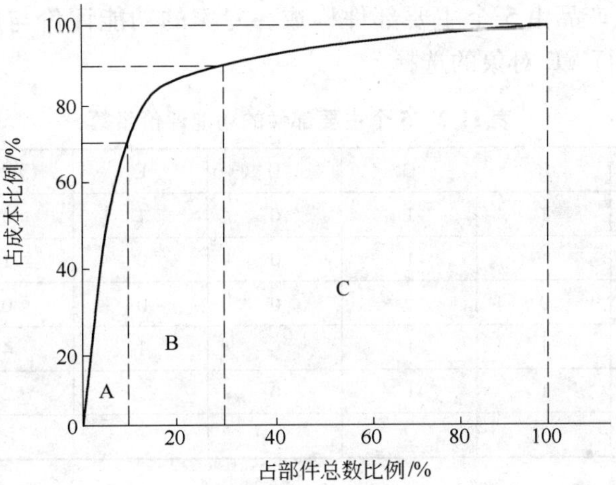

图 11-3　ABC 分类法

（二）强制确定法

在价值工程对象选择、功能评价和方案评价中都可使用强制确定法。在对象选择中，强制确定法通过对每个零件的重要性程度进行打分，用功能评价系数计量零件的功能程度，再结合成本比重，进而确定价值工程的对象。因此，强制确定法选择价值工程对象需要计算三个系数，即零件功能系数（又叫功能重要性系数）、成本系数和价值系数，选择的依据是价值系数。

在确定功能系数时，先把零件排列成矩阵，再按零件功能的重要性程度按行一对一地与其他零件进行比较，由熟悉产品（零件）的专家不讨论、不干扰、各自独立打分。评分标准可按“0、1”打分法，即重要的得 1 分，不重要的得 0 分（如果需要进行精细比较，还可将得分规则确定为功能重要的零件得 4 分，另一个相对不重要的得 0 分；功能比较重要的打 3 分，另一个功能比较次要的得 1 分；两个功能同样重要的零件各得 2 分）；然后把该零件的得分进行累计，再除以全部零件的得分总数，即作为该零件的功能系数或功能评价系数。

$$零件功能系数\ F_i = 某零件功能得分累计值 / 全部零件功能得分值$$

功能系数定量地表示每个零件在全部零件中的功能重要性程度。

零件成本系数的确定方法是先计量各零件的目前成本，再将各零件成本相加得出总成本；最后用各零件成本除以总成本，即得出各零件的成本系数。即：

$$零件成本系数\ C_i = 某零件目前成本 / 全部零件成本$$

在计算完零件的功能系数和成本系数后，按下式计算零件的价值系数。即：

$$零件的价值系数\ V_i = 功能系数 / 成本系数 = F_i/C_i$$

判断：如果某零件的价值系数等于 1 或接近 1，就意味着该零件的功能重要性与成本比重是匹配的，此时，不应将该零件作为价值工程的对象；如果某零件的价值系数显著不为 1，这时应将该零件作为价值工程的对象。

例 11-1　已知某产品由 5 个主要部件构成，专家的功能评价与成本值见表 11-2 和表 11-3，要求对零件进行 VE 对象的选择。

表 11-2　5 个主要部件的功能评价系数

零件名称	A	B	C	D	E	得　分	功能评价系数 F_i
A		1	1	0	1	3	0.3
B	0		1	0	0	1	0.1
C	0	0		0	0	0	0
D	1	1	1		1	4	0.4
E	0	1	1	0		2	0.2
总　分						10	1.0

表 11-3　5 个主要部件的价值系数

零件名称	功能评价系数 F_i	目前成本/元	成本系数 C_i	价值系数 V_i
A	0.3	6.04	0.364	0.82
B	0.1	1.25	0.075	1.33
C	0.0	1.55	0.093	0.0
D	0.4	2.97	0.179	2.23
E	0.2	4.81	0.289	0.69
合　计	1.0	16.62	1.000	—

分析：功能系数、成本系数和价值系数计算结果见表 11-2 和表 11-3。

根据 V_i 的大小，确定价值工程的对象：

$V_i = 1$，表明分配在该零件上的成本与该零件提供的功能是匹配的；

$V_i > 1$，表明分配在该零件上的成本偏低；

$V_i < 1$，表明为实现该零件的功能所分配的成本偏高；

由此，如果只选择 2 个，则 C 零件和 D 零件应作为价值工程的重点对象。

（三）最合适区域法

最合适区域法仍通过求价值系数来选择 VE 对象，但较前法有所改进，主要通过最合适区域来选择 VE 对象。该法能对价值系数相同的对象进行区分。

最合适区域法的基本思路是对于价值系数相同的两个对象，由于各自的成本系数与功能系数总有不同，因而在对象选择时还要考虑成本系数和功能系数绝对值大小对产品价值的影响，显然功能系数和成本系数大的对象对产品价值的影响要大于功能系数和成本系数小的对象。

因此，在选择对象时不应把价值系数相同的对象同等看待，而应优先选择对产品价值实际影响大的对象。

例 11-2 某产品的生产需要许多零件，其中 A、B、C、D 四个零件及该产品的相关数据见表 11-4，要求针对 A、B、C、D 四个零件进行 VE 对象的选择。

表 11-4 A、B、C、D 四个零件的功能、成本、价值系数表

零件名称	功能系数	目前成本/元	成本系数	价值系数
A	0.090	100	0.10	0.9
B	0.009	10	0.01	0.9
C	0.200	100	0.10	2.0
D	0.020	10	0.01	2.0
合 计	1.00	1000	1.00	—

分析：确定由两条曲线包络而成的合适区域，如图 11-4 所示。

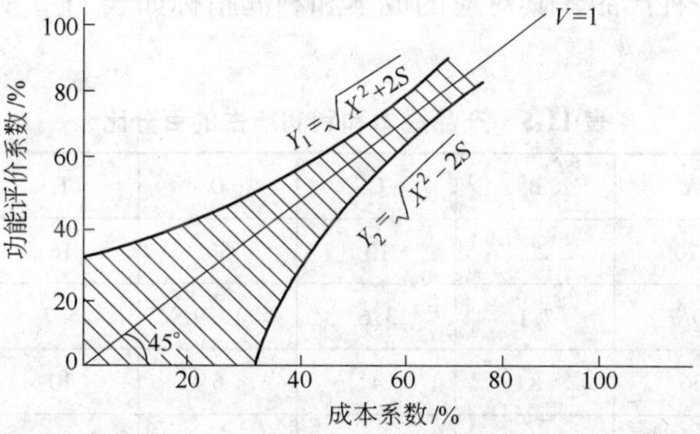

图 11-4 价值系数坐标图

一般情况下，零件的价值系数很少恰好等于1。如果将 $V\neq1$ 的零件都选作价值工程的对象并实施，不仅工作量太大，而且花费高、效果也未必好。因此，可以认为 $V=1$ 直线附近的组合点所代表的零件均可不必作价值工程的对象，这样就形成了一个合适区域，价值工程仅选择位于该区域之外的零件作为分析的对象。合适区域的决定应严格控制功能系数或成本系数较大的对象，不允许它们的价值系数偏离 $V=1$ 过大。因为距离原点越远，其功能系数或成本系数的绝对值越大，对整体的影响越大。但功能系数或成本系数较小的对象，可允许它们与 $V=1$ 有适当的偏离。这在功能成本系数图上就表现为离原点越远的点，允许其与标准直线 $V=1$ 的距离越小，而靠近原点越近的点，允许其与标准直线 $V=1$ 的距离越大。由此，最合适区域既要考虑与标准曲线的间距，又要兼顾与原点的距离。在图中，曲线上任意一点 Q 至标准线 $V=1$ 的垂线为 QP，上述两个要求可以表示成要求任何一点 Q，所形成的 QP 与 OP 的乘积为一常数 S。当 OP 较大（即成本系数或功能系数较大）时，则允许偏离 $V=1$ 线的范围（即 QP）应较小；反之，OP 越小，则 QP 越大。

如果以成本系数为 X，功能系数为 Y，偏离系数为 S，则两条曲线可表示为（推导从略）：

在 $V=1$ 上方，$Y_1=\sqrt{X^2+2S}$；

在 $V=1$ 下方，$Y_2=\sqrt{X^2-2S}$。

这两条双曲线围成的区域，即为最合适区域。

根据所给定的 S 值和每一个成本系数 X，由上述两式即可计算出 Y_1 或 Y_2 的值，如果零件的实际功能系数小于 Y_1 而大于 Y_2，则表示该对象的功能系数和成本系数的组合落在最合适区域内，不应将其作为价值工程的对象，反之则应作为价值工程的对象。

显然，该法在应用时的难点在于如何确定 S 的问题，S 确定得越大，最适宜区域的面积将越大，反之则小。

（四）百分比法

百分比法也叫收益费用百分比对比法，其核心思路是费用占比要与收益占比基本一致，所以该法通过收益和费用所占百分比的对比与分析来选择对象。

例 11-3　某厂有 6 种产品，其对应的成本和利润指标如表 11-5 所示。要求对产品进行价值工程对象的选择。

表 11-5　产品成本和利润所占的百分比

产品名称	A	B	C	D	E	F	合　计
成本额/万元	170	20	10	50	16	14	280
占总成本的比重/%	60.7	7.1	3.6	17.9	5.7	5	100
利润额/万元	56	8	4	6	10	8	92
占总利润的比重/%	60.9	8.7	4.3	6.5	10.9	8.7	100

分析：由表 11-5 可知，如果只选择 1 个对象，那么由于 D 产品的成本占总成本的 17.9%，而利润只占总利润的 6.5%。因此，应选择 D 产品作为价值工程的对象。

（五）用户评分法

用户评分法的思路是通过用户对产品各项性能指标的重要性程度进行评分，从而选出重点改进的功能。

把产品所有的功能指标都列出来，请几个关心产品质量的用户按百分制评分，即用户认为重要的多得分，不重要的少得分，即可选出功能的重要性顺序。

例 11-4　某工厂对所生产的收录机作了如下调查，获得的调查数据见表 11-6，要求针对功能确定价值工程的对象。

表 11-6　用户评分表

用　户	清晰度	灵敏度	音量	可靠性	美　观	总　分
甲	28	20	28	9	15	100
乙	30	15	25	10	20	100
丙	32	16	24	10	18	100
平均分数	30	17	25.7	9.6	17.7	100
重要顺序	1	4	2	5	3	—

分析：由表 11-6，由于用户对可靠性这一功能的平均得分最低，因此应将收录机的可靠性功能作为价值工程的对象。

（六）DARE 法

DARE 法又叫比率法或倍数确定法，该法主要是通过功能比率对产品各功能的相对重要性进行排序，并以修正后的功能重要性系数进行比较。

具体步骤：先将功能按一定的顺序排列，如表 11-7 所示，然后针对功能进行两两比较。例如甲与乙比，甲功能的重要性是乙功能的两倍；乙功能与丙功能比较，乙功能的重要性是丙功能的 0.5 倍，如此对所有功能进行两两比较。功能重要性的相对比重称为暂定重要性系数。令最末一个功能的重要性得 1 分，如表 11-7 中为戊功能，这样，由此得到丁功能的修正值为 1.5，如此由下而上，得出所有功能的修正得分，最后求出各功能修正后的功能重要性系数，以修正后的功能重要性系数值的顺序确定价值工程研究对象。

表 11-7　DARE 法计算表

功　能	暂定重要性系数	修正后得分	功能系数
甲	2.0（甲/乙）	4.50	0.33
乙	0.5（乙/丙）	2.25	0.16
丙	3.0（丙/丁）	4.50	0.33
丁	1.5（丁/戊）	1.50	0.11
戊		1.00	0.07
合　计		13.75	1.00

由表 11-7，应选择戊功能为价值工程的对象。

值得指出的是，在采用该法时由于评价者在确定暂定重要性系数时，初次功能的排列顺序不同，会产生不同的判断结果，为消除这种不一致性，只需对功能进行反复排列，并由评价者进行判断，直到修正后的功能系数排序不再受初次功能排序的影响为止，才能下最后的对象选择结论。

第三节　功能分析

一、功能定义

（一）功能定义的目的

开展价值工程活动，需要自始至终围绕用户要求的功能展开，并对事物的本质进行细致思考。

一般而言，产品不同，功能的定义就不同。功能定义就是给产品及其组成部分下定义，以限定每一功能的内容并明确功能的本质，使每一功能在概念上与其他功能区别开来。功能定义的目的有以下三个方面：

一是通过功能定义明确用户要求的功能。实现用户要求的功能是制定价值工程方案的出发点，只有进行功能定义，方案设计者才能掌握用户对产品功能的要求；同时，以功能为基础，也才能进行破旧立新和开展创造性活动。

二是通过功能定义有利于打开设计思路。实现同一功能的手段很多，如果只从现行方案和实现功能的某一手段出发考虑问题，就容易使思想受到束缚。通过给功能下定义，促使人们从用户功能要求出发，回归问题的本质，扩大思考范围，设计思路才能得到打开，为创造出较好的改进方案打下基础。

三是通过功能定义便于进行功能评价。功能评价是价值工程的重要阶段，这一阶段要求确定实现功能的最低费用，但功能费用是与功能水平相联系的，而功能水平的确定有赖于功能定义。通过功能定义并对功能尽量做出定量表述，就能确定出具体的功能水平，从而便于功能评价。

（二）功能定义的方法

功能定义的方法要能体现出功能定义的目的，为此要做到以下几个方面：

一是功能定义要简洁明了。给功能下定义要准确概括，通常用一个动词加一个名词来表示，必要时可以加点限制词，但不能过长，如：

对象	动词	名词
自行车	代替	步行
手表	显示	时间
桌腿	支撑	桌面
电灯	提供	光能
风扇	降低	温度

动词部分的要求是概括要准确，但不能限制人们的思路。因为动词部分决定着改进方案的方向和实现功能的手段。如果动词发生了变化，就会引起整个方案的变动。例如提供光能，若改为反射光能，那么实现该功能的产品就成为各种反光镜、反光板了。此外，功能定义准确与否，取决于分析人员对分析对象的了解程度，因此，须对分析对象做深入研究。新思路、新思维往往来自于对功能定义的革新。

二是功能定义应尽可能做到定量化。所谓功能定义的定量化是指尽量使用可测量的语言来给功能下定义。用一个动词加一个名词定义的功能一般属于定性描述，而功能或方案的成本高低是与功能的实现水平相联系的。因此，如果能在功能定义中加上定量的概念，如“调节电压”中的电压就是可测量的，符合功能的定量化要求。

三是功能定义的表达要适当抽象。抽象的功能定义表达方式有利于分析人员打开思路，为此，功能定义的抽象化十分重要，特别是对功能定义中的动词部分，必须使用更加抽象化的词汇，只有这样，才能在功能实现方法的创新阶段，扩大思路，构思出更有效的改进方案。例如“夹紧装置”的动词部分若定义为“螺旋夹紧”，就会很自然地想到螺丝杆、螺母等，若抽象些，就会想到平面凸转夹紧、偏心夹紧、压力夹紧及气动、电动夹紧等，功能定义越抽象，创造功能实现方法的思路就越宽，获得更有效方案的可能性就越大。

四是必须了解可靠实现功能的制约条件。为此就要解决三个问题，即为什么要实现（Why）、由谁来实现（Who）和如何实现（How）。功能定义时不能忘记这些条件，否则就会偏离问题的本质。

五是必须以事实为基础。给功能下定义时，必须深入实际收集各方面的情报资料，并以事实为基础，不能主观想当然地设想一个功能。

功能定义后，一般需要进行功能的分类，对于功能的分类在本章第一节中已作说明，这里不再赘述。

二、情报收集

VE 活动对象选定后，就要围绕所选择的对象收集各方面的资料即情报。情报是用来实现价值工程特定目标的知识和资料。VE 的有效性取决于情报的质量、数量及情报的及时性。

（一）情报收集的原则

VE 情报的收集一般要遵循以下原则：

（1）目的性。不同的分析目标需要不同的情报，因此，收集情报要事先明确收集的目的，不要盲目地碰到什么就收集什么，这样不仅效率低，而且收集的情报也未必有用。

（2）完整性。完整性要求所收集的情报资料必须完整。如果资料不完整就很难避免问题研究的片面性，也就不能进行正确的 VE 分析。

（3）可靠性。情报是行动和决策的依据，情报资料的不准确或错用不可靠的情报，不仅达不到预期效果，还会导致价值工程的失败。

（4）适时性。情报的时间性很强，及时的情报才能起到情报应有的作用。如果在决策行动之后才提供情报，情报再多、再可靠也为时已晚。

（5）计划性。任何工作如果没有计划，都很难达到预期目的。通过编制情报收集计划并严格实施可以使收集到的情报随用随到，既可靠又及时，使情报更高效率地为价值工程服务。

（6）整理性。对所收集的情报资料，一般都要进行分类、加工和整理，去粗取精，去伪存真，只有这样才能提高情报的使用价值，最后还要将这些资料整理成系统的便于查阅和使用的资料。

（二）情报的内容

不同的 VE 研究对象不同，所需情报的内容不同。价值工程所需情报的内容虽然相当广泛，但对某一具体对象而言，情报内容的范围就狭小得多，但往往也会涉及产品研制、生产、使用到报废的全过程，包括预测、实验、生产、销售等方面的资料。以下是以产品为对象的 VE 情报：

（1）用户方面的情报。满足用户对产品功能和成本的要求是开展价值工程的出发点，是确定产品功能水平的依据。所以对用户需求的把握是决定价值工程成败的首要环节。关于用户方面的情报主要有：用户使用的目的、用户对产品功能和性能的要求、产品的使用环境，对产品可靠性、操作性、维修性、外观设计以及价格等方面的要求等。

（2）产品设计和工艺方面的情报。产品设计和工艺方面的情报主要包括与产品有关的新结构、新工艺、新材料、新技术、标准化等方面的情报、企业内外同类产品的设计图纸、工艺资料、设计性能分析等技术资料。技术上的突破和改进往往会使分析人员打开思路，找到适宜的解决问题的办法。

（3）成本费用方面的情报。成本费用方面的情报包括材料费、工时费、外购件费用及各项定额资料，还应包括原料来源、数量、价格、运输条件，及国内外其他厂家的与 VE 对象有关的成本费用资料等。

（4）企业生产条件方面的情报。主要包括企业的设计能力、生产能力、技术装备、管理水平及适应外部环境的能力等。

（5）市场销售方面的情报。主要包括同类产品的市场价格、市场竞争及竞争对手的市场占有率、替代品的发展趋势以及需求量的预测等。

除此之外，价值工程还会需要有关环境保护情报、外协单位状况、政府和社会有关部门的法规、条例等方面情报。

三、功能整理

（一）功能整理的概念

功能整理是指用系统思想分析并明确各功能之间的内在联系，并按功能的逻辑体系编制功能系统图，以掌握必要功能，发现和消除不必要功能，把握住价值改善的功能区域，明确改进对象的等级。

功能整理特别强调系统观点，要求把产品的全部功能都考虑在内，并形成功能系统。如果不从功能系统角度去研究问题，就弄不清功能之间的相对重要性，也就不可能真正把握必要功能，发现不必要功能而提出最有效的设计方案。

（二）功能整理的方法——功能系统图

功能系统图是将功能按照“目的”和“手段”的关系加以排列，目的功能在左叫上位功能，手段功能在右，叫下位功能，从而形成一个系统。以白炽灯为例，图 11-5 是白炽灯的功能系统图。

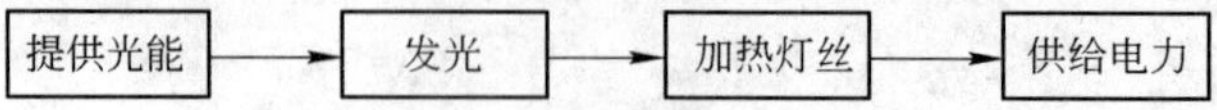

图 11-5　白炽灯的功能系统图

显然，目的功能和手段功能是相对的，一个功能对它的上位功能来说是手段，对它的下位功能而言是目的。

对于复杂的产品，实现上位功能往往需要几个缺一不可的下位功能，以某一型号的万能铣床为例。该型号万能铣床的功能系统图如图 11-6 所示。

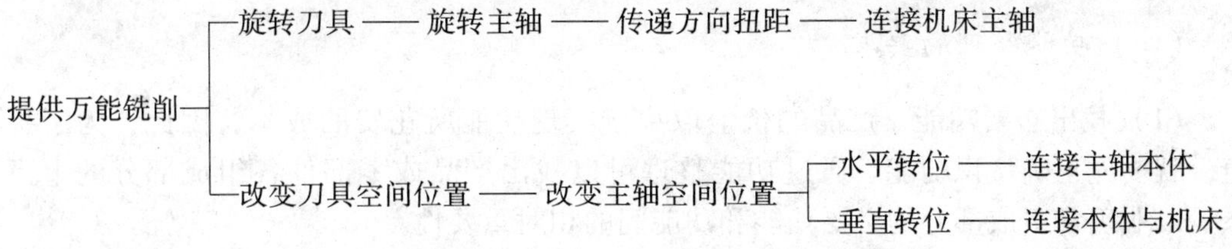

图 11-6　万能铣床功能系统图

由此，一般意义的功能系统图，如图 11-7 所示。F_0 为最上位功能，也称为一级功能，F_1、F_2、F_3 是 F_0 的下位功能，称为二级功能，以下为三级功能，依此类推。其中，F_{11} 和 F_{12} 与 F_1 组成了独立的一个功能区域，而 F_{31}、F_{32} 与 F_3 共同组成独立的功能区域。

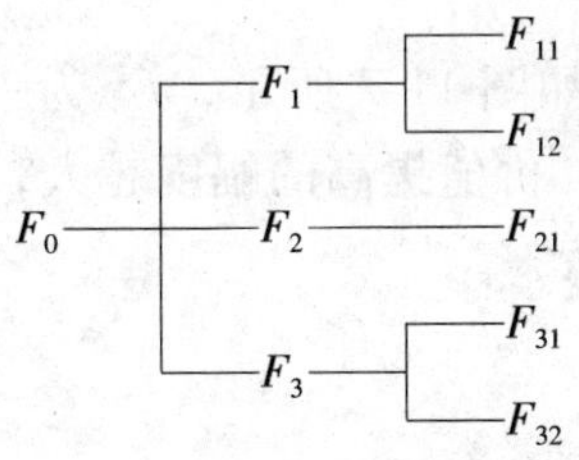

图 11-7　功能系统图的形式

（三）卡片功能系统图

若一种产品及其构成要素的功能较多，所绘制的功能系统图就比较复杂。下面介绍卡片功能系统图的整理技术。其步骤为：

第一步，编制功能卡片。把产品及构成要素的所有功能定义后，相应的对每一功能编制功能卡片，每一卡片记载一个功能，卡片的内容和形式如图 11-8 所示。

功　能	
零件名称	成　本

图 11-8　功能卡片

第二步，把功能分成基本功能和辅助功能。当功能卡片的数量很多时，功能系统图内部之间的关系就比较复杂，先把功能分成基本功能和辅助功能，用基本功能形成功能系统图的主要框架，再在框架中置入辅助功能。

第三步，通过目的和手段的关系，形成功能系统卡片图。任选一张基本功能卡片，通过寻找和提问它的目的功能和手段功能，确认各基本功能的准确位置，再用同样的方法将辅助功能连接到基本功能系统图中，最终形成功能系统图的卡片图形。

第四步，绘制功能系统图。该步主要将功能卡片系统图绘制成文本资料图，并对功能系统图作最后审定。

（四）功能整理的要求

（1）找出必要功能。产品的价值取决于实现功能所花费的成本，因此，为了提高价值，就要先正确认识功能。通过功能整理可以找出产品或零部件各组成部分的上下位关系，以明确各组成部分的必要功能和功能间的相对重要性。

（2）找出不必要功能。在排列产品或零部件功能相互关系的过程中，如果出现排不上关系的功能，这种功能可能就是不必要功能。再把它放到功能系统图中，若此功能没有上位功能，那就确定为不必要功能。

（3）找出功能区域。从功能系统图的一般形式中可知（如图 11-7 所示），为实现功能 F_0，需要三个下位功能，即 F_1、F_2、F_3，而实现 F_1、F_2、F_3，又有其各自的下位功能，这就是功能区域。在价值工程中，总是以功能区域为研究对象，而不是以单个功能为研究对象。

（4）明确改进的功能级别。如图 11-7 所示，F_0 为一级功能，F_1、F_2、F_3 为二级功能等。功能级别越高，改变功能时，价值提高的幅度越大，研究范围也越大。开展价值工程时，应抓住主要功能级别进行研究。

四、功能评价

功能评价是对所选定的功能区域进行量化，评价功能价值，并选出功能价值低，改善期望值大的功能，以此作为价值工程重点研究对象的过程。

功能定义、分类、整理等定性认识与分析工作为功能定量评价奠定了基础。功能的定量评价主要涉及功能成本和功能价值两个方面，即需要回答必要功能的“成本是多少”和“价值是多少”两个问题。功能评价法可分为相对值评价法和绝对值评价法两类。

（一）相对值评价法

相对值功能评价法主要有功能系数法、平均先进值法和基点法。

1. 功能系数法

功能系数法可按以下步骤进行：

第一步：求功能系数。

功能系数又称功能重要性系数，是指产品构成要素的功能 f_i 与产品总功能 Σf_i 之比，用公式表示为：

$$F_i = \frac{f_i}{\Sigma f_i}$$

功能系数可选择使用“直接评分法”或“0-1 评分法”或“0-4 评分法”等确定。

A　直接评分法

直接评分法就是通过邀请若干相关专家或用户，对产品构成要素的功能进行综合评定，根据功能的重要程度对各功能区域的功能进行打分，评分规则可以是五分制、十分制、百分制均可，然后对各专家或用户的评价值进行综合，取其平均值，再与总分值进行比较，便可得出某一功能的重要性系数。

例如某企业对其生产的收录机功能进行调查，并邀请相关专家进行评价，其评价结果如表 11-8 所示。由此便可得到各功能的功能系数。

表 11-8　某收录机功能的直接评分法评价表

专家＼功能	清晰度	灵敏度	音　量	可靠性	美观度	总　分
王	28	20	28	9	15	100
李	30	15	25	10	20	100
赵	32	16	24	10	18	100
平均得分	30	17	25.7	9.6	17.7	100
功能系数	0.30	0.17	0.26	0.10	0.17	1.00

此方法的优点是简单易行，缺点是主观性强，在产品的功能结构较复杂时准确度低。

B　0-1 评分法

使用该法的具体步骤是先将功能填入表中，再让专家或用户对某一功能与其他功能逐一进行对比，评分规则是若该功能重要则得 1 分，若该功能不重要则得 0 分，由此完成对所有功能的评价。用某一功能的得分合计除以总分值，便获得该功能的重要性系数，如表 11-9 所示。

表 11-9　0-1 评分法功能系数评价表

功能名称	一对一比较结果						功能得分	功能评价系数
	A	B	C	D	E	F		
A	1	0	0	1	1	1	4	0.19
B	1	1	0	1	1	1	5	0.24
C	1	1	1	1	1	1	6	0.29
D	0	0	0	1	0	0	1	0.05
E	0	0	0	1	1	1	3	0.14
F	0	0	0	1	0	1	2	0.09
合　计							21	1.00

一般情况下，基本功能比辅助功能重要，但评价者的认识与判断差异很大，因此实践中需要进行多次评价，才能综合成结论。

该法的优点是直观简单也容易计算，不仅获得了功能的重要性顺序，而且还获得了各功能的值，在功能结构较复杂时，需要进行多人多次的评价才能提高结论的可信度。

C　0-4 评分法

0-4 评分法与 0-1 评分法的不同之处在于评分规则。在进行一一比较时，0-4 评分法需要对功能差异作出更细致的比较。按该功能若非常重要则得 4 分，比较重要的得 3 分，同等重要的得 2 分，不重要的得 1 分，极不重要的得 0 分，如表 11-10 所示。

表 11-10 0-4 评分法功能系数评价表

功能名称	一对一比较结果						功能得分	功能评价系数
	A	B	C	D	E	F		
A	2	1	1	4	3	3	14	0.19
B	3	2	1	4	4	4	18	0.25
C	3	3	2	4	4	4	20	0.28
D	0	0	0	2	1	1	4	0.06
E	1	0	0	3	2	3	9	0.13
F	1	0	0	3	1	2	7	0.10
合 计							72	1.00

第二步：求成本系数。

某功能的成本系数为实现该功能的现实成本与所有功能的现实成本合计的比值。

功能与现实成本之间的关系可按以下原则确定。当一个构成要素只承担一个功能时，一般以构成要素的现实成本来计算功能成本；若多个构成要素承担一个功能时，就以各构成要素的现实成本合计来计算功能成本；若一个构成要素承担多个功能时，则应首先按功能重要程度进行成本分摊，再计算各功能成本。

构成功能的现实成本一般包括直接材料费、直接人工费、制造费用和管理费用。前两项费用容易计算，后两项费用则要在分摊的基础上进行计算，分摊时应考虑的因素，一是建筑费用按使用场地面积分摊；二是照明费用按有关灯光负荷分摊；三是动力费用按有关动力负荷分摊；四是管理费用按有关人员分摊。

例 11-5 某产品由 A、B、C、D 四种构成要素承担 F_1、F_2、F_3、F_4、F_5、F_6 六种功能，其成本分配情况如表 11-11 所示。

表 11-11 成本系数计算表

构成要素		功 能					
名 称	成 本	F_1	F_2	F_3	F_4	F_5	F_6
A	300	100		100			100
B	500		50	150	200		100
C	60				40		20
D	140	50	40			50	
现实成本	C	C_1	C_2	C_3	C_4	C_5	C_6
	1000	150	90	250	240	50	220
成本系数		0.15	0.09	0.25	0.24	0.05	0.22

成本系数的计算见表 11-11。

第三步：求价值系数。

价值系数是功能系数与成本系数的比值，即 $V = F/C$ 。

第四步：根据价值系数进行判断与分析。

若价值系数近似等于 1，说明该零部件（或环节）在功能上的权重与其对应的成本比重基本相当。

若价值系数小于1，说明功能系数过小或成本系数过大，此时，该零部件在功能上不太重要或花费了过多的成本，不仅要将该功能列为价值工程的重点研究对象，而且还对其采取相应措施，以降低成本，提高功能水平，使功能与成本相匹配。

若价值系数大于1，说明该零部件（或环节）在功能上比较重要或花费的成本较低，从价值工程的本意看，这正是所追求的目标，但用以上方法求得的价值系数，在价值系数大于1时，往往隐藏着的情况是这个功能很重要，但原设计者为该功能分配的成本较低，而使该功能未能充分实现。

第五步：求成本降低的幅度。

求成木降低幅度首先应确定目标成本，目标成本是指通过价值工程后所要达到的成本期望值。

在确定目标成本时可考虑两种情况:一是出于竞争的需要,以竞争对手的最低成本为目标成本,并将目标成本按功能系数分摊至各功能区域,作为各功能的目标成本,再结合现实成本求出成本降低幅度;二是先确定预计成本即根据分析确定改进的具体范围,提出初步改进设想,并估算出预计成本,再按功能系数分摊,继而计算各功能的成本降低幅度。

成本降低幅度最大的功能即为价值工程的重点改进对象。

成本降低幅度有两种情况即正值和负值。若成本降低幅度为负值，说明现实成本低于分摊的目标成本，如果需要可增加一些成本。若成本降低幅度出现负值，则有三种可能：一是功能系数确定得过高，存在有过剩功能，此时就需要先剔除过剩功能并相应调整功能系数，以重新确定分摊的目标成本；二是现实成本确定得过低，保证不了必要功能的实现，这时就应增加现实成本，以保证实现必要功能；三是确属本功能区域实现手段的技术水平高，以较低现实成本即可实现功能，此时仍以现实成本为分摊的目标成本。

例 11-6　某产品由A、B、C、D四种部件组成，构成要素承担F_1、F_2、F_3、F_4、F_5五个功能，且目前成本均能满足功能需要，如表11-12所示。要求计算各功能成本和成本降低幅度。

表 11-12　功能成本和成本降低幅度的计算

构成要素		功能				
名称	成本	F_1	F_2	F_3	F_4	F_5
A	120	80	10	30		
B	180		100	40	10	30
C	140	50		20		70
D	60	20			40	
功能系数	1.00	0.44	0.30	0.15	0.08	0.03
现实成本	C	C_1	C_2	C_3	C_4	C_5
	500	150	110	90	50	100
分摊成本		220	150	75	40	15
目标成本		150	110	75	40	15
降低幅度		0	0	15	10	85

2. 平均先进值法

直接评分法、0-1 评分法或 0-4 评分法都属于强制确定法，其缺点在于是以全部功能平均的现实成本计算某一功能的价值，而这种处理方式不能很好体现价值工程的优化思想。分析如下：

$$V_i = \frac{F_i}{C_i}$$

$$F_i = \frac{f_i}{\Sigma f_i} \qquad C_i = \frac{C_i}{\Sigma C_i}$$

所以
$$V_i = \frac{\frac{f_i}{\Sigma f_i}}{\frac{C_i}{\Sigma C_i}} = \frac{f_i \times \frac{\Sigma C_i}{\Sigma f_i}}{C_i}$$

式中 f_i——第 i 功能单元的得分；

C_i——第 i 功能单元的现实成本，而 $\Sigma C_i/\Sigma f_i$ 为所有功能单元平均每一功能得分的现实成本，这一平均功能得分的成本既包括了先进功能还包括了落后功能，以 $f_i \times \Sigma C_i/\Sigma f_i$ 作为第 i 功能单元的标准成本并与 C_i 现实成本进行比较获得该功能的价值，这一做法不仅没有很好体现价值工程的优化思想，而且将落后功能的成本也吸收进来形成功能单元的标准成本，必然会放大 $\Sigma C_i/\Sigma f_i$ 从而放大 $f_i \times \Sigma C_i/\Sigma f_i$，导致 V_i 容易大于 1。

采用平均先进值法可以在一定程度上克服这一缺点。平均先进值法是以先进功能单元的平均现实成本为标准，计算某一功能的标准成本，并与现实成本进行比较。其评价步骤为：

（1）计算各功能单元得分和功能系数；

（2）计算各功能单元的成本及成本系数；

（3）计算各功能单元的价值系数；

（4）确定先进单元；

（5）求出先进单元的平均先进值；

（6）求出所有功能单元的目标成本；

（7）确定价值工程改进的对象顺序。

前三步与强制确定法相同。先进单元的确定一般从价值系数从高到低选取，选出的先进功能单元数以总功能单元数的 40% ~50% 为宜。若出现有个别功能单元的价值系数过高，属于特殊情况的，可舍弃不取。

例 11-7 某一产品有 A、B、C、D、E、F、G 七个功能，其功能得分、现实成本如表 11-13 所示。要求确定功能改进对象。

分析：

计算价值系数，按价值系数从高到低选择 E、C、G 为先进功能单元，并计算平均先进值：

平均先进值 = 先进单元成本之和/先进单元得分之和

表 11-13　采用平均先进值法的成本降低幅度计算表

功　能	得　分	功能系数	目前成本	成本系数	价值系数	目标成本	降低幅度
A	30	0.3	100	0.311	0.96	79.8	20.2
B	20	0.2	80	0.248	0.81	53.2	26.8
C	15	0.15	40	0.124	1.21	39.9	0
D	10	0.10	30	0.093	1.03	26.6	3.4
E	10	0.10	25	0.078	1.28	26.6	-1.6
F	8	0.08	27	0.084	0.95	21.3	5.7
G	7	0.07	20	0.062	1.13	18.6	1.4
合　计	100	1.00	322	1.00		266	56

对于该例，平均先进值 = (25 + 40 + 20)/(10 + 15 + 7) = 2.66

依此按下式计算各功能单元的目标成本：

某一功能单元的目标成本 = 平均先进值 × 功能单元得分

如 A 功能单元的目标成本 = 2.66 × 30 = 79.8，依此类推，见表 11-11。

再按下式计算，各功能单元的成本降低幅度：

某一功能单元的成本降低幅度 = 该功能单元的现实成本 - 该功能单元的目标成本

由此，该例价值工程的对象应该确定为 B，然后是 A。

值得指出的是，这里的目标成本仅起指示性作用。

3. 基点法

基点法也是为了克服强制确定法计算价值系数的缺陷而提出的。

V_i 又可以变换为 $f_i\Sigma C_i/C_i\Sigma f_i$，所以，价值系数 V_i 不仅与零件本身的功能与成本有关，而且还受总功能和总成本的影响。因此，价值系数偏离 1 严格意义上不能表明该功能就不合理，很有可能是由于其他要素的不匹配，致使该功能的价值系数出现偏差。

基点法的思路就是消除总功能和总成本中不合理的部分。将每个功能的成本分为两个部分，一是与功能匹配的成本 C'_i，一是偏离值 ΔC_i，即：

$$C_i = C'_i + \Delta C_i$$

同样，每个功能的得分也可分为两个部分，一是与功能重要性程度相对应的得分 f'_i，二是偏离值 Δf_i，即：

$$f_i = f'_i + \Delta f_i$$

当功能评分值准确时，$\Delta f_i = 0$，则 $f_i = f'_i$。则有：

$$V_i = \frac{f_i(\Sigma C'_i + \Sigma\Delta C_i)}{C_i\Sigma f_i} = \frac{f_i\Sigma C'_i}{C_i\Sigma f_i} + \frac{f_i\Sigma\Delta C_i}{C_i\Sigma f_i}$$

为了消除 ΔC_i 的影响，把上式移项，得：

$$V_i - \frac{f_i\Sigma\Delta C_i}{C_i\Sigma f_i} = \frac{f_i\Sigma C'_i}{C_i\Sigma f_i}$$

令 $V'_i = V_i - \dfrac{f_i\Sigma\Delta C_i}{C_i\Sigma f_i}$，则 $V'_i = \dfrac{f_i\Sigma C'_i}{C_i\Sigma f_i}$

式中，V'_i是无偏差的价值系数，$\Sigma C'_i$为与功能相匹配的成本之和。

设有一个功能 i_0，在进行价值分析前，其功能和成本是匹配的，于是 i_0 的价值系数等于1。

$$V_{i0} = \frac{f_{i0}\Sigma C'_i}{C_{i0}\Sigma f_i} = 1$$

则 $\Sigma C'_i = \dfrac{C_{i0}\Sigma f_i}{f_{i0}}$，将其代入 $V'_i = \dfrac{f_i\Sigma C'_i}{C_i\Sigma f_i}$ 式中，得：

$$V'_i = \frac{f_i}{C_i} \times \frac{C_{i0}}{f_{i0}}$$

上式即为无偏差影响的价值系数公式，i_0 为功能系统的基点功能，C_{i0}/f_{i0} 称为基点系数。

由此，在运用基点法进行计算前，要先尽量找出成本与功能相匹配的功能，并以此为基点。如果找不到这样理想的基点，可用强制确定法时可靠程度最大的功能为基点。

例如在例 11-7 中，若以 D 点作为基点，则基点系数为：

$$C_{i0}/f_{i0} = 30/10 = 3$$

由此，计算各功能的目标成本：

$$V'_i = \frac{f_i}{C_i} \times \frac{C_{i0}}{f_{i0}} = 1\text{，则 } C_i = f_i \times \frac{C_{i0}}{f_{i0}}$$

剩余步骤和计算内容同平均先进值法。

可见基点法的优点是目标成本不用事先进行估计，但对功能评分的准确性上要求严格。

仍用上例，改用基点法进行评价，如表 11-14 所示。

表 11-14 采用基点法的成本降低幅度计算表

功 能	A	B	C	D	E	F	G	合计
无偏差 V'_i	0.9	0.75	1.13	1	1.2	0.89	1.1	
目标成本 C_i	90	60	45	30	30	24	21	300
目前成本	100	80	40	30	25	27	20	322
降低幅度	10	20	−5	0	−5	3	−1	22

按成本降低幅度，价值工程的对象应确定为 B，然后是 A。

（二）绝对值评价法（功能成本法）

绝对值评价法又称为功能成本法，其评价思路是将功能转换为实现该功能的现实成本，并寻求测定实现功能的最低成本，进而求出价值系数和成本降低幅度，以确定价值工程研究对象的一种方法。其评价过程可由图 11-9 示意。

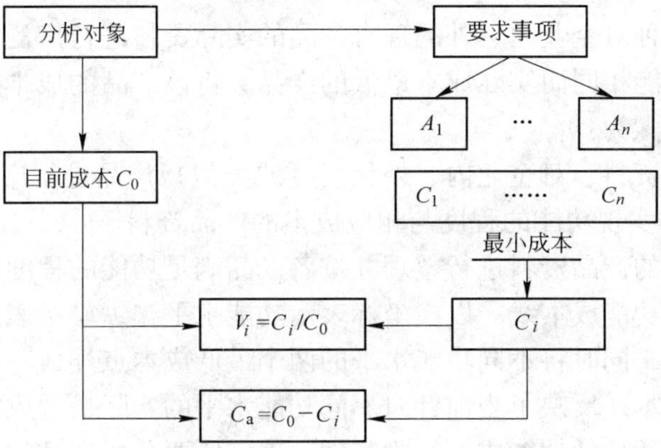

图 11-9　绝对值评价法功能评价示意图

绝对值评价法中的价值系数是功能最低成本和现实成本之比，故其值不会大于 1。若价值系数为 1，说明该功能的目前成本已经达到了最低成本，因此，不作为 VE 的重点改进对象。

其评价步骤为：

第一步：求功能目前成本 C_0。

例 11-8　某产品有 A、B、C、D 四种构成要素，承担 F_1、F_2、F_3、F_4、F_5、F_6 六项功能。其中 A 要素成本为 600 元，同等地承担 F_2、F_4、F_6 三项功能；B 要素成本为 1000 元，承担 F_1、F_3、F_4 三项功能，成本分配情况为 F_4 是 F_1 的 3 倍，F_3 是 F_4 的 2 倍；C 要素成本为 120 元，只承担 F_5 功能；D 要素成本为 280 元，承担 F_1、F_3、F_6 三项功能，成本分配情况为 F_1、F_6 同是 F_3 的 3 倍，试求各功能的目前成本。

分析：各功能目前成本的计算结果如表 11-15 所示。

表 11-15　例 11-8 各功能目前成本计算表

构成要素		功能					
名称	成本	F_1	F_2	F_3	F_4	F_5	F_6
A	600		200		200		200
B	1000	100		600	300		
C	120					120	
D	280	120		40			120
现实成本	C	C_1	C_2	C_3	C_4	C_5	C_6
	2000	220	200	640	500	120	320

第二步：求功能的最低成本 C_i。

价值工程的目的就是以最低成本向用户提供必要功能，因此，在明确功能和获得功能的目前成本后，需要寻求实现功能的最低成本。

对那些功能结构单一产品的最低成本可通过经验估算，由多个具有生产和消费经验的人员，以"为了获得此功能最多花多少钱?"为问题，进行功能成本的估算，也可以通过调查获得。

实际调查法是一种对企业内、外的现有产品的实际资料进行广泛调查与统计，经过数据整理，从中选出功能相同而实际成本最低的产品，将该产品的成本作为目标功能最低成本的方法。其实施步骤为：

第一，全面收集资料。对企业内、外相同（或类似）产品进行广泛调查，获得各类相同（或类似）产品的实现功能的程度与相应成本的产品资料。

第二，把收集到的产品资料进行整理并按各产品满足功能的程度进行排序。

第三，绘制最低功能成本线。以横坐标表示功能水平，纵坐标表示相应成本，在坐标图上绘制功能成本点，同时将不同功能水平的两个最低成本点连成一线，绘制出最低功能成本线。最低功能成本线反映了当前针对不同功能水平的实际最低成本。

第四，以所获得的最低功能成本线为基础，确定所要分析产品的最低功能成本。

例 11-9　以夹持厚度（mm）为实现功能程度的指标，具有“夹持纸张”功能的各物品及相应单价如表 11-16 所示。

表 11-16　各种具有“夹持纸张”功能的各物品及相应单价数据表

名　称	文件夹	报　夹	磁性夹	板式夹	铁皮夹	曲别针
单价/元	1.10	1.00	0.42	0.30	0.17	0.02
夹持厚度/mm	18	45	9	13	32	1.5

根据已知 6 个产品的功能成本数据对，在功能成本图上确定出六个产品的功能成本点。经过其中的两个点，连接出功能成本线，使所有功能成本点都至少位于该线的上方，这条线即为最低功能成本线。形状如图 11-10 所示。

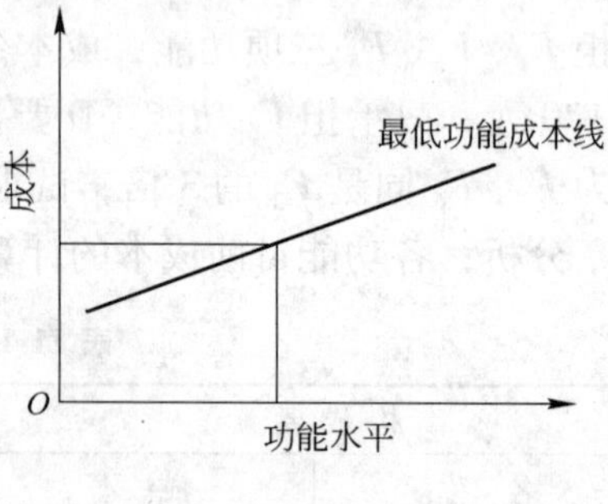

图 11-10　最低功能成本线的绘制

获得“夹持纸张”产品的最低功能成本线后，便可以按照以下顺序获得目标功能的最低成本：目标功能水平 → 最低功能成本线上的点 → 最低成本值。

如果仅用一个技术指标便可实现对功能程度的衡量，这是最简单的情况。实践中，更多的情况是功能需要由多个技术指标才能衡量。例如体现功能的有 A 和 B 两个技术指标，此时，可能就会出现有的产品 A 指标好，而 B 指标不好的情况。处理的一种方式是先确定出 A 和 B 指标的权重，将 A 和 B 两个技术指标转化成综合功能水平指标，再按上述方法获得指定功能的最低成本。

此外，最低成本的确定还可以利用工程设计上的一些公式，经过适当变换，找出功能与成本间的关系，从而获得最低成本。

值得指出的是，功能的最低成本或目标成本是经过分析得出的所要达到的成本期望值，往往还要结合其他因素作适当的调整。

第三步：计算价值系数和成本降低幅度。

通过计算各功能的价值系数和成本降低幅度，获得 VE 主要指标，如表 11-17 所示。

表 11-17　VE 主要指标计算表

功能区域	目标成本	现实成本	价值系数	降低幅度
A	80	100	0.8	20
B	30	35	0.86	5
C	20	30	0.67	10
D	20	20	1.00	0

第四步：确定价值工程对象。

价值工程对象的选择应体现以下三方面的优先：一是价值系数低或成本降低幅度高的功能区域优先；二是问题较多的功能区域优先（有的功能区域虽然价值系数较高，但存在的问题较多）；三是复杂的功能区域优先（如完成某一功能采用很多零部件时，这样的功能区域往往可靠性差、成本高）。

第四节　方案创造、评价与实施

价值工程的最终落脚点在于方案的确定及实施，为此，只有在前述分析工作的基础上，做好价值工程方案的制订、评价与实施工作，才能体现出价值工程的价值。

一、方案创造

方案制订的理论依据是“承担产品功能的载体具有替代性”。方案创造就是在正确的功能分析和评价基础上，充分发挥各方的积极性、创造力、群策群力，提出能够可靠实现必要功能的新方案。功能载体替代的重点应放在以功能创新的新产品替代原有产品和以功能创新的结构替代原有结构上。

方案创造一般可选用下列方法。

（一）头脑风暴法

头脑风暴法（Brain Storming，简称 BS 法）由熟悉研究对象、善于启发思考的主持人，召集 5 ~ 10 人价值分析相关人员，通过小型会议的方式，获得方案的线索、思路和思维。会议的召开应尽量满足以下要求：一是参加者畅所欲言，自由发表意见；二是希望提出的方案越多越好；三是对提出的方案不加任何评论；四是要求参加者结合别人的意见提出设想，借题发挥。

（二）抽象法

抽象法又称哥顿法，是美国人哥顿于 1961 年提出的一种方案创造方法，这种方法的核心思路是把所研究的问题先进行适当抽象，以利于参与者开拓思路，获得更有效的创新性方案。在研究方案的改进时，抽象法要求会议主持人在会议开始时，不要把需要解决的问题全部摊开，只对参与者进行抽象笼统的介绍，并要求参与者大胆提出各种设想。

例如，要研究剪草机的改进方案时，主持人可以提出“用什么方法可以把一种东西弄断?”，而不是“怎样改进剪草机?”的问题，这里将“草”抽象为“一种东西”，方式上的“剪”抽象为“弄断”。显然前者比后者更有利于获得有效的剪草机改进方案。参与者针对“弄断”可能就会想到“剪开”、“刀切”、“扯断”、“扭断”、“烧断”等等方式，自然也就会获得更多的思路或创新方案，等到适当时候，主持人再逐步明确问题的条件和限制，参与者再结合条件限制作进一步探讨，如此反复，就会有利于构思出更有效的问题解决方案。

（三）专家意见法

专家意见法又称德尔菲法，是由组织者将研究对象、研究问题和要求，以函寄的方式给若干专家，由专家按要求返回设想与意见，组织者由此整理出若干方案和建议，再将方案和建议匿名函寄给专家征求意见，回收意见后又加以整理，如此反复多次后，最终确定出价值工程的改进方案。采用该法的基本要求是尽量使专家们彼此不见面，有利于专家无顾虑地大胆提出问题的解决方案。

（四）校对清单法

校对清单法要求根据研究对象列出相关问题的清单，针对现有产品及其功能和清单逐一对照，并讨论相关问题，从而获得解决问题的方法和创新设想。奥斯本针对现有产品的创新活动总结的问题清单如下：

（1）对现有产品稍加改变，能有新用途吗？

（2）能否借用别的经验或发明，例如有什么类似的东西可以模仿？

（3）能否对产品外部形式进行改变，例如改变运动形式、形状和颜色等？

（4）能否增加或减少一些东西，例如增减组件和增减特性等？

（5）能否改变内部结构、改变顺序、改变位置和元件互换等？

（6）能否进行颠倒，例如上下颠倒、里外颠倒和正反颠倒等？

（7）能否进行替换，例如采用其他材料、元件、工艺和动力等？

（8）能否形成组合，例如材料组合、部件组合、目标组合、方案组合和成分组合等？

例 11-10　利用奥斯本校对清单针对现有风扇提出改进方案。

根据奥斯本校对清单，逐一回答问题，便可形成多个风扇改进的初步思路和方案：

（1）风扇稍加改进能有其他用途吗？

风扇的基本功能是形成压力差，促成空气流动而使人感到凉快。稍加改进可用作鼓风机、抽风机和吸尘器，还可以设计成新颖华丽的吊扇等，作为室内装饰品。

（2）能否借用别的经验实现风扇功能？

改用压缩空调器可调节冷热，其功能更全。

（3）能否改变风扇结构或造型引出新产品？

改变结构：台扇、落地扇、吊扇和壁扇等。

（4）能否增加或减少什么或增大、减小什么？

设计大型工业拌风扇或小型旅行扇以及蚊帐内的小吊扇等。

（5）能否相互替换？

可采用多速风扇替代单速风扇实现性能替换。

（6）颠倒会怎么样？

风扇不动，外罩上的扇叶转动，风受到干扰后排出，送风角度大，风量柔和、结构简单。

（7）能否用其他材料、元件和工艺替换？

扇叶材料可采用木、钢、铝、塑料和玻璃纤维等作主要材料。

（8）能否进行组合产生新方案？

落地灯扇、有装饰并送香味的风扇功能组合，强、弱、微三挡风量组合开关的控制，不同间隔开与停组合的开关控制等。

由此，便可以形成多种对现有风扇进行改进的备选方案。

二、方案评价

对所有提出的新方案，还要从技术评价、经济评价和社会评价三个方面对方案进行评价。鉴于方案收集阶段可能会形成很多方案，因此，方案评价工作是必需的，根据需要对方案可有选择地进行概略评价和详细评价。

价值工程方案的技术评价主要围绕功能进行，目的是评价方案对功能的实现程度以及方案本身在技术上实现的可行性，包括功能的实现程度（性能、质量、寿命等）、可靠性、可维修性、可操作性、安全性、整个系统的协调性、与环境条件的协调性等；而经济评价则主要围绕成本进行，主要评价方案在费用节省、对企业或公众产生的效益、产品的市场销路以及保持盈利的年限等；社会评价主要针对方案给社会带来的利益和影响等方面进行评价，如方案实施后造成的污染、噪声、能源耗费等。

方案经过评价，不能满足要求的就淘汰，有价值的就保留，并从中选出技术上适宜、经济上合理和社会上有利的最优方案。

具体的价值工程方案的评价方法有很多，分析人员可针对方法的特点和问题的实际情况，有选择地使用适宜的方法。下面简单介绍方案评价的优缺点列举法、直接打分法、矩阵评分法、综合系数法。

（一）优缺点列举法

把每个方案在技术、经济和社会等方面的优缺点一一列出，对优缺点作进一步的调查和综合分析，用淘汰法逐步缩小方案数量，如此反复，最终形成方案评价的结论。

（二）直接打分法

对各种方案的功能实现程度，按10分制（或100分制）打分，然后计算出每个方案实现功能的总分，比较各方案总分，作出采纳、保留、舍弃的决定，再对采纳、保留的方案进行成本比较，最后确定出最优方案。

（三）加权评分法

加权评分法又称矩阵评分法，是在确定评分要素及权重的基础上，对各方案采用加权评分累计，从而选择最优方案的评价方法。这种方法的实施步骤是：首先确定评分要素，即把重要的技术因素和经济因素列示出来；其次根据各方案对评分要素的满足程度进行评分，评分可以选用五分制、十分制或百分制；再次根据这些评分要素的重要程度赋予权数，并与其评分值相乘；最后把各方案的诸要素加权评分值相加，取评分值最高的方案为最优方案。

表 11-18 是某产品 A、B、C 价值工程实施方案的评价过程和结果。

表 11-18　某产品 A、B、C 价值工程实施方案的评价过程与结果

评分要素	价值工程方案								
	A			B			C		
	评分值	权 重	加权评分	评分值	权 重	加权评分	评分值	权 重	加权评分
适用性	8	0.30	2.4	9	0.30	2.7	10	0.30	3.0
维修性	9	0.10	0.9	8	0.10	0.8	7	0.10	0.7
操作性	10	0.15	1.5	8	0.15	1.2	6	0.15	0.9
适销性	3	0.20	0.6	4	0.20	0.8	5	0.20	1.0
经济性	4	0.25	1.0	6	0.25	1.5	8	0.25	2.0
合 计			6.4			7.0			7.6
结 论	放 弃			保 留			采 纳		

（四）综合系数法

综合系数法是根据各方案的技术指标和经济指标的分值系数相乘之和，来确定最优方案的评分法，甚至还可以将方案的社会指标也综合进去。该方法的实施步骤如下：

首先，确定各方案技术指标的评分标准，如表 11-19 所示。

表 11-19　方案的技术判断标准

方案接近技术标准的程度	评分值	方案接近技术标准的程度	评分值
很好的方案	4	勉强过得去的方案	1
较好的方案	3	不能满足要求的方案	0
过得去的方案	2		

其次，列出各评分对象并进行评分，以此为基础计算技术价值系数。评分对象可以是产品的某项功能，也可以是各项技术指标。技术价值系数（X）由下式进行计算：

$$X = \frac{\sum_{i=1}^{n} P_i}{nP_{\max}}$$

式中　X——某一方案的技术价值系数；

P_i——该方案第 i 项技术性能或功能的得分；

n——技术性能或功能的总数；

$P_{\max}$——该方案的技术性能的最高得分（一般要求方案的所有技术性能最高得分相同）。

表 11-20 是某产品 A、B、C 价值工程方案的技术价值系数的计算过程和结果。

表 11-20　某产品 A、B、C 价值工程方案的技术价值系数计算过程和结果

技术性能	A 方案	B 方案	C 方案	理想方案
甲	4	3	2	4
乙	3	2	1	4
丙	3	3	3	4
丁	2	3	4	4
合　计	12	11	10	16
技术价值系数	0.75	0.69	0.63	1.00

再次，计算各方案的预算成本，并相应确定出各方案的经济价值系数（Y），经济价值系数由下式计算：

$$Y = \frac{C - C_1}{C}$$

式中　C——原方案的目前成本；

C_1——新方案的预计成本。

原方案的目前成本 C 以现有成本为计算依据，因此，方案的经济价值系数计算的难度是测算新方案的预计成本 C_1。例如，上例中原方案的现有产品成本为 36 元/个，A、B、C 三个方案的预计成本如表 11-21 所示，则由此可以计算出各方案的经济价值系数。

表 11-21　某产品 A、B、C 价值工程方案的经济价值系数计算表

方案名称	新方案预计成本 C_1/元	目前成本 C/元	经济价值系数 Y
A	33	36	0.08
B	32	36	0.11
C	34	36	0.06

最后，计算各方案的综合系数（K），即以技术价值系数和经济价值系数为计算依据，按下式计算：

$$K = \sqrt{XY}$$

式中，K 为某一价值工程方案的综合系数，用以反映该方案在技术和经济两方面的满意程度，显然 K 值最高的方案为优方案。

例如，上例的综合价值系数计算过程和结果如表 11-22 所示。

表 11-22　某产品 A、B、C 价值工程方案的综合价值系数计算过程和结果

方案名称	技术价值系数（X）	经济价值系数（Y）	综合价值系数（K）	评价结论
A	0.75	0.08	0.25	—
B	0.69	0.11	0.28	采　纳
C	0.63	0.06	0.19	—

三、试验验证与方案实施

在实施所选择的价值工程方案前，一般还应在技术上进行必要的试验验证，再一次检查方案能否满足预定要求，确定无误后便真正进行到方案实施阶段。

价值工程实施阶段的主要任务是做好建议的准备工作，以报告的形式向管理部门提交实施的依据和可行性，并列出具体的实施计划。

价值工程过程实际就是“推倒—创新—再实现”的过程。“推倒”是否定现有的实现功能的手段，“创造”是寻找实现功能的新手段，“再实现”是优化原有功能的实现。例如，从机械钟表到电子钟表的创新，就是对机械结构这一手段的“推倒”，构建电子结构新手段，重新实现“指示时间”这一功能。

尽管价值工程的完整过程较为复杂，但其主要内容都体现在以上过程中。从功能分析到方案的创新就是从发现问题过渡到解决问题。发现问题与功能分析的三阶段（功能定义、功能整理、功能评价）之间具有相对独立性，因此，从其中任一阶段开始进入到方案创新都是可行的。当然，由于功能分析的深度、掌握信息量的不同，方案改进与创新的结果会有差异。在缺乏经验和没有专家指导的情况下，为简化步骤，便于施行，也可不必拘于价值工程的完整程序。

思考题及习题

1. 什么是价值工程？价值工程的工作程序是什么？它与传统的成本分析方法有什么不同？
2. 简述价值、功能、成本三者之间的关系。
3. 什么是寿命周期成本？在价值工程中研究“寿命周期成本”有什么意义？
4. 价值工程对象选择的方法有哪些？
5. 如何确定目标成本？当所分析的产品功能的现实成本与目标成本存在偏差时，应怎样改进？
6. 什么是 ABC 评价法？其基本思路是什么？
7. 什么是功能评价？常用的功能评价方法有哪些？
8. 方案创造的原则是什么？方案创造的方法有哪些？
9. 某产品六种功能的相互重要性比率分别为：$F_1:F_2=3.0$，$F_2:F_3=2.5$，$F_3:F_4=1.5$，$F_4:F_5=2.0$，$F_5:F_6=1.5$，求各功能的重要性系数。
10. 螺口白炽灯由下列零件（包括工艺结构和工艺步骤）组成：（1）玻璃泡（包括抽真空、注入惰性气体工艺步骤）；（2）灯丝；（3）细金属丝；（4）粗金属丝；（5）玻璃柱；（6）灯头。请给出各零件（包括工艺步骤）的功能定义，画出功能系统图，并在末位功能上注明其对应的零件号。
11. 已知某功率为 10000kW 透平机的齿轮箱，其生产成本为：机座（1 件）13420 元；轴承（2 件）2000 元；轴（1 件）6680 元；齿轮轴（1 件）10000 元；人齿轮（1 对）12600 元；轴承（2 件）2400 元；端盖（4 件）800 元；密封件（4 件）200 元；轴管（1 组）300 元。试用 ABC 法选择 VE 对象。
12. 已知某产品由 A、B、C、D 四个部件组成，其对应的成本分别为 600 元、1000 元、120 元和 280 元。部件 A 可实现 F_2、F_4 和 F_6 三个功能，其功能的重要性相同；部件 B 具有 F_1、F_3、F_4 三种功能，但 F_3 所起的作用是 F_4 的两倍，是 F_1 的六倍；部件 C 只实现一个功能 F_5；部件 D 实现 F_1、F_3、F_6 三种功能，其重要性比例为 $3:1:3$。试求 $F_1 \sim F_6$ 的功能成本 $C_1 \sim C_6$。

第十二章　某新建公路项目经济评价案例

本章学习目标

通过对某新建公路项目经济评价案例的研读，掌握项目财务评价、经济费用效益评价及不确定性分析的过程，借此能运用前述项目经济评价的理论、方法对实际项目开展高质量的项目经济评价。

本案例[1]以我国西部地区某新建公路隧道项目为背景，演示公路项目经济费用效益分析、财务分析以及风险分析的过程，是项目经济评价的一个完整案例。

该案例具有以下特点：(1) 正确区分了经济费用效益分析与财务分析的范围，经济费用效益分析的范围是与项目直接或间接关联的路网，财务分析范围则仅为本项目 21km 的收费路段；(2) 采用了“有无对比”方法，分析、计算了项目直接与间接关联路网的经济费用与效益，论证了项目的经济合理性；(3) 模拟了在交通部门现行的“政府投资、统收（费）统还（贷）”管理模式下项目财务生存能力的分析过程。在这种模式下，尽管收费收入纳入财政管理、免收各种税费、不计固定资产折旧、公积金等，项目还贷资金仍不足，要依赖借款（17 年）或在“统收统还”的情况下利用其他项目收入来弥补本项目还贷资金的不足。因此，案例模拟通过市场化运作方式，选择新的融资方案，探讨由政府补贴部分投资，在满足投资者最低期望收益率的前提下，吸引企业投资，采用企业经营管理的运行模式，解决项目的生存能力问题；(4) 案例结合项目特点，对项目涉及的风险进行了识别、估计、评价和应对分析，利用专家调查法对风险进行识别，判别风险因素发生的可能性及风险对项目的影响程度，在调查资料汇总的基础上，利用概率与数理统计的方法，得出各风险因素的主观概率分布。在此基础上，案例利用 CIM 模型（可控制区间记忆模型）模拟项目投资增加的风险；其后，利用层次分析法，分析项目财务可持续性的风险，求得各类风险因素对项目财务可持续性影响的权重，然后再利用概率统计方法计算项目财务可持续风险的分布函数。

一、概述

（一）项目背景

1. 概况

拟建公路隧道项目（含紧邻隧道洞口的路基部分）位于我国西部某省 A 城至 B 城公

[1] 本案例参考建设部标准定额研究所编，《建设项目经济评价案例》，中国计划出版社，2006. 10。

路上的 A 城至 M 县路段，项目全长 21.185km，其中，主隧道长 18.02km。隧道为上、下行线双洞双车道。项目位于 A 城一侧的隧道进口高程为 896m，位于 M 县一侧的隧道出口高程为 1026m，隧道内设人字形纵坡，最大纵坡为 1.1%，最大埋深为 1640m。

2. 区域公路规划与相关路网状况

拟建项目是《国家高速公路网规划》中的特大控制性工程，是沟通不同经济圈的重要交通枢纽，也是项目所在省规划公路网主骨架中 A 城至 B 城公路的重要组成部分。该项目建成对促进我国西部大开发战略的实施和加快 B 城及其周边县（市）社会经济的快速发展具有十分重要的意义。

该项目的关联项目（指由于本项目的建设必须配套建设的项目）为 A 城至隧道北口和隧道南口至 M 县的两侧接线高速公路。从路网关系看，与拟建项目相关的平行公路主要是公路Ⅰ（山岭区二级公路 80km）和公路Ⅱ（山岭区二级公路 65km），两条公路在路网上为串联关系。项目经济评价中财务主体为拟建项目 21.185km，经济费用效益分析的主体为包含拟建项目 21.185km 和关联项目 43.8km。

现有 A 城至 M 县公路需翻越崇山峻岭,路况技术标准低,行车条件差,交通事故多,运输效率低。拟建隧道项目建成后,不仅 A 城至 B 城可以缩短行驶里程约 50km,并且技术标准大幅度提高,受自然条件的影响大为降低,在行车条件改善、运输效率提高等方面的效果十分显著。

3. 技术标准与建设规模

（1）技术标准。综合考虑本项目沿线地形条件以及在国道、省道干线公路网中的功能，结合项目远景交通量预测，按照交通部颁布实施的《公路工程技术标准》（JTJ001—97），确定拟建项目的技术标准为：

公路等级：一次建成四车道高速公路；

计划行车速度：80km/h；

路基宽度：整体式路基 24.5m；

路面宽度：整体式路基 20.5m；

行车道：2 ×7.5m；

硬路肩：2 ×2.75m；

最大纵坡：5%；

桥涵设计荷载：汽—超 20t，挂—120t；

隧道：双洞四车道；

隧道净宽：10.5m，限高 5m。

（2）建设规模。本项目按一次建成四车道高速公路标准设计，路线总长 21.185km，其中，隧道建设规模为双洞四车道。隧道长度 18.02km，总投资约为 26.6841 亿元。

4. 项目特点

拟建项目是我国目前最长的公路隧道，该隧道地形、地质条件十分复杂，工程设计和施工难度大，运营管理至关重要，无论在设计、施工还是运营管理方面，不确定因素很多，工程风险大，具体表现在：（1）地质、水文条件复杂。隧道所在区域内有 5 条横贯全区的东西走向的大断层，多条规模较小的断层，地质条件对项目竖井的设计与施工产生较大影响；（2）设计规范和标准缺乏。目前国内公路隧道设计规范对特长隧道通风中的基准排放量和换气频率、监控系统规模和标准等都还不完善，需进行专项研究后才能确定。这些标准选用的合理性直接关系到工程造价和运营期服务水平、安全性能和运营成本；（3）施工难度大。隧道属狭长、封闭的地下管状构造物，空间环境狭窄，地质条件不断变化，可能需要不断变更设计，竖井深达700m，直径大，其施工方法、施工设备的选择难度也较大；（4）运营管理难度大。与一般隧道相比，拟建隧道在运营期间的防灾、救援等方面都存在较大的难度和风险，国内还没有直接借鉴的经验。

（二）编制依据

(1)《建设项目经济评价方法与参数》（第三版）；
(2)《公路建设项目可行性研究报告编制办法》（讨论稿），交通部，1996年；
(3)《高速公路财务管理办法》（财工字［1997］59号）；
(4) 国家现行相关财税政策。

（三）计算期

本项目建设期4年，经营期20年，计算期共24年。

二、交通量预测

本项目采用"四阶段"法在区域总体公路网背景下进行交通量预测。预测交通量由趋势交通量（指区域公路系统趋势增长的基础上，进行路网分配得到的交通量）和诱增交通量组成项目总交通量。拟建项目及主要相关平行公路交通量预测结果见表12-1，无拟建项目情况下的相关平行公路交通量预测结果见表12-2，年车型比例预测结果见表12-3。

表12-1　拟建项目及主要相关平行公路交通量预测结果　（标准小客车辆/日）

年份	拟建项目			相关公路	
	趋势交通量	诱增交通量	总交通量	公路Ⅰ	公路Ⅱ
2006	5383	297	5680	1608	1316
2007	6028	346	6374	1778	1451
2008	6751	403	7154	1965	1599
2009	7560	469	8029	2173	1763
2010	8466	546	9012	2402	1944
2011	9267	616	9883	2582	2030
2012	10143	696	10839	2775	2119
2013	11102	785	11887	2983	2213
2014	12152	887	13039	3206	2310
2015	13301	1001	14302	3446	2412
2016	14223	1096	15319	3642	2576
2017	15209	1201	16410	3848	2751
2018	16263	1315	17578	4067	2938
2019	17390	1441	18831	4298	3138
2020	18595	1578	20173	4542	3351
2021	19884	1729	21613	4800	3579
2022	21262	1893	23155	5072	3822
2023	22735	2074	24809	5360	4082
2024	24311	2271	26582	5664	4360
2025	25996	2488	28484	5986	4656

表 12-2　“无项目”相关平行公路交通量预测结果　（标准小客车辆/日）

年　份	相关公路Ⅰ	相关公路Ⅱ	年　份	相关公路Ⅰ	相关公路Ⅱ
2006	6427	6135	2016	17044	15976
2007	7213	6887	2017	18208	17106
2008	8095	7730	2018	19451	18316
2009	9086	8677	2019	20780	19612
2010	10197	9740	2020	22199	20999
2011	11152	10607	2021	23715	22485
2012	12196	11552	2022	25335	24076
2013	13339	12580	2023	27066	25779
2014	14588	13700	2024	28914	27603
2015	15954	14920	2025	30889	29556

表 12-3　车型比例预测结果　（%）

年　份	小　客	大　客	小　货	中　货	大　货
2006	26.00	19.00	19.30	19.90	15.70
2007	26.07	19.05	18.86	20.05	15.87
2008	26.15	19.10	18.43	20.20	16.05
2009	26.22	19.15	18.01	20.35	16.22
2010	26.30	19.20	17.60	20.50	16.40
2011	26.34	19.22	17.27	20.62	16.54
2012	26.38	19.24	16.94	20.74	16.68
2013	26.42	19.26	16.62	20.86	16.82
2014	26.46	19.28	16.31	20.98	16.96
2015	26.50	19.30	16.00	21.10	17.10
2016	26.54	19.34	15.63	21.21	17.24
2017	26.58	19.38	15.28	21.32	17.37
2018	26.62	19.42	14.93	21.42	17.51
2019	26.66	19.46	14.59	21.53	17.65
2020	26.70	19.50	14.25	21.64	17.79
2021	26.74	19.54	13.93	21.75	17.93
2022	26.78	19.58	13.61	21.86	18.07
2023	26.82	19.62	13.30	21.98	18.21
2024	26.86	19.66	13.00	22.09	18.35
2025	26.90	19.70	12.70	22.20	18.50

注：表内车型比例按照折算数计算得到。

三、费用效益估算

（一）建设投资估算

1. 投资估算

根据对项目工程技术方案的测算，拟建项目投资估算结果见表12-4。

表12-4　拟建项目投资估算表

序　号	投资分项	投资估算/万元	占建设投资百分比/%
1	建筑安装工程费	204674	76.70
2	设备及工具、器具购置费	25906	9.71
3	其他工程建设费用	14129	5.29
4	预备费用	22132	8.29
建设投资合计		266841	100

2. 投资使用计划

根据项目实施情况，项目建设期各年度投资情况如表12-5所示。

表12-5　拟建项目建设期年度投资比重

年　份	2002	2003	2004	2005	合　计
投资比例/%	20.00	30.00	30.00	20.00	100.00

（二）经营成本费用

1. 费用组成

（1）管理费用。本项目设置管理人员115人，包括项目公司管理人员、收费站人员、路政人员。人均综合管理成本（含工资、福利和办公费用等）按2万元/(人·年)计，则通车年管理费用为230万元。

（2）养护费用。特长隧道部分养护费用按20万元/(年·km)计（包括机电维修），两端引线按3万元/(年·km)计。经计算本项目通车年养护费用为369.9万元。

（3）机电系统运营费用。拟建项目机电系统运营费用主要是隧道通风、照明、监控以及通信等。用电价格按国家核定价格0.5元/(kW·h)计算。2006～2015年根据交通量情况，通风总功率为7855kW/d，随着交通量的增长，隧道通风设备开启的数量增加，隧道通风功率2020年达到9343kW/d，2025年达到15625kW/d；其余机电系统主要指照明、监控和通信运营期内总功率均按照762kW/d计算。

（4）大中修费用。拟建项目按照5年进行中修一次、10年进行大修一次，则中修的年份分别为2010年、2020年，大修年份分别为2015年和2025年。根据《高速公路公司财务管理办法》以及其他财务相关规定，大中修费用可以按照预提或者分摊的方式计入成本，也可以在大中修年份集中处理，考虑到本项目前期财务收入相对较少，案例中按照大中修费用当年集中支出处理。各年度的大中修费用详见表12-6。

表 12-6 运营费用表

年 份	机电运营费用		管理费/万元	养护费/万元	大中修/万元	合计/万元
	电量/万 kW · h	费用/万元				
2006	4776	2341	230	370		2941
2007	4776	2341	235	377		2953
2008	4776	2341	239	385		2965
2009	4776	2341	244	393		2978
2010	4776	2341	249	400	2403	5393
2011	4776	2341	254	409		3003
2012	4776	2341	259	417		3017
2013	4776	2341	264	425		3030
2014	4776	2341	269	434		3044
2015	4776	2341	275	442	5306	8364
2016	4918	2412	280	451		3143
2017	5064	2485	286	460		3231
2018	5216	2561	292	469		3322
2019	5373	2639	298	479		3415
2020	5536	2721	303	488	2929	6442
2021	6053	2979	310	498		3787
2022	6626	3266	316	508		4090
2023	7262	3584	322	518		4424
2024	7966	3936	328	528		4793
2025	8746	4326	335	539	6468	11668

2. 年经营成本费用

根据运营期间养护、管理、机电运营以及大修费用测算，随着运营时间的加长，道路破损程度及人工成本逐渐加大，则日常养护费用、管理费用在运营期内按年均2%的速度增长。

四、经济费用效益分析

经济费用效益分析采用“有无对比”分析方法，“有项目”涉及的是实施本项目后，相关路网的费用与效益；“无项目”涉及的是不实施本项目，相关路网的费用与效益。

（一）主要评价参数

（1）社会折现率：根据《建设项目经济评价方法与参数》（第三版）取8%；

（2）影子工资：技术工种影子工资换算系数为1，非技术工种影子工资换算系数为0.5；

（3）影子汇率：$1.08\times 8.1=8.75$。

（二）经济费用效益分析范围

经济费用效益分析应从项目建设消耗社会全部资源的角度分析，按照经济费用效益计算口径对应一致的原则，对于有些投资和运营费用（主要指由于拟建项目的建设必须配套建设的关联项目）在财务分析中未予考虑，在经济费用效益分析中应一并考虑分析。

拟建项目为A城至B城之间陆路联系的重要控制性工程，因此，必须配套建设关联连接线（未列入拟建项目的工程投资中），即A城至拟建项目起点的接线高速公路，以及拟建项目终点至M县的接线高速公路，关联项目为双向四车道高速公路标准，路线总长度为43.8km。

（三）经济费用的识别和计算

项目经济费用包括路网范围内，拟建项目和关联项目的建设费用、运营管理、养护及大中修等费用。

1. 建设经济费用

（1）建设经济费用调整。根据经济费用效益分析原则，投入物中的主要材料为市场价格，因此不进行调整；剔除建设费用中的税金、建设期贷款利息等转移支付项目；关于人工经济费用调整，项目施工中非技术工种人工数量占人工总数量的30%，需用人工影子价格进行调整，调整系数为0.85；关于主要投入物经济费用调整，项目施工中主要投入物（即主要材料）均采用市场价，不进行调整；关于土地经济费用调整，土地经济费用由土地机会成本和新增资源消耗组成，考虑拟建项目土地现状，土地净产值较低。经济费用效益分析中土地机会成本按照财务价格扣除耕地占用税等转移支付后的总费用计算，新增资源消耗按照有项目情况下土地的征用造成原有土地附属物财产损失及其资源消耗计算，调整后的土地机会成本为2346万元，新增资源消耗为132万元；关于转移支付调整，按转移支付的类别，分别扣除建筑安装工程费中的税金等。

经过调整后，建设期经济费用结果如表12-7所示。

表12-7　建设期经济费用表　（万元）

序　号	费用类别	数　量	调整原则	投资估算	经济费用
1	建筑安装工程费		调　整	204674	193504
1.1	人工		调　整	30510	25933
1.2	税金		剔　除	6593	0
2	设备及工器具购置费		不　调	25906	25906
3	其他工程建设费		调　整	14129	14056
3.1	土地费用	393亩	调　整	2431	2346
3.2	资源消耗		调　整	120	132
4	预备费用		不　调	22132	22132
5	合　计			266841	255598

（2）关联项目建设经济费用调整。按照上述调整原则和方法，关联项目的建设经济费用调整为 197192 万元。

（3）建设经济费用总计。建设经济费用总量为 452790 万元。

2. 运营经济费用

运营费用中材料、人工均以市场价为基础，因此不进行调整。

（1）拟建项目运营经济费用。拟建项目运营经济费用见表 12-6。

（2）关联项目运营经济费用。根据关联项目的长度、运营特点计算得到关联项目运营经济费用，结果见表 12-8。

表 12-8　关联项目运营经济费用　　（万元）

年　份	机电费	管理费	养护费	大中修	合　计
2006	131	550	438		1119
2007	134	561	447		1141
2008	136	572	456		1164
2009	139	584	465		1187
2010	142	595	474	2845	4056
2011	145	607	484		1235
2012	148	619	493		1260
2013	150	632	503		1285
2014	153	644	513		1311
2015	157	657	523	6281	7619
2016	160	670	534		1364
2017	163	684	545		1391
2018	166	698	555		1419
2019	169	711	567		1448
2020	173	726	578	3468	4944
2021	176	740	589		1506
2022	180	755	601		1536
2023	183	770	613		1567
2024	187	786	626		1598
2025	191	801	638	7657	9287

注：表内各项费用按照年均 2% 的速度增长。

（3）总运营经济费用。总运营经济费用由本项目运营经济费用和关联项目运营经济费用组成，见表 12-9。

表 12-9　各年总运营经济费用　（万元）

年　份	费用合计	拟建项目				关联项目			
		机电费	管理费	养护费	大中修	机电费	管理费	养护费	大中修
2006	4060	2341	230	370		131	550	438	
2007	4094	2341	235	377		134	561	447	
2008	4129	2341	239	385		136	572	456	
2009	4165	2341	244	393		139	584	465	
2010	9449	2341	249	400	2403	142	595	474	2845
2011	4239	2341	254	409		145	607	484	
2012	4277	2341	259	417		148	619	493	
2013	4316	2341	264	425		150	632	503	
2014	4355	2341	269	434		153	644	513	
2015	15983	2341	275	442	5306	157	657	523	6281
2016	4507	2412	280	451		160	670	534	
2017	4622	2485	286	460		163	684	545	
2018	4741	2561	292	469		166	698	555	
2019	4863	2639	298	479		169	711	567	
2020	11386	2721	303	488	2929	173	726	578	3468
2021	5293	2979	310	498		176	740	589	
2022	5626	3266	316	508		180	755	601	
2023	5991	3584	322	518		183	770	613	
2024	6391	3936	328	528		187	786	626	
2025	20955	4326	335	539	6468	191	801	638	7657

注：表内除拟建项目机电费用外，其余各项费用按照 2% 的速度增长。

（四）经济效益的识别和计算

项目经济效益包括路网范围内，趋势交通量和诱增交通量运输成本节约、旅客时间节约和交通事故减少三个方面。

1. 趋势交通量的效益

（1）趋势交通量汽车运输成本节约效益（B_1）。汽车运输成本节约效益是指在项目建成后，区域车辆出行运输成本降低所产生的效益，按路网范围内“无项目”和“有项目”汽车运输成本的差计算。公式如下：

$$B_1 = \left(\sum_{i=1}^{n} \sum_{j=1}^{5} V'^{i}_{j} Voc'^{i}_{j} l'^{i} - \sum_{i=1}^{m} \sum_{j}^{5} V^{i}_{j} Voc^{i}_{j} l^{i} \right) \times 365 \times 10^4$$

式中，V'^{i}_{j}、Voc'^{i}_{j}、l'^{i} 分别表示“无项目”时相关公路第 i 路段 j 车型的交通量、单位运输成本和路段长度；无撇号的为“有项目”时的对应指标。

i 表示评价范围内第 i 个路段，m、n 代表有、无项目情况下的路段总数；

j 表示第 j 种车型，1～5 分别代表小客车、大客车、小货车、中货车、大货车。

汽车运输经济成本包括两部分：一部分与汽车行驶距离有关，包括燃料消耗、润滑油消耗、轮胎消耗、维修费用和汽车运距折旧费用；另一部分与使用时间有关，包括汽车时间折旧费用、人工工资和管理费用。

汽车运输成本的计算参考《Study of Prioritization of Highway Investments and Improving Feasibility Study Methodologies》（World Bank，1995）研究成果，确定各种车型在一定车速、道路状况下的基本资源消耗，包括燃料、润滑油、维修劳动时间及维修零件消耗等基础数据。同时，根据本项目的地形条件、道路状况及交通状况作系数调整，以确定本项目特征年各种资源消耗，根据经济价格确定本项目特征年的汽车运输成本。经计算得到本项目运营期各车型经济运输成本，结果如表 12-10 所示。

表 12-10　有、无拟建项目下相关道路汽车运输成本　（元/(辆·km)）

车型	有无项目	年份	拟建项目及关联项目（65km）	相关公路Ⅰ（80km）	相关公路Ⅱ（45km）
小客	有项目	2006	1.17	1.25	1.25
		2010	1.17	1.25	1.25
		2015	1.18	1.27	1.26
		2025	1.20	1.31	1.29
	无项目	2006		1.32	1.32
		2010		1.34	1.33
		2015		1.65	1.52
		2025		2.55	2.24
大客	有项目	2006	2.45	3.95	3.94
		2010	2.45	3.96	3.94
		2015	2.48	4.02	3.98
		2025	2.56	4.20	4.11
	无项目	2006		4.24	4.22
		2010		4.30	4.27
		2015		5.02	4.85
		2025		7.55	6.88
小货	有项目	2006	1.33	1.45	1.48
		2010	1.33	1.45	1.48
		2015	1.34	1.47	1.49
		2025	1.38	1.47	1.50
	无项目	2006		1.54	1.53
		2010		1.55	1.54
		2015		1.85	1.75
		2025		2.84	2.55

续表 12-10

车 型	有无项目	年 份	拟建项目及关联项目（65km）	相关公路Ⅰ（80km）	相关公路Ⅱ（45km）
中 货	有项目	2006	2.00	3.24	3.35
		2010	2.00	3.24	3.23
		2015	2.03	3.30	3.26
		2025	2.11	3.47	3.39
	无项目	2006		3.51	3.49
		2010		3.56	3.54
		2015		4.39	4.13
		2025		7.05	6.23
大 货	有项目	2006	2.54	4.03	4.02
		2010	2.55	4.03	4.02
		2015	2.58	4.08	4.05
		2025	2.69	4.22	4.15
	无项目	2006		4.25	4.24
		2010		4.30	4.28
		2015		5.00	4.75
		2025		7.09	6.43

（2）趋势交通量旅客时间节约效益（B_2）。旅客出行时间节约效益，即拟建项目及关联工程建成后，由于运输距离缩短、运输速度提高所产生的旅客出行时间缩短，从而获得额外的工作时间或闲暇时间所产生的旅客支付意愿。旅客时间节约根据小客车和大客车两种车型按照下式计算：

$$B_2 = \sum_{j=1}^{2}\left[\sum_{i=1}^{n}\left(V_j'^i T_j'^i \mathrm{Vot}_j - \sum_{i=1}^{n} V_j^i T_j^i \mathrm{Vot}_j\right)\right] \times 365 \times 10^{-4}$$

式中，$T_j'^i$表示“无项目”相关公路第 i 路段 j 车型行驶时间；T_j^i 表示“有项目”相关公路第 i 路段 j 车型行驶时间；Vot_j 表示 j 车型旅客时间价值。

旅行出行时间价值根据工作时间和闲暇时间两种情况进行计算，方法如下：

工作出行时间节约价值，等于单位时间的工资（扣除个税）加上与就业有关的其他费用，如社会福利费等（按照工资的 40% 计）；

非工作出行时间价值按消费者对非工作出行及休闲时间的支付意愿计算。测算休闲时间的支付意愿应充分考虑不同出行目的和时间选择对支付意愿的影响；根据公路出行人员构成、出行目的等特点，综合分析确定非工作出行的时间价值按工作出行时间价值的 30% 计算。

各特征年车辆的时间价值计算，如表 12-11 所示。

表 12-11　特征年客车时间价值

年份	车型	工作时间价值	闲暇时间价值	平均乘车人数	工作出行比例	工作时间利用系数	时间价值
		元/h		人/辆	%		元/(辆·h)
2006	小客	12.8	3.8	2.5	60	0.5	16.3
	大客	10.7	3.2	18.5	55	0.5	97.1
2010	小客	18.7	5.6	2.5	55	0.5	23.0
	大客	15.6	4.7	18.5	50	0.5	137.0
2015	小客	27.5	8.2	2.5	50	0.5	32.7
	大客	22.9	6.9	18.5	45	0.5	193.9
2025	小客	49.2	14.8	2.5	45	0.5	56.3
	大客	41.0	12.3	18.5	40	0.5	334.0

计算得到的小客车和大客车各年节约时间总量以及小客车、大客车各年的时间价值，结果见表 12-12。

表 12-12　客车节约时间及时间价值

运营年 \ 车型	节约时间/$h \cdot d^{-1}$ 小客	节约时间/$h \cdot d^{-1}$ 大客	时间价值/元·$(辆 \cdot h)^{-1}$ 小客	时间价值/元·$(辆 \cdot h)^{-1}$ 大客
1	2477	1429	16.30	97.05
2	2665	1531	17.98	107.05
3	2873	1643	19.67	117.05
4	3101	1765	21.36	127.04
5	3352	1898	23.04	137.04
6	3631	2044	21.59	128.43
7	3939	2205	23.28	138.42
8	4283	2381	24.96	148.42
9	4667	2576	26.89	159.80
10	5097	2791	32.65	193.94
11	5981	3227	27.33	162.43
12	7075	3754	29.25	173.81
13	8450	4397	35.02	207.95
14	10202	5193	29.70	176.44
15	12475	6192	31.62	187.82
16	17385	8245	37.39	221.96
17	19882	9439	32.06	190.45
18	26170	12279	33.99	201.83
19	36006	16999	39.75	235.97
20	44273	20962	56.32	334.03

（3）趋势交通量交通事故减少的效益（B_3）。交通事故减少的效益根据不同公路等级在不同交通量水平下的事故率进行测算，计算公式如下：

$$B_3 = \left(\sum_{i=1}^{n} y'^i V'^i l'^i A'^i - \sum_{i=1}^{m} y^i V^i l^i A^i\right) \times 365 \times 10^{-8}$$

式中，y'^i、V'^i、A'^i 分别表示“无项目”路段 i 的每公里年事故数，次/(亿辆·km)；交通量，辆/d；路段长度，km；事故费用，万元/次。

y^i、V^i、A^i 分别表示“有项目”路段 i 的每公里年事故数，次/(亿辆·km)；趋势交通量，辆/d；路段长度，km；事故费用，万元/次。

各等级公路交通事故模型如下：

高速公路：$y = 0.005V - 40$（y 代表亿辆事故数，辆/年，V 代表交通量，辆/d，下同）；

一级公路：$y = 0.003V + 37$；

二级公路：$y = 0.007V + 133$。

参考《Study of Prioritization of Highway Investments and Improving Feasibility Study Methodologies》（World Bank，1995），本项目高速公路、一级公路、二级公路的平均事故损失费取值分别为1.4万元/次、1.0万元/次和0.65万元/次。

计算得到本项目“有”、“无”各年度交通事故减少的效益，结果见表12-13。

表12-13　“有”、“无”项目各年度交通事故减少的效益　　（万元）

运营年份＼事故费用	无项目交通事故费用	有项目交通事故费用	交通事故减少的效益
2006	198	38	160
2007	211	40	171
2008	225	42	183
2009	240	43	196
2010	256	46	210
2011	273	48	225
2012	292	50	242
2013	312	53	260
2014	334	55	279
2015	358	58	300
2016	403	62	341
2017	454	67	387
2018	512	71	441
2019	580	82	498
2020	657	101	556

续表 12-13

事故费用 / 运营年份	无项目交通事故费用	有项目交通事故费用	交通事故减少的效益
2021	796	140	656
2022	970	191	779
2023	1186	259	927
2024	1458	349	1109
2025	1799	470	1329

2. 诱增交通量的效益（B_4）

诱增交通量是由于项目的建设使相关产业得到发展而产生的，理论上此类产业部分的增加值应为诱增交通量的效益，但由于相关产业效益的测算十分困难，本项目诱增交通量的效益（B_4）按照公路运输成本节约、旅客时间节约以及交通事故减少效益的 50% 估算。

$$B_{41} = \frac{1}{2}\sum_{j=1}^{5}(C_j'^{*} - C_j^{*}) \times IV_j \times 365 \times 10^{-4}$$

$$B_{42} = \frac{1}{2}\sum_{j=1}^{2}(T_j'^{*} - T_j^{*}) \times IV_j \times 365 \times 10^{-4}$$

$$B_{43} = (A'^{*} - A^{*}) \times IV \times 365 \times 10^{-4} \times 0.5$$

式中　$C_j'^{*}$、$T_j'^{*}$、A'^{*}——分别为“无项目”时，相关公路 j 车型的运输成本，元/辆；单车行驶时间，h/辆；单车事故费用，元/辆；

C_j^{*}、T_j^{*}、A^{*}——分别为“有项目”时，拟建项目 j 车型的运输成本，元/辆；单车行驶时间，h/辆；单车事故费用，元/辆；

IV_j——j 车型的诱增交通量，辆/d；

IV——诱增交通量合计，辆/d。

3. 其他效果

拟建项目及关联工程的建设将明显改善区域交通网络结构与布局，其效益主要体现在明显缩短了 A 城至 B 城的时空距离，大幅度提高了通道的运输能力，从而有效促进区域间人流、物流、资金和信息流的流动，推进整个地区的经济发展。这种效益往往通过交通量运输费用节约、时间节约及区域相关产业的发展等多种形式体现出来，因而不予单独计算。

（五）经济费用效益分析

1. 经济费用效益指标

由经济费用、效益计算结果所编制的项目经济费用效益流量如表 12-14 所示，经济费用效益指标计算结果见表 12-15。项目经济内部收益率为 14.34%，大于 8% 的社会折现率，说明从经济费用效益分析角度看该项目是可行的。

表 12-14　经济费用效益流量表

（万元）

序号	项　目	合计	建设期				运营期							
			2002	2003	2004	2005	2006	2007	2008	2009	2010	2011	2012	2013
1	费用流量	359839	90558	135837	135837	90558	4060	4094	4129	4165	9449	4239	4277	4316
1.1	建设费	452790	90558	135837	135837	90558								
1.2	运营管理费	18952					780	796	812	828	844	861	878	896
1.3	日常养护费	19632					808	824	841	857	875	892	910	928
1.4	机电运营	57502					2472	2475	2477	2480	2483	2486	2489	2491
1.5	大修费	37357					0	0	0	0	5248	0	0	0
1.6	回收余值	-226395					0	0	0	0	0	0	0	0
2	效益流量	3494875					38535	41891	45571	49615	54067	58784	64186	70176
2.1	降低营运成本效益	2071348					29105	31040	33131	35395	37850	42196	45209	48502
2.2	旅客时间节约效益	1185005					6533	7733	9082	10602	12315	12445	14486	16802
2.3	减少交通事故效益	9251					160	171	183	196	210	226	242	260
2.4	诱增交通量效益	229271					2737	2947	3175	3422	3691	3919	4248	4612
3	净效益流量	3135036	-90558	-135837	-135837	-90558	34475	37797	41442	45450	44618	54546	59909	65860

序号	项　目	运营期											
		2014	2015	2016	2017	2018	2019	2020	2021	2022	2023	2024	2025
1	费用流量	4355	15983	4507	4622	4741	4863	11386	5293	5626	5991	6391	-20544
1.1	建设费												
1.2	运营管理费	914	932	951	970	989	1009	1029	1050	1071	1092	1114	1136
1.3	日常养护费	947	966	985	1005	1025	1045	1066	1087	1109	1131	1154	1177
1.4	机电运营	2494	2498	2572	2648	2727	2808	2894	3155	3446	3767	4123	4517
1.5	大修费	0	11588	0	0	0	0	6397	0	0	0	0	14125
1.6	回收余值	0	0	0	0	0	0	0	0	0	0	0	-22639
2	效益流量	77034	88161	95387	112183	138444	153316	185514	261700	281538	370189	536142	772443
2.1	降低营运成本效益	52110	56076	64044	73572	85120	99329	117120	153609	175708	224371	300868	366996
2.2	旅客时间节约效益	19604	25834	25100	31370	44177	44502	56844	90521	88885	122924	198654	346591
2.3	减少交通事故效益	279	300	341	387	441	497	556	657	779	928	1108	1329
2.4	诱增交通量效益	5041	5952	5903	6853	8706	8988	10995	16913	16166	21966	35511	57527
3	净效益流量	72679	72178	90880	107560	133703	148453	174128	256407	275912	364198	529750	977882

计算指标：经济内部收益率 EIRR = 14.34%；效益费用比 EBCR = 2.2；经济净现值（i_s = 8%）ENPV = 466973 万元

表 12-15 经济费用效益指标

指 标	ENPV/万元	经济内部收益率 EIRR	经济效益费用比 EBCR
评价结果	466973	14.34%	2.2

2. 敏感性分析

考虑建设费用和运营效益未来变化幅度，得到经济效益的敏感性分析结果，见表 12-16。由该表，在效益减少 15% 的不利情况下，经济内部收益率仍能达到 11.7%，大于 8% 的社会折现率，因此，项目具有较强的抗风险能力。

表 12-16 经济费用效益敏感性分析结果表

效益变动＼费用变动		-15%	-10%	0%	10%	15%
-15%	ENPV/万元	396927	377830	339636	301442	282345
	EBCR	2.22	2.10	1.89	1.72	1.64
	EIRR/%	14.34	13.83	12.91	12.11	11.74
-10%	ENPV /万元	439373	420276	382082	343888	324791
	EBCR	2.35	2.22	2.00	1.82	1.74
	EIRR/%	14.86	14.34	13.40	12.58	12.21
0%	ENPV/万元	524264	505167	466973	428779	409682
	EBCR	2.61	2.47	2.22	2.02	1.93
	EIRR/%	15.85	15.31	14.34	13.49	13.10
10%	ENPV/万元	609156	590059	551865	513671	494574
	EBCR	2.88	2.72	2.44	2.22	2.13
	EIRR/%	16.78	16.22	15.21	14.34	13.94
15%	ENPV/万元	651601	632504	594310	556116	537019
	EBCR	3.01	2.84	2.56	2.32	2.22
	EIRR/%	17.23	16.65	15.63	14.74	14.34

五、财务分析

（一）项目融资前财务基准收益率

项目融资前财务基准收益率是以国家对交通基础设施项目最低资本金比例（35%）、项目贷款（65%）的规定，计算的资金成本为 3.98%（税前），作为本项目融资前财务基准收益率。

（二）营业收入

一般高速公路项目的营业收入包含车辆通行费收入、附属设施（如服务区、广告牌等）营业收入。根据项目特点，本案例中营业收入只计通行费收入，不计算其他收入。

1. 收费标准

参照项目周边区域现行高速公路收费标准，同时结合区域居民通行费支出的承受能力，确定本项目通车年收费标准。考虑消费者的承受能力、公路主管部门以及地方政府对公路项目收费标准的倾向性意见，本案例在运营期内各车型收费标准如表 12-17 所示。

表 12-17　收费标准　（元/车次）

收费阶段	小 客	大 客	小 货	中 货	大 货
2006～2025 年	38	76	38	76	114

2. 收费收入

参考所在区域高速公路免费车所占比重（一般项目免费车比例在 1%～3%之间），本项目免费车按照 3%计，则有效收费率为 97%，项目各年收费收入见表 12-18。

表 12-18　各年收费收入表　（万元/年）

年 份	小 客	大 客	小 货	中 货	大 货	合 计
2006	2283	2221	1658	2335	2083	10580
2007	2509	2441	1787	2576	2305	11617
2008	2757	2683	1926	2842	2550	12757
2009	3029	2948	2075	3135	2821	14009
2010	3328	3240	2236	3459	3122	15386
2011	3657	3559	2406	3815	3452	16889
2012	4017	3911	2588	4208	3818	18542
2013	4413	4297	2784	4641	4222	20357
2014	4849	4721	2994	5119	4669	22352
2015	5327	5187	3221	5646	5163	24544
2016	5716	5567	3372	6081	5574	26311
2017	6134	5975	3531	6550	6018	28208
2018	6582	6412	3698	7055	6498	30244
2019	7063	6881	3872	7599	7015	32430
2020	7580	7385	4054	8184	7574	34777
2021	8134	7925	4245	8815	8178	37297
2022	8728	8505	4446	9495	8829	40003
2023	9366	9128	4655	10227	9532	42908
2024	10050	9796	4874	11015	10292	46027
2025	10785	10513	5104	11864	11112	49377

（三）税费及公积金计提

1. 营业税及附加

根据《财政部、国家税务总局关于公路经营企业车辆通行费收入营业税政策的通知》（财税［2005］77 号）（2005 年 5 月 11 日）的规定，高速公路公司营业税税率为 3%；城市维护建设税按营业税的 7%计征；教育费附加按营业税的 3%计征，营业税及附加综合税率为 3.3%。

2. 所得税

本项目属于西部大开发交通重点建设项目之一，按交通基础设施项目西部大开发优惠政策，所得税按利润总额的15%计算，按税法规定发生亏损时，进行税前补亏。

3. 公积金计提

法定盈余公积金按税后利润的10%计提。

（四）运营成本及费用

（1）运营管理费、养护费、机电运营费及大中修费参见表12-6。

（2）公司开办费。根据《高速公路公司财务管理规定》，公司开办费用分5年（或以上）分摊入管理费，公司开办费按200万元计算，本案例财务分析中按5年分摊入管理费。

（3）固定资产折旧。根据财政部和交通部制定的《高速公路公司财务管理办法》的规定，固定资产折旧以原值减去残值后，在使用年限内按工作量法计提。

（五）资金筹措

项目资金筹措的初步方案，政府出资35%，向银行借款65%，借款由政府统借统还。长期借款利率为6.12%，借款年限为20年。

（六）财务分析

1. 融资前财务盈利能力分析

项目融资前财务盈利能力分析排除了项目融资方案的影响，分析融资前项目的投资获利能力，并以此作为初步投资决策与融资方案研究的基础。

通过编制融资前财务现金流量表（见表12-19），计算财务指标。所得税前财务内部收益率为3.75%，小于项目财务基准收益率3.98%（税前），说明项目的财务效益较差。

2. 政府还贷模式下项目财务生存能力分析

根据项目特点，项目位于经济欠发达的西部地区，项目的投资大、交通量相对较小、运营成本高、项目财务效益差。为促进欠发达地区的发展，此类项目实施中通常按照政府还贷公路进行运作。根据《收费公路管理条例》（中华人民共和国国务院令第417号），政府还贷公路项目应依法设立专门的不以营利为目的的法人组织，其收费票据由省、自治区、直辖市人民政府财政部门统一印（监）制，收费期限最长不得超过20年，不计营业税及附加、所得税、不计提折旧、不计提公积金。本项目按政府还贷公路运作，收费期限按照20年计。

总投资的35%作为项目资本金，由政府投资，银行贷款65%。贷款偿还按照15年等比本金递增偿还方式（详见表12-20），运营期现金流量不足时，需借短期借款，借款利息为5.58%。

在政府还贷模式下，财务分析的重点是分析现金流量的平衡，考察项目的还贷能力。本项目在政府还贷模式下的总成本表见表12-21；利润与利润分配表见表12-22；项目财务计划现金流量表见表12-20。按照上述资金筹措方案，项目运营期现金流短缺，需要连续17年筹措大量短期借款，以偿还银行贷款。即使采用全省统贷统还的政府还贷模式运作，省交通主管部门还需要从其他政府还贷公路项目的收费收入中调剂资金偿还本项目的贷款。

表 12-19　融资前财务现金流量表

（万元）

序号	项　目	合计	建设期				运营期							
			2002	2003	2004	2005	2006	2007	2008	2009	2010	2011	2012	2013
1	现金流入	552071					10580	11617	14009	15386	16889	18542	20357	22352
1.1	收费收入	550067					10580	11617	14009	15386	16889	18542	20357	22352
1.2	回收资产余值	2004												
1.3	其他收入	0					0	0	0	0	0	0	0	0
2	现金流出	371199	53368	80053	80053	53368	3330	3376	3468	3525	5991	3615	3688	3768
2.1	建设投资	266842	53368	80053	80053	53368								
2.2	流动资金	0					0	0	0	0	0	0	0	0
2.3	经营成本	86204					2981	2993	3005	3018	5433	3003	3017	3030
2.4	营业税及附加	18151					349	383	462	508	557	612	672	738
2.5	其他现金流出	0					0	0	0	0	0	0	0	0
3	现金流量	0												
3.1	净现金流量	180873	-53368	-80053	-80053	-53368	7250	8241	10542	11860	10899	14926	16669	18584
3.2	累计净现金流量	0	-53368	-133421	-213474	-266842	-259593	-251352	-240810	-228950	-218052	-203125	-186457	-167873

序号	项　目	运营期											
		2014	2015	2016	2017	2018	2019	2020	2021	2022	2023	2024	2025
1	现金流入	24544	26311	28208	28208	30244	32430	34777	37297	40003	42908	46027	51381
1.1	收费收入	24544	26311	28208	28208	30244	32430	34777	37297	40003	42908	46027	49377
1.2	回收资产余值												2004
1.3	其他收入	0	0	0	0	0	0	0	0	0	0	0	0
2	现金流出	3854	9233	4074	4162	4320	4485	7590	5017	5410	5840	6312	13298
2.1	建设投资												
2.2	流动资金	0	0	0	0	0	0	0	0	0	0	0	0
2.3	经营成本	3044	8364	3143	3231	3322	3415	6442	3787	4090	4424	4793	11668
2.4	营业税及附加	810	868	931	931	998	1070	1148	1231	1320	1416	1519	1629
2.5	其他现金流出	0	0	0	0	0	0	0	0	0	0	0	0
3	现金流量												
3.1	净现金流量	20690	17079	24134	24046	25924	27945	27188	32280	34593	37067	39715	38084
3.2	累计净现金流量	-147182	-130104	-105970	-81923	-55999	-28054	-866	31414	66006	103074	142789	180873

计算指标（所得税前）：财务内部收益率 = 3.75%；财务净现值 = −7066（i_c = 3.98%）；投资回收期 > 24 年

表 12-20 项目财务计划现金流量表（政府还贷模式）（万元）

序号	项 目	合计	2002	2003	2004	2005	2006	2007	2008	2009	2010	2011	2012	2013
1	经营活动净现金流量	463863	0	0	0	0	7599	8624	11004	12368	11456	15538	17340	19322
1.1	现金流入	550067	0	0	0	0	10580	11617	14009	15386	16889	18542	20357	22352
1.1.1	营业收入	550067					10580	11617	14009	15386	16889	18542	20357	22352
1.1.2	增值税销项税额	0					0	0	0	0	0	0	0	0
1.1.3	补贴收入	0	0	0	0	0	0	0	0	0	0	0	0	0
1.1.4	其他流入	0					0	0	0	0	0	0	0	0
1.2	现金流出	86204	0	0	0	0	2981	2993	3005	3018	5433	3003	3017	3030
1.2.1	经营成本	86204					2981	2993	3005	3081	5433	3003	3017	3030
1.2.2	增值税进项税额	0					0	0	0	0	0	0	0	0
1.2.3	营业税金及附加	0					0	0	0	0	0	0	0	0
1.2.4	增值税	0					0	0	0	0	0	0	0	0
1.2.5	所得税	0					0	0	0	0	0	0	0	0
1.2.6	其他流出	0												
2	投资活动净现金流量	−289374	−54495	−83996	−87375	−63508	0	0	0	0	0	0	0	0
2.1	现金流入	0	0	0	0	0								
2.2	现金流出	289374	54495	83996	87375	63508	0	0	0	0	0	0	0	0
2.2.1	建设投资	289374	54495	83996	87375	63508	0	0	0	0	0	0	0	0
2.2.2	维持运营投资	0	0	0	0	0	0	0	0	0	0	0	0	0
2.2.3	增加流动资金	0	0	0	0	0	0	0	0	0	0	0	0	0
2.2.4	其他流出	0												
3	融资活动净现金流量	−26474	54495	83996	87375	63508	−7599	−8524	−11004	−12368	−11456	−15538	−17340	−19322
3.1	现金流入	745482	54495	83996	87375	63508	7434	14389	19516	23874	29861	32477	34075	34564
3.1.1	资本金投入	105291	17678	28771	32151	26691	0	0	0	0	0	0	0	0
3.1.2	建设投资借款	184083	36817	55225	55225	36817	0	0	0	0	0	0	0	0

续表 12-20

序号	项　目	合计	2002	2003	2004	2005	2006	2007	2008	2009	2010	2011	2012	2013
3.1.3	流动资金借款	0	0	0	0	0	0	0	0	0	0	0	0	0
3.1.4	债券	0	0	0	0	0	0	0	0	0	0	0	0	0
3.1.5	短期借款	456108	0	0	0	0	7434	14389	19516	23874	29861	32477	34075	34564
3.1.6	其他流入	0	0	0	0	0	0	0	0	0	0	0	0	0
3.2	现金流出	771956	0	0	0	0	15033	23013	30520	36242	41317	48015	51416	53886
3.2.1	利息及融资费用支出	131765	0	0	0	0	11473	11449	11340	11168	10995	10673	10260	9743
3.2.2	偿还长期债务本金	184083	0	0	0	0	3560	4130	4791	5558	6448	7481	8678	10068
3.2.3	偿还流动资金借款	0	0	0	0	0	0	0	0	0	0	0	0	0
3.2.4	偿还短期借款	456108	0	0	0	0	0	7434	14389	19516	23874	29861	32477	34075
3.2.5	股利分配	0	0	0	0	0	0	0	0	0	0	0	0	0
3.2.6	其他流出	0	0	0	0	0	0	0	0	0	0	0	0	0
4	净现金流量	148015	0	0	0	0	0	0	0	0	0	0	0	0
5	累计盈余资金		0	0	0	0	0	0	0	0	0	0	0	0

序号	项　目	2014	2015	2016	2017	2018	2019	2020	2021	2022	2023	2024	2025
1	经营活动净现金流量	21500	17947	25065	24977	26923	29015	28335	33511	35913	38483	41234	37709
1.1	现金流入	24544	26311	28208	28208	30244	32430	34777	37297	40003	42908	46027	49377
1.1.1	营业收入	24544	26311	28208	28208	30244	32430	34777	37297	40003	42908	46027	49377
1.1.2	增值税销项税额	0	0	0	0	0	0	0	0	0	0	0	0
1.1.3	补贴收入	0	0	0	0	0	0	0	0	0	0	0	0
1.1.4	其他流入	0	0	0	0	0	0	0	0	0	0	0	0
1.2	现金流出	3044	8364	3143	3231	3322	3415	6442	3787	4090	4424	4793	11668
1.2.1	经营成本	3044	8364	3143	3231	3322	3415	6442	3787	4090	4424	4793	11668
1.2.2	增值税进项税额	0	0	0	0	0	0	0	0	0	0	0	0
1.2.3	营业税金及附加	0	0	0	0	0	0	0	0	0	0	0	0
1.2.4	增值税	0	0	0	0	0	0	0	0	0	0	0	0
1.2.5	所得税	0	0	0	0	0	0	0	0	0	0	0	0
1.2.6	其他流出												

续表 12-20

序号	项　目	2014	2015	2016	2017	2018	2019	2020	2021	2022	2023	2024	2025
2	投资活动净现金流量	0	0	0	0	0	0	0	0	0	0	0	0
2.1	现金流入												
2.2	现金流出	0	0	0	0	0	0	0	0	0	0	0	0
2.2.1	建设投资	0	0	0	0	0	0	0	0	0	0	0	0
2.2.2	维持运营投资	0	0	0	0	0	0	0	0	0	0	0	0
2.2.3	增加流动资金	0	0	0	0	0	0	0	0	0	0	0	0
2.2.4	其他流出												
3	融资活动净现金流量	-21500	-17947	-25065	-24977	-26923	-29015	-28335	-33511	-5325	0	0	0
3.1	现金流入	33851	37961	36246	36172	35951	35723	38687	5325	0	0	0	0
3.1.1	资本金投入	0	0	0	0	0	0	0	0	0	0	0	0
3.1.2	建设投资借款	0	0	0	0	0	0	0	0	0	0	0	0
3.1.3	流动资金借款	0	0	0	0	0	0	0	0	0	0	0	0
3.1.4	债券	0	0	0	0	0	0	0	0	0	0	0	0
3.1.5	短期借款	33851	37961	36246	36172	35951	35723	38687	5325	0	0	0	0
3.1.6	其他流入	0	0	0	0	0	0	0	0	0	0	0	0
3.2	现金流出	55351	55908	61311	61149	62873	64738	67022	38835	5325	0	0	0
3.2.1	利息及融资费用支出	9107	8507	7629	6665	5543	4242	2822	149	0	0	0	0
3.2.2	偿还长期债务本金	11680	13551	15720	18238	21158	24546	28477	0	0	0	0	0
3.2.3	偿还流动资金借款	0	0	0	0	0	0	0	0	0	0	0	0
3.2.4	偿还短期借款	34564	33851	37961	36246	36172	35951	35723	38687	5325	0	0	0
3.2.5	股利分配	0	0	0	0	0	0	0	0	0	0	0	0
3.2.6	其他流出	0	0	0	0	0	0	0	0	0	0	0	0
4	净现金流量	0	0	0	0	0	0	0	0	30588	38483	41234	37709
5	累计盈余资金	0	0	0	0	0	0	0	0	30588	69072	110306	148015

表 12-21　总成本表（政府还贷模式）　（万元）

序号	项　目	合计	运营期									
			2006	2007	2008	2009	2010	2011	2012	2013	2014	2015
1	运营管理费	5788	270	275	279	284	289	254	259	264	269	275
2	养护费	8990	370	377	385	393	400	409	417	425	434	442
3	大修费	17107	0	0	0	0	2403	0	0	0	0	5306
4	机电运营费	54319	2341	2341	2341	2341	2341	2341	2341	2341	2341	2341
	经营成本	86204	2981	2993	3005	3018	5433	3003	3017	3030	3044	8364
5	折旧费用	0	0	0	0	0	0	0	0	0	0	0
	摊销	0	0	0	0	0	0	0	0	0	0	0
6	借款利息	131765	11473	11449	11340	11168	10995	10673	10260	9743	9107	8507
	长期借款利息	119040	11266	11048	10795	10502	10162	9767	9310	8778	8162	7447
	短期借款利息	12725	207	401	544	666	833	906	951	964	944	1059
7	总成本费用	217969	14454	14442	14345	14186	16429	13677	13277	12773	12151	16871

序号	项　目	运营期									
		2016	2017	2018	2019	2020	2021	2022	2023	2024	2025
1	运营管理费	280	286	292	298	303	310	316	322	328	335
2	养护费	451	460	469	479	488	498	508	518	528	539
3	大修费	0	0	0	0	2929	0	0	0	0	6468
4	机电运营费	2412	2485	2561	2639	2721	2979	3266	3584	3936	4326
	经营成本	3143	3231	3322	3415	6442	3787	4090	4424	4793	11668
5	折旧费用	0	0	0	0	0	0	0	0	0	0
	摊销	0	0	0	0	0	0	0	0	0	0
6	借款利息	7629	6665	5543	4242	2822	149	0	0	0	0
	长期借款利息	6618	5656	4540	3245	1743	0	0	0	0	0
	短期借款利息	1011	1009	1003	997	1079	149	0	0	0	0
7	总成本费用	10773	9896	8865	7657	9264	3935	4090	4424	4793	11668

表 12-22 利润与利润分配表（政府还贷模式） （万元）

序号	项 目	合计	2006	2007	2008	2009	2010	2011	2012	2013	2014	2015
1	营业收入	550067	10580	11617	14009	15386	16889	18542	20357	22352	24544	26311
2	营业税金及附加	0	0	0	0	0	0	0	0	0	0	0
3	总成本及费用	217969	14454	14442	14345	14186	16429	13677	13277	12773	12151	16871
4	补贴收入	0	0	0	0	0	0	0	0	0	0	0
5	利润总额(序号1－序号2－序号3＋序号4)	332098	－3874	－2826	－336	1200	461	4865	7080	9579	12393	9440
6	弥补前年度亏损	0	0	0	0	0	0	0	0	0	0	0
7	应纳税所得额(序号5－序号6)	339134	0	0	0	1200	461	4865	7080	9579	12393	9440
8	所得税	0	0	0	0	0	0	0	0	0	0	0
9	净利润(序号5－序号8)	332098	－3874	－2826	－336	1200	461	4865	7080	9579	12393	9440
10	期初未分配利润	1490419	0	－3874	－6700	－7036	－5836	－5375	－511	6570	16149	28542
11	可供分配的利润(序号9＋序号10)	1822517	－3874	－6700	－7036	－5836	－5375	－511	6570	16149	28542	37982
12	减:法定盈余公积金	0	0	0	0	0	0	0	0	0	0	0
13	可供投资者分配的利润(序号11－序号12－序号13)	1822517	－3874	－6700	－7036	－5836	－5375	－511	6570	16149	28542	37982
14	应付优先股股利	0	0	0	0	0	0	0	0	0	0	0
15	任意盈余公积金	0	0	0	0	0	0	0	0	0	0	0
16	应付普通股股利(序号14－序号15－序号16)	1822517	－3874	－6700	－7036	－5836	－5375	－511	6570	16149	28542	37982
17	投资各方利润分配	0	0	0	0	0	0	0	0	0	0	0
21	期末未分配利润(序号14－序号15－序号16－序号17)	1822517	－3874	－6700	－7036	－5836	－5375	－511	6570	16149	28542	37982
22	息税前利润(利润总额＋利息支出)	463863	7599	8624	11004	12368	11456	15538	17340	19322	21500	17947
23	息税折旧推销前利润(息税前利润＋折旧＋摊销)	463863	7599	8624	11004	12368	11456	15538	17340	19322	21500	17947

续表 12-22

序号	项　目	2016	2017	2018	2019	2020	2021	2022	2023	2024	2025
1	营业收入	28208	28208	30244	32430	34777	37297	40003	42908	46027	49377
2	营业税金及附加	0	0	0	0	0	0	0	0	0	0
3	总成本及费用	10773	9896	8865	7657	9264	3935	4090	4424	4793	11668
4	补贴收入	0	0	0	0	0	0	0	0	0	0
5	利润总额(序号1－序号2－序号3＋序号4)	17435	18312	21380	24774	25513	33362	35913	38483	41234	37709
6	弥补前年度亏损	0	0	0	0	0	0	0	0	0	0
7	应纳税所得额(序号5－序号6)	17435	18312	21380	24774	25513	33362	35913	38483	41234	37709
8	所得税	0	0	0	0	0	0	0	0	0	0
9	净利润(序号5－序号8)	17435	18312	21380	24774	25513	33362	35913	38483	41234	37709
10	期初未分配利润	37982	55418	73730	95109	119883	145396	178758	214671	253155	294389
11	可供分配的利润(序号9＋序号10)	55418	73730	95109	119883	145396	178758	214671	253155	294389	332098
12	减:法定盈余公积金	0	0	0	0	0	0	0	0	0	0
13	可供投资者分配的利润(序号11－序号12－序号13)	55418	73730	95109	119883	145396	178758	214671	253155	294389	332098
14	应付优先股股利	0	0	0	0	0	0	0	0	0	0
15	任意盈余公积金	0	0	0	0	0	0	0	0	0	0
16	应付普通股股利(序号14－序号15－序号16)	55418	73730	95109	119883	145396	178758	214671	253155	294389	332098
17	投资各方利润分配	0	0	0	0	0	0	0	0	0	0
21	期末未分配利润(序号14－序号15－序号16－序号17)	55418	73730	95109	119883	145396	178758	214671	253155	294389	332098
22	息税前利润(利润总额＋利息支出)	25065	24977	26923	29015	28335	33511	35913	38483	41234	37709
23	息税折旧摊销前利润(息税前利润＋折旧＋摊销)	25065	24977	26923	29015	28335	33511	35913	38483	41234	37709

3. 市场化融资分析

项目所处区域经济欠发达、居民收入较低，未来收费标准上调的可能性很小，为了改善项目运营期资金紧缺的情况，采用政府还贷模式唯一可行的办法就是提高政府资金投入的比例，而项目所处西部地区资金稀缺。为了减少政府投资压力，建议对项目采用政府投资补助下的市场化融资方案，解决项目资金短缺，提高财务效益。以下为案例财务分析中的假定情况：

（1）资本金收益率。资本金收益率通常按资本资产定价模型（CAPM）计算，由于公路行业风险较小，案例分析中资本金收益率按照最低期望收益率即按长期社会无风险投资收益率计算。取目前10年期国债利率作为本项目资本金的最低期望收益率，约为4%。根据投资者对项目投资回报期望值，政府对项目的补贴幅度大约在项目投资的20%以上才能吸引投资者。

（2）融资方案设定。根据该项目交通部补助资金安排，同时考虑到市场化投资期望收益率要求，融资方案设计中按照交通部补助的7.49亿元作为政府投资补助。融资方案设定如表12-23所示。

表12-23　融资方案设定表

项　目	政府投资补助	企业资本金	国内贷款	合　计
金额/亿元	7.4900	9.8090	10.6942	27.9932
比例/%	26.8	35.0	38.2	100.00

注：贷款利息包含在资本金中，国内银行贷款利率按6.12%计。

（3）资本金盈利能力分析。按上述融资方案，计算得到的资本金财务内部收益率为5.88%，大于资本金收益率4%，说明资本金盈利水平是可行的。市场化运作模式下总成本见表12-24、利润与利润分配见表12-25、财务计划现金流量见表12-26、资本金财务现金流量见表12-27。

（4）敏感性分析。根据资本金敏感性分析计算结果，见表12-28，在收费收入降低10%的不利情况下，财务内部收益率约为4%的最低期望收益率，费用增加10%的不利情况下，财务内部收益率大于4%的最低期望收益率，说明在此融资方案下，项目具有一定的财务抗风险能力。

（5）项目贷款偿还能力分析。采用15年等比本金递增偿还方式（详见表12-29）偿还建设投资长期借款，贷款利息按年支付。财务计划现金流量表的计算结果表明，长期借款可按贷款条件偿还银行，但由于项目运营初期交通量少，现金流量不足出现资金短缺，需要筹集短期借款平衡资金。财务计划现金流量表见表12-27，资产负债表（经营性模式）见表12-30。

（6）财务分析结论。财务计划现金流量表的计算结果表明，长期借款可按贷款条件偿还银行。但是由于项目运营初期交通量少，现金流量不足，出现资金短缺，需要筹集短期借款平衡项目资金。评价期累计净现金流量为25.11亿元。总体上看，采用政府适当补贴下的市场化融资方案进行经营性方式运作，项目在财务上是可行的，但存在一定的风险。

表 12-24　总成本表（经营性模式）　（万元）

序号	项目	合计	运营期									
			2006	2007	2008	2009	2010	2011	2012	2013	2014	2015
1	运营管理费	5788	270	275	279	284	289	254	259	264	269	275
2	养护费	8990	370	377	385	393	400	409	417	425	434	442
3	大修费	17107	0	0	0	0	2403	0	0	0	0	5306
4	机电运营费	54319	2341	2341	2341	2341	2341	2341	2341	2341	2341	2341
	经营成本	86204	2981	2993	3005	3018	5433	3003	3017	3030	3044	8364
5	折旧费用	277993	7056	7741	8492	9317	10221	11211	12297	13481	14778	16210
	摊销	0	0	0	0	0	0	0	0	0	0	0
6	借款利息	69267	6584	6475	6287	6101	5904	5674	5408	5100	4742	4327
	长期借款利息	69156	6545	6418	6271	6101	5904	5674	5408	5100	4742	4327
	短期借款利息	112	39	57	16	0	0	0	0	0	0	0
7	总成本费用	433465	16621	17209	17785	18436	21558	19889	20722	21611	22564	28900

序号	项目	运营期									
		2016	2017	2018	2019	2020	2021	2022	2023	2024	2025
1	运营管理费	280	286	292	298	303	310	316	322	328	335
2	养护费	451	460	469	479	488	498	508	518	528	539
3	大修费	0	0	0	0	2929	0	0	0	0	6468
4	机电运营费	2412	2485	2561	2639	2721	2979	3266	3584	3936	4326
	经营成本	3143	3231	3322	3415	6442	3787	4090	4424	4793	11668
5	折旧费用	17366	16369	15141	16221	15683	14985	16054	17200	18428	19743
	摊销	0	0	0	0	0	0	0	0	0	0
6	借款利息	3845	3286	2637	1885	1012	0	0	0	0	0
	长期借款利息	3845	3286	2637	1885	1012	0	0	0	0	0
	短期借款利息	0	0	0	0	0	0	0	0	0	0
7	总成本费用	24355	22886	21100	21522	23137	18771	20144	21624	23221	31411

表 12-25　利润与利润分配表（经营性模式）

（万元）

序号	项　目	合　计	2006	2007	2008	2009	2010	2011	2012	2013	2014	2015
1	营业收入	550067	10580	11617	14009	15386	16889	18542	20357	22352	24544	26311
2	营业税金及附加	18152	349	383	462	508	557	612	672	738	810	868
3	总成本费用	433465	16621	17209	17785	18436	21558	19889	20722	21611	22564	28900
4	补贴收入	0	0	0	0	0	0	0	0	0	0	0
5	利润总额(序号1－序号2－序号3＋序号4)	98450	－6390	－5975	－4238	－3558	－5226	－1959	－1036	4	1170	－3457
6	弥补前年度亏损	7627	0	0	0	0	0	0	0	4	1170	0
7	应纳税所得额(序号5－序号6)	122664	0	0	0	0	0	0	0	0	0	0
8	所得税	18400	0	0	0	0	0	0	0	0	0	0
9	净利润(序号5－序号8)	80051	－6390	－5975	－4238	－3558	－5226	－1959	－1036	4	1170	－3457
10	期初未分配利润	0	0	－6390	－12366	－16604	－20161	－25388	－27347	－28383	－28380	－27327
11	可供分配的利润(序号9＋序号10)	0	－6390	－12366	－16604	－20161	－25388	－27347	－28383	－28379	－27210	－30784
12	减:法定盈余公积金	0	0	0	0	0	0	0	0	0	117	0
13	可供投资者分配的利润(序号11－序号12－序号13)	0	－6390	－12366	－16604	－20161	－25388	－27347	－28383	－28380	－27327	－30784
14	应付优先股股利	0	0	0	0	0	0	0	0	0	0	0
15	任意盈余公积金	0	0	0	0	0	0	0	0	0	0	0
16	应付普通股股利(序号14－序号15－序号16)	0	－6390	－12366	－16604	－20161	－25388	－27347	－28383	－28380	－27327	－30784
17	投资各方利润分配	0	0	0	0	0	0	0	0	0	0	0
21	期末未分配利润(序号14－序号15－序号16－序号17)	0	－6390	－12366	－16604	－20161	－25388	－27347	－28383	－28380	－27327	－30784
22	息税前利润(利润总额＋利息支出)	0	194	500	2049	2543	677	3715	4372	5104	5912	869
23	息税折旧摊销前利润(息税前利润＋折旧＋摊销)	0	7250	8241	10542	11860	10899	14926	16669	18584	20690	17079

续表 12-25

序号	项　目	2016	2017	2018	2019	2020	2021	2022	2023	2024	2025
1	营业收入	28208	28208	30244	32430	34777	37297	40003	42908	46027	49377
2	营业税金及附加	931	931	998	1070	1148	1231	1320	1416	1519	1629
3	总成本费用	24355	22886	21100	21522	23137	18771	20144	21624	23221	31411
4	补贴收入	0	0	0	0	0	0	0	0	0	0
5	利润总额(序号1－序号2－序号3＋序号4)	2923	4391	8146	9839	10493	17295	18539	19867	21288	16337
6	弥补前年度亏损	2923	3530	0	0	0	0	0	0	0	0
7	应纳税所得额(序号5－序号6)	0	861	8146	9839	10493	17295	18539	19867	21288	16337
8	所得税	0	129	1222	1476	1574	2594	2781	2980	3193	2450
9	净利润(序号5－序号8)	2923	4262	6924	8363	8919	14701	15758	16887	18094	13886
10	期初未分配利润	－30784	－28154	－24318	－18086	－10559	－2532	10698	24880	40079	56364
11	可供分配的利润(序号9＋序号10)	－27861	－23891	－17393	－9723	－1640	12168	26456	41768	58173	70250
12	减:法定盈余公积金	292	426	692	836	892	1470	1576	1689	1809	1389
13	可供投资者分配的利润(序号11－序号12－序号13)	－28154	－24318	－18086	－10559	－2532	10698	24880	40079	56364	68861
14	应付优先股股利	0	0	0	0	0	0	0	0	0	0
15	任意盈余公积金	0	0	0	0	0	0	0	0	0	0
16	应付普通股股利(序号14－序号15－序号16)	－28154	－24318	－18086	－10559	－2532	10698	24880	40079	56364	68861
17	投资各方利润分配	0	0	0	0	0	0	0	0	0	0
21	期末未分配利润(序号14－序号15－序号16－序号17)	－28154	－24318	－18086	－10559	－2532	10698	24880	40079	56364	68861
22	息税前利润(利润总额＋利息支出)	6767	7677	10784	11724	11505	17295	18539	19867	21288	16337
23	息税折旧摊销前利润(息税前利润＋折旧＋摊销)	24134	24046	25924	27945	27188	32280	34593	37067	39715	36079

表 12-26　财务计划现金流量表（经营性模式）

（万元）

序 号	项 目	合计	2002	2003	2004	2005	2006	2007	2008	2009	2010	2011	2012	2013
1	经营活动净现金流量	427311	0	0	0	0	7250	8241	10542	11860	10899	14926	16669	18584
1.1	现金流入	550067	0	0	0	0	10580	11617	14009	15386	16889	18542	20357	22352
1.1.1	营业收入	550067					10580	11617	14009	15386	16889	18542	20357	22352
1.1.2	增值税销项税额	0					0	0	0	0	0	0	0	0
1.1.3	补贴收入	0	0	0	0	0	0	0	0	0	0	0	0	0
1.1.4	其他流入	0					0	0	0	0	0	0	0	0
1.2	现金流出	122756	0	0	0	0	3330	3376	3468	3525	5991	3615	3688	3768
1.2.1	经营成本	86204					2981	2993	3005	3018	5433	3003	3017	3030
1.2.2	增值税进项税额	0					0	0	0	0	0	0	0	0
1.2.3	营业税金及附加	18152					349	383	462	508	557	612	672	738
1.2.4	增值税	0					0	0	0	0	0	0	0	0
1.2.5	所得税	18400					0	0	0	0	0	0	0	0
1.2.6	其他流出	0												
2	投资活动净现金流量	-279932	-54023	-82343	-84307	-59259	0	0	0	0	0	0	0	0
2.1	现金流入	0	0	0	0	0								
2.2	现金流出	279932	54023	82343	84307	59259	0	0	0	0	0	0	0	0
2.2.1	建设投资	279932	54023	82343	84307	59259	0	0	0	0	0	0	0	0
2.2.2	维持运营投资	0	0	0	0	0	0	0	0	0	0	0	0	0
2.2.3	增加流动资金	0	0	0	0	0	0	0	0	0	0	0	0	0
2.2.4	其他流出	0												
3	融资活动净现金流量	103722	54023	82343	84307	59259	-7250	-8241	-10542	-9895	-9649	-10020	-10450	-10949
3.1	现金流入	283935	54023	82343	84307	59259	1402	2036	565	0	0	0	0	0
3.1.1	资本金投入	98090	17654	27791	29754	22890	0	0	0	0	0	0	0	0
3.1.2	建设投资借款	106942	21388	32083	32083	21388	0	0	0	0	0	0	0	0
3.1.3	流动资金借款	0	0	0	0	0	0	0	0	0	0	0	0	0
3.1.4	债券	0	0	0	0	0	0	0	0	0	0	0	0	0
3.1.5	短期借款	4003	0	0	0	0	1402	2036	565	0	0	0	0	0
3.1.6	其他流入	74900	14980	22470	22470	14980	0	0	0	0	0	0	0	0
3.2	现金流出	180213	0	0	0	0	8652	10276	11106	9895	9649	10020	10450	10949
3.2.1	利息及融资费用支出	69267	0	0	0	0	6584	6475	6287	6101	5904	5674	5408	5100
3.2.2	偿还长期债务本金	106942	0	0	0	0	2068	2399	2783	3229	3746	4346	5042	5849
3.2.3	偿还流动资金借款	0	0	0	0	0	0	0	0	0	0	0	0	0
3.2.4	偿还短期借款	4003	0	0	0	0	0	1402	2036	565	0	0	0	0
3.2.5	股利分配	0	0	0	0	0	0	0	0	0	0	0	0	0
3.2.6	其他流出	0	0	0	0	0	0	0	0	0	0	0	0	0
4	净现金流量	251101	0	0	0	0	0	0	0	1965	1249	4906	6219	7635
5	累计盈余资金		0	0	0	0	0	0	0	1965	3214	8121	14339	21975

续表 12-26

序号	项目	2014	2015	2016	2017	2018	2019	2020	2021	2022	2023	2024	2025
1	经营活动净现金流量	20690	17079	24134	23917	24703	26469	25614	29685	31812	34087	36522	33629
1.1	现金流入	24544	26311	28208	28208	30244	32430	34777	37297	40003	42908	46027	49377
1.1.1	营业收入	24544	26311	28208	28208	30244	32430	34777	37297	40003	42908	46027	49377
1.1.2	增值税销项税额	0	0	0	0	0	0	0	0	0	0	0	0
1.1.3	补贴收入	0	0	0	0	0	0	0	0	0	0	0	0
1.1.4	其他流入	0	0	0	0	0	0	0	0	0	0	0	0
1.2	现金流出	3854	9233	4074	4291	5542	5961	9163	7612	8191	8820	9505	15748
1.2.1	经营成本	3044	8364	3143	3231	3322	3415	6442	3787	4090	4424	4793	11668
1.2.2	增值税进项税额	0	0	0	0	0	0	0	0	0	0	0	0
1.2.3	营业税金及附加	810	868	931	931	998	1070	1148	1231	1320	1416	1519	1629
1.2.4	增值税	0	0	0	0	0	0	0	0	0	0	0	0
1.2.5	所得税	0	0	0	129	1222	1476	1574	2594	2781	2980	3193	2450
1.2.6	其他流出												
2	投资活动净现金流量	0	0	0	0	0	0	0	0	0	0	0	0
2.1	现金流入												
2.2	现金流出	0	0	0	0	0	0	0	0	0	0	0	0
2.2.1	建设投资	0	0	0	0	0	0	0	0	0	0	0	0
2.2.2	维持运营投资	0	0	0	0	0	0	0	0	0	0	0	0
2.2.3	增加流动资金	0	0	0	0	0	0	0	0	0	0	0	0
2.2.4	其他流出												
3	融资活动净现金流量	-11527	-12199	-12977	-13881	-14929	-16145	-17556	0	0	0	0	0
3.1	现金流入	0	0	0	0	0	0	0	0	0	0	0	0
3.1.1	资本金投入	0	0	0	0	0	0	0	0	0	0	0	0
3.1.2	建设投资借款	0	0	0	0	0	0	0	0	0	0	0	0
3.1.3	流动资金借款	0	0		0	0	0	0	0	0	0	0	0
3.1.4	债券	0	0	0	0	0	0	0	0	0	0	0	0
3.1.5	短期借款	0	0	0	0	0	0	0	0	0	0	0	0
3.1.6	其他流入	0	0	0	0	0	0	0	0	0	0	0	0
3.2	现金流出	11527	12199	12977	13881	14929	16145	17556	0	0	0	0	0
3.2.1	利息及融资费用支出	4742	4327	3845	3286	2637	1885	1012	0	0	0	0	0
3.2.2	偿还长期债务本金	6786	7872	9133	10595	12292	14260	16543	0	0	0	0	0
3.2.3	偿还流动资金借款	0	0	0	0	0	0	0	0	0	0	0	0
3.2.4	偿还短期借款	0	0	0	0	0	0	0	0	0	0	0	0
3.2.5	股利分配	0	0	0	0	0	0	0	0	0	0	0	0
3.2.6	其他流出	0	0	0	0	0	0	0	0	0	0	0	0
4	净现金流量	9163	4880	11156	10036	9773	10324	8058	29685	31812	34087	36522	33629
5	累计盈余资金	31137	36017	47174	57210	66983	77307	85365	115051	146863	180950	217472	251101

表 12-27　资本金财务现金流量表（经营性模式）　（万元）

序号	项　目	合　计	建设期						运营期					
			2002	2003	2004	2005	2006	2007	2008	2009	2010	2011	2012	2013
1	现金流入	552006					10580	11617	14009	15386	16889	18542	20357	22352
1.1	收费收入	550067					10580	11617	14009	15386	16889	18542	20357	22352
1.2	补贴收入	0					0	0	0	0	0	0	0	0
1.3	回收资产余值	1939					0	0	0	0	0	0	0	0
1.4	回收流动资金	0					0	0	0	0	0	0	0	0
2	现金流出	397055	17654	27791	29754	22890	11982	12251	12538	12856	15640	13635	14138	14717
2.1	资本金	98090	17654	27791	29754	22890								
2.2	借款本金偿还	106942					2068	2399	2783	3229	3746	4346	5042	5849
2.3	借款利息支付	69267					6584	6475	6287	6101	5904	5674	5408	5100
2.4	经营成本	86204					2981	2993	3005	3018	5433	3003	3017	3030
2.5	营业税及附加	18152					349	383	462	508	557	612	672	738
2.6	所得税	18400					0	0	0	0	0	0	0	0
2.7	其他现金流出	0					0	0	0	0	0	0	0	0
3	现金流量	0												
3.1	净现金流量	154951	－17654	－27791	－29754	－22890	－1402	－634	1471	2530	1249	4906	6219	7635
3.2	累计净现金流量		－17654	－45445	－75199	－98090	－99492	－10012	－98654	－96124	－94875	－89969	－83750	－76115

序号	项　目	运营期											
		2014	2015	2016	2017	2018	2019	2020	2021	2022	2023	2024	2025
1	现金流入	24544	26311	28208	28208	30244	32430	34777	37297	40003	42908	46027	51316
1.1	收费收入	24544	26311	28208	28208	30244	32430	34777	37297	40003	42908	46027	49377
1.2	补贴收入	0	0	0	0	0	0	0	0	0	0	0	0
1.3	回收资产余值	0	0	0	0	0	0	0	0	0	0	0	1939
1.4	回收流动资金	0	0	0	0	0	0	0	0	0	0	0	0
2	现金流出	15381	21431	17052	18172	20471	22106	26719	7612	8191	8820	9505	15748
2.1	资本金												
2.2	借款本金偿还	6786	7872	9133	10595	12292	14260	16543	0	0	0	0	0
2.3	借款利息支付	4742	4327	3845	3286	2637	1885	1012	0	0	0	0	0
2.4	经营成本	3044	8364	3143	3231	3322	3415	6442	3787	4090	4424	4793	11668
2.5	营业税及附加	810	868	931	931	998	1070	1148	1231	1320	1416	1519	1629
2.6	所得税	0	0	0	129	1222	1476	1574	2594	2781	2980	3193	2450
2.7	其他现金流出	0	0	0	0	0	0	0	0	0	0	0	0
3	现金流量												
3.1	税后净现金流量	9163	4880	11156	10036	9773	10324	8058	29685	31312	34087	36522	35568
3.2	累计税后净流量	－66952	－62072	－50916	－40880	－31106	－20782	－12724	16961	48773	82861	119383	154951

计算指标（所得税后）：财务内部收益率＝5.88%；财务净现值＝30024（i_c ＝ 4.0%）；投资回收期＝21.91 年

表 12-28　资本金财务敏感性分析

收入变动 \ 投资变动		-15%	-10%	0%	10%	15%
-15%	FNPV/万元	25520	12451	-13688	-39828	-52897
	FBCR	1.11	1.05	0.95	0.86	0.82
	FIRR/%	5.88	4.90	3.05	1.33	0.51
-10%	FNPV/万元	40091	27022	882	-25257	-38327
	FBCR	1.18	1.11	1.00	0.91	0.87
	FIRR/%	6.86	5.88	4.06	2.37	1.57
0%	FNPV/万元	69233	56163	30024	3885	-9185
	FBCR	1.31	1.24	1.11	1.01	0.97
	FIRR/%	8.65	7.68	5.88	4.23	3.45
10%	FNPV/万元	98375	85305	59166	33027	19957
	FBCR	1.44	1.36	1.23	1.11	1.07
	FIRR/%	10.27	9.30	7.51	5.88	5.12
15%	FNPV/万元	112946	99876	73737	47597	34528
	FBCR	1.51	1.42	1.28	1.17	1.11
	FIRR/%	11.03	10.05	8.27	6.64	5.88

六、风险分析

（一）概述

1. 风险分析的目标

拟建项目是A城至B城高速公路重要控制性工程，该项工程涉及工程地质、水文地质、气象学、土木工程、机械、电力、通信信号、安全监控及救援、环境保护、工程经济、运营管理、财务管理等多个领域，是一项复杂的系统工程，国内公路行业没有现成的经验可借鉴，尚无完善的规范可循，因此在项目建设与运营中面临着较复杂的风险。本项目风险分析的目标是分析风险因素对项目财务生存能力的影响，为规避和控制风险提出对策建议。

2. 风险分析采用的方法

本项目风险分析所采用的方法以《建设项目经济评价方法与参数》（第三版）提出的方法体系为主，并根据项目的具体特点进行相应的选择。风险分析过程包括风险识别、风险估计、风险评价与风险应对。风险分析的主要方法包括专家调查法、层次分析法、CIM模型等分析方法，结合本项目的具体情况，几种方法组合使用。

3. 风险分析的内容

本项目组织了国内权威的工程设计、施工、运营管理、运量预测、投资、财务与经济、环境与社会影响分析等专业的28位专家，在认真研究项目方案等资料的基础上，围绕项目建设目标，对项目投资与财务上存在的主要风险因素进行系统的分析研究。主要进行两个方面的风险分析：（1）建设投资增加的风险分析——CIM模型；（2）财务可持续发展的风险分析——风险等级。

（二）建设投资的风险分析

1. 主要风险因素

表 12-29　贷款偿还能力分析表（经营性模式）　（万元）

序号	项目	合计	2002	2003	2004	2005	2006	2007	2008	2009	2010	2011	2012	2013
1	借款偿还													
1.1	年初借款本息累计		0	21388	53471	85554	106942	104874	102475	99692	96463	92717	88371	83330
	本金		0	21388	53471	85554	106942	104874	102475	99692	96463	92717	88371	83330
	建设期利息		0	0	0	0	0	0	0	0	0	0	0	0
1.2	本年借款	106942	21388	32083	32083	21388	0	0	0	0	0	0	0	0
1.3	本年应计利息	82246	654	2291	4254	5890	6545	6418	6271	6101	5904	5674	5408	5100
	计入建设期利息	13090	654	2291	4254	5890	0	0	0	0	0	0	0	0
	计入生产期利息	69156	0	0	0	0	6545	6418	6271	6101	5904	5674	5408	5100
1.4	本年还本付息	189188	654	2291	4254	5890	8613	8817	9055	9330	9649	10020	10450	10949
	还本	106942	0	0	0	0	2068	2399	2783	3229	3746	4346	5042	5849
	付息	82246	654	2291	4254	5890	6545	6418	6271	6101	5904	5674	5408	5100
1.5	年末借款本息累计		21388	53471	85554	106942	104874	102475	99692	96463	92717	88371	83330	77481
2	利息备付率/%		0	0	0	0	3	8	33	42	11	65	81	100
3	偿债备付率/%		0	0	0	0	84	93	116	127	113	149	160	170

序号	项目	2014	2015	2016	2017	2018	2019	2020	2021	2022	2023	2024	2025
1	借款偿还							0	0	0	0	0	0
1.1	年初借款本息累计	77481	70695	62823	53690	43095	30803	16543	0	0	0	0	0
	本金	77481	70695	62823	53690	43095	30803	16543	0	0	0	0	0
	建设期利息	0	0	0	0	0	0	0	0	0	0	0	0
1.2	本年借款	0	0	0	0	0	0	0	0	0	0	0	0
1.3	本年应计利息	4742	4327	3845	3286	2637	1885	1012	0	0	0	0	0
	计入建设期利息	0	0	0	0	0	0	0	0	0	0	0	0
	计入生产期利息	4742	4327	3845	3286	2637	1885	1012	0	0	0	0	0
1.4	本年还本付息	11527	12199	12977	13881	14929	16145	17556	0	0	0	0	0
	还本	6786	7872	9133	10595	12292	14260	16543	0	0	0	0	0
	付息	4742	4327	3845	3286	2637	1885	1012	0	0	0	0	0
1.5	年末借款本息累计	70695	62823	53690	43095	30803	16543	0	0	0	0	0	0
2	利息备付率/%	125	20	176	234	409	622	1136	0	0	0	0	0
3	偿债备付率/%	179	140	186	172	165	164	146	0	0	0	0	0

表 12-30　资产负债表（经营性模式）　　（万元）

序号	项目	2002	2003	2004	2005	2006	2007	2008	2009	2010	2011	2012	2013
1	资产	54023	136366	220673	279932	272876	265135	256643	249291	240319	234015	227936	222091
1.1	流动资产总额	0	0	0	0	0	0	0	1965	3214	8121	14339	21975
1.1.1	货币资金	0	0	0	0	0	0	0	1965	3214	8121	14339	21975
	现金												
	累计盈余资金	0	0	0	0	0	0	0	1965	3214	8121	14339	21975
1.1.2	应收账款	0	0	0	0	0	0	0	0	0	0	0	0
1.1.3	预付账款	0	0	0	0	0	0	0	0	0	0	0	0
1.1.4	存货	0	0	0	0	0	0	0	0	0	0	0	0
1.1.5	其他												
1.2	在建工程	54023	136366	220673	279932								
1.3	固定资产净值					272876	265135	256643	247326	237105	225894	213597	200116
1.4	无形及其他资产净值												
2	负债及所有者权益	54023	136366	220673	279932	272876	265135	256643	249291	240319	234015	227936	222091
2.1	流动负债总额	0	0	0	0	1402	2036	565	0	0	0	0	0
2.1.1	短期借款	0	0	0	0	1402	2036	565	0	0	0	0	0
2.1.2	应付账款												
2.1.3	预收账款												
2.1.4	其他												
2.2	长期负债	21388	53471	85554	106942	104874	102475	99692	96463	92717	88371	83330	77481
2.2.1	建设投资借款	21388	53471	85554	106942	104874	102475	99692	96463	92717	88371	83330	77481
2.2.2	流动资金借款	0	0	0	0	0	0	0	0	0	0	0	0
2.3	负债小计	21388	53471	85554	106942	106277	104511	100257	96463	92717	88371	83330	77481
2.4	所有者权益	32634	82895	135119	172990	166599	160624	156386	152828	147602	145643	144607	144610
2.4.1	资本金	17654	45445	75199	98090	98090	98090	98090	98090	98090	98090	98090	98090
2.4.2	资本公积	14980	37450	59920	74900	74900	74900	74900	74900	74900	74900	74900	74900
2.4.3	累积盈余公积金	0	0	0	0	0	0	0	0	0	0	0	0
2.4.4	累积未分配利润	0	0	0	0	-6390	-12366	-16604	-20161	-25388	-27347	-28383	-28380
	资产负债率/%	40	39	39	38	39	39	39	39	39	38	37	35

续表 12-30

序号	项目	2014	2015	2016	2017	2018	2019	2020	2021	2022	2023	2024	2025
1	资产	216475	205146	198936	192603	187236	181339	173714	188415	204172	221060	239154	253040
1.1	流动资产总额	31137	36017	47174	57210	66983	77307	85365	115051	146863	180950	217472	251101
1.1.1	货币资金	31137	36017	47174	57210	66983	77307	85365	115051	146863	180950	217472	251101
	现金												
	累计盈余资金	31137	36017	47174	57210	66983	77307	85365	115051	146863	180950	217472	251101
1.1.2	应收账款	0	0	0	0	0	0	0	0	0	0	0	0
1.1.3	预付账款	0	0	0	0	0	0	0	0	0	0	0	0
1.1.4	存货	0	0	0	0	0	0	0	0	0	0	0	0
1.1.5	其他												
1.2	在建工程												
1.3	固定资产净值	185338	169129	151762	135393	120252	104031	88348	73364	57309	40109	21682	1939
1.4	无形及其他资产净值												
2	负债及所有者权益	216475	205146	198936	192603	187236	181339	173714	188415	204172	221060	239154	253040
2.1	流动负债总额	0	0	0	0	0	0	0	0	0	0	0	0
2.1.1	短期借款	0	0	0	0	0	0	0	0	0	0	0	0
2.1.2	应付账款												
2.1.3	预收账款												
2.1.4	其他												
2.2	长期负债	70695	62823	53690	43095	30803	16543	0	0	0	0	0	0
2.2.1	建设投资借款	70695	62823	53690	43095	30803	16543	0	0	0	0	0	0
2.2.2	流动资金借款	0	0	0	0	0	0	0	0	0	0	0	0
2.3	负债小计	70695	62823	53690	43095	30803	16543	0	0	0	0	0	0
2.4	所有者权益	145780	142323	145246	149508	156432	164795	173714	188415	204172	221060	239154	253040
2.4.1	资本金	98090	98090	98090	98090	98090	98090	98090	98090	98090	98090	98090	98090
2.4.2	资本公积	74900	74900	74900	74900	74900	74900	74900	74900	74900	74900	74900	74900
2.4.3	累积盈余公积金	117	117	410	836	1528	2365	3256	4727	6302	7991	9800	11189
2.4.4	累积未分配利润	−27327	−30784	−28154	−24318	−18086	−10559	−2532	10698	24880	40079	56364	68861
	资产负债率/%	33	31	27	22	16	9	0	0	0	0	0	0

专家组认为，尽管本项目的投资估算中计列了一定的预备费，但工程设计、施工方案的变化、价格等不确定性因素使投资增加的风险依然存在。影响投资增加的主要因素有三项：一是工程设计、施工方案的变化使工程量增加；二是设备、劳动力、材料及机械的市场价格提高；三是有关资费标准的变动。具体分析如下：

（1）工程量增加的风险。该隧道地形、地质条件复杂，设计与施工技术难度大，且运营期间的安全管理至关重要，包括运营监控与管理、灾害救援等多方面，复杂性在国际上都是罕见的。工程设计与施工方案的变化使工程量增加，主要表现在以下方面：

1）主硐。主硐隧道是狭长、封闭的地下管状构造物，空间环境狭窄，其设计为预设计。由于隧道所在区域主要断裂带及软弱地层均为富水带，施工中，在通过部分断裂破碎带时可能会发生突然涌水、围岩失稳等地质灾害情况。此外，由于主隧道长，埋藏深，岩体以较完整和完整为主，预计会出现岩爆及高地温问题。对上述地质灾害问题，设计与施工都存在一定风险。

2）竖井与通风。为满足隧道通风要求需开挖竖井，竖井与通风工程是项目成功的关键工程之一，竖井数量与井直径均受地形、地质、隧道埋深等条件的影响，竖井的数量以及分段长度的均匀性都将影响硐内的风速，而竖井的直径影响通风阻力。竖井深达700m，直径大，其施工方法、施工设备的选择均具有较大难度。拟建项目的竖井方案在国内尚无完善的设计、施工和使用经验。在可研阶段，具体的通风方案还没有确定，因此竖井方案存在较大的不确定性，对工程造价、工期等产生很大影响。

3）防灾救援及监控系统。工程设计提出建立以中心控制系统为核心的监视、通信系统、通风自动控制系统、火灾报警系统、消防救援系统、标志标牌和引导设施等，这些相互联系的系统，形成一个完整的体系。一般研究认为，交通事故与隧道长度和交通量有关，本项目隧道部分长达18km，监控系统的设计至关重要。在可研阶段对本项目的监控系统进行了专题研究，但由于缺乏设计标准和规范，设备选型的不确定性很高，因此，在项目实施中设计方案变更是不可避免的，这将导致工程量的增加。

（2）设备费、人工费、建筑材料费及机械使用费价格上涨。目前，我国经济正处于高速发展时期，设备价格、人工费、建筑材料费及机械使用费涨价频繁，其他费用中，前期工作费增加、工程试验研究费增加等都将对投资产生一定的影响。

2. 确定风险因素层次与权重

风险发生后对投资的影响程度分别按投资增加0%、10%、20%、30%、40%、50%、60%、70%、80%、90%表示。结合建设投资估算各项费用的构成，建立风险因素层次表，将风险因素分为：Ⅰ、Ⅱ、Ⅲ、Ⅳ四个层次，并赋予各层各风险因素权重，以各项工程费用占投资估算比例作为各层各风险因素的权重。

Ⅱ层各风险因素权重：项目建设投资为26.68亿元，其中建筑安装工程费22.16亿元，占建设投资83.06%；设备购置费2.99亿元，占11.21%；工程建设其他费用1.53亿元，占5.73%。将基本预备费按比例分摊到上述三大项费用中。

Ⅲ层各风险因素权重：建筑安装工程费22.16亿元，其中主隧道14.79亿元，占66.74%，竖井1.53亿元，占6.90%，连接线1.46亿元，占6.59%，通风、供电等系统安装2.44亿元，占10.99%，其他工程1.94亿元，占8.75%。

Ⅳ层各风险因素权重：工程量和单价各占50%，详见表12-31。

表 12-31　建设投资估算风险因素层次表　　(%)

Ⅰ	Ⅱ		Ⅲ		Ⅳ	
费 用	费 用	权 重	费 用	权 重	费 用	权 重
建设投资	建安工程费	0.831	主隧道	0.667	工程量	0.5
					单 价	0.5
			竖 井	0.069	工程量	0.5
					单 价	0.5
			连接线	0.066	工程量	0.5
					单 价	0.5
			通风、供电等系统安装	0.110	工程量	0.5
					单 价	0.5
			其 他	0.088		
	设备购置费	0.112				
	其他工程建设费	0.057				

3. 确定变量的概率分布

(1) 采用专家调查法，选择28位专家判断项目基本风险因素发生的可能性，并对这些因素出现后对投资的影响程度进行打分。只对最底层的风险因素打分，将打分结果进行归一化处理，建立基本风险因素概率分布调查汇总表，见表12-32。

表 12-32　基本风险因素概率分布调查汇总表

序 号	费用名称	投 资 增 加									
		0	10%	20%	30%	40%	50%	60%	70%	80%	90%
1	建安工程费										
1.1	主隧道										
	工程量	0.5	0.39	0.11							
	单价	0.6	0.25	0.15							
1.2	竖井										
	工程量	0.34	0.41	0.25							
	单价	0.30	0.1	0.23	0.14	0.15	0.07	0.01			
1.3	连接线										
	工程量	0.52	0.33	0.15	0	0	0				0
	单价	0.54	0.29	0.16	0.01						
1.4	通风供电										
	工程量	0.49	0.35	0.16	0	0	0	0	0	0	0
	单价	0.47	0.33	0.14	0.05	0.01					
1.5	其他	0.36	0.48	0.15	0.01	0	0	0	0	0	0
2	设备购置费	0.26	0.41	0.26	0.06	0.01					
3	其他费用	0.38	0.47	0.14	0.01						

（2）计算Ⅲ和Ⅱ层风险因素的概率分布。

1）根据并联响应原理，利用求独立变量概率分布的方法，计算Ⅲ层的概率分布，列于表 12-33 ~ 表 12-36。

表 12-33　主隧道风险概率分布

投资增加	$P(X_1)$	$P(X_2)$	主隧道风险概率 $P(X_1X_2)$
0	0.50	0.6	0.50×0.6=0.30
10%	0.39	0.25	0.39×(0.6+0.25)+0.25×0.5=0.44
20%	0.11	0.15	0.11×(0.6+0.25+0.15)+0.15×(0.39+0.11)=0.23
30%	0.00	0.00	
40%	0.00	0.00	

表 12-34　竖井风险概率分布

投资增加	$P(X_1)$	$P(X_2)$	竖井风险概率 $P(X_1X_2)$
0	0.34	0.30	0.34×0.3=0.10
10%	0.41	0.10	0.41×(0.3+0.1)+0.1×0.34=0.19
20%	0.10	0.23	0.10×(0.3+0.1+0.23)+0.23×(0.34+0.41)=0.24
30%	0.17	0.13	0.17×(0.3+0.1+0.23+0.13)+0.13×(0.34+0.41+0.1)=0.23
40%	0.00	0.15	0.15×(0.34+0.41+0.1+0.17)=0.15
50%	0.00	0.07	0.07×(0.34+0.41+0.1+0.17)=0.07
60%	0.00	0.01	0.01×(0.34+0.41+0.1+0.17)=0.01
70%	0.00	0.01	0.01×(0.34+0.41+0.1+0.17)=0.01

表 12-35　连接线风险概率分布

投资增加	$P(X_1)$	$P(X_2)$	连接线风险概率 $P(X_1X_2)$
0	0.52	0.54	0.52×0.54=0.28
10%	0.33	0.29	0.33×(0.54+0.29)+0.29×0.52=0.43
20%	0.15	0.12	0.15×(0.54+0.29+0.12)+0.12×(0.52+0.33)=0.24
30%	0.00	0.04	0.04×(0.52+0.33+0.15)=0.04
40%	0.00	0.01	0.01×(0.52+0.33+0.15)=0.01

表 12-36　安装风险概率分布

投资增加	$P(X_1)$	$P(X_2)$	主隧道风险概率 $P(X_1X_2)$
0	0.49	0.47	0.49×0.47=0.23
10%	0.35	0.33	0.35×(0.47+0.33)+0.33×0.49=0.44
20%	0.16	0.14	0.16×(0.47+0.33+0.14)+0.14×(0.49+0.35)=0.27
30%	0.00	0.05	0.05×(0.49+0.35+0.14)=0.05
40%	0.00	0.01	0.01×(0.49+0.35+0.14)=0.01

2）根据串联响应的原理，利用概率树的计算方法，计算Ⅱ层风险因素的概率分布，Ⅲ层风险因素分别乘以权重，然后相加得到Ⅱ层风险因素的概率分布，计算结果列于表 12-37。

表 12-37 建安工程风险的概率分布

投资增加	建安工程风险的概率分布
0	0.30×0.667+0.10×0.069+0.28×0.066+0.23×0.110+0.36×0.088=0.24
10%	0.44×0.667+0.19×0.069+0.43×0.066+0.44×0.110+0.48×0.088=0.43
20%	0.23×0.667+0.24×0.069+0.24×0.066+0.27×0.110+0.15×0.088=0.22
30%	0.00×0.667+0.23×0.069+0.04×0.066+0.05×0.110+0.01×0.088=0.08
40%	0.00×0.667+0.15×0.069+0.01×0.066+0.01×0.110+0.0×0.088=0.011
50%	0.00×0.667+0.07×0.069+0.00×0.066+0.00×0.110+0.0×0.088=0.005
60%	0.00×0.667+0.01×0.069+0.00×0.066+0.00×0.110+0.0×0.088=0.001
70%	0.00×0.667+0.01×0.069+0.00×0.066+0.00×0.110+0.0×0.088=0.001

3）根据串联响应的原理，利用概率树的计算方法，计算建设投资总风险的概率分布，Ⅱ层风险因素分别乘以权重，然后相加得到建设投资总风险因素的概率分布，计算结果列于表 12-38。

表 12-38 建设投资总风险的概率分布

投资增加	建设投资总风险的概率分布
0	0.24×0.831+0.26×0.112+0.38×0.057=0.25
10%	0.43×0.831+0.41×0.112+0.47×0.057=0.43
20%	0.22×0.831+0.26×0.112+0.14×0.057=0.22
30%	0.08×0.831+0.06×0.112+0.01×0.057=0.072
40%	0.011×0.831+0.01×0.112+0.00×0.057=0.01
50%	0.005×0.831+0.00×0.112+0.00×0.057=0.01
60%	0.001×0.831+0.00×0.112+0.00×0.057=0.001
70%	0.001×0.831+0.00×0.112+0.00×0.057=0.001

上述结果，通过计算机模拟计算，其建设投资估算风险概率分布见表 12-39 及图 12-1。

表 12-39 建设投资估算风险概率分布

序 号	项目名称	投资增加概率分布								最可能发生的风险	
		0	10%	20%	30%	40%	50%	60%	70%	%	概 率
1	建设投资	0.25	0.43	0.22	0.07	0.01	0.01	0.01	0.00	9.60	0.43
1.1	建安工程	0.24	0.43	0.22	0.08	0.01	0.01	0.01	0.00	9.60	0.45
1.1.1	隧道主硐	0.30	0.44	0.22	0.04	0.00	0.00	0.00	0.00	8.60	0.45
1.1.2	竖 井	0.10	0.19	0.24	0.23	0.15	0.07	0.01	0.01	22.8	0.25
1.1.3	连接线	0.28	0.43	0.24	0.04	0.01	0.00	0.00	0.00	9.20	0.43
1.1.4	安装系统	0.23	0.44	0.27	0.05	0.01	0.00	0.00	0.00	10.5	0.44
1.1.5	其 他	0.36	0.48	0.15	0.01	0.00	0.00	0.00	0.00	6.90	0.51
1.2	设备购置	0.26	0.41	0.26	0.06	0.01	0.00	0.00	0.00	10.0	0.41
1.3	其他费用	0.38	0.47	0.14	0.01	0.00	0.00	0.00	0.00	6.50	0.51

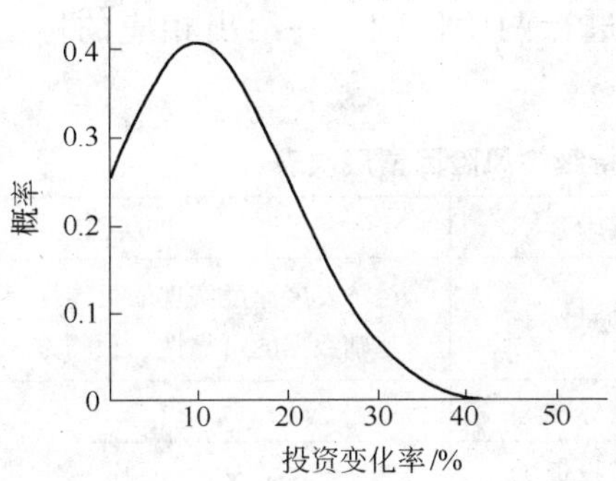

投资变化概率分布

投资变化/%	概率/%	累计概率/%
90	0	0
80	0	0
70	0	0
60	0	0
50	0	0
40	0.3	0.3
30	4.9	5.2
20	24.7	30.0
10	43.4	73.4
0	26.6	100.0

最可能发生的投资变化

投资变化/%	概率/%
9.6	43.4

图 12-1　建设投资增加的概率分布图

计算结果表明：由于建筑安装工程投资所占比例较高，为 83.1%，而其余各项投资所占比例较小，尽管其余各项投资可能增加的幅度较大，但对建设投资的影响较小。以建设投资 26.68 亿元为基准，建设投资增加的累计概率为 73.4%，投资增加 9.6% 的可能性最大，概率为 43.40%，表明建设投资估算存在一定的风险。

（三）财务可持续发展的风险分析

1. 风险因素识别

影响项目财务可持续性（或财务生存能力）的风险因素主要是收费收入减少，投资和运营成本增加，工期延长，建设资金短缺等。

（1）运营收入的风险。

1）交通量。交通量预测中存在着对综合运输方面的分析不够深入，经济发展速度取值偏高，诱增交通量取值偏低等问题，由此可能会导致预测结果存在一定的偏差。

2）收费标准。财务分析确定的收费标准，考虑了项目所在地区现行汽车过路、过桥的收费标准、地方经济发展水平、人民生活水平对收费水平的承受能力是正确的，财务分析中按照运营期收费标准不变进行考虑，这种考虑是否与实际情况一致还值得研究。

（2）投资增加的风险。主要考虑建设投资增加的风险，见上述分析计算结果。

（3）运营成本增加的风险。拟建项目潜在的交通事故风险将造成项目运营成本的增加，项目公司的运营管理水平直接关系到项目投入运营后的正常安全运营、抢险救灾及运营效益。本项目建成后的运营管理，特别是日常检查、养护、病害处置和安全等方面的管理存在较大的风险。此外，电价上涨对运营成本的提高也有一定的影响。

（4）工期延长风险。拟建项目安排四年工期存在一定的风险，经专家分析影响工期的主要风险因素是前期准备工作、施工组织与施工技术、贷款资金来源落实和及时到位情况这三项风险因素。

2. 确定风险因素层次与权重

运用层次分析法原理，将风险因素分为Ⅰ、Ⅱ、Ⅲ、Ⅳ层，并赋予各层各风险因素权重。采用 AHP 方法和操作步骤，请有关专家对各风险专项和风险子项的重要程度进行比较，形成判断矩阵，通过计算处理，最后得出专项风险权重。

（1）建立风险因素层次表，见表 12-40。

（2）权重估计。用层次分析法解决同一层次因素的不同权重问题是非常有效的。按照 1～9 标度法，聘请有关专家对各风险因素进行两两比较，并给出相应的标度值。各标度的含义见表 12-41。

表 12-40　财务可持续性风险因素层次表

Ⅰ目标	Ⅱ层因素	Ⅲ层因素	Ⅳ层因素
财务可持续性	运营收入	交通量	经济发展速度实现的可能性 基础数据的可靠性、预测方法的正确性
		收费标准	
	投　资	建设投资	
	运营成本	运营组织管理	
		电价上涨	
		交通事故与灾害	
	工　期	前期准备	
		施工组织与方法	
		资金筹措	

表 12-41　各标度的含义

标　度	含　义
1	表示两个因素相比，具有相同重要性
3	表示两个因素相比，一个因素比另一个因素稍微重要
5	表示两个因素相比，一个因素比另一个因素明显重要
7	表示两个因素相比，一个因素比另一个因素强烈重要
9	表示两个因素相比，一个因素比另一个因素极端重要
2，4，6，8	介于相邻两标度之间

Ⅱ层风险因素权重：通过专家判断，项目财务可持续性的Ⅱ层风险因素运营收入、投资、运营成本、工期 4 个方面，通过两两比较，确定其重要程度，见表 12-42。

表 12-42　Ⅱ层风险因素判断矩阵

Ⅱ层风险	运营收入	投　资	运营成本	工　期	权　重
运营收入	1	3	3	5	0.5
投　资	1/3	1	1/3	3	0.16
运营成本	1/3	3	1	3	0.26
工　期	1/5	1/3	1/3	1	0.08

经过计算 CI = 0.067，RI = 0.09，CI/RI = 0.0745 < 0.1，通过了一致性检验，是可以接受的。

Ⅲ层风险因素权重：影响运营收入的风险因素，即Ⅲ层风险因素包括交通量、收费标准两个方面，两两比较，权重各占 1/2。运营成本和工期风险因素判断矩阵见表 12-43 和

表 12-44。

表 12-43　Ⅲ层运营成本风险因素判断矩阵

Ⅲ层风险	运营管理	电价上涨	交通事故与灾害	权　重
运营组织管理	1	5	1	0.48
电价上涨	1/5	1	1/3	0.11
交通事故与灾害	1	3	1	0.41

经过计算 CI = 0.015，RI = 0.058，CI/RI = 0.0251 < 0.1，通过了一致性检验，是可以接受的。

表 12-44　Ⅲ层工期风险因素判断矩阵

Ⅲ层风险	前期准备	施工组织与方法	资金筹措	权　重
前期准备	1	1/4	1/5	0.10
施工组织与方法	4	1	1/3	0.28
资金筹措	5	3	1	0.62

经过计算 CI = 0.043，RI = 0.58，CI/RI = 0.0747 < 0.1，通过了一致性检验，是可以接受的。

经汇总，形成以下财务可持续性风险因素层次分析汇总表，见表 12-45。

表 12-45　财务可持续性风险因素层次分析汇总表

Ⅰ层		Ⅱ层		Ⅲ层		Ⅳ层
目　标	权　重	因　素	权　重	因　素	权　重	因　素
财务可持续性	1	运营收入	0.50	交通量	0.5	经济发展速度实现的可靠性
						基础数据的可靠性
						预测方法的正确性
				收费标准	0.5	
		投　资	0.16	建设投资		
		运营成本	0.26	运营组织管理	0.48	
				电价上涨	0.11	
				交通事故与灾害	0.41	
		工　期	0.08	前期准备	0.10	
				施工组织与方法	0.18	
				资金筹措	0.62	

3. 风险等级和评价标准

建立风险因素统计表应考虑两方面因素，即风险发生的可能性和风险对投资的影响程度。设定风险等级和风险评价标准，作如下规定：

（1）风险等级的划分。为了细致地描述风险发生的可能性（概率）和风险发生后对投资的影响程度，通常可将影响程度与可能性分别按 9 个等级划分。在本例中，为与下述的财务可持续性指标保持一致，按 5 个等级划分，每两个等级中也可以插入更细微的等级。

（2）风险评价标准。风险评价标准是根据行业特点（或项目特点），对主要风险因素的每一风险等级所表示的风险可能性和风险发生后造成的损失程度（可用指标表示），以及防范对策作出的具体规定，是规范化文本。

本案例根据项目特点在进行风险分析前由专家组制定了一系列的风险评价标准：包括工程设计、工程施工、运营管理、社会影响、环境影响及财务可持续性等各风险等级的评价标准，同时还制定了运营收入、投资、运营成本、工期等风险评价标准。在此，仅以财务可持续性风险等级的评价标准为例，说明如下：

1）1 级风险：项目计算期内发生现金流短缺的可能性非常小，即使个别年份发生有少量现金流短缺，用临时短期贷款来解决，不影响项目财务的可行性。

2）2 级风险：项目运营期前 5 年由于交通量影响，发生现金流短缺，通过短期贷款来解决，计算期其余年份基本不出现现金流短缺，不影响项目财务的可行性。

3）3 级风险：项目运营期前 10 年由于交通量影响，发生现金流短缺，通过短期贷款来解决，计算期其余年份基本不出现现金流短缺，不影响项目财务的可行性。

4）4 级风险：项目还贷期间（运营期前 15 年）发生现金流短缺，通过短期贷款来解决，计算期其余年份基本不出现现金流短缺，应进行融资方案的再研究，进一步提高项目资本金比例。

5）5 级风险：项目整个运营期发生现金流短缺，项目在财务上变得不可行。

4. 风险发生的可能性与影响程度合成

将风险发生的可能性及其出现后对项目的影响程度进行合成，均按 1～5 级划分（如前所述）。具体操作上，请 28 位专家打分，每位专家凭经验独立对各类风险因素提出可能性和风险程度的选择，然后将各位专家的意见归集起来，按专家打分结果，将风险发生的可能性与影响程度分别进行归一处理。最后采用 CIM 模型计算每个基本风险因素风险发生的可能性与影响程度组合的概率分布。

5. 计算各层风险因素的概率分布

采用 CIM 模型计算各层风险因素的概率分布（计算过程与投资估算风险因素的概率分布计算过程完全相同，避免累赘不再详述）。

最后，通过计算机模拟计算财务可持续发展的风险等级。项目财务可持续发展的风险等级概率分布列于表 12-46（表中数据为近似值）。

表 12-46　财务可持续性风险模拟概率分布及累计概率表

序　号	项目名称	风险等级及概率									最可能发生的风险	
		1	1.5	2	2.5	3	3.5	4	4.5	5	等　级	概　率
1	财务可持续性	0.01	0.02	0.08	0.4	0.30	0.24	0.08	0.02	0.01	3.00	0.30
1.1	运营收入	0.00	0.00	0.09	0.18	0.34	0.29	0.09	0.01	0.00	3.00	0.35
1.2	运营成本	0.00	0.00	0.06	0.19	0.37	0.28	0.10	0.00	0.00	3.00	0.37
1.3	投资增加	0.03	0.09	0.20	0.45	0.16	0.05	0.02	0.00	0.00	2.50	0.45
1.4	工　期	0.02	0.12	0.18	0.25	0.18	0.16	0.07	0.01	0.01	2.50	0.25

财务可持续性风险模拟如图 12-2 所示。结果表明：

（1）运营收入风险为 3 级，运营成本风险为 3 级，属于一般风险。需要采取适当的措施规避与控制风险；

（2）投资增加风险等级为 2.5 级，工期风险等级为 2.5 级，属于一般风险。适当采取措施后不影响项目可行性；

（3）财务可持续性综合风险等级为 3 级，属于一般风险。项目运营期前 10 年由于交通量影响，发生现金流短缺，通过短期贷款来解决，计算期其余年份基本不出现现金流短缺，不影响项目财务的可行性。

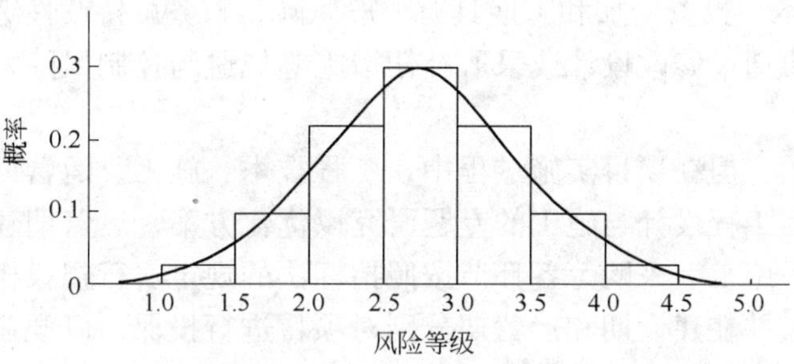

概率分布

风险等级	概率/%	累计概率/%
5.0	0.3	0.3
4.5	2.3	2.6
4.0	9.6	12.2
3.5	22.8	35.0
3.0	30.3	65.3
2.5	22.6	87.9
2.0	9.5	97.5
1.5	2.2	99.7
1.0	0.3	100.0

最可能发生的风险及概率

风险等级	概率/%
3	30.3

图 12-2　财务可持续性风险概率分布

（四）风险防范对策建议

经上述风险分析，投资增加的风险较大，财务可持续性为一般风险，通过修改设计方案或采取补偿措施规避和控制风险，通过短期贷款来解决运营期资金短缺，实现项目财务的可持续发展。为此，提出如下建议：

（1）加强工程设计与施工的专题研究。经上述风险分析，由于没有一个完善的公路隧道机电工程设计及施工的规范可借鉴，竖井与通风方案、防灾救援中主要设施的选择以及监控的总体设计与施工等方面都可能出现风险。针对上述问题需进行相关的专题研究，加强国内外的技术交流与合作，为设计和施工提供合理、可靠的依据，以减少施工中方案变更，以控制投资的增加。

（2）运营期建立健全完善的隧道管理机构。隧道公司要高度重视项目的复杂性、先进性、探索性给运营期管理带来的风险，隧道运营管理是一个复杂的系统工程，涉及人、设备、技术等多方面的因素。建立科学运营管理体系是保障隧道安全畅通的关键。建议采用自动化监控系统、建立健全完善的隧道管理机构及严格的管理制度、设立专业的管理机构负责隧道管理及养护工作、培训专业管理人员、建立完善的灾害应急救援联动方案，减少火灾或其他交通事故的危害，以降低运营成本。

（3）建议在设计、施工、采购等各环节按照工程招标法的规定尽最大可能优化方案、以确保该项目的工程质量和建设安全。

（4）为防范风险给工程建设与运营期可能带来的损失，建议在建设期间和运营期分别进行投保。

（5）通过短期贷款来解决运营期资金短缺，实现项目财务的可持续发展。

七、结论与建议

通过上述分析，就拟建项目的可行性形成如下结论：

（1）拟建项目经济内部收益率为14.34%，大于8%的社会折现率，该项目经济效益较好。敏感性分析的结果说明，从经济分析角度看项目具有较强的抗风险能力。

（2）在拟定的收费标准以及资金筹措情况下，项目融资后的财务内部收益率均能够满足大于相应基准收益率的要求，项目在财务上是可行的；由财务敏感性分析可知，项目财务抗风险能力较弱；拟建项目可按设定的条件偿还银行贷款。

（3）项目运营收入、运营成本、投资增加和工期具有一般风险，财务可持续性综合风险等级为3级，为一般风险。需要通过修改设计或采取补偿措施等规避与控制风险，通过短期贷款来解决运营期资金短缺。

综上所述，拟建项目是可行的，但在项目实施过程中，工程技术、施工、运营期管理等方面存在一定的风险，建议加强工程设计与施工的专题研究以优化方案，运营期建立健全完善的隧道管理机构，在设计、施工、采购等各环节按照招标法的规定实行招投标，以确保项目的工程质量和运营安全，并在建设期和运营期分别对项目进行投保，以规避和控制建设与运营期的风险，保证项目财务上的可持续性。

第十三章 项目可行性研究

本章学习目标

重点掌握项目可行性研究的概念、作用和意义；项目可行性研究报告的基本内容及编制要求；了解工业建设项目可行性研究报告的典型内容和内容结构；了解工程经济评价工作在项目可行性分析报告中的地位和作用。

项目可行性研究是建设项目投资决策前期的一项核心工作，是项目设想细化和方案创新的过程。一个项目是否可行，需要综合考虑市场、技术、经济、社会、环境、法律等诸多方面的可行性，并编制项目的可行性研究报告。

第一节 项目可行性研究概述

早在20世纪30年代，可行性研究就被运用到美国田纳西流域开发项目，并取得了显著的成效。第二次世界大战以后，随着技术与经济的高速发展，市场竞争的加剧以及科学管理的需要，可行性研究也不断发展和完善。60年代后，经过工业发达国家的实践和总结，可行性研究逐渐发展成为在项目投资前期对项目进行系统研究的一门综合性科学。从80年代开始，我国已明确将可行性研究作为项目最重要的技术经济论证手段纳入基本建设程序。

一、可行性研究概念

可行性研究是运用多学科研究成果，对建设项目投资决策进行综合性技术经济论证的过程。在工程项目投资决策前，对拟建项目有关的市场、技术、经济、社会、环境、法律等各方面进行深入细致的调查研究，对各种可能的技术和建设方案进行认真的技术经济分析和比较论证，对项目建成后的经济效益进行科学的预测和评价，在此基础上，对拟建项目的技术先进性和适用性、经济合理性和有效性，以及建设必要性和可行性进行全面分析，由此得出该项目“可行”或“不可行”的结论，为项目投资决策提供可靠的科学依据。

二、可行性研究的作用

项目可行性研究的主要作用体现在以下几个方面：一是作为项目立项的依据。项目可行是实施项目的前提，因此，可行性研究的评估结论是主管部门或项目发起人审查项目是否建设的主要依据，特别是作为政府环保、规划等部门用以审查项目的依据；二是其他项目投资者需要根据项目可行情况确定是否参与项目的投资；三是作为编制项目设计任务书的依据。可行性研究对项目建设规模、建设标准等都作出了安排，而这些都是项目设计任务书需要明确的内容；四是作为向贷款人申请贷款的依据。贷款人对建设项目提供资金，首先要严格审查项目的可行性研究报告，只有在确认项目可行、借款人有能力按时归还贷款本息时，贷款人才会给予贷款；五是作为与有关部门签订合同或协议的依据。拟建项目在实施过程中，都要与建设单位、原材料、燃料供应单位、运输部门、产品购买单位等发生联系，可行性研究报告是项目单位与这些部门或单位签订各类合同或协议的基础；六是作为项目施工组织、工程进度安排及竣工验收的依据；七是作为项目后评价以及产品开发、技术更新等研究的依据。

三、项目可行性研究的工作阶段

建设项目的实施全过程一般包括投资前期、投资期和生产期，项目可行性研究工作主要在投资前期进行。投资前期的可行性研究依次包括四个阶段：机会研究阶段、初步可行性研究阶段、详细可行性研究阶段以及投资决策部门的评价和决策阶段。

（一）机会研究

项目的投资机会研究又称投资机会论证。这一阶段的主要任务是提出投资方向，即在确定的地区和部门内，根据自然资源、市场需求、国家产业政策和国际贸易等各方面的情况，通过调查、预测和分析研究，选择建设项目，寻找投资的有利机会。机会研究要解决两个方面的问题：一是社会是否需要；二是是否具备开展项目的基本条件。

机会研究可从以下方面着手：一是以开发利用本地区丰富资源为基础，谋求投资机会；二是以现有产品的拓展和深加工为基础，通过增加现有企业的生产能力与生产工序等途径创造投资机会；三是以优越的地理位置、便利的交通运输条件为基础，分析各种投资机会。

一般情况下，机会研究阶段所估算的项目投资额和生产成本的精度大约控制在±30%左右，大中型项目的机会研究所需时间大约在1~3个月，所需费用约占投资总额的0.2%~1%。

（二）初步可行性研究

在项目建议书被主管部门批准后，对于投资规模大、技术工艺比较复杂的大中型骨干项目，需要先进行初步可行性。初步可行性研究也称为预可行性研究，为详细可行性研究奠定基础。研究的主要目的是通过分析项目机会研究的结论和编制初步可行性研究报告，确定是否需要进行详细可行性研究和确定哪些关键问题需要进行辅助性专题研究。

初步可行性研究内容和结构与详细可行性研究基本相同，其主要区别是所获资料的详尽程度不同、研究深度不同。一般情况下，对建设投资和生产成本的估算精度一般要求控制在±20%左右，研究时间大约为4~6个月，所需费用占投资总额的0.25%~1.25%。

（三）详细可行性研究

详细可行性研究又称技术经济可行性研究，是可行性研究的主要阶段，是建设项目投资决策最重要的基础。详细可行性研究为项目决策提供市场、技术、经济、社会、环境、法律等全方位的可行状况，并为项目具体实施提供科学依据。这一阶段的主要目标是提出项目建设方案，对项目进行效益分析，确定项目投资的最终可行性。

详细可行性研究的内容比较详尽，所花费的时间和精力较多。一般情况下，建设投资和生产成本计算精度控制在 ±10% 以内；大型项目可行性研究工作所花费的时间为 8 ~ 12 个月，所需费用约占投资总额的 0.8% ~1%；中小型项目可行性研究工作所花费的时间为 4 ~6 个月，所需费用约占投资总额的 1% ~3%。

（四）投资决策部门的评价与决策

这一阶段主要由投资决策部门或由投资决策部门组织咨询公司或相关专家，代表项目业主或出资人对建设项目可行性研究报告进行全面的审核和再评价。其主要任务是对拟建项目的可行性研究报告提出最终评价意见，确定最佳投资方案。

投资决策部门的评价与决策是在项目可行性研究报告基础上进行的，其内容包括：一是全面审核可行性研究报告中反映的各项情况是否属实；二是分析项目可行性研究报告中各项指标计算是否正确，包括各种参数、基础数据、定额费率的使用是否合理等；三是从企业、国家和社会等方面综合分析和判断项目的经济效益和社会效益；四是分析判断项目可行性研究的可靠性、真实性和客观性，对项目作出最终的投资决策；五是提出项目评估报告。

项目评价和决策阶段所解决的主要问题：一是项目建设的必要性评价即项目的建设是否有必要，生产规模应多大；二是项目建设和生产条件的评价即项目应建在何处，采用何种技术、工艺和设备；三是项目的技术评价即项目是否具备必需的技术条件和能力，以何种方式获取相应的技术；四是项目的效益评价即项目或企业的财务效益和经济费用效益如何，不确定性怎样。

（五）各阶段可行性研究的比较

由于基础资料的占有程度、研究深度及可靠程度要求的不同，可行性研究各阶段的工作性质、工作内容、投资成本估算精度、工作时间与费用也各不相同，如表 13-1 所示。

表 13-1　可行性研究各阶段的比较

工作阶段	机会研究	初步可行性研究	详细可行性研究	评价与决策
性　质	项目设想	项目初选	项目拟定	项目确定
内　容	鉴别投资方向，寻找投资机会，提出项目投资建议	进行专题辅助研究，分析、筛选方案，确定项目的初步可行性	进行深入的技术经济论证，重点分析费用效益情况，进行多方案比较，提出结论性建议，确定项目的可行性	对详细可行性研究报告进行评价与审核，分析项目的可靠性与真实性，对项目做出最终决策
成　果	提出项目建议，为初步选择投资项目提供依据	编制初步可行性研究报告，确定是否有必要进行详细可行性研究	编制详细可行性研究报告，作为项目投资决策重要依据	提出项目评价报告，为投资决策提供最后的决策依据，决定项目取舍和选择最佳投资方案
估算精度/%	±30	±20	±10	±10
费用比例/%	0.2 ~1	0.25 ~1.25	大项目 0.8 ~1 小项目 1 ~3	
需要时间/月	1 ~3	4 ~6	大项目 8 ~12 小项目 4 ~6	

第二节　可行性研究报告

一、可行性研究报告核心内容

建设项目可行性研究报告的核心内容包括项目在市场、技术、经济、社会、环境和法律六个方面的可行情况。

市场因素方面的可行性研究，包括项目产品的市场调查和预测研究，这是项目可行性研究的前提和基础，其主要任务是要解决项目的“必要性”问题。

技术因素方面的可行性研究，即技术方案和建设条件研究，这是项目可行性研究的技术基础，以解决项目在技术上的“可行性”问题。

经济因素方面的可行性研究，即项目费用效益的分析和评价，这是项目可行性研究的核心部分，主要解决项目在经济上的“合理性”问题。

社会因素方面的可行性研究，主要确定项目是否危及社会安全或影响人们正常的生活秩序，即拟建项目能否被社会所接受。

环境因素方面的可行性研究，主要包括拟建项目是否适应项目的社会经济环境和自然生态环境，同时指出该项目的建成对环境有何影响。

法律因素方面的可行性研究，即分析拟建项目方案和项目运行是否在法律允许的范围内。

项目在上述六方面的可行性之间的关系是：社会、环境、法律可行是项目可行的前提，市场、技术可行是项目可行的基础和保证，经济可行是项目评价和决策的依据。一般而言，可行的项目投资方案应该是市场需求、技术适宜、效益合理、社会认可、环境适应、法律允许的。

二、可行性研究报告基本框架

可行性研究报告的基本框架由标题、目录、报告三部分组成。

（1）标题。标题一般由企业性质、企业名称和文种三部分构成。例如《中外合资昆明 ABC 有限公司可行性研究报告》，“中外合资”是企业性质，“昆明 ABC 有限公司”是企业名称，“可行性研究报告”是文种。标题下面应署编制单位、负责人姓名和编制日期。以上内容应放在第一页封面上，换页再展示其他部分。

（2）目录。封面之后是可行性研究报告的目录，这部分不仅要标注正文各部分所在的位置，而且还需注明附件及其名称。

（3）报告。报告在目录之后，是可行性研究报告的主体部分，主要依据目录列举内容分别进行项目在核心内容方面的计划及分析相应的可行性，最后得出综合结论。

三、工业建设项目可行性分析报告的典型内容

可根据项目具体情况和需要，灵活选择可行性研究报告的内容。

由技术经济分析人员、专业工程师、市场研究、财务专家、法律、环保及其他顾问共同参与，所编制的工业建设项目可行性研究报告的典型内容按标题形式展示于下：

封面
目录
第1章 项目总论
1.1 项目背景
1.1.1 项目名称
1.1.2 项目承办单位
1.1.3 项目主管部门
1.1.4 项目拟建地区、地点
1.1.5 承担可行性研究工作的单位和法人代表
1.1.6 研究工作依据
1.1.7 研究工作概况
1.2 可行性研究结论
1.2.1 市场预测和项目规模
1.2.2 原材料、燃料和动力供应
1.2.3 厂址
1.2.4 项目技术方案
1.2.5 环境保护
1.2.6 工厂组织及劳动定员
1.2.7 项目建设进度
1.2.8 投资估算和资金筹措
1.2.9 项目财务和经济评价
1.2.10 项目综合评价结论
1.3 主要技术经济指标表
1.4 存在问题及建议
第2章 项目背景和发展概况
2.1 项目提出的背景
2.1.1 国家或行业发展规划
2.1.2 项目发起人和发起缘由
2.2 项目发展概况
2.2.1 已进行的调查研究项目及其成果
2.2.2 试验试制工作情况
2.2.3 厂址初勘和初步测量工作情况
2.2.4 项目建议书的编制、提出及审批过程
2.3 投资的必要性
第3章 市场分析与建设规模
3.1 市场调查
3.1.1 拟建项目产出物用途调查
3.1.2 产品现有生产能力调查
3.1.3 产品产量及销售量调查
3.1.4 替代产品调查
3.1.5 产品价格调查
3.1.6 国外市场调查
3.2 市场预测

3.2.1 国内市场需求预测
3.2.2 产品出口或进口替代分析
3.2.3 价格预测
3.3 市场推销战略
3.3.1 推销方式
3.3.2 推销措施
3.3.3 促销价格制度
3.3.4 产品销售费用预测
3.4 产品方案和建设规模
3.4.1 产品方案
3.4.2 建设规模
3.5 产品销售收入预测
第4章 建设条件与厂址选择
4.1 资源和原材料
4.1.1 资源评述
4.1.2 原材料及主要辅助材料供应
4.1.3 需要做生产试验的原料
4.2 建设地区的选择
4.2.1 自然条件
4.2.2 基础设施
4.2.3 社会经济条件
4.2.4 其他应考虑的因素
4.3 厂址选择
4.3.1 厂址多方案比较
4.3.2 厂址推荐方案
第5章 工厂技术方案
5.1 项目组成
5.2 生产技术方案
5.2.1 产品标准
5.2.2 生产方法
5.2.3 技术参数和工艺流程
5.2.4 主要工艺设备选择
5.2.5 主要原材料、燃料、动力消耗指标
5.2.6 主要生产车间布置方案
5.3 总平面布置和运输
5.3.1 总平面布置原则
5.3.2 厂内外运输方案
5.3.3 仓储方案
5.3.4 占地面积及分析
5.4 土建工程
5.4.1 主要建、构筑物的建筑特征与结构设计
5.4.2 特殊基础工程的设计
5.4.3 建筑材料

5.4.4　土建工程造价估算

5.5　其他工程

5.5.1　给排水工程

5.5.2　动力及公用工程

5.5.3　地震设防

5.5.4　生活福利设施

第6章　环境保护与劳动安全

6.1　建设地区的环境现状

6.1.1　项目的地理位置

6.1.2　地形、地貌、土壤、地质、水文、气象

6.1.3　矿藏、森林、草原、水产和野生动物、植物、农作物

6.1.4　自然保护区、风景游览区、名胜古迹以及重要政治文化设施

6.1.5　现有工矿企业分布情况

6.1.6　生活居住区分布情况和人口密度、健康状况、地方病等情况

6.1.7　大气、地下水、地面水的环境质量状况

6.1.8　交通运输情况

6.1.9　其他社会经济活动污染、破坏现状资料

6.2　项目主要污染源和污染物

6.2.1　主要污染源

6.2.2　主要污染物

6.3　项目拟采用的环境保护标准

6.4　治理环境的方案

6.4.1　项目对周围地区的地质、水文、气象可能产生的影响

6.4.2　项目对周围地区自然资源可能产生的影响

6.4.3　项目对周围自然保护区、风景游览区等可能产生的影响

6.4.4　各种污染物最终排放的治理措施和综合利用方案

6.4.5　绿化措施，包括防护地带的防护林和建设区域的绿化

6.5　环境监测制度的建议

6.6　环境保护投资估算

6.7　环境影响评价结论

6.8　劳动保护与安全卫生

6.8.1　生产过程中职业危害因素的分析

6.8.2　职业安全卫生主要设施

6.8.3　劳动安全与职业卫生机构

6.8.4　消防措施和设施方案建议

第7章　企业组织和劳动定员

7.1　企业组织

7.1.1　企业组织形式

7.1.2　企业工作制度

7.2　劳动定员和人员培训

7.2.1　劳动定员

7.2.2　年总工资和职工年平均工资估算

7.2.3　人员培训及费用估算

第8章 项目实施进度安排
8.1 项目实施的各阶段
8.1.1 建立项目实施管理机构
8.1.2 资金筹集安排
8.1.3 技术获得与转让
8.1.4 勘察设计和设备订货
8.1.5 施工准备
8.1.6 施工和生产准备
8.1.7 竣工验收
8.2 项目实施进度表
8.2.1 横道图
8.2.2 网络图
8.3 项目实施费用
8.3.1 建设单位管理费
8.3.2 生产筹备费
8.3.3 生产职工培训费
8.3.4 办公和生活家具购置费
8.3.5 勘察设计费
8.3.6 其他应支付的费用
第9章 投资估算与资金筹措
9.1 项目总投资估算
9.1.1 固定资产投资总额
9.1.2 流动资金估算
9.2 资金筹措
9.2.1 资金来源
9.2.2 项目筹资方案
9.3 投资使用计划
9.3.1 投资使用计划
9.3.2 借款偿还计划
第10章 财务与敏感性分析
10.1 生产成本和销售收入估算
10.1.1 生产总成本估算
10.1.2 单位成本
10.1.3 销售收入估算
10.2 财务评价
10.3 国民经济评价
10.4 不确定性分析
10.5 社会效益和社会影响分析
10.5.1 项目对国家政治和社会稳定的影响
10.5.2 项目与当地科技、文化发展水平的相互适应性
10.5.3 项目与当地基础设施发展水平的相互适应性
10.5.4 项目与当地居民的宗教、民族习惯的相互适应性
10.5.5 项目对合理利用自然资源的影响

10.5.6 项目的国防效益或影响
10.5.7 对保护环境和生态平衡的影响
第11章 可行性研究结论与建议
11.1 结论与建议
11.1.1 对推荐的拟建方案的结论性意见
11.1.2 对主要的对比方案进行说明
11.1.3 对可行性研究中尚未解决的主要问题提出解决办法和建议
11.1.4 对应修改的主要问题进行说明，提出修改意见
11.1.5 对不可行的项目，提出不可行的主要问题及处理意见
11.1.6 可行性研究中主要争议问题的结论
第12章 财务报表
第13章 附件

四、可行性研究报告附件

凡属于项目可行性研究范围，但在研究报告以外单独成册的文件，应列为可行性研究报告的附件，所列附件应注明名称、日期、编号。一般工业建设项目可行性研究报告的附件有：

（1）项目建议书。
（2）项目立项批文。
（3）厂址选择报告书。
（4）资源勘探报告。
（5）贷款意向书。
（6）环境影响报告。
（7）需单独进行可行性研究的单项或配套工程的可行性研究报告。
（8）重要的市场调查报告。
（9）引进技术项目的考察报告。
（10）利用外资的各类协议文件。
（11）其他主要对比方案说明。
（12）附图：
1）厂址地形或位置图；
2）总平面布置方案图；
3）工艺流程图；
4）主要车间布置方案简图。
（13）其他。

五、可行性研究的编制要求

项目可行性研究的目的是客观反映项目的真实情况和可行程度，提供拟投资项目的市场、技术、经济、社会、环境和法律等方面的资料及可行情况，让项目关系人理解项目，以吸引潜在投资者、其他项目关系人的参与，最大限度地争取到政府部门、贷款人和其他项目关系人的支持。因此，作为项目投资决策基础的可行性研究应符合以下编制要求：

（1）可行性研究应具有科学性、公正性和严肃性。可行性研究是一项政策性、技术性和经济性很强的综合研究工作，为保证它的公正性、科学性和客观性，在可行性研究工作中，必须客观、全面、实事求是地收集和研究材料，并在调查研究和科学预测的基础上进行方案比较和评价，切忌为“可行”而研究，使可行性研究流于形式。

（2）承担可行性研究的单位应具有相应的条件和资格。为保证可行性研究的质量，必须要求承担可行性研究和编制可行性研究报告的单位具有丰富的实践经验、雄厚的技术力量和一定的资质要求。

（3）可行性研究的目的明确、深度应达到一定的标准要求。可行性研究报告要用于立项、申请贷款等各方面。所以，在内容上要满足项目审批部门、贷款人及其他关系人的需要，全面、准确、具体地回答可行性研究必须回答的问题。同时论据应充分，论证科学、周密，深度达到国家规定标准的要求，并按照《关于建设项目进行可行性研究的试行管理办法》和《建设项目经济评价方法与参数》（第三版）等文件的要求进行编制。

（4）综合体现论证、请示和报告的写作特点。可行性研究是在广泛调查研究的基础上，对项目的可行性所进行的分析与论证。由于它是在调查研究基础上的分析、论证，所以既具有论证性质，又具有报告性质。由于分析论证是为征得有关部门批准、项目关系人的参与和支持，所以可行性分析报告还带有请示之意。这样，可行性研究报告是论证、报告和请示三者兼而有之的一种综合文体。

（5）严格可行性研究的责任制度。在可行性研究中，对承担单位的资质要加以严格审查并建立严格的责任制度。可行性研究报告应由编制单位的行政、技术、经济负责人签字，并对该报告的质量负责；评审单位对评审结论负责；审批单位对审批意见负责。

（6）落实可行性研究的经费来源。可行性研究的费用应由工程项目投资者按项目投资额的一定百分比（具体比例可根据项目的特点及其他情况确定）计提支付。落实可行性研究的经费来源，有利于更好、更细致、更深入地开展项目的可行性研究工作。

思考题及习题

1. 可行性研究有哪些作用？
2. 可行性研究可分为哪些阶段？各阶段的主要研究内容是什么？
3. 为什么可行性研究报告应具有一定的规范性与权威性？
4. 可行性研究主要从哪些方面进行分析，为什么？
5. 指出项目经济评价与项目可行性研究之间的关系。

附 录

附录1 部分行业建设项目融资前税前财务基准收益率取值表

（%）

序号	行业名称	数值	序号	行业名称	数值
01	**农业**		065	农药	12
011	种植业	6	066	橡胶制品制造	12
012	畜牧业	7	067	化工新型材料	12
013	渔业	7	**07**	**信息产业**	
014	农副食品加工	8	071	固定通信	5
02	**林业**		072	移动通信	10
021	林产加工	11	073	邮政通信	3
022	森林工业	12	**08**	**电力**	
023	林纸林化	12	0811	火力发电	8
024	营造林	8	0812	天然气发电	9
03	**建材**		0813	核能发电	7
031	水泥制造业	11	0814	风力发电	5
032	玻璃制造业	13	0815	垃圾发电	5
04	**石油**		0816	其他能源发电（潮汐、地热等）	5
041	陆上油田开采	13	0817	热电站	8
042	陆上气田开采	12	0818	抽水蓄能电站	8
043	国家原油存储设施	8	0821	送电工程	7
044	长距离输油管道	12	0822	联网工程	7
045	长距离输气管道	12	0823	城网工程	7
05	**石化**		0824	农网工程	6
051	原油加工及石油制品制造	12	0825	区内或省内电网工程	7
052	初级塑料及合成树脂制造	13	**09**	**水利**	
053	合成纤维单（聚合）体制造	14	091	水库发电工程	7
054	乙烯联合装置	12	092	调水、供水工程	4
055	纤维素纤维原料及纤维制造	14	**10**	**铁路**	
06	**化工**		101	铁路网既有线改造	6
061	氯碱及氯化物制造	11	102	铁路网新线建设	3
062	无机化学原料制造	10	**11**	**民航**	
063	有机化学原料及中间体制造	11	111	大中型（干线）机场建设	5
064	化肥	9	112	小型（支线）机场建设	1

附录2 部分行业建设项目资本金税后财务基准收益率取值表

（%）

序号	行业名称	数值
01	**农业**	
011	种植业	6
012	畜牧业	9
013	渔业	8
014	农副食品加工	8
02	**林业**	
021	林产加工	11
022	森林工业	13
023	林纸林化	12
024	营造林	9
03	**建材**	
031	水泥制造业	12
032	玻璃制造业	14
04	**石油**	
041	陆上油田开采	15
042	陆上气田开采	15
043	国家原油存储设施	8
044	长距离输油管道	13
045	长距离输气管道	13
05	**石化**	
051	原油加工及石油制品制造	13
052	初级塑料及合成树脂制造	15
053	合成纤维单（聚合）体制造	16
054	乙烯联合装置	15
055	纤维素纤维原料及纤维制造	16
06	**化工**	
061	氯碱及氯化物制造	13
062	无机化学原料制造	11
063	有机化学原料及中间体制造	12
064	化肥	9
065	农药	14
066	橡胶制品制造	12
067	化工新型材料	13
07	**信息产业**	
071	固定通信	5
072	移动通信	12
073	邮政通信	3
08	**电力**	
0811	火力发电	10
0812	天然气发电	12
0813	核能发电	9
0814	风力发电	8
0815	垃圾发电	8
0816	其他能源发电（潮汐、地热等）	8
0817	热电站	10
0818	抽水蓄能电站	10
0821	送电工程	9
0822	联网工程	10
0823	城网工程	10
0824	农网工程	9
0825	区内或省内电网工程	9
09	**水利**	
091	水库发电工程	10
092	调水、供水工程	6
10	**铁路**	
101	铁路网既有线改造	6
102	铁路网新线建设	3
11	**民航**	
111	大中型（干线）机场建设	4
112	小型（支线）机场建设	—

附录3　2000年部分市县土地影子价格参考表

（元）

地区	级别	土地影子价格		
		商业	住宅	工业
天津	一级	10980	5960	1380
	末级	840	370	320
济南	一级	4654	3242	2856
	末级	499	425	383
广州	一级	13936	8000	2200
	末级	922	802	449
郑州	一级	4500	2500	1150
	末级	375	345	330
武汉	一级	8210	3501	1087
	末级	322	313	302
长沙	一级	7750	3875	2325
	末级	250	250	250
昆明	一级	5873	2670	554
	末级	439	458	425
西安	一级	3300	2610	1950
	末级	28	26	22
西宁	一级	2707	1220	781
	末级	352	280	214
青岛	一级	5250	3500	900
	末级	900	775	450
吉林通化	一级	584	271	244
	末级	140	88	77
浙江台州	一级	1485	990	310
	末级	805	740	270
河南开封	一级	1410	630	540
	末级	320	245	200
江苏苏州	一级	7600	4000	1600
	末级	750	700	550
湖北十堰	一级	2630	769	289
	末级	249	204	136
陕西铜川	一级	805	550	395
	末级	100	70	50
新疆克拉玛依	一级	910	546	293
	末级	396	198	103
云南玉溪	一级	1401	1107	593
	末级	567	530	477

续附录 3

地区	级别	土地影子价格		
		商业	住宅	工业
浙江德清	一级	1580	504	185
	末级	390	168	110
吉林松原	一级	769	259	102
	末级	163	108	71
山东阳谷	一级	500	350	250
	末级	250	170	120
河南柘城	一级	600	250	210
	末级	210	120	110
江苏射阳	一级	900	420	300
	末级	340	240	200
湖北通山	一级	451	205	135
	末级	136	76	70
新疆鄯善	一级	395	290	130
	末级	185	120	50
安徽凤阳	一级	350	250	
	末级	90	80	
云南开远	一级	819	346	305
	末级	284	198	180

注：1. 上述不同市县、不同土地用途、不同土地级别的影子价格主要依据 2000 年土地收益、土地市场价格、成本等资料测算得到；

2. 有收益的土地采用了收益法、存在规范市场交易价格的土地采用市场比较法分别测算不同市（县）商业用地和住宅用地的土地影子价格；

3. 对于不同市（县）工业、公共设施用地的土地影子价格主要采用成本法和基准地价修正法进行测算；对于能搜集到征地、土地开发成本等资料的市（县）主要采用成本法进行土地影子价格测算；对于有基准地价的区域主要采用基准地价修正法进行测算；

4. 不同的土地级别主要依据各地按照《城镇土地分等定级规程》所划分的土地级别；

5. 不同的土地用途主要依据现行土地用途分类，结合实际工作中的主要用途类型确定的商业、工业、住宅等，其他用途则可以参照这三种用途中的一种。

参考文献

[1] 国家发展改革委，建设部．建设项目经济评价方法与参数[M]．北京：中国计划出版社，2006.
[2] 建设部标准定额研究所．建设项目经济评价案例[M]．北京：中国计划出版社，2006.
[3] 洪军．工程经济学[M]．北京：高等教育出版社，2004.
[4] 傅家骥，仝永桓．工业技术经济学[M]．3 版．北京：清华大学出版社，1997.
[5] J. L．里格斯．工程经济学[M]．北京：中国财政经济出版社，1989.
[6] 李南．工程经济学[M]．2 版．北京：科学出版社，2004.
[7] H. M. Steiner．工程经济学原理[M]．2 版．张芳，等译．北京：经济科学出版社，2000.
[8] 李玉周．轻松撰写可行性研究报告[M]．成都：西南财经大学出版社，2002.
[9] 王克强，等．Excel 在工程技术经济学中的应用[M]．上海：上海财经大学出版社，2005.
[10] 赵阳，等．工程经济学[M]．北京：北京理工大学出版社，2009.
[11] 魏法杰，等．工程经济学[M]．北京：电子工业出版社，2007.
[12] 雷家潇，程源．技术经济学科发展述评与展望[J]．数量经济与技术经济，2004(8).
[13] 方大春．水利项目投资中实物期权决策[J]．技术经济，2007(6).
[14] 王岩，蔡小军．净现值指标的进一步分析及其修正算法研究[J]．数量经济与技术经济，2004(12).
[15] 王宝森，等．现行投资项目财务评价的局限性分析[J]．数量经济与技术经济，2000(2).
[16] 李明哲．投资项目经济评价理论与实践问题研究[J]．技术经济，2008(2).
[17] 王宏伟．技术经济学的理论基础述评[J]．数量经济与技术经济，2009(11).
[18] 邓敏．一种新的财务评价指标：基于可靠性分析的净现值法的改进[J]．当代财经，2001(6).
[19] 林丰岩．投资项目财务评价指标释疑[J]．技术经济，2007(2).
[20] 李明哲．工程造价、项目总投资、流动资金有关概念辨析[J]．技术经济，2009(9).
[21] 王克强，王洪卫．工程经济学[M]．上海：上海财经大学出版社，2004.
[22] H. 霍夫曼．价值分析[M]．北京：中国经济出版社，1983.